„Wer sich nicht bewegt, der spürt auch seine Fesseln nicht …“

Siegfried Zepf (Herausgeber)

„Wer sich nicht bewegt, der spürt auch seine Fesseln nicht …“

Anmerkungen zur gegenwärtigen Lage der Psychoanalyse

von
Sebastian Hartmann
Detlef Michaelis
Stefan Nagel
Bernd Nitzschke
Sammy Speier
Siegfried Zepf

Nexus

CIP-Titelaufnahme der Deutschen Bibliothek
„Wer sich nicht bewegt, der spürt auch seine Fesseln nicht“:
Anmerkungen zur gegenwärtigen Lage der Psychoanalyse / Siegfried Zepf (Hrsg.) - Frankfurt am Main : Nexus-Verl., 1990
ISBN 3-923301-54-5

Fichardstr. 38, D-6000 Frankfurt am Main 1
Gesamtherstellung: Nexus Verlag
Umschlaggestaltung: Anja Harms und Ulrike Stoltz
ISBN 3-923301-54-5

Inhalt

Kritische Anmerkungen – warum noch?

> Wir leben im Massenzeitalter der unbefleckten Hände, die Inflation von Gutwilligen ist unübersehbar. In einer Sintflut von Unschuld werden wir ersaufen.
>
> *Anders, 1972, S.193*

1983 erschien die von Hans-Martin Lohmann herausgegebene Streitschrift „Das Unbehagen in der Psychoanalyse“, in welcher vor allem die gegenwärtigen Organisationsformen, in denen die Psychoanalyse – entpolitisiert – auch ihrer emanzipatorischen Kraft verlustig geht, in verschiedenen Perspektiven so problematisiert wurden, daß – sollte das Freudsche Erbe nicht weiter verschleudert werden – ihre Veränderung unmittelbar bevorzustehen schien. Sechs Jahre sind vergangen, und nichts – oder doch fast nichts – hat sich in dieser Zeit geändert. Zwar hat sich in der Bundesrepublik unter dem Namen „Siegfried Bernfeld“ ein Kreis von Psychoanalytikern gebildet, welche das in der Streitschrift artikulierte Unbehagen zusammenführte. Seine Aktivitäten blieben freilich bisher folgenlos. Das kritisierte Ausbildungssystem ist dasselbe geblieben, die kritisierte Medizinalisierung der Psychoanalyse blieb ebenso unverändert wie ihre Reduzierung auf ein therapeutisches Verfahren. Auch die Freudsche Idee (1926, S. 281) einer „psychoanalytischen Hochschule“, deren Realisierung in der Streitschrift nachdrücklich eingefordert wurde und in der nicht nur Tiefenpsychologie, „eine Einführung in die Biologie, in möglichst großem Umfang die Kunde vom Sexualleben“ und „Krankheitsbilder der Psychiatrie“ gelehrt werden sollten, sondern ebenso „Kulturgeschichte, Mythologie, Religionspsychologie und Literaturwissenschaft“, weil „ohne eine gute Orientierung auf diesen Gebieten ... der Analytiker einem großen Teil seines Materials verständnislos gegenüber“ steht, blieb die Utopie, die sie immer schon war.

Die Freudsche Idee einer psychoanalytischen Hochschule ist nicht näher an die Realität gerückt, wenn man – wie manchenorts – versucht, unter Eröffnung eines kleinen Grenzverkehrs mit anderen Fachdisziplinen die Psychoanalyse in universitärem Rahmen einzufrieden. Dieser Weg führt nicht auf diese Utopie zu, sondern von ihr weg. Nicht dafür plädierte Freud mit seiner Idee, sondern gegen eine Medizinalisierung der Psychoanalyse und für eine Ausbildung, die auch sogenannten „Laien“, d. h. Nichtärzten, offen steht und die sich wesentlich von der heutigen unterscheidet. Der Psychoanalytiker, so fährt Freud (1926, S. 281f.) fort, kann „die Hauptmasse dessen, was die medizinische Schule lehrt, für seine Zwecke nicht gebrauchen. ... Es ist ungerecht und unzweckmäßig, einen Menschen, der den andern von der Pein einer Phobie oder einer Zwangsvorstellung befreien will, zum Umweg über das medizinische Studium zu zwingen". Ausdrücklich heißt es (Freud, 1926, S. 283): „Wir halten es nämlich gar nicht für wünschenswert, daß die Psychoanalyse von der Medizin verschluckt werde und dann ihre endgültige Ablagerung im Lehrbuch der Psychiatrie finde, im Kapitel Therapie ... Als ‚Tiefenpsychologie', Lehre vom seelischen Unbewußten, kann sie all den Wissenschaften unentbehrlich werden, die sich mit der Entstehungsgeschichte der menschlichen Kultur und ihrer großen Institutionen wie Kunst, Religion und Gesellschaftsordnung beschäftigen." Der Erkenntniszugewinn, den Freud diesen Gebieten durch die Psychoanalyse verspricht, reduziert sich nicht auf die Einbeziehung der im psychoanalytischen Therapieverfahren gewonnenen Einsichten in andere Untersuchungsbereiche. Gegen die wechselseitige Nutzung von Erkenntnissen im Zuge eines bloßen Grenzverkehrs richtet sich die nachfolgende Passage (Freud, 1926, S. 283 f.): „Ich meine, sie hat diesen Wissenschaften schon bis jetzt ansehnliche Hilfe zur Lösung ihrer Probleme geleistet, aber dies sind nur kleine Beiträge im Vergleich zu dem, was sich erreichen ließe, wenn Kulturhistoriker, Religionspsychologen, Sprachforscher usw. sich dazu verstehen werden, *das ihnen zur Verfügung gestellte neue Forschungsmittel selbst zu handhaben.* ... Wenn die Vertreter der verschiedenen Geisteswissenschaften die Psychoanalyse erlernen sollen, um deren Methoden und Gesichtspunkte auf ihr Material anzuwenden, so reicht es nicht aus, daß sie sich an die Ergebnisse halten, die in der analytischen Literatur niedergelegt sind. Sie werden die Analyse verstehen lernen müssen auf dem einzigen Weg, der dazu offen steht, indem sie sich selbst einer Analyse unterziehen" (Hervorhebungen d. Verf.).

Sechs Jahre nach ihrem Erscheinen scheint die Streitschrift Makulatur geworden zu sein. Besonders deutlich wurden die Schwierigkeiten der Psychoanalytiker, ihr Unbehagen in ein die Lage qualitativ veränderndes Handeln umzumünzen, auf der IV. Vernetzungstagung von dem Bernfeld-Kreis ähnlichen Gruppierungen in anderen Ländern, die im Juni 1989 unter dem Titel „Der gefesselte Analytiker – wie harmlos ist unser Tun?" in Frankfurt stattfand. Unübersehbar und unüberhörbar wurde hier deutlich, daß man nicht nur von einem gemeinsamen Handeln weit entfernt ist, sondern daß man sich bereits außerordentlich schwertut, zur Lösung der anstehenden Probleme sachbezogen miteinander zu diskutieren. Gefesselt von der – in Psychoanalytikerkreisen üblichen – Überzeugung, daß die eigenen Einschätzungen prinzipiell richtig sind, blieb der Blick streng auf den eigenen Nabel gerichtet und wurden die Diskussionsbeiträge anderer mehrheitlich als bloßer Anlaß für eine mehr oder weniger virtuos gehandhabte Selbstdarstellung mißbraucht. An den Eingangsstatements zu dieser Tagung wie auch an den Hauptreferaten wurde jedenfalls ebenso systematisch vorbeimonologisiert wie an den gesellschaftlichen Grundlagen des eigenen Denkens. Nicht Monologisieren, sondern ein kritisch-selbstkritisches, die gesellschaftliche Abhängigkeit des eigenen Denkens nicht verbergendes miteinander Reden ist allerdings erforderlich, wenn im Interesse der gemeinsamen Sache zum gemeinsamen, ein gemeinsames Handeln erst ermöglichenden gesellschaftlichen Nenner des gemeinsamen Unbehagens vorzudringen ist.

Um die Diskussionssperre zu bewältigen und zu verändern, bedarf sie ebenso einer Analyse wie die Fragen einer Antwort bedürfen, welchen Stellenwert die sich psychoanalysekritisch verstehenden Gruppierungen für einzelne Psychoanalytiker und für die psychoanalytische Gemeinschaft haben, wenn sie sich so belassen, wie sie sich gegenwärtig darstellen. Am Beispiel des Bernfeld-Kreises, dem ich mich zurechne, will ich versuchen, die beiden letzten Fragen zu verfolgen. Was der Bernfeld-Kreis ist, läßt sich am besten darstellen, wenn man davon ausgeht, was er nicht ist. Er ist sicher keine Solidargemeinschaft, die etwa darin gegründet wäre, daß sich die Verwirklichungen individueller Zielsetzungen wechselseitig voraussetzen oder daß individuelle Ziele mit einem gemeinsamen Ziel zusammenfallen. Die Mitglieder haben für ihr gemeinsames Unbehagen an der gegenwärtigen Psychoanalyse bisher noch keine gemeinsame Grundlage finden können. Für den einen resultiert das Unbehagen vorrangig aus der mißlichen Ausbildungssituation, ein anderer macht hierfür die Vernachlässigung von Frauenfragen verantwortlich, wiederum andere beklagen die mangelnde Berücksichtigung der nationalsozialistischen Vergangenheit, von sozialen Phänomenen, den Verzicht auf die Laienanalyse und auf kulturkritische Fragestellungen, den bestehenden Theoriepluralismus, die Klinifizierung der Psychoanalyse oder die soziale Abstinenz vieler Psychoanalytiker. Da das gemeinsame Unbehagen bei den einzelnen in unterschiedlichen und bisher nicht vermittelten Begründungszusammenhängen steht, blieb es notwendig abstrakt und vermochte deshalb auch die einzelnen nicht mehr in ein Handeln mit gemeinsamer Zielsetzung einzubinden.

Ein gemeinsames Unbehagen freilich, welches ohne gemeinsame Praxis bleibt, vermag auch die Gruppenmitglieder nur mehr abstrakt zu assoziieren und macht die Gruppenzugehörigkeit unverbindlich. Sie wird dann mehr aus strategischen denn aus inhaltlichen Gründen wichtig. Wenn die gemeinsamen Wurzeln der verschiedenen Übel verborgen bleiben, dann gewinnen die aus der Kritik resultierenden Veränderungswünsche zwangsläufig den Charakter von bloßen Partialinteressen, für deren Durchsetzung dann versucht wird, andere utilaristisch in den Dienst zu nehmen. Gelingt dies nicht und dominiert das Interesse an Problemen, die nicht die eigenen sind, dann verliert die Gruppe für den einzelnen ihre Bedeutung, und er schert wieder aus. Daß dem so ist, zeigt die relativ große Fluktuation der Teilnehmer an den Treffen des Bernfeld-Kreises ebenso wie das Phänomen, daß prominentere Mitglieder, wenn sie in Sachen „Psychoanalyse“ aktiv wurden, nur selten als Mitglieder dieses Kreises in Erscheinung getreten sind.

Fragt man nach den Gründen, warum es bisher nicht gelungen ist, über den systematischen Zusammenhang, in dem die kritisierten Übel fraglos stehen, ein Selbstverständnis herzustellen, dann mag einer der Gründe darin liegen, daß ein Unbehagen, welches nur an Erscheinungsformen festgemacht wird, einen zwar leiden, aber immer noch ganz gut leben läßt. Selbst wenn man versucht, das Kritisierte zu verändern, wird der erreichte Lebensstandard ebensowenig wie die berufliche Karriere in Frage gestellt. Weil diese Veränderungen die Gründe, denen sich die Erscheinungsformen verdankten, unangetastet lassen, haben sie reformistischen Charakter und werden deshalb nicht nur toleriert, sondern gelegentlich auch begrüßt. Nicht selten gelten die Vertreter reformistischer Bestrebungen als besonders achtenswerte, noch „idealistisch“ gesinnte Kollegen, deren berufliche und institutionelle Karriere dadurch schon deshalb nicht beeinträchtigt wird, weil die Tendenz besteht, sie in die bestehende Organisationsform der Psychoanalyse zu integrieren. Nur so läßt sich ja sicherstellen, daß ihre Reformen punktuell bleiben und daß letztlich alles beim alten bleibt. Weil sich Reformen um so besser realisieren lassen, je näher man den Kommandohöhen kommt, erlauben solche reformistischen Bestrebungen darüber hinaus, die eigene Karriere noch als notwendig „im Dienste der Sache“ zu begründen. Man sitzt dabei freilich dem fatalen Irrtum auf, daß der Durchgang durch eine Institution einen so beläßt, wie man vordem war. Jedenfalls ist es meist so, daß die reformistischen Bestrebungen, unter denen man angetreten war, mehr und mehr einen affirmativen Charakter annehmen, je näher man an die Schaltstellen der Macht gerät.

Weil diese Charakteristik nicht nur für den Bernfeld-Kreis, sondern auch – wie den Gesprächen mit Kollegen zu entnehmen war – für die ähnlichen Gruppierungen in anderen Ländern gilt, kann die internationale Zusammenkunft auch nicht als ein weiterer Meilenstein auf dem Wege zu einer Organisation angesehen werden, die etwa in der Tradition einer sozialistischen Internationalen stünde. Es handelte sich vielmehr um ein weiteres Treffen von sich als liberal verstehenden und manchmal auch links gerierenden, vereinzelt wie Kleinunternehmer vor sich hinarbeitenden Intellektuellen, welche die vielfältigen Kontaktmöglichkeiten, die so ein Treffen bot, für ihre eigenen Zwecke und privaten Zielsetzungen zu nutzen suchten. Unter kritischem Vorzeichen bewegte und bewegt man sich gleichwohl in den sozialen Verkehrsformen, die auch in den Organisationsformen der etablierten Psychoanalyse die vorherrschenden sind. Ob durch derartige Treffen dann noch erreicht werden kann, daß sich die Kritik an der etablierten Psychoanalyse produktiv wendet, steht wohl mit Recht in Zweifel. Ich meine, daß die kritischen Aktivitäten durch solche Zusammenkünfte eher noch harmloser gemacht werden, als sie es ohnehin schon sind. Oft als eminent gefährlich für die etablierte Psychoanalyse eingeschätzt, ließen sie jedenfalls auch den von der Gefährlichkeit seines Tuns Überzeugten bisher keinen ernsthaften Schaden nehmen. Die Diskrepanz zwischen der objektiven Qualität des eigenen Handelns und seiner subjektiven Einschätzung erinnert mich an eine im „New Yorker" vor Jahren abgedruckte Karikatur, auf der ein kleiner Junge – in der einen Hand eine Coca-Cola-Dose und mit der anderen Hand am Genitale onanierend – unter den Augen seiner amüsiert lächelnden und ihn insgeheim beobachtenden Eltern sinngemäß sagt: „Wenn meine Eltern bloß sehen könnten, wie ich hier saufe und ficke. Bestimmt würde sie auf der Stelle der Schlag treffen!"

Wenn sich der Bernfeld-Kreis und auch die ihm ähnlichen Gruppierungen im wesentlichen aus Personen zusammensetzen, die für ihre Partialinteressen keinen gemeinsamen Nenner und deshalb auch zu keinem gemeinsamen Handeln finden, dann kommen diese Gruppierungen einer Schar von Klageweibern recht nahe, welche angesichts des Zustandes der Psychoanalyse hilflos die Hände über den Kopf zusammenschlagen. So wie der Tod des Verstorbenen unbeeindruckt vom Klagen dieser Weiber fortbesteht, so läßt auch ihr Lamentieren den beklagten Zustand unverändert. Wie der Schmerz dieser Weiber durch das gemeinsame Klagen ob des Verlustes erträglicher wird, so reduziert auch das gemeinsame Jammern der Psychoanalytiker die

Intensität des eigenen Unbehagens und mindert so den Impuls zu Handeln noch weiter. Die „kritischen" Gruppierungen erfüllen dann innerhalb der Organisationsform der etablierten Psychoanalyse die Funktion, welche innerhalb der CDU etwa die christlichen Sozialausschüsse haben: Um zu zeigen, wie liberal, tolerant und kritikoffen man ist, kann man zum einen auf ihre Existenz verweisen und zum anderen puffern beide das aus Widersprüchen geborene Unbehagen so weit ab, daß es nicht mehr in ein systemverändernden Handeln umschlagen kann, ein Handeln, welches dann allerdings nicht nur den sozioökonomischen Status der anderen, sondern auch den eigenen in Frage stellen würde. Vielleicht fällt es gerade deshalb so schwer, in den Selbstverständnisdiskussionen zum gemeinsamen Nenner des Unbehagens vorzudringen.

Auch wenn es auf der IV. Vernetzungstagung nicht möglich war, die gesellschaftlichen – und d. h. letztlich die sozioökonomischen – Wurzeln der beklagten Übel ein Stück weit auszugraben und sichtbar zu machen, wie sie – vermittelt über die psychischen Strukturen der Psychoanalytiker – zu den gegenwärtigen Organisationsformen der etablierten wie auch der kritischen Psychoanalyse führen, sollte diese Arbeit nicht aufgegeben werden. Man muß die Wurzeln freilegen, wenn man die bisherige Entwicklung der Psychoanalyse nicht weiter in die Sackgasse ihrer vollen Entfaltung treiben lassen will. Auch wenn man den Bernfeld-Kreis nicht kritisch genug einschätzen kann, er scheint immer noch das Beste zu sein, was sich in der heutigen Psychoanalyse in der Bundesrepublik an sozial engagierten und kritisch denkenden Psychoanalytikern findet. Damit dieses Engagement nicht verpufft und die einzelnen nicht resignativ im bestehenden Zustand verdiffundieren, wäre es in einem gemeinsamen Handeln zu bündeln. Denn: Wenn man nicht wenigstens manchmal so handelt, wie man denkt, dann wird das Denken überflüssig. Man hört dann auch auf, über die Übel nachzudenken, suspendiert damit das Leiden unter ihnen, wird nurmehr darüber reden und – als geladener Gast – die Übel im Gewande elaborierter Vorträge oder einer Podiumsdiskussion zur bloßen Selbstdarstellung mißbrauchen. Indem man die Kritik in den psychoanalytischen Kulturbetrieb eingliedert, wird aus dem Kritiker ein bezahlter Plagegeist dieser Kultur, dessen kritischer Auftritte ihr Unwesen bedarf, um sich noch als Kultur dünken zu können.

Kritik verschachert sich an die Rechfertigung des Bestehenden, wenn sie sich Eingriffe versagt. Sich der Beschränkungen und der objektiven, mit den subjektiv intendierten nicht zwangsläufig identischen Konsequenzen des eigenen Handelns zu versichern, um sie aufzubrechen und es zu verändern, steht über allen Anmerkungen. Den Titel danke ich einem/einer Unbekannten, der/die ihn in der Nähe der Hafenstraße an eine Hausmauer sprühte. Susanne Platte brachte ihn aus Hamburg mit. „Psychoanalyse in der universitären Medizin" versammelt nochmals wesentliche Kritikpunkte an dem gegenwärtigen Zustand, in den drei nachfolgenden Arbeiten wird die Frage nach der gesellschaftlichen Funktion der heutigen Psychoanalyse, werden ihre Therapie, ihre Theorie und ihre Ich-psychologische Zurichtung, die bereits andernorts unter dieser Fragestellung erörtert wurde (Zepf u. Hartmann, 1989), im Lichte des Marxschen Entfremdungsbegriffes weiter verfolgt: „Zum Problem der sogenannten Restneurose" macht die Konsequenzen (rest-)neurotischer blinder Flecke auf seiten des Psychoanalytikers für das psychoanalytische Verfahren und die Voraussetzungen für ihre weitere Aufklärung kenntlich, in der Arbeit „Die soziale Funktion des psychoanalytischen Theoriepluralismus" werden die mit den (rest-)neurotischen verbundenen, sich im wesentlichen dem „sozialen Ort" der Psychoanalytiker verdankenden ideologischen, gesellschaftliche Realität ausblendenden Skotome ausgeleuchtet, die sich in den gegenwärtig Theorien gemeinsam finden, in „Zur Diagnostik und Therapie Ich-struktureller Störungen" wird einsichtig gemacht, daß die erkenntnislogische Struktur des Ich-psychologischen Verfahrens jenes zwangsläufig zu einem affirmativen macht, welches – wie auch das psychoanalytische – die Subjekte wieder in gesellschaftlich vorherrschende soziale Verkehrsformen einbindet, die nicht die ihren sind. Die Arbeit „Die Blicke der anderen" zeigt exemplarisch anhand eines transkribierten und für Unterrichtszwecke verwendeten Interviews, daß die in Ich-psychologischen Verfahren geforderte „selektive Authentizität" des Therapeuten aus einem unbegriffenen neurotisch-restneurotischen Zusammenspiel von Übertragung und Gegenübertragung erwächst, und in „Psychologie ohne Philosophie" wird anhand der sich auf Heinz Hartmann gründenden Ich-Psychologie exemplarisch aufgewiesen, daß eine Psychoanalyse, die sich von jeder Philosophie zu befreien vermeint, insgeheim von deren schlechtestem Erbe eingeholt wird. In „Zum Diskurs über ‚Sexualität' in zeitgenössischen psychoanalytischen Entwürfen" wird – ausgehend von einem bestimmten Triebverständnis – vorgeführt, daß die Gleichzeitigkeit der Kritik an der Freudschen Metapsychologie und Triebtheorie nicht zufällig ist, daß die Psychoanalyse durch einen Verzicht auf beide sich als ein eigenständiges Erkenntnisverfahren selbst abschafft und sich noch weiter als in ihrer Ich-psychologischen Zurichtung in die gesellschaftlich vorherrschenden Verhältnisse einpaßt. Der Aufsatz „Eigentlich ist schon alles gesagt – warum handeln wir nicht?" macht einige der Gründe kenntlich, welche für die Blockade eines die gegenwärtige Lage der Psychoanalyse veränderndes Handeln verantwortlich sind, und in „Laienanalyse: Das Unerwünschte erhält einen Namen" wird aufgewiesen, daß der Umgang mit der Frage der Laienanalyse paradigmatisch ist für die Art und Weise, in der die etablierte Psychoanalyse mit all dem umgeht, was ihr unerwünscht ist. In der nachfolgenden Arbeit „Thesen zur Einrichtung eines Ausbildungsganges für eine psychoanalytische Sozialpsychologie" werden dessen Prämissen in Kurzform skizziert. In „Psychoanalyse und Macht im Dritten Reich" werden die heute vertretenen Auffassungen, in den Jahren 1933–45 habe die Rettung der Psychoanalyse ihre Anpassung an den Nationalsozialismus erforderlich gemacht und daß in diesen Jahren die Freudsche Psychoanalyse liquidiert worden sei, mit der historischen Realität konfrontiert. Beide Versionen werden gleichermaßen als bloße Rettungsphantasien aufgeklärt, welche dazu dienen, das eigene Verhalten zu rechtfertigen und das eigene Versagen als einen unumgänglichen Akt der Selbsterhaltung erscheinen zu lassen. In der Arbeit „Die Angst vor dem Zivilisationsbruch in uns" werden die Veränderungen des Realitätsprinzips nach den Erfahrungen des Holocaust thematisiert und die Konsequenzen verfolgt, die sich daraus für den Umgang mit der „inneren" und „äußeren" Realität der Psychoanalytiker und ihrer Patienten ergeben bzw. ergeben sollten.

Um die in den Anmerkungen I–V nur thesenhaft vorgetragenen Argumentationslinien bis in die Überlegungen hinein verfolgen zu können, in denen sie gründen, wurde für all diejenigen, die es genauer wissen wollen, der letzte Aufsatz „Zum Verhältnis von Individuum und Gesellschaft" mit aufgenommen. Er wurde bereits vor 10 Jahren für die eigene Selbstverständigung verfaßt und verfolgt in der Perspektive der materialistischen Dialektik die Bearbeitung des Menschen durch den Menschen, wie sie in der psychoanalytischen Sozialisationstheorie Alfred Lorenzers konzipiert ist. Obwohl einige Aspekte der Lorenzerschen Konzeption in der Zwischenzeit einer Kritik unterzogen wurden – so seine Begriffe der psychoanalytischen Metapsychologie, der Wahrheit und des Wesens (Zepf u. Hartmann, 1989) – blieben die darin vertretenen grundlegenden Positionen unverändert. Spätestens bei dessen Lektüre wird klar, daß in den vorgetragenen Einsichten eine Logik zu Worte kommt, die all jenen Kollegen als nicht hoffähig gilt, die sich in ihrer wissenschaftlichen und therapeutischen Alltagspraxis längst in einer – dem „Zeitgeist" entsprechenden – durchgestylten Turboversion der Psychoanalyse bewegen, in der ihr ehemaliger Cw-Wert auf ein Minimum reduziert ist, und die im wohlsortierten Outfit die Freudsche Psychoanalyse nurmehr wie ein antiquiertes Perpendikel als Erbstück an einer gut sichtbaren Kette in der Westentasche zum Zeichen ihrer Seriosität vor sich hertragen. Dieser Logik Gehör zu verschaffen ist auch ein Anliegen unserer Arbeiten, in denen das Ende der heute praktizierten Psychoanalyse bedacht wird, um die Freudsche Psychoanalyse noch weiterführen zu können.

Gerne hätten wir noch zu Ausbildungsfragen Stellung genommen. Hier findet sich eine Leerstelle, die freilich mehr über die psychoanalytische Ausbildung aussagt, als eine Anmerkung je es könnte. Wir waren der Meinung, daß sie aus der Feder eines Betroffen stammen sollte, und wir konnten keinen Ausbildungskandidaten finden, der bereit gewesen wäre, seine Kritik öffentlich zu machen. „A poor player," läßt Shakespeare (1876, S. 852) einen seiner Helden kurz vor dessen Ende sagen, „who struts and frets his hour upon the stage and then is heared no more." Um zu verhindern, daß sich die Psychoanalyse nicht noch weiter auf jenen schlechten, aber gut dotierten Schauspieler reduziert, der zwar noch wild gestikulierend und viel redend umherstolziert, aber nichts Wesentliches mehr zu sagen hat, wollen wir die liegengelassene Debatte nochmals in der Perspektive der Frage nach dem gemeinsamen Nenner des gemeinsamen Unbehagens aufnehmen, und zwar in einer Weise, die sich in einigen Aspekten von den Inhalten und der Form der früheren unterscheidet. Kritisierten die Beiträge in der zitierten Streitschrift die gegenwärtige psychoanalytische Lage distanziert und in verschiedenen, eher zufällig gewählten Perspektiven, so sind unsere Anmerkungen mehrheitlich von anderer Art. Sie spielen der gegenwärtigen Psychoanalyse die ihr eigentümliche Melodie vor, indem sie sie zum Topos dessen machen, was sie ehemals war – eine kritische Sozialwissenschaft –, und konstatieren die Lage nicht nur kritisch, sondern zeigen auch einige der wesentlichen, fatalen Konsequenzen, die sich daraus ergeben. Es mag dann verwundern, daß sich an entscheidenden Punkten gleichwohl einige kritische Argumente aus vergangenen, fast ein halbes Jahrhundert zurückliegenden Zeiten finden. Dieser Rekurs auf früher Gesagtes ist nicht nur von der Absicht getragen, den Schultern Kontur zu geben, auf denen einige der hier versammelten Autoren stehen. Im wesentlichen gründet er in der Sache. Die Argumente sind unverändert gültig, weil der schlechte

Schauspieler darüber hinaus noch – und vermutlich ohne es zu wissen – in alten, schon damals in den Mülldeponien der Geschichte endgelagerten Stücken agiert, sich in bereits verworfenen Denkfiguren bewegt, mit denen man die Psychoanalyse ins Bestehende, sich als „gesund" Dünkende zu integrieren und ihren kritischen, sie konstituierenden Impetus ins Abseits zu stellen trachtete. Auch wenn es schwierig ist, noch etwas Neues beizutragen, wenn sich das Kritisierte – wie in der Mode – nur seiner Aufmachung, nicht aber seinem Inhalt und seiner – dem Bewußtsein verborgenen – Zielsetzungen nach wesentlich verändert hat, so ist doch die – schmerzende – Zurückbiegung des psychoanalytischen Denkens auf längst Gescheitertes namhaft zu machen. Der kritische Gedanke muß sich – wie überall – auch hier „von den konkreten Gedanken des Bewußtseins leiten lassen, gegen die er angeht, und wiederkäuen, was sie vergaßen" (Adorno, 1963, S. 99). So die Kritik wirksam werden will, darf sie auch nicht in einer „neutralen", Wissenschaftlichkeit scheinbar kennzeichnenden Attitüde den Schmerz beseitigen, den die maligne, sich als „Weiterentwicklung" präsentierende Rückbildung der Psychoanalyse in die Netzhaut jener einbrennt, die sie ungeschützten Auges an dem ihr innewohnenden Potential bemessen. Schon um mit ihm leben zu können, ist der Schmerz gegen das Schmerzende zu wenden. Damit die Melodie in den auswattierten Doppeltüren psychoanalytischer Praxen nicht zum verstummen gebracht wird, sondern sie durchdringt und so auch eine Chance besteht, daß die marmorisierte Psychoanalyse unter ihr zu tanzen anfängt, muß jedenfalls ihr Ton hart, unerbittlich und für die Ohren der Psychoanalytiker auch so schmerzhaft sein, wie der gegenwärtige Zustand der Psychoanalyse für die Autoren schmerzlich ist.

Zwar mag die Hoffnung trügen, daß ein gemeinsames Handeln eher möglich wird, wenn man sich die Gründe, die es verbieten, und die Bedingungen, die es voraussetzt, ein Stück weit einsichtig macht. Sie eröffnet aber immerhin die Handlungsperspektive, wenigstens zu versuchen, die Voraussetzungen für ein gemeinsames Handeln einzulösen. Vielleicht eröffnen die hier versammelten Aufsätze für den einen oder anderen auch jene Distanz zur eigenen Praxis, die für eine kritische Reflexion des eigenen Unbehagens und des eigenen Tuns und Lassens nötig ist. Er wird es danach schwerer haben, mit seinem Unbehagen, mit sich selbst und seiner Praxis weiterhin einfach in Frieden weiterzuleben. Auch die Psychoanalytiker leben im Massenzeitalter der unbefleckten Hände, und das Unbehagen, das einige von ihnen dennoch beschlichen hat, wird qualitativ ein anderes, wenn sich die unbefleckten Hände als Schein entlarven. Ob dann aus dieser inhaltlich konkreteren Irritation ein Handlungspotential erwächst, wird sich zeigen. Auch wenn unsere wie auch die kritischen Anmerkungen anderer pluralistisch „als eine Meinung unter vielen" unschädlich gemacht werden und sich letztlich als vergeblich erweisen sollten, es ist uns einen weiteren Versuch wert, das Meer scheinbarer Unschuld trockenzulegen, noch ehe es zu einer, die Freudsche Psychoanalyse ertränkenden Sintflut anschwillt.

Siegfried Zepf
Düsseldorf, im April 1990

Literatur

Adorno, Th. W. (1963): Sexualtabus und Recht heute, in: Adorno, Th. W., Eingriffe. Neun kritische Modelle, S. 99–124. Frankfurt

Anders, G. (1972): Endzeit und Zeitende. Gedanken über die atomare Situation. München

Freud, S. (1926): Die Frage der Laienanalyse. In: GW XIV, S. 207–286

Lohmann, H. M. (Hrg.) (1983): Das Unbehagen in der Psychoanalyse. Frankfurt

Shakespeare, W. (1876): Macbeth. In: Dramatische Werke in drei Bänden, Bd. 1, S. 800–856

Zepf, S. u. Hartmann, S. (1989): Psychoanalytische Praxis und Theoriebildung: Verstehen und Begreifen. Heidelberg

Anmerkung I

Psychoanalyse in der universitären Medizin

Siegfried Zepf

Es ist noch nicht lange her, daß Psychoanalyse und Medizin unter einem Dache wohnen. Geboren um die Jahrhundertwende, wurde ihr erst im Alter von knapp 70 Jahren Eintritt in das akademische Oberhaus gewährt, in dem sie sich dann – trotz anfänglicher Widerstände – in Gestalt von psychotherapeutischen und psychosomatischen Abteilungen innerhalb der medizinischen Fakultäten einrichten konnte. Wie die anderen klinischen Disziplinen übernahm damit auch die Psychoanalyse Aufgaben in der institutionalisierten Krankenversorgung, der Lehre und der Forschung. Auch die universitäre Psychoanalyse hatte die Praxis der niedergelassenen Kollegen nicht bloß zu duplizieren, sondern die Einsichten in die Ätiopathogenese bestimmter Krankheitsbilder – der psychischen Störungen – zu vertiefen. Darüber hinaus hatte sie sich noch mit anderen und grundsätzlicheren Fragen zu befassen, welche für die anderen Disziplinen bereits mehr oder weniger konsensfähig beantwortet sind, die aber für ihr Fachgebiet unverändert strittig diskutiert werden. Etwa: Was für einen wissenschaftlichen Status hat die Psychoanalyse, wie ist ihr Verhältnis zu den Nachbarwissenschaften, und wie ist in ihr das Verhältnis von Theorie und Praxis beschaffen? Welchen epistemischen Status haben ihre theoretischen Begriffe, in welchem geschichtlichen Zusammenhang sind sie entstanden, welchen empirischen Bezug haben sie, wie lassen sich ihre Erkenntnisse im psychoanalytischen Verfahren auf Wahrheit prüfen?

In letzter Zeit wurde nun die Existenz psychoanalytisch orientierter Abteilungen sowohl von medizinischer wie auch von psychoanalytischer Seite wieder in Frage gestellt. Von medizinischer Seite, dem Wissenschaftsrat, wurde argumentiert, daß sie ihre Aufgabenbereiche nicht bewältigt hätten, daß Umfang und Qualität der Forschung nicht den Ansprüchen genügen würden, die man im Hinblick auf die Ausstattung im internationalen Vergleich stellen müßte. Von psychoanalytischer Seite wurde moniert, daß im Versuch, ihre Aufgabenbereiche zu bewältigen, psychoanalytische Essentials aufgegeben worden wären. Da insbesondere die Aktivitäten im wissenschaftlichen Bereich den universitären Status einer Disziplin legitimieren, will ich zunächst der formalen Kritik des Wissenschaftsrates exemplarisch und ebenso formal einige der Arbeiten entgegenhalten, die in den letzten 10 Jahren aus der Abteilung, an der ich arbeite – dem Klinischen Institut für Psychotherapie und Psychosomatik und der Klinik für Psychotherapie und Psychosomatik der Universität Düsseldorf – erschienen sind, und dann mich ausführlich auf die Kritik konzentieren, die von Psychoanalytikern vorgebracht wurde.

I/1. Etwas mehr als 200 wissenschaftliche Publikationen, darunter 15 Monographien, sind in diesem Zeitraum von Mitarbeitern unserer Abteilung erschienen (Zepf, 1990). Thematisch lassen sie sich gliedern in Arbeiten zu den Grundlagen der Psychoanalyse, ihre Methodik und ihre Kulturtheorie, der psychosomatischen Medizin, zu den Psychoneurosen, frühen Störungen und Suchtproblemen sowie zu Aus- und Weiterbildungs- und medizinisch-psychologischen Fragen in den Kliniken. Ein Schwerpunkt war die Vor- und Frühgeschichte der Psychoanalyse, die Rekonstruktion ihrer Herkunft und die Klärung ihrer Begrifflichkeit. Exemplarisch wurde die verzweigte Begriffsgeschichte am Terminus „Es" aufgewiesen. In kritischer Sichtung verschiedener Konzepte wurde das für die psychoanalytische Entwicklungspsychologie und Therapie grundlegende und bisher noch weitgehend ungeklärte Verhältnis von Trieb und Narzißmus in einer Weise aufgearbeitet, die erlaubt, die diagnostischen Lücken ein Stück weit zu schließen, die insbesondere dann augenfällig werden, wenn narzißtische oder sogenannte frühe Anteile in der Persönlichkeitsentwicklung in Verbindung mit späteren Konfliktkonstellationen zu lesen sind. Probleme der Ich-Psychologie, wie sie sich insbesondere unter dem Verständnis der Psychoanalyse als einem tiefenhermeneutisch operierenden Verfahren einstellen, wurden verfolgt, und das für die Psychoanalyse höchst bedeutsame Verhältnis von kindlicher Phantasie und Realität wurde weiter abgeklärt. Für die vielfach objektivierenden Umgangsweisen mit dem Konzept der „Abstinenz", welches von zentraler Bedeutung für die Theorie der Behandlungstechnik ist, wurden die historischen Gründe aufgezeigt und das Konzept selbst im Rahmen einer Objektbeziehungstheorie verortet. Unter dem Aspekt der weiblichen Identitätsbildung wurden die Entwicklungsbedingungen für Aggressionen und für das Über-Ich sowie die Bedeutung des negativen

Ödipuskomplexes für die weibliche Autonomieentwicklung untersucht. In einer anderen Arbeit wurde die noch weitgehend offene Frage verfolgt, inwieweit es mit dem genuin psychoanalytischen Verfahren möglich ist, zu wissenschaftlichen Einsichten in den menschlichen Subjektivierungsprozeß zu kommen, worin das Wahrheitskriterium psychoanalytisch gewonnener Einsichten gründet und welche Bedingungen vorliegen müssen, damit dieses Wahrheitskriterium auch in Anspruch genommen werden kann. Die in Teilen einseitige Auffassung des Geschlechtergegensatzes bei Freud wurde historisch relativiert und mit dem hierzu entwickelten historisch-analytischen, insgesamt vernunftskritischen Instrumentarium wurden auch die nationalsozialistischen „medizinischen Experimente" neu interpretiert, wodurch sich eine andere als nur moralisch empörte, gleichsam hilflose Beurteilung der nationalsozialistischen Verbrechen ergab.

In den Arbeiten zur psychosomatischen Medizin wurden die psychosomatischen Konzepte von Ruesch, Alexander, Schur, Engel und Schmale, der französischen Schule um Marty sowie von Mitscherlich und v. Uexküll kritisch aufgearbeitet und ihre wesentlichen Inhalte so systematisiert, daß biologische, soziologische und psychoanalytische Einsichten in den psychosomatischen Krankheitsprozeß besser als bisher aneinander vermittelt werden können. Eine eigene theoretische Konzeption wurde in mehreren Schriften vorgestellt. Verschiedene methodische Verfahren wurden entwickelt und in empirischen Untersuchungen eingesetzt, welche die Verhaltensnormalität, die psychoanalytischen Konzepte des Selbstwertgefühls, der narzißtischen Objektbeziehung und die unter dem Titel „Alexithymie" beschriebenen sprachlichen Eigentümlichkeiten psychosomatisch Kranker einer empirischen Überprüfung zugänglich machen. Die subjektiven Krankheitstheorien von psychosomatischen und psychoneurotischen Patienten wurden im Hinblick darauf miteinander verglichen, inwieweit darin bei diesen Patienten die Realgenese ihrer Erkrankung zur Darstellung kommt, welchen Stellenwert sie für die Psychotherapie dieser Krankheitsbilder haben und wie weit sich in der Sprache dieser Patienten ihre subjektive, unbewußte Geschichte darstellen kann.

I/2. Nimmt man die Kriterien des Wissenschaftsrates als Bemessungsgrundlage, dann würde bereits dieser Auszug ausreichen, die universitäre Existenz einer psychoanalytisch arbeitenden medizinischen Abteilung zu lizenzieren. Allein reicht er freilich nicht aus, um auch die psychoanalytische Kritik zu entkräften. Kritisierten früher Psychoanalytiker die Medizin wegen ihrer kritischen Einstellung zur Psychoanalyse, so wird heute die Psychoanalyse unter Hinweis auf Freud wegen ihrer Medizinalisierung und wegen ihres damit verbundenen universitären Status kritisiert. Freud habe vor der Inbesitznahme der Psychoanalyse durch die Medizin gewarnt, weil er sich nicht sicher war, ob sie zum Zwecke ihrer Erhaltung oder ihrer Vernichtung erfolge. Er habe sie auch nicht zu einer Subdisziplin der Medizin machen wollen, weil er gefürchtet habe, daß dann die Therapie die Wissenschaft erschlägt (Freud, 1926a, S. 283; 126b, S. 291). Vielmehr habe er die Psychoanalyse „einem Stand von weltlichen Seelsorgern" dezidiert, „die Ärzte nicht zu sein brauchten und Priester nicht sein dürften" (Freud, 1928, S. 136). Als Konsequenzen dieser Medizinalisierung werden ausgemacht:

(1) Die Verkürzung der Psychoanalyse auf ein bloßes Therapieverfahren, wobei das psychoanalytische Verfahren selbst faktisch aufgegeben und mehrheitlich nur mehr modifiziert in verschiedenen Formen der Psychotherapie existieren würde.

(2) Die Eingrenzung ihres wissenschaftlichen Fragebereiches auf therapeutische Fragen, die vor allem unter dem Ziel verfolgt würden, die therapeutischen Techniken so zu optimieren, daß das in Gestalt einer seelischen Erkrankung privatisierte, zum Verstummen gebrachte Leiden unter den herrschenden gesellschaftlichen Verhältnissen wieder in diese Verhältnisse soziofunktional eingebunden würde. Im psychoanalytischen Verfahren dagegen würde über kritische Selbstaufklärung Selbstverfügung, und d. h. Entscheidungsfreiheit, wieder hergestellt. Mit dieser Eingrenzung sei

(3) eine Ausgrenzung kultur- und gesellschaftskritischer Problemstellungen erfolgt. Im Zuge der postfreudianischen Entwicklung der Psychoanalyse sei die psychoanalytische Kulturkritik mehr und mehr ins Abseits geraten, und zwar trotz des Wissens, welches in ihr von den gesellschaftlichen Zusammenhängen angehäuft wäre, in dem die psychischen Erkrankungen entstehen. Psychische Störungen wären das Resultat einer überindividuellen pathogenen Konstellation verschiedener sozialer Felder. Auch im Verständnis der Humanmedizin würden psychische und psychosomatische Störungen als spezifisch menschliche Erkrankungen gelten, wären also an die *differentia specifica* menschlicher Lebensweisen gebunden, und man würde sich heute wohl kaum mehr der Einsicht verschließen können, die Herbart (1824, II, S. 3) vor 160 Jahren und gut 20 Jahre vor Marx formuliert hat,

nämlich daß wir den völlig einzelnen gar nicht kennen, aber soviel mit Bestimmtheit wissen, daß ihm die Humanität fehlen würde, wenn ihm die Gesellschaft fehlte. Bereits 1910, auf dem II. Privatkongreß der Psychoanalytiker in Nürnberg, habe Freud gesagt: „Die Gesellschaft wird sich nicht beeilen, uns Autorität einzuräumen. Sie muß sich im Widerstand gegen uns befinden, denn wir verhalten uns kritisch gegen sie. Wir weisen ihr nach, daß sie an der Verursachung von Neurosen selbst einen großen Anteil hat." In der Zwischenzeit räume sie den Psychoanalytikern diese Autorität ein, und vielleicht sei es gerade dieser Zugewinn an Autorität gewesen, welcher die psychoanalytischen Fragen in dieser Richtung zum Verstummen gebracht habe.

(4) Resultat dieser gesellschaftskritischen Abstinenz sei eine theoretische Verödung und Verkümmerung der Psychoanalyse in einer gesellschaftlich zunehmend irrelevant werdenden Randexistenz. Würden soziale Phänomene noch in psychonalytischer Perspektive aufgenommen, dann handele es sich zumeist um soziale Aktivitäten, die sich gegen die herrschende Gesellschaftsform richten – wie etwa die Studentenbewegung oder die Anti-Vietnam- oder Friedensbewegung. Diese würden dann psychologisiert und im Sinne der schweigenden Mehrheit gedeutet, daß nämlich nur Neurotiker eine von der normalen abweichenden Politik machen könnten. Konservativ organisierte Erscheinungen dagegen – wie z. B. die Indolenz gegenüber den Folterungen in den mittel- und südamerikanischen Ländern, der Reduzierung der Bewohner von Südsee-Inseln auf Versuchskaninchen zur Prüfung der Folgen radioaktiven Fallouts – würden nicht mehr in dem Sinne als problematisch erfahren, daß man sich mit ihnen in psychoanalytischen Untersuchungen auseinandersetzte.

(5) Beklagt wurde auch, daß sich die Psychoanalyse in ihren Forschungsstrategien an den Universitäten mehr und mehr dem in der Medizin vorherrschenden einheitswissenschaftlichen Ideal des logischen Empirismus verpflichtet habe. Damit habe die Psychoanalyse nicht nur sozialgeschichtliche Probleme, sondern auch ihren genuinen Erkenntnisgegenstand – die konkrete Subjektivität des Individuums – aus wissenschaftlichen Diskursen ausgeklammert und auf bloßes Material für überindividuelle Fragestellungen reduziert. Argumentiert wird so: Wenn man die Psychoanalyse unter dem wissenschaftstheoretischen Verständnis des logischen Empirismus faßt, sie mithin als eine erklärende, auf Gewinnung und Anwendung von mehr oder weniger allgemeinen Gesetzesaussagen gerichtete Beobachtungswissenschaft versteht, dann würde man sich damit zugleich auch auf den

naturhaften Schein verpflichten, der ihren Erkenntnisgegenstand unter den gegenwärtigen Verhältnissen objektiv anhaftet. Objektiv sei dieser Schein deshalb, weil sich das bewußtlos gewordene Verdrängte im Wiederholungszwang in der Tat hinter dem Rücken des Subjektes, und d. h. naturgesetzlich, durchsetze. Menschliches Verhalten scheine so subsumierbar unter Naturgesetze, obgleich es von den an der Sozialisation Beteiligten hergestellt sei. Als Konstituens dieser Naturgesetzlichkeit wird die Bewußtlosigkeit der Betroffenen ausgemacht, welche dadurch von Autoren auf bloße Akteure ihrer Lebensgeschichte reduziert würden. Diese Reduzierung würde in einer Forschung zementiert, die den Regeln des logische Empirismus folge. In Wirklichkeit verweise aber die Verifizierung psychoanalytisch gewonnener Einsichten in nomologisch angelegten Untersuchungsgängen immer auf eine Gesellschaft, in welcher die Individuen einen Status als Subjekt nicht unbeschadet durchhalten können. In diesem Zusammenhang wird darauf verwiesen, daß die psychoanalytische Psychosomatik etwa mit dem Anspruch angetreten war, durch die wissenschaftliche Einführung des Subjekts in die Medizin die klinische Alltagspraxis zu revolutionieren. Es sei jedoch kaum zu übersehen, daß dieses Ziel nicht erreicht wurde. Der Satz Viktor v. Weizsäckers (1949, S. 50) „Die recht verstandene psychosomatische Medizin hat einen umstürzenden Charakter“ sei nicht nur – wie etwa De Boor und Mitscherlich (1973) meinen – „die Parole einer Revolution“ geblieben, „die wir analytischen Psychosomatiker in den letzten ... Jahren nicht zustande gebracht haben“. Es sei eher so, daß statt dieser Revolution in der Medizin eine Konterrevolution im eigenen Hause stattgefunden habe. So würde etwa im neuesten „Lehrbuch der psychoanalytischen Therapie“ von Thomä und Kächele (1985, S. 291f.) die Möglichkeit der Überprüfung psychoanalytischer Theorien im Behandlungszimmer entschieden bestritten und für die dort erhobenen Befunde eine Wahrheitsprüfung im Sinne des logischen Empirismus gefordert. Dabei aber würde das Subjekt in der Tat aus dem wissenschaftlichen Fragebereich ausgeschlossen. Das menschliche Individuum könnte wissenschaftlich, und d. h. in überprüfbarer Weise, nur mehr als Objekt befragt werden, als das es auch in der naturwissenschaftlich orientierten Medizin behandelt würde.

Ich teile diese Kritik insofern, als auch ich meine, daß der Stachel Freuds zunehmend stumpf geworden, die ehemals dezidierte Opposition gegen die Psychoanalyse einer eher honetten Gleichgültigkeit gewichen ist und daß die Psychoanalyse ihre gesellschaftliche Anerkennung mit einem weitgehenden Verzicht auf eine Kritik an dieser Gesellschaft bezahlt hat. Nur zweifele ich daran, ob die Teilnahme von Psychoanalytikern an der medizinischen Krankenversorgung immer eine Medizinalisierung im schlechten Sinne bedeutet, d. h. zwangsläufig mit einem Verzicht auf kulturkritische Fragestellungen und mit einer theoretischen Verarmung einhergehen muß. Ich kenne ebensowenig medizinisch wie psychologisch vorgebildete Psychoanalytiker, die sich in den letzten Jahren ernsthaft mit sozialkritischen Fragestellungen befaßt haben. Der Verzicht auf kritische Fragen gründet nicht darin, daß die Psychoanlytiker Ärzte sind; er ist vielmehr die Folge der Bedingungen, von denen ihre – gleichgültig, ob sie von Haus aus Ärzte oder Psychologen sind – akademische Karriere in ihren psychoanalytischen Gemeinschaften und ihre sozioökonomische Lage in unserer Gesellschaftsform abhängen und die sie mit solch gesellschaftskritischen Fragestellungen selbst problematisieren müßten.

Auch dem Argument, daß in Psychotherapien die Patienten gesellschaftsfunktional resozialisiert werden, während in Psychoanalysen über eine kritische Selbstaufklärung Selbstverfügung wieder hergestellt wird, kann ich nicht folgen. Es gibt keinen Befund, der den Schluß erlauben würde, daß sich psychotherapeutisch Behandelte besser in die gesellschaftlichen Verhältnisse reintegrieren und sich die herrschenden Normen mehr zu eigen machen als jene, die sich einer Psychoanalyse unterzogen haben. Ich halte diese Einschätzung der heutigen Psychoanalyse für ein euphemistisches, die wirkliche Lage verschleierndes „linkes" Gerücht. In beiden Verfahren wird das privatisierte Leiden nicht als Leiden an der Gesellschaft entmystifiziert, sondern durch Wiederherstellung der Leistungs- und Genußfähigkeit – der Fähigkeit des Patienten zur Produktion und Konsumtion in den gesellschaftlich vorgeschriebenen Formen – zu minimieren versucht. Im Verfahren einer auf eine „wertfreie" Technologie reduzierten Psychoanalyse (z. B. Wisdom, 1956; Thomä u. Kächele, 1985, S. 12) wird dabei die gesellschaftlich vorherrschende Ideologie noch wesentlich tiefer in die Subjekte hinein vorgetragen, als dies im Verfahren der Psychotherapie möglich wäre (s. dazu Zepf u. Hartmann, Anm. II u. III).

Ich kann auch die Kritik an einer methodisch geregelten empirischen Untersuchung psychischer Phänomene nicht teilen. Jedenfalls haben nicht alle empirisch gewonnenen Ergebnisse den Status sorgfältig bewiesener Belanglosigkeiten, die etwa Waelder (1957/58) den empirischen Befunden beimaß, die außerhalb des psychoanalytischen Verfahrens erhoben werden, und es scheint mir problematisch, auf solche Untersuchungen mit dem Argument zu verzichten, daß in ihnen mit dem menschlichen Individuum so umgegangen wird, wie die Gesellschaft mit ihm umgeht. Wie andere Befunde, so sind auch die psychoanalytischen Erkenntnisse methodenspezifisch. Da die Subjektivität des Analytikers in die psychoanalytische Erkenntnisbildung immer mit eingebunden ist – er ermittelt die Befunde im wesentlichen über die Ausbeutung seiner Gegenübertragung –, sind die von ihm ermittelten Einsichten immer auch um den Grad seiner Restneurose verzerrt, entstellt durch die in seiner Lehranalyse nicht aufgearbeitete eigene neurotische Problematik (siehe dazu Zepf u. Hartmann, Anm. II). Solange das Problem der Restneurose nicht gelöst ist, so lange kann auch von einer Wahrheitsprüfung im psychoanalytischen Verfahren nicht die Rede sein, so daß die empirischen Untersuchungen einmal der Wahrheitsprüfung psychoanalytischer Einzelbefunde dienen. Aber selbst wenn man die psychoanalytische Erkenntnisbildung idealtypisch betrachtet und von Psychoanalytikern ausgeht, deren Gegenübertragung nicht restneurotisch verzerrt ist, sondern die ihre Subjektivität unverkürzt zur Verfügung haben, auch dann könnte auf methodisch geregelte empirische Untersuchungen nicht verzichtet werden. Im psychoanalytischen Verfahren werden die Befunde im ätiopathogenetischen Zusammenhang des Einzelfalles zum Vorschein gebracht; in empirischen Untersuchungen werden sie aus diesem Zusammenhang herausgelöst und an einer größeren Population erhoben, mithin auf ihre Generalisierbarkeit geprüft. Psychoanalytisch und empirisch gewonnene Erkenntnisse haben innerhalb der Einheit des Erkenntnisprozesses eine unterschiedliche Funktion. Damit diese Einheit gewahrt bleibt – und man nicht dem naturhaften Schein empirischer Ergebnisse aufsitzt –, sind allerdings die Methoden beider Verfahrensweisen methodologisch aneinander zu vermitteln. Dann aber lassen die empirisch gewonnenen Ergebnisse sich zugleich begreifen als Spiegelbild der gesellschaftlichen Verobjektivierung menschlicher Subjekte und als Antwort auf die Frage nach der Generalisierbarkeit psychoanalytischer Einsichten.

Fraglos hat sich die Psychoanalyse aus einem Instrument der Kritik in eines von vielen Hilfsmitteln und Techniken der alltäglichen Berufsroutine zurückentwickelt und mit der Maschinerie des Bestehenden ihren Frieden gemacht (Horkheimer, 1948). Soll die Psychoanalyse noch als das überleben, was sie war und ist, dann sind die sie Praktizierenden nachdrücklich aufgefordert, der unter dem Druck der institutionellen Verhältnisse allenthalben stattfindenden Halbierung des Freudschen Erbes, ihre Reduzierung auf ein bloßes Therapieverfahren unter zunehmender Vorherrschaft der Ich-Psychologie, entschieden entgegenzuarbeiten. Zur Psychoanalyse gehören auch beide ihre Kritik speisenden Kraftquellen, die Lehre von den Triebkonflikten ebenso wie ihre Kulturtheorie, und – so Freud (1933, S. 164) – die Psychoanalyse hat einen entweder ganz oder gar nicht. Sie ist keine Brille, die man nach Belieben an- und ablegen und gegen andere, etwa positivistisch getönte Augengläser vertauschen kann. Sie ist auch nicht mit jenem Fernrohr zu vergleichen, das Nelson in der Schlacht bei Kopenhagen gegen die Dänen vor sein realitätsblindes Auge hielt. Zwar gewann Nelson – der Legende zufolge – gerade deshalb die Schlacht. Mit gesellschaftsblinden Augen freilich wären den Psychoanalytikern ihre Funde nur mehr enthistorisiert und in gesellschaftskonformer, mystifizierter Lesart zugänglich. Die Psychoanalytiker sind aufgefordert, im eigenen wie auch im kurzfristigen und langfristigen Interesse ihrer Patienten ihre therapeutische und wissenschaftliche Arbeit mehr als bisher innerhalb des problematischen Verhältnisses von Individuum und Gesellschaft kritisch auszuleuchten und ihre Antworten in Fragen umzumünzen, die von der klinischen Medizin nicht einfach mehr übergangen werden können. Als bloß therapeutische Subdisziplin der Medizin wird ihr dies nicht gelingen. Freud (1933, S. 169) jedenfalls empfahl die Psychoanalyse nicht als Therapie dem Interesse, „sondern wegen ihres Wahrheitsgehaltes, wegen der Aufschlüsse, die sie uns gibt, über das, was dem Menschen am nächsten geht, sein eigenes Wesen, und wegen der Zusammenhänge, die sie zwischen den verschiedensten seiner Betätigungen aufdeckt … Als Therapie ist sie eine unter vielen …“

Wegen der kritischen Einsichten, welche die Psychoanalyse in das menschliche Wesen ermöglichen kann, sollte sie auch nicht auf die Forschungsmöglichkeiten verzichten, die mit einem universitären Status verbunden sind. Wenn das menschliche Wesen nicht dem Menschen, sondern der Gesellschaft innewohnt, in der er lebt, dann kommt die Psychoanalyse diesem Wesen am nächsten, wenn sie unter dem Selbstverständis einer kritischen Sozialwissenschaft operiert. Medizinalisiert sie sich, dann sollte die Psychoanalyse auch nicht hinter das Selbstverständnis zurückfallen, das Rudolf Virchow (1849) anläßlich der Tuberkuloseepidemie in Oberschlesien schon vor 140 Jahren auch für die Medizin in Anspruch nahm: „Die Medizin hat uns unmerklich in das soziale Gebiet geführt und uns in die Lage gebracht, jetzt selbst an die großen Fragen der Zeit zu stoßen." Wie andere medizinische Disziplinen hat sich auch die Psychoanalyse um Aufklärung des Bedingungsgefüges ihres Gegenstandsbereiches – der psychischen Störungen – und um deren Prophylaxe zu bemühen. Zwangsläufig würde sie ihren Gegenstand verfehlen, wenn sie sich Fragestellungen verschlösse, die sich aus der gesellschaftlichen Organisation des menschlichen Zusammenlebens ergeben, in der die Beschädigungen im Bildungsprozeß subjektiver Strukturen gründen. Die Antworten werden die vorherrschende gesellschaftliche Organisation problematisieren müssen und somit auch nicht die Billigung all jener finden können, die es sich in ihr ganz gut einrichten konnten. „Es ist fast unmöglich", notierte Lichtenberg (zit. n. Freud, 1905, S. 89), „die Fackel der Wahrheit durch ein Gedränge zu tragen, ohne jemandem den Bart zu sengen." Weil hier die Überlegungen sich nicht auf eine marktgerechte Verkäuflichkeit einrichten, deshalb lassen sich auch die kritischen Einsichten nicht für die eigene akademische Karriere nutzen, und vielleicht liegt darin der wesentliche Grund, warum solche Problemstellungen nicht im Mainstream der gegenwärtigen Forschung liegen. Aber: „Wer dem beamteten Tiefsinn sich anvertraut, verfällt wie vor hundert Jahren dem Zwang, in jedem Augenblick ebenso naiv zu sein wie die Kollegen, von denen die Karriere abhängt" (Adorno, 1944, S. 80). Eine Psychoanalyse jedenfalls, die sich ängstigt, „am Schlaf der Welt" zu rühren (Freud, 1914, S. 60), hat auch in der Therapie nichts mehr mit dem gemein, was Freud einst entwickelt hat.

Literatur

Adorno, Th. W. (1944): Drinnen und draußen. In: Minima Moralia, S. 80–82, Frankfurt 1985

De Boor, C. u. Mitscherlich, A. (1973): Verstehende Psychosomatik – ein Stiefkind der Medizin. Psyche 27, S. 1

Freud, S. (1905): Der Witz und seine Beziehung zum Unbewußten. In: GW VI

Freud, S. (1915): Zur Geschichte der psychoanalytischen Bewegung. In: GW X, S. 43–113

Freud, S. (1926a): Die Frage der Laienanalyse. In: GW XIV, S. 207–286

Freud, S. (1926b): Nachwort zur „Frage der Laienanalyse“. In: GW XIV, S. 287–296

Freud, S. (1933): Neue Folge der Vorlesungen zur Einführung in die Psychoanalyse. In: GW XV

Herbart, J. (1824): Psychologie als Wissenschaft, neu gegründet auf Erfahrung, Metaphysik und Mathematik. Zwei Teile, Amsterdam, 1968

Horkheimer, M. (1948): Ernst Simmel und die Freudsche Philosophie. Psyche 32, S. 483 (1978)

Thomä, H. u. Kächele, H. (1985): Lehrbuch der psychoanalytischen Therapie. Heidelberg

Virchow, R. (1849): Mitteilungen über die in Oberschlesien herrschende Typhus-Epidemie. Darmstadt, 1968

Waelder, R. (1957/58): Freud und die Geschichte der Wissenschaft. Psyche 11, S. 210

Weizsäcker, V. von (1949/50): Psychosomatische Medizin. Psyche 3, S. 331

Zepf, S. (1990): Psychotherapeutische und psychosomatische Forschung am Klinischen Insititut für Psychotherapie und Psychosomatik der Medizinischen Einrichtungen der Universität Düsseldorf. In: Rosin, U. (ed), Entwicklungsbedingte strukturelle Ich-Störungen – Begriff, Genese, Therapie, Heidelberg (im Druck)

Anmerkung II

Zum Stellenwert der „Restneurose“ in der psychoanalytischen Therapie

Siegfried Zepf und Sebastian Hartmann

Das Elend bleibt. So wie es war.
Du kannst es nicht ausrotten ganz und gar.
Aber du machst es unsichtbar ...
Adorno, 1944, S. 69

Das Problem der sogenannten „Restneurose“ wird im folgenden vorrangig unter dem Aspekt der Frage nach der gesellschaftlichen Funktion psychoanalytischer Therapien verfolgt. Mit „Restneurose“ wird dabei auf die neurotischen „Resterscheinungen“ (Freud, 1937, S. 73) Bezug genommen, welche in den Lehranalysen der Psychoanalytiker nicht abgetragen werden konnten, und die deshalb problematisch werden, weil „der Analytiker infolge der besonderen Bedingungen der analytischen Arbeit durch seine eigenen Defekte wirklich darin gestört wird, Verhältnisse des Patienten richtig zu erfassen und in zweckdienlicher Weise auf sie zu reagieren“ (Freud, 1937, S. 94).

Was ist unter diesen neurotischen „Resterscheinungen“ auf seiten des Analytikers genau zu verstehen? Auf den ersten Blick scheinen sie das Resultat von Analysen zu sein, in denen zwar ein Teil der frühkindlichen, unbewußt gewordenen Konflikte ins Licht des Bewußtseins gehoben wurde, ein anderer Teil aber unbewußt geblieben ist. Bei näherem Hinsehen erweist sich allerdings diese Bestimmung der Restbestände als Rest von unbewußten Konflikten als problematisch. In die Verdrängung führende Konflikte resultieren aus einem Zusammenspiel von inneren, subjektiven und äußeren Bedingungen, von geschichtlich gewordener, subjektives Erleben begründender subjektiver Struktur und erlebter aktueller Situation, wobei genau dieser lebensgeschichtliche Erlebniszusammenhang die Chance eröffnet, die verpönten, bewußtlos gewordenen Konflikte im Bezugsrahmen der „psychischen Realität“ (Freud, 1915, S. 351) eines Subjektes verstehend, d. h. tiefenhermeneutisch, einzuholen. Wenn nun gilt, daß für die Bewußtwerdung unbewußter Konflikte der konkrete

Sinnzusammenhang, in dem diese Konflikte stehen, im tiefenhermeneutischen Verfahren ebenso konkret auszugraben ist (Lorenzer, 1970), dann heißt dies, daß ein unbewußter Konflikt auch nicht vereinzelt, sondern nur zusammen mit den unbewußten Anteilen anderer Konflikte, mit denen er in einem lebensgeschichtlichen Zusammenhang steht, wieder Anschluß an das Bewußtsein gewinnen kann. Es ist nicht möglich, beispielsweise einen ödipalen Konflikt isoliert aufzulösen, wenn zugleich etwa eine abgewehrte orale Problematik vorliegt, welche die konkrete Ausformung des ödipalen Konfliktes mitbestimmte.

Der Begriff der „Restneurose" kann sich mithin auch nicht auf bestimmte unbewußte Konflikte beziehen, die in den Analysen nicht aufgearbeitet wurden. Ebensowenig kann er einen Restbestand von Erscheinungsformen unbewußter Konflikte meinen, welche die Analyse überdauerten, während die unbewußten Konflikte selbst aufgearbeitet wurden. Zwar könnten Freuds (1915a, S. 250) Überlegungen über das „Nachdrängen" diese Vermutung nahelegen. „Die zweite Stufe der Verdrängung, die *eigentliche Verdrängung,* betrifft psychische Abkömmlinge der verdrängten Repräsentanzen und solche Gedankenzüge, die, anderswoher stammend, in assoziative Beziehungen zu ihr geraten sind. Wegen dieser Beziehung erfahren diese Vorstellungen dasselbe Schicksal wie das Urverdrängte. Die eigentliche Verdrängung ist also ein Nachdrängen." Sandler und Nagera (1966) geben hierfür ein gutes Beispiel. Sie berichten über einen Patienten, der im Rahmen seiner Assoziationen in der Analyse den Tagtraum lieferte, daß er von einer bestimmten Schauspielerin verführt würde. Der latente Inhalt des Tagtraumes entpuppte sich als die Erfüllung des Wunsches, von der Analytikerin verführt zu werden, der im Laufe der Analyse entstanden und abgewehrt worden war. Dieser Wunsch selbst war aber die Erscheinungsform eines anderen Wunsches, der ebenfalls der Abwehr unterlag, nämlich des Wunsches, von der Mutter verführt zu werden, den sich der Patient früher in einem Tagtraum als erfüllt dargestellt hatte. Aber auch dieser Wunsch war noch die Erscheinungsform eines anderen, nämlich des Wunsches, mit der Mutter Sexualverkehr zu haben, der über eine Projektion des eigenen aktiven Verhaltens auf die Mutter zustande gekommen war. Diese Nachverdrängungen lebensgeschichtlicher Metamorphosen des urverdrängten Konfliktes erhalten ihre Dynamik von der Basis her und zerfallen erst mit der Auflösung dieses Konfliktes. Nicht die Erscheinungsformen neurotischer Konflikte können also mit „Restneurose“ gemeint sein. Es sind vielmehr die Grundpfeiler des neurotischen Gebäudes selbst, auf die mit diesem Begriff Bezug genommen wird.

II/1. Wenn man bedenkt, daß das fremdpsychische Dunkel nicht über die Mitteilungen des Analysanden, sondern im wesentlichen über die Gegenübertragung aufgehellt wird (z.B. Heimann, 1960; Little, 1960; A. Reich, 1960; Lorenzer, 1970) – der gefühlsmäßigen, sich der Lebensgeschichte des Analytikers verdankenden Reaktionen auf die Übertragungen des Analysanden, in denen sich dessen Unbewußtes in der Beziehung zum Analytiker im Wiederholungszwang durchsetzt und darstellt –, dann verliert das Problem der neurotischen Resterscheinungen beim Analytiker jede Beiläufigkeit, mit der es allenthalben behandelt wird, sofern es überhaupt Erwähnung findet. Deutlich wird diese, wenn man sich das psychoanalytische Verfahren in idealtypischer Weise vor Augen führt. Die tiefenhermeneutische Erkundung verläuft über zwei verschiedene, gleichwohl konvergierende Zugangswege zur Terra incognita des fremdpsychischen Unbewußten, dem „szenischen Verstehen“ und der „unmittelbaren Teilhabe“. Lorenzer (1974, S. 138) stellt diese Zugangsweisen prägnant dar: „Die ‚unmittelbare Teilhabe‘ verhält sich zum Verstehen als dessen andere Seite. Richtet sich das Verstehen als szenisches Verstehen auf das Erkennen der dramatischen Entwürfe (die sich in geschilderten Interaktionen realisieren), so tritt der Analytiker in der ‚unmittelbaren Teilhabe‘ (deren wichtigste Spielfiguren in der Psychoanalyse Übertragung und Gegenübertragung sind) ins angebotene Drama selbst als Akteur ein. ... Während ... das szenische Verstehen des kritisch-hermeneutischen Operierens im Medium der Sprache sich bewegt und nirgends anders sich bewegen kann, läßt sich die Teilhabe im Übertragungs-Gegenübertragungsspiel direkt auf die Ebene des unmittelbar-lebenspraktischen Zusammenspiels ein.“ Bei diesem tiefenhermeneutischen Vorgehen macht sich der Analytiker den Umstand zunutze, daß nicht nur die Lebenspraxis des Analysanden außerhalb der Analyse dem Wiederholungszwang unterworfen ist, sondern daß ebenso auch die analytische Situation von ihm nach dem Muster abgewehrter, infantil-unbewußter Beziehungskonfigurationen strukturiert wird. In dem Maße, in dem es gelingt, die neurotischen, aus dem sprachlichen Bewußtsein ausgeschlossenen Beziehungsarrangements des Analysanden in die Beziehung zum Analytiker aufzunehmen, entfaltet sich in der Übertragung das gesamte Tableau der lebensgeschichtlich problematischen, ins Unbewußte abgedrängten, wiewohl aber die aktuelle Lebenspraxis des Analysanden verkettenden Handlungsentwürfe.

Diese Verdichtung und Monopolisierung der neurotischen Beziehungskonfigurationen in der analytischen Situation ist Produkt eines Transformationsprozesses, den Freud (1914, S. 134) als Herstellung einer Übertragungsneurose beschreibt: Wir machen den Wiederholungszwang des Patienten „unschädlich, ja vielmehr nutzbar in dem wir ihm sein Recht einräumen, ihn auf einem bestimmten Gebiet gewähren zu lassen. Wir eröffnen ihm die Übertragung als den Tummelplatz, auf dem ihm gestattet wird, sich in fast völliger Freiheit zu entfalten, und auferlegt ist, uns alles vorzuführen, was sich an pathogenen Trieben im Seelenleben des Analysierten verborgen hat. Wenn der Patient nur so viel Entgegenkommen zeigt, daß er die Existenzbedingungen der Behandlung respektiert, gelingt es uns regelmäßig, allen Symptomen der Krankheit eine neue Übertragungsbedeutung zu geben, seine gemeine Neurose durch eine Übertragungsneurose zu ersetzen, von der er durch die therapeutische Arbeit geheilt werden kann. Die Übertragung schafft so ein Zwischenreich zwischen der Krankheit und dem Leben, durch welches sich der Übergang der ersteren zum letzteren vollzieht. Der neue Zustand hat alle Charaktere der Krankheit übernommen, aber er stellt eine artifizielle Krankheit dar, die überall unseren Eingriffen zugänglich ist. Er ist gleichzeitig ein Stück des realen Lebens, aber durch besondere Bedingungen ermöglicht und von der Natur eines Provisoriums“. Diese Übertragungsneurose erwächst aus der Übertragung unter den Bedingungen der analytischen Kur: „Wir wollen doch nicht vergessen, daß die Krankheit des Patienten, den wir zur Analyse übernehmen, nichts Abgeschlossenes, Erstarrtes ist, sondern weiter wächst und ihre Entwicklung fortsetzt, wie ein lebendiges Wesen. Der Beginn der Behandlung macht dieser Entwicklung kein Ende, aber wenn die Kur sich erst des Kranken bemächtigt hat, dann begibt es sich, daß die gesamte Neuproduktion der Krankheit sich auf eine einzige Stelle wirft, nämlich auf das Verhältnis zum Arzt“ (Freud, 1916/17, S. 461 f.).

Wir wollen hier nicht die verschiedenen Bedingungen erörtern, welche der Entwicklung einer Übertragungsneurose förderlich sind, gleichwohl aber eine Aktivität des Analytikers besonders hervorheben, durch welche er „alle Symptome des Kranken ... auf einen neuen Sinn“ einrichtet, „der in einer Beziehung zur Übertragung besteht“ (Freud, 1916/17, S. 462) und „die verborgenen und vergessenen Liebesregungen des Kranken", die man nicht „*in absentia* oder *in effigie* erschlagen" kann (Freud, 1912a, S. 374), auf ihn selbst zentriert. Gemeint sind die sogenannten „Wie-Deutungen" (Peto, 1961/62), in denen eine vom Analysanden geschilderte Beziehungsfigur als mystifizierte Darstellung einer Szene verstanden wird, die auch in der Übertragung auf den Analytiker verborgen ist.

Wir wollen dies wenigstens mit einem vereinfachten Beispiel erläutern. Ein Patient kritisiert in der Analyse seinen Chef. Der würde alles laufen lassen. Sein früherer Chef sei da anders gewesen, er habe von seiner Richtlinienkompetenz Gebrauch gemacht, da habe man gewußt, wo es lang geht und was man wie zu tun habe. Er überlege sich, ob er gelegentlich nicht die Mittagspausen überziehen oder die Briefe mit unkorrigierten Tippfehlern zur Unterschrift vorlegen solle, damit der Chef endlich einmal Farbe bekenne. Der Analytiker fühlt sich in dieser Szene aufgefordert, den Patienten nochmals auf die Regeln der psychoanalytischen Behandlung hinzuweisen, und nimmt die Darstellung des Analysanden in folgender Wendung auf: „Ich habe den Eindruck, Sie wünschen sich auch, daß ich endlich Farbe bekenne und Ihr Verhalten beurteile. Auch hier sind Sie in der letzten Zeit häufig zu spät gekommen. Vielleicht fürchten Sie sich, etwas falsch zu machen, wenn Sie mein Urteil nicht kennen."

Dieses verkürzte Beispiel zeigt, daß die geschilderte aktuelle Beziehungsfigur Patient-Chef als mystifizierte Darstellung einer Szene verstanden wurde, die in der Übertragung auf den Analytiker verborgen war. Die geschilderte Beziehungsfigur wurde in einem Sinnzusammenhang mit der Übertragung gestellt und als eine über das Zusammenspiel von Übertragung des Patienten und Gegenübertragung des Analytikers ermittelte Erscheinungsform des neurotischen Konfliktes gelesen. Solche auf die Übertragung bezogenen „Wie-Deutungen" – die geschilderte Szene ist wie die Szene in der Übertragung – zentrieren die außerhalb der Beziehung zum Analytiker sich darstellenden Erscheinungsformen der unbewußten Konflikte auf den Analytiker. Sie werden nun im Gewand anderer, auf den Analytiker bezogenen Mystifikation bewußt.

Mit dieser Operation gelangt der Analytiker – gleichsam aus dem Zuschauerraum – mehr und mehr auf die Bühne des infantil-neurotischen Beziehungsgeflechts des Analysanden und zieht – in komplementärer und konkordanter Identifikation (Deutsch, 1926; Racker, 1957) mit den sich in den dargestellten Szenen darstellenden Figuren – die bewußtlos inszenierten Handlungen auf sich. In einer gegenläufigen Bewegung wird dann die aktuelle Übertragungssituation über „Wie-damals-Deutungen" (Lorenzer, 1970; Peto, 1960/61) lebensgeschichtlich vervollständigt und dadurch aufgelöst, daß die aktuelle Übertragungssituation zu früher erlebten Szenen des Analysanden in Beziehung gesetzt wird – etwa indem die in unserem Beispiel geschilderte Übertragungssituation zurückgeführt wird auf eine Beziehung zum Vater, in der sich dieser im Erleben des Analysanden als gleichgültig präsentierte und unsicher machte. Indem der Analytiker die Übertragungsneurose letztlich zurückführt auf die versunkenen szenischen Originalgestalten der neurotischen Konflikte, legt er diese rekonstruierend frei. Ehe dies gelingt, müssen im analytischen Prozeß allerdings erst eine Vielzahl von Verwandlungsformen, von Metamorphosen, welche die neurotischen Konflikte und die ihnen zugrundeliegende Szenerie im Laufe einer Lebensgeschichte ebenso ausdrückten wie zunehmend entstellten und verschleierten, in dialektischer Schrittfolge von „Wie-Deutungen" und „Wie-damals-Deutungen" abgetragen werden. Die „Wie-Deutung" transformiert die bisherige Erscheinungsform des neurotischen Konflikts in eine vom Analytiker zum Teil verstehbare und somit handhabbare Form, die „Wie-damals-Deutungen" stellen die lebensgeschichtliche Verbindung zur nächstälteren Schicht der Erscheinungen dar, welche wiederum über entsprechende „Wie-Deutungen" in die gemeinsame Beziehungspraxis von Analytiker und Analysand eingeholt werden etc. Spinnt man unser Beispiel fort, so könnte nun in der Beziehung zum Analytiker die vermeintliche Gleichgültigkeit des Vaters als Gleichgültigkeit des Patienten erscheinen, welche dieser aus Angst vor dem Urteil des mächtigen Vaters entwickelte und im Laufe der Zeit auf den Vater projiziert hat.

Bei der Herstellung einer Übertragungsneurose handelt es sich mithin um einen Transformationsprozeß, der den Wiederholungszwang dadurch monopolisiert, daß die vielfältigen Erscheinungsformen, in welche die neurotischen Konflikte außerhalb der Analysesituation diversifiziert waren und sind, in die analytische Situation hereingeholt werden. Innerhalb der Analyse werden die lebensgeschichtlichen Metamorphosen des Konflikts als gleichsam tektonische Schichtungen sukzessive abgetragen, um schließlich die wesentlichen neurotischen Konflikte in ihrer szenischen Grundfigur rekonstruierend freizulegen. Das Einholen der Erscheinungsformen der Konflikte in die Analysesituation setzt eine Umwandlung ihrer bisherigen Erscheinungsformen voraus. Idealtypisch bilden sich auch diese gleichsam artifiziell hergestellten Erscheinungen, die sich in der Übertragungsneurose darbieten, entlang der lebensgeschichtlich gewordenen neurotischen Struktur des Patienten, werden inhaltlich von dieser und der Form nach durch die „Wie-Deutungen“ des Analytikers bestimmt und durch „Wie-damals-Deutungen“ aufgelöst. Durch die „unmittelbare Teilhabe“ an einem Stück verborgener Lebenspraxis, die zunächst weder der Analysand noch der Analytiker benennen können, nimmt der Analytiker die an ihn gerichtete Rollenzuweisung – welche, da sie sprachlos, und d. h. unbewußt, ist, verbal nicht eindeutig vermittelt werden kann – in der Gegenübertragung gleichsam koenästhetisch-gefühlsmäßig wahr, um sie dann auf diakritischer Ebene im Medium der Sprache in eine verstehbare szenische Gestalt umzuwandeln, in welcher seine Deutung gründet.

Das Material dieser szenischen Konstruktionen – oder besser: Hilfskonstruktionen – ist die Lebenspraxis des Psychoanalytikers, sind seine „lebenspraktischen Vorannahmen“ (Lorenzer, 1974), die das Insgesamt seiner Lebensgeschichte einschließen, durch seine theoretisch-metapsychologischen Vorstellungen systematisiert sind und die bei der Erfassung des Unbewußten des Analysanden zunächst mit dem sicheren Wissen eingesetzt werden, dieses noch nicht ganz richtig – und d. h. immer auch falsch – verstanden zu haben. Die in den „lebenspraktischen Vorannahmen“ enthaltenen Einsichten in die Finsternis des fremdpsychischen Unbewußten sind zunächst mehrheitlich abstrakt. Sie werden in der Analyse aufs Spiel gesetzt und gewinnen im Laufe des Prozesses über eine Verbreiterung der gemeinsamen Praxis, d. h. Vertiefung der Übertragung und der damit einhergehenden Konkretisierung der Gegenübertragung, eine zunehmende Eindeutigkeit, die zu ihrer Veränderung führt. Erst am Ende der Analyse freilich, nachdem Analytiker und Analysand das Unbewußte als Resultat einer Konfliktgeschichte rekonstruierend verstehen können, sind beide in der Lage, auch die einzelnen konflikthaften Szenen in richtiger, d. h. der inneren Logik dieser Konfliktgeschichte folgerichtigen Form zu begreifen.

II/2. Führen wir nun den Brechungsindex der „neurotischen Resterscheinungen“ in die Erkenntnisoptik des Psychoanalytikers ein. Zwar ist anzunehmen, daß nach absolvierter Lehranalyse ein Großteil der unbewußt gewordenen Praxisfiguren wieder reflexiv verfügbar wurde. Auch wenn man davon ausgeht, daß keiner der ehemals vorhandenen neurotischen Kernkonflikte in der Analyse aufgelöst wurde, ergibt sich doch ein wesentlicher Unterschied zum Status quo ante. Indem die in der Entwicklung neu entstandenen und wieder abgewehrten Erscheinungsformen der neurotischen Kernkonflikte wieder ins Bewußtsein eingelassen werden, wird auch der Einfluß dieser Konflikte auf das Erleben und Erkennen minimiert. Durch das analytische Abtragen der Erscheinungsformen wird der Grad der reflektorischen Verfügbarkeit über die eigene Lebensgeschichte erhöht und eine Annäherung an die neurotischen Grundkonflikte erreicht. Dennoch: Leidet der Analysierte auch nicht mehr an der ehemals vorherrschenden neurotischen Blindheit, so trüben gleichwohl noch Skotome seinen Blick, welche die nicht aufgearbeiteten, nach wie vor virulenten, wenn auch in ihren Auswirkungen eingegrenzten neurotischen Konflikte ebenso verdekken wie blind zur Darstellung bringen.

Damit aber wird die idealtypische Vorstellung von der Transformation neurotischer Erscheinungen in die analytische Situation entschieden in Frage gestellt. Rührt der Analysand an eine unbewußte, nicht mehr reflektierbare Konfliktkonstellation im Analytiker, so wird er dort allemal eine neurotische Reaktion auslösen, die sich unter der Regie des Wiederholungszwanges blind durchsetzt. Die Gegenübertragung des Analytikers ist dann durchsetzt mit Übertragungen; auch er reagiert auf den Analysanden, als handele es sich um eine Figur seiner unbewältigten Lebensgeschichte. Bei den in der Gegenübertragung des Analytikers auftauchenden Vorstellungen handelt es sich dann um alte und neue Mystifikationen der eigenen neurotischen Grundkonflikte, in denen jene schon immer verborgen waren und werden. Deren Charakter als bloße Erscheinungsformen bleibt ihm in dem Maße unbegreifbar, wie ihm die zugrundeliegenden Konflikte unbewußt sind. Dem falschen Schein aufgesessen, benutzt er diese Mystifikationen als falsche Erkenntnismittel, indem er sie sich als Spiegelungen der in der Übertragung des Patienten sich darstellenden Praxisfiguren entziffert. Um ein Bild von Freud (1912a, S. 384) aufzugreifen: Der Analytiker funktioniert hier nicht mehr als Spiegel, in dem sich die konflikthafte Struktur des Analysanden abbildet, sondern er reflektiert diese um den Grad seiner eigenen Neurotizismen unkorrigierbar verzerrt. Diese bestimmen die „Wie-Deutungen" des Analytikers inhaltlich und damit auch die Formen, in welchen die neurotischen Konflikte des Analysanden in der Beziehung zum Analytiker bewußt werden dürfen.

Für einen durch die Restneurose des Analytikers „ver-rückten" therapeutischen Prozeß gilt mithin auch jene Differenz, welche auf der verrückten Teegesellschaft Lewis Carrolls (1865) der Hutmacher betont. Vom Märzhasen aufgefordert, zu sagen, was sie meint, antwortet Alice: „Natürlich. Wenigstens meine ich, was ich sage. Das ist dasselbe, weißt du.“ Der Hutmacher widerspricht: „Das ist durchaus nicht dasselbe.“ Zwar glaubt der Analytiker in seinen Deutungen zu sagen, was er meint, in Wirklichkeit meint er aber viel mehr, als er sagt. Die notwendigen, sich über Deutungen vermittelnden Umwandlungen der vielfältigen Erscheinungsformen der zu bearbeitenden neurotischen Konflikte außerhalb der analytischen Situation in die verschiedenen Facetten der sich entfaltenden Übertragungsneurose dient hier als Schaltstelle für die Übertragung des Analytikers auf den Analysanden. Sowohl der der Restneurose entstammende neurotische Bedürfnisrumpf als auch die dagegen gerichtete Abwehr des Analytikers erscheinen nun – jenseits seines bewußten Zugriffes – in der Beziehung zum Analysanden und zwingen die neurotischen Konflikte des Analysanden in eine Form, welche die innerpsychische neurotische Balance auf seiten des Analytikers nicht ernstlich gefährden darf, sondern welche vielmehr eine relativ angstfreie, wiewohl auch immer kompromißhafte Befriedigung seiner neurotischen Bedürfnisse garantieren muß. Die zahlreichen Erscheinungsformen der neurotischen Konflikte werden nicht mehr in Richtung der sie konstituierenden neurotischen Grundfiguren aufgelöst und abgetragen, sondern diese Grundfiguren werden vielmehr in dem verschwiegenen neurotischen Arrangement in Kompromissen erkenntnisdicht einzementiert, die unter dem Diktat der Restneurose neu entstanden sind. Der Analysand wird so aus der Analyse mit den auf dieser Grundlage neu gewonnenen, soziableren, d. h. vom Analytiker positiv sanktionierten Gestalten seiner alten, bislang auch in ihrer „Asozialität“ leidendmachenden Konflikten entlassen.

Zwar werden auch bei vorhandener Restneurose auf seiten des Analytikers die vielfältigen Erscheinungsformen der neurotischen Konflikte des Analysanden abgetragen, aber – zumindest partiell – zugleich auch in andere Erscheinungsformen transferiert. Es bleiben nicht nur die Grundpfeiler des neurotischen Gebäudes des Analysanden bestehen, sondern dieses Gebäude selbst gewinnt auch eine neue Fassade. Die psychoanalytische Therapie erweist sich so in der Tat als sozialisationsförmig organisiert. Die im Leiden gründende Beziehungsaufnahme zum Analytiker entspricht von vorneherein der früheren infantilen Abhängigkeit des Analysanden von seinen Eltern. Diese Abhängigkeit kann unter der Bedingung einer Restneurose nicht mehr analysierend Schritt für Schritt aufgelöst werden. Paßte sich der

Analysand dem in der Neurose der Eltern wurzelnden neurotisch-widersinnigen Interaktionsspiel dadurch an, daß er eine gleichsam komplementärneurotische Erlebens- und Verhaltensmatrix entwickelte, die ihm ein wenn auch beschädigtes „Überleben" im familiären Beziehungsdrama garantierte und ihn gleichzeitig darin nachhaltig verstrickte, so wird er sich bei strukturgleicher Beziehungslage hier der früheren Anpassungsstrategien unbewußt bedienen. Das Kernstück seiner neurotischen Persönlichkeit erweist sich in der analytischen Situation als so weit unveränderbar, wie sich ein neurotisches Arrangement zwischen Analysand und Analytiker einstellt. Die Übertragungsneurose wird nicht aufgelöst, die zentralen Konflikte bleiben bestehen, allein ihre Erscheinungsformen wandeln sich.

Was in den therapeutischen Analysen nicht geschieht, das geschieht auch nicht in den sogenannten Lehranalysen. Auch hier bleiben die Übertragungsneurosen bestehen. So heißt es etwa bereits bei Freud (1912b, S. 383): „Endlich ist auch der Gewinn aus der dauernden seelischen Beziehung nicht gering anzuschlagen, die sich zwischen dem Analysanden und seinem Einführenden herzustellen pflegt." Der „Gewinn" für die Psychoanalyse, so merkt Cremerius (1989) kritisch an, sollte in der Ausbildung von zukünftigen Funktionären und psychoanalytischen „Ortsgruppenleitern" bestehen, die gegen Häresie gefeit sind. In den Lehranalysen verhindern darüber hinaus noch ganz praktische individuelle Gründe die Auflösung von Übertragungsneurosen. Die Auflösung unterbleibt, schreibt Langer (1985, S. 157f.), weil „die Stimmen, die wir brauchen, um etwa Präsident der Vereinigung oder Direktor des Instituts zu werden, ... die unserer Exanalysanden [sind]. Gleichzeitig hängt unser Prestige von der Anzahl guter, institutionstreuer Kollegen ab, die wir analysiert haben". Als ein weiterer Beleg mag die Kritik von McLaughlin (1967) am Modell der Lehranalyse gelten: „Als Analytiker müssen wir uns fragen, aus welchen Motiven wir so beharrlich an einem Modell festhalten, das wir ansonsten als unanalytisch bewerten. Man kann nicht umhin zu vermuten, daß einige der mitwirkenden unbewußten Faktoren mit Herrschaft zu tun haben, mit Macht und persönlichem Prestigestreben und mit dem Propagieren theoretischer Vorlieben. Es muß starke unbewußte Beweggründe geben, wenn wir es uns erlauben, Praktiken weiterzuführen, die wir ansonsten verurteilen." Es kann unter diesen Umständen nicht verwundern, „daß die Analytiker in ihrer eigenen Persönlichkeit nicht durchwegs das Maß von psychischer Normalität erreicht haben, zu dem sie ihre Patienten erziehen wollen" (Freud, 1937, S. 93).

Da im psychoanalytischen Prozeß das Unbewußte des anderen immer nur insoweit bewußt werden kann, wie das Unbewußte des Analytikers bewußt geworden, und d. h. die eigene Übertragungsneurose aufgelöst ist, besteht auch zwischen dieser und der nachfolgenden Einschätzung einer psychoanalytischen Therapie kein zufälliger, sondern ein inhaltlicher und wesentlicher Zusammenhang. Freud (1937, S. 72) urteilte über die Unterschiede zwischen Analysierten und Nichtanalysierten: „Man hat den Eindruck, daß man nicht überrascht sein dürfte, wenn sich am Ende herausstellt, daß der Unterschied zwischen den nicht Analysierten und dem späteren Verhalten des Analysierten doch nicht so durchgreifend ist, wie wir es erstreben, erwarten und behaupten."

II/3. Von welcher Art sind nun die in den Analysen neu gewonnenen Erscheinungsformen unbewußter Konflikte, und wodurch unterscheiden sie sich von jenen, in denen sich eine Neurose vor ihrer Analyse manifestierte? Sie sind abhängig von den bewußten, lebenspraktischen Vorannahmen, mit denen der Analytiker arbeitet, in denen seine Restneurose existiert – die ihn dadurch auch mit sich selbst in Frieden leben lassen –, die er sich in seiner Lebenspraxis angeeignet hat und die sich für ihn als realitätstüchtig erwiesen haben. Sind die lebenspraktischen Vorannahmen des Analytikers realitätsgerecht und geht man davon aus, daß ein Analysand auch unter der Bedingung restneurotischer Erscheinungen auf seiten seines Analytikers im Durchschnitt gleichwohl die Ziele erreicht, die zu erreichen ihm die Psychoanalyse verspricht – nämlich *„jenen Fortschritt vom Lustprinzip zum Realitätsprinzip* [zu] machen" (Freud, 1915, S. 365), welcher zur „Herstellung seiner Leistungs- und Genußfähigkeit" führt (Freud, 1904, S. 8) –, dann müssen die neugewonnenen Erscheinungsformen seiner Neurose/Restneurose der Realität, in der er lebt, mehr entsprechen als jene, in denen sich seine unbewußten Konflikte vordem verborgen haben. Leistungs- und Genußfähigkeit sind ebensowenig ahistorische Radikale, wie die Realität ein Abstraktum ist. Realität ist immer die Realität einer bestimmten Gesellschaftformation auf bestimmtem Stand, in deren gesellschaftsspezifischen Verhaltensformen Leistung und Genuß sich jeweils zu historisch spezifischen Formen realisieren. Die Herstellung von Leistungs- und Genußfähigkeit im Zuge einer psychoanalytischen Therapie verweist damit auf die Einbindung unbewußter Inhalte in die herrschenden sozialen Verkehrsformen einer Gesellschaft, welche sich im Zuge ihrer Entwicklung deshalb herausgebildet haben, weil sie nicht nur für einzelne, sondern – wie es auf den ersten Blick erscheinen mag – für alle von Vorteil sind. Unter dieser Annahme würde die Irrationalität des Unbewußten also eingelassen in die vermeintliche Rationalität gesellschaftsfunktionaler Verkehrsformen und ihrer Kontrolle unterworfen, das in Gestalt einer Neurose privatisierte allgemeine Unglück würde unter Verringerung des besonderen Leidens in „gemeines Unglück" (Freud 1895, S. 312) zurückverwandelt, unter dem alle gleichermaßen leiden und gegen welches man „sich mit einem wiedergewonnenen Seelenleben", d. h. in Verfügung über die Verkehrsformen der Gesellschaft, „besser zur Wehr setzen" könnte (Freud 1895, S. 312).

Konfrontiert man freilich das entworfene Bild einer Gesellschaft, in der sich die Individuen auf die für eine wechselseitige Befriedigung ihrer Bedürfnisse bestmöglichen sozialen Verkehrsformen geeinigt haben, mit der gesellschaftlichen Wirklichkeit, dann erweist sich das Verhältnis von Individuen und ihren sozialen Verkehrsformen als gänzlich anders. In einer Gesellschaft wie der unseren charakterisiert Marx dieses Verhältnis als entfremdet deshalb, weil unter der Bedingung des Privateigentums an Produktionsmitteln die durch die materielle und geistige Tätigkeit der Menschen hervorgebrachten Produkte, zu denen auch ihre sozialen Verkehrsformen gehören, den Menschen als fremde, sie beherrschende Mächte gegenübertreten, weil in Gestalt des Kapitals die Profitmaximierung, d. h. die tote über die lebendige Arbeit des unmittelbaren Produzenten – des Arbeiters – herrscht, weil sich die sozialen Verkehrsformen in der Produktion und Konsumtion, der Leistung und im Genuß, im wesentlichen an der Kapitalverwertung und nicht mehr an der Bedürfnisbefriedigung der Individuen orientieren. Grundlage der Entfremdung von Individuum und den gesellschaftlichen Kulturgütern ist die ökonomische: „Der Arbeiter wird um so ärmer, je mehr Reichtum er produziert, je mehr seine Produktion an Macht und Umfang zunimmt. Der Arbeiter wird eine um so wohlfeilere Ware, je mehr Waren er schafft. Mit der *Verwertung* der Sachenwelt nimmt die *Entwertung* der Menschenwelt in direktem Verhältnis zu. Die Arbeit produziert nicht nur Waren; sie produziert sich selbst und den Arbeiter als eine Ware, und zwar im Verhältnis, in welchem sie überhaupt Waren produziert. Dies Faktum drückt nichts weiter aus als: Der Gegenstand, den die Arbeit produziert, ihr Produkt, tritt ihr als ein *fremdes Wesen,* als eine von dem Produzenten *unabhängige Macht* gegenüber. Das Produkt der Arbeit ist die Arbeit, die sich in einem Gegenstand fixiert, sachlich gemacht hat, es ist die *Vergegenständli-*

chung der Arbeit. Die Verwirklichung der Arbeit ist ihre Vergegenständlichung. Diese Verwirklichung der Arbeit erscheint in dem nationalökonomischen Zustand als *Entwirklichung* des Arbeiters, die Vergegenständlichung als *Verlust und Knechtschaft des Gegenstandes,* die Aneignung als *Entfremdung,* als *Entäußerung.* ... Die Vergegenständlichung erscheint so sehr als Verlust des Gegenstandes, daß der Arbeiter der notwendigsten Gegenstände, nicht nur des Lebens, sondern auch der Arbeitsgegenstände, beraubt ist. Ja, die Arbeit selbst wird zu einem Gegenstand, dessen er nur mit der größten Anstrengung und mit den unregelmäßigsten Unterbrechungen sich bemächtigen kann. Die Aneignung des Gegenstandes erscheint so sehr als Entfremdung, daß, je mehr Gegenstände der Arbeiter produziert, er um so weniger besitzen kann und um so mehr unter die Herrschaft seines Produktes, des Kapitals, gerät. In der Bestimmung, daß der Arbeiter zum *Produkt seiner Arbeit* als einem *fremden* Gegenstand sich verhält, liegen alle Konsequenzen. Denn es ist nach dieser Voraussetzung klar: Je mehr der Arbeiter sich ausarbeitet, um so mächtiger wird die fremde, gegenständliche Welt, die er sich gegenüber schafft, um so ärmer wird er selbst, seine innere Welt, um so weniger gehört ihm zu eigen. ... Die äußerliche Arbeit, die Arbeit, in welcher der Mensch sich entäußert, ist eine Arbeit der Selbstaufopferung, der Kasteiung. Endlich erscheint die Äußerlichkeit der Arbeit für den Arbeiter darin, daß sie nicht sein eigen, sondern eines anderen ist, das sie ihm nicht gehört, daß er in ihr nicht sich selbst, sondern einem andern gehört" (Marx 1844, S. 511 ff.).

Diese Entfremdung betrifft freilich nicht alle Mitglieder einer kapitalistischen Gesellschaftsformation in gleichem Umfang. Für die Eigner der Produktionsmittel, die Kapitalisten, die in dieser Gesellschaftsform die Herrschenden sind, besteht eine größere Übereinstimmung von individueller Bedürfnisstruktur und sozialen Verkehrsformen. Weil subjektive Bedürfnisstrukturen entsprechend der vorherrschenden Gesellschaftsform hergestellt werden (Fromm, 1970, S. 35) und die herrschenden sozialen Verkehrsformen die der Herrschenden sind, deshalb eignen sich für den Kapitalisten diese Verkehrsformen auch wesentlich mehr für die Befriedigung seiner gesellschaftlich hergestellten Bedürfnisse als für die Mehrzahl der Individuen, die im doppelten Sinne frei sind: Frei von dem Besitz an Produktionsmittel und „frei", ihre Arbeitskraft zu verkaufen.

Im Lichte des Marxschen Entfremdungsbegriffes[1] betrachtet, wird zunächst die objektive Grundlage der Entstehung der Psychoanalyse einsichtig. Bevor ein Gegenstand untersucht werden kann, muß er sich gebildet, muß er sich in seiner Besonderheit ausgegrenzt haben, und damit er untersucht wird, muß ein gesellschaftliches Interesse an dieser Besonderheit vorliegen. Mit der im Zuge der gesellschaftlichen Entwicklung zunehmenden Entfremdung menschlicher Individuen von den gesellschaftlichen Verhältnissen, ihrer Reduzierung auf „Charaktermasken" (Marx, MEW 23, S. 100), auf abstrakte, der Kapitalverwertung dienenden Individuen, wurde der Bereich konkreter Individualität, wurde menschliche Subjektivität – der gegenüber der Kapitalverwertungsprozeß gleichgültig ist und der deshalb die Individuen als bloße Träger sozialer Verkehrsformen real abstrahiert – als Störmoment freigelegt. Die Subjektivität erwies sich als Störung im Getriebe der gesellschaftsfunktional aufeinander bezogenen sozialen Verkehrsformen und zwang so das gesellschaftliche Interesse auf die psychischen, Subjektivität konstituierenden Prozesse. In dieser Realabstraktion menschlicher Individuen als Objekte durch den Kapitalverwertungsprozeß liegt einmal die Geburtsstunde der naturwissenschaftlich operierenden, Subjekte als Objekte untersuchenden Psychologie. Ihre gesellschaftliche Aufgabe liegt in der Entwicklung allgemeiner Handlungsstrategien, um die Störungen im Verhältnis von konkreter und abstrakter Individualität zu beseitigen und um die Individuen in den vorherrschenden sozialen Verkehrsformen funktionsfähig zu halten. Mit ihrer Geburt wurde zum anderen aber zugleich auch ihr kritisches Pendant – die Psychoanalyse – auf die Welt gebracht. Das Unbewußte, Niederschlag objektiver gesellschaftlicher Widersprüche, die aus einem Dissens zwischen gesellschaftlich hergestellten und lizenzierten Triebbedürfnissen in den Subjekten resultieren (z.B. Lorenzer, 1972), ist einerseits ein systematisches, gesellschaftlich hergestelltes Störmoment, welches sich andererseits zugleich als tauglich erwies, die Einbindung der Subjekte in die ihnen entfremdeten, kapitalfunktionablen Verkehrsformen dadurch zu sichern, daß diese irrational, d. h. in ihrem Unbewußten verwurzelt, und zu dessen Erscheinungsformen gemacht werden. Daß „die Menschen ökonomische Verhältnisse, über die ihre Kräfte und Bedürfnisse hinausgewachsen sind, aufrechterhalten," notierte Horkheimer (1932, S. 19), „anstatt sie durch eine höhere und rationalere Organisationsform zu ersetzen, ist nur möglich, weil das Handeln numerisch bedeutsamer sozialer Schichten nicht durch die Erkenntnis, sondern durch eine das Bewußtsein verfälschende Triebmotorik bestimmt ist". Wegen seiner zwiespältigen Funktion, die das herrschende Gesellschaftssystem sowohl destabilisiert wie stabilisiert, zentrierte sich das gesellschaftliche Interesse auf eben dieses Unbewußte. Während die Psychologie Forschung im wesentlichen im Dienste der herrschenden Gesellschaftsform betreibt, machte sich die Psychoanalyse jedoch zum Fürsprecher der sich gegen ihre Entfremdung noch sträubenden Subjekte, indem sie das Unbewußte auch als Widerstandspotential gegen die gesellschaftlichen Verhältnisse artikulierte. Als Wissenschaft des Unbewußten war sie in die Lage versetzt, die sozialen Verkehrsformen aus ihrer irrationalen Verankerung herauszulösen und die blinde Einbindung der zu Objekten gemachten Subjekte in jene zu sabotieren. Indem sie den Individuen ihre Subjektivität zurückgab, ermöglichte sie Einsicht in die eigene Entfremdung und legte damit auch die Möglichkeit für eine Veränderung der Bedingungen frei, in denen diese gründet.

Verfolgt man nun die Genese der lebenspraktischen Vorannahmen, mit denen die Analytiker operieren, dann läßt sich diese kritische Funktion der Psychoanalyse, die das gesellschaftliche Schicksal der Subjekte zu sabotierenden drohte, heute freilich nurmehr im Plusquamperfekt beschreiben. Als Abbilder von Realität, von gesellschaftlich möglichen Verhaltensweisen sind die restneurotisch verwurzelten lebenspraktischen Vorannahmen immer auch in Bewußtseinsformen, Denkfiguren eingelassen, die sich dem „sozialen Ort" der sie produzierenden Psychoanalytiker verdanken und die auch ihre Lebenspraxis regulieren. Die im Verfahren der Psychoanalyse eingesetzten lebenspraktischen Vorannahmen haben mithin immer auch einen ideologischen Charakter und bringen die ökonomischen Interessen, die dem sozialen Ort in den herrschenden gesellschaftlichen Verhältnissen entsprechen, zur Darstellung.

Von welcher Art ist nun die Ideologie der psychoanalytischen Mehrheit? Parin und Parin-Matthèy (1983, S. 22) geben hierüber eine bündige Auskunft: Die Psychoanalytiker gehören fast durchwegs „bürgerlichen Schichten an, teilen ihre traditionellen Ideale; ihr Gruppenideal ist weitgehend identisch mit dem humanistischen Wertsystem der bürgerlichen Schichten der westlichen Industrienationen am Ausgang des 19. und der ersten Hälfte des 20. Jahrhunderts". Bei den heute eingesetzten lebenspraktischen Vorannahmen handelt es sich mehrheitlich um Spielarten der herrschenden Ideologie. Mit der Herstellung neuer Erscheinungsformen einer Neurose im Analysanden wird damit immer auch die herrschende Ideologie in ihnen irrational verankert. Die ideologische Borniertheit seiner Erkenntnisperspektive, die gleichsam – bedingt durch seinen „sozialen Ort" und durch ihre restneurotische Verankerung – ein nicht mehr reflektierbares epistemisches Apriori bildet, verhindert zum einen, daß neurotisch beschädigte lebensgeschichtliche Zusammenhänge im Zusammenspiel von Analytiker und Analysand in die Analyse eingeholt werden, wenn sich die konflikthafte subjektive Struktur des Patienten mit dem ideologischen Realitätsverständnis des Analytikers deckt, und zwingt den Analytiker zum anderen zu einer Psychologisierung der Bewußtseins- und Beziehungsfiguren des Patienten, die seiner Ideologie widerspechen[2].

Der Wandel von einer kritischen Wissenschaft in eine affirmative Verfügungswissenschaft war der Preis, den die Psychoanalyse für die gesellschaftliche Etablierung ihrer Vertreter zu bezahlen hatte. Eine Gesellschaft, die um so mehr auf eine irrationale Verankerung ihrer Verkehrsformen angewiesen ist, je mehr sich Produktion und Konsumption verselbständigen, sich selbst genügen und rational nicht mehr begründbar sind, wird jene nicht auch noch alimentieren, welche die unbewußten Wurzeln zu sondieren suchen, die die Subjekte blind an die Verfügungsgewalt des Kapitals ausliefern. „Seitdem die Marktökonomie zerrüttet ist und von einem Provisorium bis zum nächsten zusammengeflickt wird," heißt es bei Adorno (1969, S. 182 f.) „reichen ihre Gesetze zur Erklärung nicht aus. Anders als durch die Psychologie hindurch, in der die objektiven Zwänge stets aufs neue sich verinnerlichen, wäre weder zu verstehen, daß die Menschen einen Zustand unverändert destruktiver Irrationalität passiv sich gefallen lassen, noch daß sie sich in Bewegungen einreihen, deren Widerspruch zu ihren Interessen keineswegs schwer zu durchschauen wäre." So ist denn auch, wie A. Freud (1959, zit. n. Parin, 1980) schreibt, „der ersten Generation umstürzlerischer und tief forschender Geister, welche die psychoanalytische Bewegung getragen hatten, eine andere gefolgt ..., die aus angepaßten Verwaltern und Mehrern besteht". Während die erste und zweite Generation Freudscher Seelenforscher sich am Rande der Gesellschaft und in Frontstellung gegen autoritären Staat und repressive Kultur befand und, als dekadent, zersetzend und anarchisch gescholten, zwischen allen Stühlen saß, sitzen die heutigen Psychoanalytiker nicht mehr dazwischen, sondern auf wohldotierten Lehrstühlen oder kassenrechtlich abgesicherten Sesseln hinter der Couch. Wie soll da in ihrer therapeutischen Praxis dem einzelnen über eine Aufdröselung von unbewußten Inhalten und sozialen Verkehrsformen noch die Möglichkeit zu einer prinzipiellen Kritik an der Gesellschaft eröffnet werden, wenn die gesellschaftlichen Verhältnisse die Psychoanalytiker mit den Privilegien der Herrschenden ausstatten? So hat denn auch die Psychoanalyse im Zuge ihrer Medizinalisierung stillschweigend ihren

Frieden mit dem Verbot geschlossen, die unbewußten Voraussetzungen des reibungslosen Ablaufes der Kapitalverwertung in Frage zu stellen. Von einem gesellschaftlich diskreditierten Instrument der Aufklärung hat sich die Psychoanalyse zu einem gesellschaftlich wohlsituierten und profitablen „Industrieunternehmen" (Eissler, 1965, S. 100) entwickelt. Es wundert unter diesen Umständen nicht, daß die psychoanalytischen Ohren zunehmend taub wurden für „den Schrei nach jenen Veränderungen in unserer Kultur ... in denen wir allein das Heil für die Nachkommen erblicken können" (Freud, 1911, S. 115). Wie jedes andere Industrieunternehmen in unserer Gesellschaft ist auch die Psychoanalyse bei Strafe des Bankrotts fraglos gehalten, eine Dienstleistung anzubieten, die einen Gebrauchswert für die Gesellschaft hat. Ihr gesellschaftlicher Gebrauchswert liegt darin, daß sie in Resozialisierung individueller Psychopathologien Subjektivität einzementiert in legitime Spielarten des gesellschaftlich genormten, sich in den herrschenden sozialen Verkehrsformen darstellenden Psychischen. Mit den neu hergestellten Erscheinungsformen unbewußter Inhalte wird das Bewußtsein der behandelten Patienten affirmativ zugerichtet und bleibt zugleich irrational unterfüttert, so daß die Bewußtseinsinhalte auch nicht mehr kritisch befragt werden können. Herrschende Ideologie wird so irrational verankert, wodurch die soziale Kontrolle zu einer persönlichen wird. Dem sprachlosen, neurotischen Widerstand gegen die Gesellschaft, der sich noch in gesellschaftlich dysfunktionalen Verkehrsformen darstellt, wird nicht zur Sprache, sondern der Gesellschaft wird zur Entproblematisierung ihrer selbst produzierten Widersprüche verholfen. Die Psychoanalyse sichert zugleich die gesellschaftlichen Bedingungen, unter denen sich beschädigte Subjekte erst herstellen, die sie als Therapie gesellschaftlich notwendig machen und von denen ihr Status eines profitablen Industrieunternehmens abhängig ist.

Um im Herrenhaus des Kapitals überleben zu können, hat die Psychoanalyse das Gewand einer Dienstmagd nicht nur als Tarnung angelegt. Um wenigstens gelegentlich mit am herrschaftlichen Tisch sitzen zu dürfen, mutierte der Wolf in das Schaf, dessen Pelz er einst trug, stellte sich die Psychoanalyse aktiv in den Dienst ihrer Herrschaft und verschrieb sich der Rolle einer Aufseherin, die das Personal, das sich in Gestalt einer Erkrankung den herrschaftlichen Funktionsabläufen zu entziehen trachtete, wieder in jene einbindet. Tiefer, als ein psychologisches Verfahren es je könnte, werden dabei im psychoanalytischen Therapieverfahren diese Funktionsabläufe in die Subjekte hineingetragen. Während die Psychologie noch offen von Subjekten als Objekten handelt, verschleiert die Psychoanalyse dabei perfide, daß sie die Individuen als Subjekte nur in Dienst nimmt, um ihre Subjektivität in Verkehrsformen zu beseitigen, die nicht mehr die ihren sind. Adorno (1944, S. 76 f.) drückte dies präzise so aus: „Indem Psychologie sich darauf stützen konnte, daß das Subjekt in der Tauschgesellschaft keines ist, sondern in der Tat deren Objekt, konnte sie ihr die Waffen liefern, es erst recht zu einem solchen zu machen und unten zu halten. Die Zerlegung des Menschen in seine Fähigkeiten ist eine Projektion der Arbeitsteilung auf deren vorgebliche Subjekte, untrennbar von Interesse, sie mit höherem Nutzen einsetzen, überhaupt manipulieren zu können. Psychotechnik ist keine bloße Verfallsform der Psychologie, sondern ihrem Prinzip immanent. Hume, dessen Werk mit jedem Satz Zeugnis ablegt vom realen Humanismus und der zugleich das Ich unter die Vorurteile verweist, drückt in solchem Widerspruch das Wesen der Psychologie als solcher aus. Dabei hat er noch die Wahrheit auf seiner Seite, denn was als Ich sich selber setzt, ist in der Tat bloßes Vorurteil, die ideologische Hypostase der abstrakten Zentren von Beherrschung, deren Kritik den Abbau der Ideologie von ‚Persönlichkeit' erfordert. Aber dieser Abbau macht zugleich die Residuen um so beherrschbarer. An der Psychoanalyse wird das flagrant. Sie zieht die Persönlichkeit als Lebenslüge ein, als die oberste Rationalisierung, welche die zahllosen Rationalisierungen zusammenhält, kraft deren das Individuum seinen Triebverzicht zuwege bringt und dem Realitätsprinzip sich einordnet. Zugleich aber bestätigt sie dem Menschen in eben solchem Nachweis sein Nichtsein. Sie entäußert ihn seiner selbst, denunziert mit seiner Einheit seine Autonomie und unterwirft ihn so vollends dem Rationalisierungsmechanismus, der Anpassung. Die unerschrockene Kritik des Ichs an sich selbst geht in die Aufforderung über, das der anderen solle kapitulieren. Am Ende wird die Weisheit der Psychoanalytiker ... zur Technik eines Spezialrackets unter anderen, leidende und hilflose Menschen unwiderruflich an sich zu fesseln, sie zu kommandieren und auszubeuten." Macht man sich klar, daß in der heute praktizierten Psychoanalyse in die Subjekte die gesellschaftlich notwendigen, d. h. die „Not" des Kapitals wendenden Formen ihrer Entmenschlichung wieder eingehämmert werden, dann entlarvt sich auch das therapeutische Ziel, Leiden zu mindern, als ein nur scheinbar humanes. Um genau zu sein: Das im Selbstverständnis der Psychoanalytiker als human respektierte Vorhaben, subjektives Leiden zu mindern, dekuvriert sich als Produkt eines individualpsychologisch bornierten Bewußtseins, eines Bewußtseins, das dann auch alles dem Menschen zuschiebt, was ihm die Verhältnisse antun, wodurch die inhumanen Verhältnisse unbefragt und unbehelligt weiter bestehen können.

II/4. Wie läßt sich die gesellschaftsfunktionale Resozialisierung des Unbewußten verändern, in der individuelle Psychopathologie in Dienst genommen wird zur Durchsetzung von Interessen, die in einer auf Privatbesitz an Produktionsmitteln sich gründenden Gesellschaft nicht verallgemeinerungsfähig sind? Wenn das gesellschaftliche Sein das Bewußtsein bestimmt, dann ist klar, daß angesichts der gegenwärtigen sozioökonomischen Lage, in der sich die Psychoanalytiker befinden, ihre Bewußtseinsinhalte nicht durch bloße Informationen in gesellschaftskritische Bewußtseinsformen verwandelt werden können. Was möglich scheint, ist, daß in Minimierung der restneurotischen Unterfütterungen ihrer Weltanschauung und Deutungsmuster deren affirmativer Charakter aus dem Gesichtsfeld des blinden Flecks ein Stück weit ins Licht des Bewußtseins gerät, womit dann auch der blinde Automatismus ihrer gesellschaftsfunktionalen therapeutischen Praxis aufgebrochen wäre. Fragen wir abschließend nach den Wegen, welche zur Problematisierung und weiteren Klärung des restneurotisch getrübten Blicks der Analytiker offenstehen.

Da ist zum einen die bereits von Freud geforderte Fortsetzung der Eigenanalyse als Selbstanalyse und die periodische Wiederholung der Eigenanalyse zu nennen. Was die Selbstanalyse betrifft, so kann heute nicht mehr davon ausgegangen werden, daß sich die Analytiker solipsistisch den Selbstmystifikationen, welche sich immer wieder aufgrund ihrer Restneurosen einstellen, entwinden können, und nichts spricht dafür, daß in den der Lehranalyse folgenden sogenannten „Tranchen“ die Restneurosen der Analytiker aufgelöst werden. Was in den wieder aufgenommenen Analysen bestenfalls erreicht werden kann, ist eine weitere Einengung ihrer skotomisierten Bereiche dadurch, daß nun bestimmte andere Erscheinungsformen ihrer unbewußten Konflikte abgetragen werden können, welche aufgrund der Restneurose ihres ersten Analytikers nicht in Frage gestellt bzw. dort hergestellt wurden. Aber auch ein zweiter oder dritter Analytiker wird nicht frei von einer Restneurose sein, so daß in den nachfolgenden Analysen im wesentlichen nur andere Erscheinungsformen ihrer neurotischen Basiskonflikte hergestellt werden.

Zum anderen bietet sich in einer Gruppe von Psychoanalytikern die Möglichkeit, im Rahmen regelmäßig abgehaltener kasuistischer Seminare die Erkenntnisinstrumente der analytischen Behandlung, die dort als Deutungsmuster zum Einsatz kommenden lebenspraktischen Vorannahmen, kritisch zu hinterfragen und darauf auszuleuchten, von welcher Weltanschauung und inwieweit von neurotischer Blindheit sie getrübt sind. Damit diese wechselseitige kritische Befragung der psychoanalytischen Werkzeuge allerdings auch in der Problematisierung der privaten Zusammenhänge fruchtbar wird, in denen die Deutungszusammenhänge und Weltanschauungen bei den einzelnen Analytikern stehen, und sich im Versuch, Erscheinungsformen der Restneurosen abzutragen, ein Raum für andere Interpretationsmöglichkeiten eröffnet, ist eines unverzichtbar: ein wechselseitiges Vertrauen der an diesem Prozeß Beteiligten. Dieses Vertrauen ist nun nicht durch bloßes „Kennenlernen", wechselseitige Versicherungen oder durch andere sogenannte „vertrauensbildende Maßnahmen" zu erreichen. Diese psychologischen Maßnahmen zielen darauf ab, sich bei unterschiedlicher und kontroverser Interessenlage in bestimmter Hinsicht kalkulierbar zu machen. Sie sollen Vertrauen dort herstellen, wo es hierfür keine gemeinsame Grundlage gibt – bis auf die, daß man den anderen zur Durchsetzung seiner Individualinteressen benötigt. Unter diesen Umständen wird man auch seine Deutungsmuster nur so weit problematisieren können, wie es der Durchsetzung der eigenen Interessen nicht schadet, bzw. wie diese Selbstproblematisierung zu deren Durchsetzung in Dienst genommen werden kann. Diese funktional orientierte Kritik am eigenen Vorgehen ist fremdbestimmt und intendiert im wesentlichen nicht, restneurotische Erscheinungsformen abzutragen.

Radikal – und dies ist hier nötig – wird man sich jedenfalls in einer Gruppe nur dann in Frage stellen können, wenn die einzelnen Gruppenmitglieder wechselseitig ihre eigenen lebenspraktischen Interessen beim jeweils anderen gut aufgehoben wissen, d. h., wenn die lebenspraktischen Interessen aller mit den Interessen des einzelnen tendenziell zusammenfallen und wenn es zur Durchsetzung dieser Interessen nötig ist, sich selbst zu problematisieren. Eingelöst wären diese Bedingungen dann, wenn sich die Individuen unter den herrschenden gesellschaftlichen Verhältnissen nicht damit begnügten, als Objekte stillgestellt zu werden, sondern wenn sie sich darin auch als Subjekte verwirklichen wollten. Holzkamp (1979) hat zu Recht darauf hingewiesen, daß der einzelne seinen Lebensumständen gegenüber machtlos ist und Subjekt seiner eigenen Lebensbedingungen nur insoweit sein kann, als er an der kollektiven Verfügung über gesellschaftliche Lebensbedingungen teilhat. Will man sich also als Subjekt verwirklichen, so ergibt sich daraus zwangsläufig das gesellschaftliche Ziel, die kollektive Verfügung über gesellschaftliche Lebensbedingungen zu erweitern, weil damit auch die Selbstbestimmung jedes einzelnen wächst. Überträgt man das Argument Holzkamps auf die Gruppe der Psychoanalytiker, dann muß auch für sie mit der Sache „Psychoanalyse" ein gesellschaftliches Ziel anvisiert werden, welches ihnen aufgrund der gesellschaftlichen Verhältnisse, in denen sie leben, allgemein ist. Solange es eine Unterdrückung des Menschen durch den Menschen gibt, kann dieses Ziel nur heißen: Veränderung der gesellschaftlichen, Neurosen produzierenden Bedingungen, unter denen zugleich auch ihre Selbstbestimmung eingeschränkt wird.

Diese Zielsetzung würde die Analytiker nicht aus psychologischen, sondern aus lebenspraktischen und rational einsehbaren Gründen assoziieren. Sie würde auch die objektive Grundlage für jene Solidarität mit dem Patienten bilden, in der sich die Psychoanalyse als ein kritisch-emanzipatorisches Verfahren entfalten kann, welches den Patienten seiner eigenen Irrationalität so weit zu entwinden vermag, als dies unter den gegebenen gesellschaftlichen Verhältnissen heute möglich ist. Für die analytische Gruppe würde diese aus einem gemeinsamen Leiden unter den gegebenen gesellschaftlichen Verhältnissen geborene Zielsetzung nicht nur jenes Vertrauen schaffen, in welchem eine wechselseitige Problematisierung der Deutungsmuster einzelner möglich wird. Sie zwingt auch dazu, die Einflüsse der Restneurosen und Weltanschauungen vor allem aus lebenspraktischen und nicht nur aus erkenntnislogischen und therapeutischen Gründen so weit als möglich zu verringern. Wenn die Gesellschaft verändert werden soll, dann setzt dies nicht nur Einsichten in ihre objektive Entwicklungstendenzen, sondern ebenso möglichst umfassende Kenntnisse über menschliche Subjektivierungsprozesse unter den gegenwärtigen Verhältnissen voraus. Gesellschaft wird unter vorgefundenen Bedingungen von Menschen gemacht und auch von Menschen verändert. Unter dieser Zielsetzung würde eine Verringerung restneurotischer Erscheinungsformen deshalb aus lebenspraktischen Gründen erforderlich, weil die Subjektivität eines Individuums im psychoanalytischen Verfahren um so mehr Transparenz gewinnt, je weniger dieses Untersuchungsverfahren restneurotisch verdunkelt ist. Das Erkenntnisinteresse wäre in einer objektiven Nötigung verwurzelt, welche dazu auffordert, einmal gewonnene Einsichten als relative Wahrheiten anzusehen, die in ständiger Konfrontation mit der Praxis so weit als möglich weiter zu entwikkeln sind.

Freilich, auch die Realisierung dieser kurz skizzierten Möglichkeit wird an der komfortablen sozioökonomischen Lage der heutigen Psychoanalytiker scheitern. Wenn nicht einmal Psychoanalytiker wie die des Bernfeld-Kreises, die sich – wenn auch aus unterschiedlichen Gründen – immerhin als kritisch verstehen, dazu imstande sind, wie sollten sich dann die Gruppierungen ihrer etablierten Kollegen als Solidargemeinschaften konstituieren, wird doch eine kritische Selbstbefragung erst durch die Wendung gegen die gesellschaftliche Realität möglich und notwendig? Warum sollten diese Psychoanalytiker ihr Realitätsprinzip historisch relativieren und entsprechend der Gesellschaft, in der sie leben, konkretisieren und etwa praxisrelevant – d. h. auch handlungsanleitend quer zum Bestehenden – zur Kenntnis nehmen, daß etwa ein Unternehmer nicht nur einen interessanten und initiativen Beruf hat, sondern daß er auch Ausbeutung betreibt, daß ein Industriearbeiter nicht nur eine manuelle Beschäftigung ausübt, sondern dabei auch das Ausführungsorgan eines ihm fremden Interesses ist, wenn sie es sich in den Verhältnissen, die für diese Sachlagen Bedingung sind, ganz gut einrichten können? Ausgestattet mit den Insignien des gehobenen Mittelstandes, werden sich diese Psychoanalytiker auch nicht im wesentlichen unter der Zielsetzung organisieren, die Einsichten in ihren Untersuchungsgegenstand, in die Bildung subjektiver Strukturen unter den gegebenen gesellschaftlichen Verhältnissen, zu vertiefen und die affirmativ gewordene Struktur ihres Therapieverfahrens zu problematisieren. In den kasuistisch-technischen Seminaren wird eher dafür gesorgt, daß die Deutungsmuster der einzelnen Psychoanalytiker auch innerhalb des vorherrschenden ideologischen Rasters bleiben. In erster Linie werden sie sich zur besseren Durchsetzung ihrer standespolitischen und privaten Partialinteressen in einem Verband zusammenschließen und dabei versuchen, die jeweils anderen für ihre Zwecke zu instrumentalisieren.

Wir haben wenig Hoffnung, daß dieses instrumentelle, aus der bestehenden Interessenlage resultierende Beziehungsgeflecht in naher Zukunft – etwa durch eine neue Psychoanalytikergeneration – aufgebrochen und in eine Solidargemeinschaft umgewandelt werden kann. Es spricht wenig für die Annahme, daß aus der gegenwärtigen psychoanalytischen Ausbildung Psychoanalytiker entlassen werden, welche die psychoanalytischen Erkenntnis- und Therapiemöglichkeiten voll ausschöpfen wollen. Dahmer (1983) machte darauf aufmerksam, daß die Entscheidung für eine psychoanalytische Ausbildung sich heute im wesentlichen am Berufsbild eines mit Privilegien wohl ausgestatteten und gut verdienenden Facharztes orientiert, was sicherlich nicht in der Lebensperspektive gesellschaftskritisch eingestellter Wahrheitssucher und Therapeuten liegt. Würden sich solche Personen trotzdem für eine psychoanalytische Ausbildung entscheiden, dann hätten sie nach dem Urteil von A. Freud (1972, S. 21) nur wenig Chancen, zugelassen zu werden. Der Zulassungsfilter, stellt Cremerius (1986) fest, wird heute bevorzugt von „Normopathen", von durchschnittlichen, konservativen und konventionellen „dull-normal" (Kernberg, 1984) passiert, die sich oft durch eine perfekte Anpassung an die soziokulturellen Verhältnisse auszeichnen. Unterrepräsentiert scheinen jedenfalls „unruhig fragende – kritische Köpfe, die nicht glauben, sondern wissen wollen" (Cremerius, 1986), und es scheint ferner, daß deren Kritik in der Ausbildung eher zum Schweigen gebracht als zur Sprache verholfen wird.

In ihrer psychoanalytischen Ausbildung werden die angehenden Psychoanalytiker nicht in einer und auch nicht für eine Solidargemeinschaft sozialisiert, in welcher die neurotische Borniertheit und die ideologischen Imprägnierungen dieses Alltagsbewußtseins aufgrund des Freudschen Erbes und aufgrund eigener sozialer Irritationen in kollektiver Auseinandersetzung mit unzumutbaren gesellschaftlichen Zumutungen aufgebrochen werden könnte. Unter der Vorherrschaft gruppeninterner Instrumentalbeziehungen lassen sich die restneurotischen, mit der herrschenden Realität konformen Erscheinungsformen nicht in kritischer und zugleich solidarischer Diskussion problematisieren. Die gegenwärtige Lage der Psychoanalytiker weist eine psychoanalytische, auf Leiden unter den gesellschaftlichen Verhältnissen sich gründende Solidargemeinschaft fraglos in ein noch weit entfernt liegendes Reich der Utopie. Läßt man diese Utopie am Horizont verdämmern und überläßt die weitere Entwicklung all jenen, die im Einvernehmen leben „mit allem außerhalb ihres wohl abgegrenzten Bereiches, dem einer Hilfsdisziplin der Psychiatrie" (Horkheimer, 1948, S. 485), dann wird in naher Zukunft jener *point of no return* erreicht sein, von dem an die Freudsche Psychoanalyse nurmehr als Erinnerung existieren wird. Ohne noch Gefahr eines Meineides zu laufen, werden die Psychoanalytiker dann ihren unverbrüchlichen Treueeid jenen gesellschaftlichen Zuständen geschworen haben, in denen „die zeitgemäße Krankheit gerade im Normalen besteht" (Adorno, 1944, S. 69) und an die sie ihre Patienten als „geheilt" so ausliefern, wie es Adorno (1944, S. 78) beschrieb: „Die fertig gelieferte Aufklärung verwandelt nicht nur die Spontanreflexion, sondern auch die analytischen Einsichten ... in Massenprodukte und die schmerzlichen Geheimnisse der individuellen Geschichte ... in geläufige Konventionen. Die Auflösung der Rationalisierungen wird selbst zu einer Rationalisierung. Anstatt die Arbeit der Selbstbestimmung zu leisten, erwerben die Belehrten die Fähigkeit, alle Triebkonflikte unter Begriffe wie Minderwertigkeitskomplex, Mutterbindung, extrovertiert und introvertiert zu subsumieren, von denen sie im Grunde sich gar nicht erreichen lassen. Der Schrecken vom Abgrund des Ichs wird weggenommen durch das Bewußtsein, daß es sich dabei um gar nicht so viel anderes als um Arthritis oder Sinus troubles handele. Dadurch verlieren die Konflikte das Drohende. Sie werden akzeptiert; keineswegs aber geheilt, sondern bloß in die Oberfläche des genormten Lebens als unumgängliches Bestandstück hineinmontiert. ... An Stelle jener Katharsis, deren Gelingen ohnehin in Frage steht, tritt der Lustgewinn, in der eigenen Schwäche auch ein Exemplar der Majorität zu sein und damit ... gerade vermöge jener Defekte sich als dazugehörig auszuweisen und Macht und Größe des Kollektivs auf sich zu übertragen ... Das letzte groß konzipierte Theorem der bürgerlichen Selbstkritik ist zu einem Mittel geworden, die bürgerliche Selbstentfremdung in ihrer letzten Phase zu einer absoluten zu machen und noch die Ahnung der uralten Wunde zu vereiteln, bei der die Hoffnung eines Besseren in der Zukunft liegt." Die Lektüre der vor über 40 Jahren niedergeschriebenen „Minima Moralia" würde auch die Psychoanalytiker tiefer über die heutige Psychoanalyse aufklären, als ein Studium der vielfältigen psychoanalytischen Neuerscheinungen je es könnte.

Anmerkungen

1) Wir wollen hier nicht die Debatte über den Marxschen Entfremdungsbegriff nachzeichnen. Für unseren Diskussionszusammenhang genügt es, die wesentlichen Bestimmungsmomente der Entfremdung hervorzuheben (s. dazu etwa Seve, 1978).

2) So wurde bspw. in der überwiegenden Anzahl der psychoanalytischen Publikationen im Zusammenhang mit der Studentenbewegung ein gesellschaftspolitischer Prozeß auf ein psychopathologisches Phänomen verkürzt und verflacht (Berndt, 1973; Horn, 1980).

Literatur

Adorno, Th. W. (1944a): Die Gesundheit zum Tode. In: Minima Moralia, S. 68–71. Frankfurt 1985

Adorno, Th. W. (1944b): Ich und Es. In: Minima Moralia, S. 75–77. Frankfurt 1985

Adorno, Th. W. (1944c): Immer davon reden, nie daran denken. In: Minima moralia, S. 78–80. Frankfurt 1985

Adorno, Th. W. (1968): Kritische Modelle 2. Frankfurt

Berndt, H. (1973): Nachträgliche Bemerkungen zur „Unruhe der Studenten". Psyche 27, S. 1128

Carrol, L. (1865): Alice in wonderland. London

Cremerius, J. (1986): Spurensicherung. Psyche 40, S. 1063

Dahmer, H. (1983): Die eingeschüchterte Psychoanalyse. In: Lohmann, H. M. (ed), Das Unbehagen in der Psychoanalyse, 24. Frankfurt

Deutsch, H. (1926): Okkulte Vorgänge während der Psychoanalyse. Imago XII, S. 418

Eissler, K. R. (1965): Medical orthodoxy and the future of psychoanalysis. New York

Freud, A. (1972): Schwierigkeiten in der Psychoanalyse in Vergangenheit und Gegenwart. Frankfurt

Freud, S. (1895): Zur Psychotherapie der Hysterie. In: GW I, S. 252–312

Freud, S. (1904): Die Freudsche psychoanalytische Methode. In: GW V, S. 3–10

Freud, S. (1911): Die zukünftigen Chancen der psychoanalytischen Therapie. In: GW VIII, S. 103–115

Freud, S. (1912a): Zur Dynamik der Übertragung. In: GW VIII, S. 363–374

Freud, S. (1912b): Ratschläge für den Arzt bei der psychoanalytischen Behandlung. In: GW VIII, S. 375–387

Freud, S. (1914): Erinnern, Wiederholen, Durcharbeiten. In: GW X, S. 125–136

Freud, S. (1915a): Zeitgemäßes über Krieg und Tod. In: GW X, S. 323–355

Freud, S. (1915b): Die Verdrängung. In: GW X, S. 247–265

Freud, S. (1916/17): Vorlesungen zur Einführung in die Psychoanalyse. In: GW XI

Freud, S. (1937): Die endliche und die unendliche Analyse. In: GW XVI, S. 57–99

Fromm, E. (1970): Analytische Sozialpsychologie und Gesellschaftstheorie. Frankfurt

Heimann, P. (1960): Counter – transference. Br J Med Psychol 33, S. 9

Holzkamp, K. (1979): Zur kritischen Theorie der Subjektivität II. Argument (Sonderband) 41, S. 7

Horkheimer, M. (1932): Geschichte und Psychologie. In: Horkheimer, M. (1968), Kritische Theorie Bd. 1, S. 9, Frankfurt

Horkheimer, M. (1948): Ernst Simmel und die Freudsche Philosophie. Psyche 32, S. 483 (1978)

Horn, K. (1980): Psychoanalyse und gesellschaftliche Widersprüche. In: Dahmer, H. (ed): Analytische Sozialpsychologie, Bd. 2, S. 576 Frankfurt

Kernberg, O. F. (1984): Changes in the nature of psychoanalytic training structure of the training and standards of the training. In: Wallerstein, R. S. (ed), Changes in analysis and in ther training. Int Psychoanal Monogr 4, S. 56

Langer, M. (1985): Der Widerspruch in der Lehranalyse. In: Institutsgruppe der Universität Salzburg (ed), Jenseits der Couch, S. 155. Frankfurt

Little, M. (1960): Countertransfernce. Br J Med Psychol 33, S. 29

Lorenzer, A. (1970): Sprachzerstörung und Rekonstruktion. Frankfurt

Lorenzer, A. (1972): Zur Begründung einer materialistischen Sozialisationstheorie. Frankfurt

Lorenzer, A. (1974): Die Wahrheit der psychoanalytischen Erkenntnis. Frankfurt

Marx, K. (1844): Ökonomisch-philosophische Manuskripte aus dem Jahre 1844. In: MEW, Ergänzungsband 1, S. 465–588

Marx, K. (1867): Das Kapital Bd 1. In: MEW Bd. 23

McLaughlin, F. (1967): Addendum to a controversial proposal. Some obser vations on the training analysis. Pychoanal Quart 36, S. 230

Parin, P. (1980): Warum Psychoanalytiker so ungern zu brennenden Zeitproblemen Stellung nehmen. In: Dahmer, H. (ed), Analytische Sozialpsychologie Bd. 2, S. 647. Frankfurt

Parin P. u. Parin-Matthèy, G. (1983): Das obligat unmögliche Verhältnis der Psychoanalytiker zur Macht. In: Lohmann, H. M. (ed): Das Unbehagen in der Psychoanalyse, S. 17. Frankfurt

Peto, A. (1960/61): Über die vorübergehende desintegrative Wirkung von Deutungen. Psyche 14, S. 701

Reich, A. (1960): Further remarks on countertransfrence. Int J Psychoanal 41, S. 389

Sandler, J. u. Nagera, H. (1966): Einige Aspekte der Metapsychologie der Phantasie. Psyche 20, S. 188
Seve, L. C. (1978): Marxistische Analyse der Entfremdung. Frankfurt

Anmerkung III

Die soziale Funktion des psychoanalytischen Theoriepluralismus

Siegfried Zepf und Sebastian Hartmann

> Die peinlichste Illusion der psychoanalytischen Behandlung ist das ewige Anhören des Patienten. Stunden um Stunden verbringt er damit zu sprechen, aber er wird eigentlich gar nicht angehört, nämlich nur auf das hin, was man schon weiß, bevor er den Mund aufgetan hat. Ebenso gut könnte er bei jeder Sitzung stumm dagesessen haben. ... Die Leistung des Psychoanalytikers besteht also im Widerstand gegen seinen Patienten, der sagen kann, was er will, das Resultat ist wie durch einen unerschütterlichen Schicksalsspruch bereits bekannt und vorweggenommen. ... Freud selbst muß noch viel gehört haben, sonst könnte er sich nicht so sehr geirrt und gewandelt haben.
>
> *Canetti, 1965, S. 274*

Versucht man sich heute im psychoanalytischen Theoriegebäude zurechtzufinden, ist man gleich zu Anfang verwirrt. Man findet nicht ein einheitliches, sondern eine Vielfalt verschiedener Gebäude vor, die alle unter differenten Namensschildern den Anspruch erheben, die psychoanalytische Theorie zu repräsentieren. Orientiert man sich an der Anciennität und macht man sich zunächst einigermaßen mit dem Gebäude vertraut, dessen Grundriß von Freud (1914, S. 54; 1923, S. 223) auf der Basis der Annahme unbewußter seelischer Vorgänge, der Lehre von der Verdrängung, einer bestimmten Einschätzung der Sexualität und des Ödipuskomplexes sowie der Theorie von Übertragung und Widerstand entworfen wurde, dann macht man sehr schnell die Erfahrung, daß dieser Grundriß nur wenig hilft, sich in den anderen Häusern zurechtzufinden. Begibt man sich beispieslweise in einem dieser Häuser an den Ort, welcher im Freudschen Grundriß als Schlafzimmer eingezeichnet ist, so findet man sich dort in der Küche wieder. Die Theorie Melanie Kleins (1952) etwa läßt den Ödipuskomplex, der bei Freud am Ende der Triebentwicklung steht, bereits nach dem 4. Monat beginnen und lokalisiert die Über-Ich-Bildung – bei Freud Endpunkt des Ödipuskomplexes durch Identifikation mit den väterlichen Verboten – bereits in der oralen Phase durch die Introjektion von guten und bösen Objekten. Im Gebäude von Kohut (1977) wiederum gibt es weder ein Schlafzimmer noch Abstellräume im Keller; dort läßt sich nur ein gemütlicher, narzißtischer Wohnraum entdecken. In seiner Selbstpsychologie wird die Bedeutung des Ödipuskomplexes entschieden bestritten und die Verdrängung suspendiert. Und in den Gebäuden von Gill (1976), Schafer (1982) sowie Thomä und Kächele (1985) wird die Metapsychologie, werden die theoretischen Grundpfeiler, zwischen denen im Freudschen Verständnis das Netz der begrifflichen Zusammenhänge aufgespannt ist – „die theoretischen Annahmen, die man einem psychoanalytischen System zugrunde legen könnte" (Freud, 1916/17, S. 412) – zum beliebig auszugestaltenden Dachgeschoß.

Die psychoanalytische Theoriebildung scheint in der Tat in eine anarchische Phase eingetreten zu sein. So sieht Cremerius (1982) derzeit elf verschiedene Narzißmustheorien, die in wesentlichen Punkten miteinander nicht kompatibel sind, und A. Freud (1972) urteilte, daß in der gegenwärtigen Psychoanalyse früher wohldefinierte Begriffe sich diversifizieren in verschiedene Meinungen. War früher die Eintrittspforte in das psychoanalytische Theoriegebäude bewacht von den oben angeführten „Schibboleths" (Freud, 1905, S. 128) – Freud (1923, S. 223) sagte von ihnen: „Wer sie nicht alle gutzuheißen vermag, sollte sich nicht zu den Analytikern zählen" –, so wurde in der postfreudianischen Ära dieses Gebäude zu einer Fundgrube für Materialien, welche dann beim Bau von Eigenheimen in individueller Architektonik neu zusammengefügt wurden. Die „Schibboleths" Freuds sind einem Pluralismus gewichen, in dem einheitliche Positionen nicht nur in der Behandlungstechnik, sondern auch in der Theorie in eine Vielfalt heterogener Meinungen aufgefranst wurden. Jedenfalls läßt sich das, was Psychoanalyse ist, heute nicht mehr inhaltlich genau, sondern offensichtlich nur mehr pragmatisch bestimmen: Psychoanalyse, so Sandler (1978), ist das, was der Psychoanalytiker macht. Die strengen Wächter an der Eintrittspforte sind diesem kruden, wenig befriedigenden Allgemeinplatz gewichen.

Wie kam dieser Pluralismus zustande? Die geläufige Antwort, die man auf diese Frage meist erhält, lautet, daß die Verschiedenheit der Konzepte in der Unterschiedlichkeit der untersuchten Patienten gründe. Träfe diese Annahme zu, dann müßten trotzdem die verschiedenen Theorien innerhalb eines einheitlichen Bezugsrahmens liegen – so wie etwa die Konzepte der Hysterie und der Zwangsneurose – und dürften sich nicht in wesentlichen Aspekten wechselseitig ausschließen. Genau dies ist aber der Fall. Sucht man also mit dieser Annahme den Theoriepluralismus zu begründen, dann muß man zugleich eingestehen, daß die psychoanalytische Theorie aus einer Reihe von Hypothesen ohne gemeinsame Klammer besteht. Zu diesem Urteil gelangt etwa Sandler (1983). Er ist der Ansicht, daß die „Psychoanalyse aus Formulierungen von unterschiedlichem Abstraktionsniveau und aus Teiltheorien zusammengesetzt ist, die nicht gut integrierbar sind ...“. Im szientistischen Selbstverständnis ist dann allerdings die psychoanalytische Theorie auch keine Theorie mehr.

Einer Anmerkung von Beland (1981) läßt sich entnehmen, daß die von einzelnen Psychoanalytikern vertretenen Theorien offensichtlich nur wenig mit den von ihnen behandelten Patienten zu tun haben. Beland (1981) stellt lapidar fest: „Wären die ersten Analytiker im Nachkriegsdeutschland Kleinianer gewesen, so wären heute 80% der Mitglieder der DPV [Deutsche psychoanalytische Vereinigung; d. Verf.] Kleinianer“, und rückt damit den Theoriepluralismus in die Perspektive der Frage, ob die konzeptuelle Vielfalt nicht doch mehr in der Verschiedenheit, und d. h. in der Subjektivität der Psychoanalytiker, als in der Verschiedenheit der von ihnen untersuchten Patienten gründe. Betrachtet man die psychoanalytische Ausbildung, dann werden jedenfalls die einzelnen Theoriefiguren nicht aus praktischen Behandlungserfahrungen heraus gebildet, sondern im wesentlichen über Identifikationsprozesse im Zuge von Clanbildungen angeeignet. Rank (1928, zit. n. Cremerius, 1989) schrieb, daß es in der Lehranalyse legitim sei, „den Schüler auf der Identifizierungsstufe mit dem Analytiker zu entlassen, da ja das eingestandene Ziel ist, daß er seinem Analytiker ähnlich werde“. A. Freud (1970) war der Ansicht, daß die Lehranalytiker solche Identifikationsprozesse nachdrücklich unterstützen, und Freud selbst hat dem bereits von Rado analysierten Heinz Hartmann eine Lehranalyse als Methode angeboten, „seine Ideen einer Gruppe junger Analytiker zu vermitteln, die sie dann an andere weitergeben sollten“ (Rownter, 1985, S. 22). Auch McLaughlin (1967) hält dafür, daß die Lehranalyse für eine „Propagierung theoretischer Vorlieben“ genutzt wird, und Balint (1947, S. 317) urteilte über die psychoanalytische Ausbildung: „Die ganze Atmosphäre erinnert stark an die Initiationsriten der Primitiven. Auf seiten der Initiatoren – der

Unterrichtungsausschüsse und Lehranalytiker – beobachten wir ... dogmatische Verkündigung unserer Forderungen und autoritäre Techniken. Auf seiten der Kandidaten, als der zu Initiierenden, beobachten wir ... Unterwerfung unter die dogmatische und autoritative Behandlung ohne viel Protest und ein überaus respektvolles Benehmen. Wir wissen, welches Ziel alle Initiationsriten haben: Sie sollen den Neuling zwingen, sich mit dem Clan zu identifizieren, den Initiator und seine Ideale zu introjizieren .... Hierzu paßt auch die Tatsache, daß die Kandidaten im großen und ganzen dahin tendieren, sich zu ‚Abstammungsgruppen' abzusondern, den Mitgliedern ihrer Gruppe gegenüber nachsichtig ... zu sein und im allgemeinen ihren Meistern blind zu folgen." Verstärkt wird diese Clanbildung noch in Theorieseminaren und Kontrollanalysen. Balint (1947, S. 126) fährt fort: „Der Kontrollanalytiker ist ein wirklicher Mensch mit Überzeugungen, theoretischen Lieblingsideen und Lieblingsbeschäftigungen und auch mit seinen persönlichen Grenzen. Er ist nicht durch die Analysesituation gebunden, er kann seine Ansichten und Überzeugungen mit allem persönlichen Gewicht, das er besitzt, vertreten und tut es auch. Der Kandidat hat in dieser Situation einen sehr viel schwächeren Stand, er hat nicht mehr das Vorrecht des freien Assoziierens als Abwehrwaffe, er soll lernen und wird kontrolliert, nicht analysiert. Das Kräftegleichgewicht in den Vorlesungen und Seminaren ist zwar etwas modifiziert, aber keineswegs günstiger für den Kandidaten. Nicht nur doziert der Vortragende ex cathedra, sondern jeder Widerspruch isoliert den Kandidaten auch noch, und er steht fortan als einzelner Nonkonformist einer konformistischen Gruppe gegenüber, eine gespannte Lage, der sich nur wenige auszusetzen wagen."

III/1. Mithin ist davon auszugehen, daß die Theoriefiguren, unter denen die künftigen Analytiker arbeiten werden, im wesentlichen aus Identifikationsprozessen mit ihren Lehranalytikern resultieren. Die so angeeigneten Theoriefiguren haben den Charakter einer Brille, welche die neurotische Struktur eines Analysanden auch nur noch in bestimmter Weise lesen läßt. Rückt man den bestehenden Theoriepluralismus im Zusammenhang mit jenem Sachverhalt ins Blickfeld, den Freud (1937, S. 73) als „neurotische Resterscheinungen" beschrieb, welche den Psychoanalytiker daran hindern, „die Verhältnisse des Patienten richtig zu erfassen" (Freud, 1937, S. 94), dann wird nicht nur einsichtig, warum diese Theoriefiguren durch die eigenen Behandlungserfahrungen nur wenig affiziert und qualitativ verändert werden können. Einsichtig wird auch, warum an den verschiedenen Theorien von ihren jeweiligen Vertretern so beharrlich festgehalten wird und Andersdenkende – vor allem innerhalb des Instituts, dem sie angehören – nicht selten pathologisiert werden. Mit „neurotischen Resterscheinungen" ist – wir haben dies bereits genauer erläutert (s. Zepf u. Hartmann, Anm. II) – jener Restbestand an unbewußten Konflikten gemeint, die in den Lehranalysen der angehenden Analytiker nicht aufgearbeitet werden konnten und die ihn dann in seiner analytischen Arbeit dazu zwingen, die neurotischen Konflikte seiner Analysanden in bewußte Erscheinungsformen einzubinden, die seine Restneurose nicht problematisieren. Diese neuen Erscheinungsformen der neurotischen Konflikte eines Analysanden können nicht unabhängig von der Theorie sein, mit der der Analytiker arbeitet, hat er doch im Zuge seiner Professionalisierung die Theoriestücke im wesentlichen in einem Verfahren erworben, in dem zugleich seine Restneurose in Bewußtseinsformen eingeschmolzen wurde, die mit dieser Theorie konsistent sind.

Es ist anzunehmen, daß zwischen den psychoanalytischen Theoriefiguren und den Bewußtseinsformen von Restneurosen kein bloß zufälliger und äußerlicher, sondern ein innerer, inhaltlich bestimmter Zusammenhang besteht. Daß dies nicht nur ein theoretisches Postulat ist, zeigt etwa ein Blick auf die Geschichte der psychoanalytischen Dissidenten. Cremerius (1982) führt den Nachweis, daß die Geschichte der Abspaltungen eher ein Gegenstand psychopathologischer als der einer ideengeschichtlichen oder wissenschaftstheoretischen Forschung ist. Die Entdeckung „neuer" Theoriestücke, welche meist nur in einer besonderen Betonung und Totalisierung eines im bestehenden Theoriegebäude bereits vorhandenen Aspektes bestanden, spalteten sich ab, weil sie Inhalte des bestehenden Theoriegebäudes bestritten und das ihre an dessen Stelle setzen wollten. So kam es etwa zwischen Horney und Sullivan und der psychoanalytischen Gemeinschaft nicht deshalb zum Bruch, weil beide etwas betonten, was der bestehenden Theorie fehlte – der Einfluß der kulturellen sowie der zwischenmenschlichen Umwelt auf die Entwicklung des Menschen –, sondern weil sie die Bedeutung der Innenwelt und insbesondere der Triebkonflikte – wie etwa Adorno (1952) und Marcuse (1968) zeigen – bestritten. Dasselbe gilt auch für die Vertreter einer Psychologie des Präödipalen, die oft die Bedeutung der phallisch-ödipalen Phase der späteren Altersstufe negieren.

Für eine irrationale Unterfütterung der Theorien sprechen ebenfalls die Befunde von Butzer (1987) und Körner (1989). So zeigt etwa Butzer (1987) in einer sorgfältigen kritisch-hermeneutischen Analyse der autobiographischen Äußerungen C. G. Jungs, wie in den zentralen Werkaussagen des Zürichers – z. B. in der Synchronizitätsthese – immer auch dessen innere Erlebnisszenerie mystifiziert in Erscheinung tritt. Körner (1989) verfolgt die Genese des Begriffs der „therapeutischen Ich-Spaltung" bei Sterba (1934), welcher die Auftrennung des Beziehungsgefüges von Analytiker und Analysand in eine Übertragungs- und Arbeitsbeziehung markiert. Sterba (1934) unterschied einen „realitätsbeflissenen Anteil" und einen „trieb- und abwehrbesetzten Anteil" des Ich. Er riet dem Analytiker, sich mit dem realitätsbeflissenen Anteil des Patienten zu verbinden, so daß „aus dem Chaos triebbedingter und triebhemmender Aktionen" ein „neuer Gesichtspunkt der Anschauung auftaucht". Der Analytiker biete sich dabei als Objekt der Identifizierung an, er stelle dem Patienten seine eigene, realitätsorientierte Seite gegen die Übertragung mit ihrem „Objekthunger" zur Verfügung. Anhand des Fallbeispieles, welches Sterba (1934) zur Erläuterung seiner Konzeption anführte, fragt Körner (1989) nach den subjektiven Gründen, die Sterba (1934) zu diesem Konzept bewogen haben könnten. Unter Hinzuziehung von Sterbas (1982) „Erinnerungen" macht Körner (1989) einsichtig, daß Sterba in der Behandlung dieser Patientin offensichtlich Übertragungen ausgesetzt war, welche für ihn deshalb problematisch wurden, weil sie Sterbas Erinnerungen an und Identifikationen mit seinem sadistischen Vater berührten. In Abwehr seiner Übertragungen auf die Patienten, so Körner (1989), konstruierte Sterba dann jene „Insel der Betrachtung" als Zufluchtsort, von dem aus das gefährliche Übertragungsgeschehen „realitätsbeflissen" und gemeinsam mit der Patientin ausschließlich als deren Übertragung betrachtet werden konnte. Das Konzept der „therapeutischen Ich-Spaltung" gestattete so dem Analytiker von seiner eigenen, unbewältigten Konflikthaftigkeit auf eine Insel realitätsbeflissener Betrachtung zu fliehen, schreibt ihm zugleich ein vernünftiges und konfliktfreies Ich zu, welches er dann dem Patienten als Modell zur Identifikation anbietet. Dieses Angebot an den Patienten „unterschlägt die Konflikthaftigkeit des Analytikers – und soll es wohl auch" (Körner, 1989).

Auch die Art und Weise, in der Psychoanalytiker mit den verschiedenen Theorien arbeiten, läßt eine enge Verklammerung von Theorien und Restneurosen vermuten. Es ist keineswegs so, daß die

Psychoanalytiker in ihrer Praxis konsistent mit einer der verschiedenen und in wesentlichen Punkten auch widersprüchlichen Theorien arbeiten – etwa mit dem topographischen oder dem Strukturmodell Freuds, der Narzißmuskonzeption von Joffe und Sandler (1967) oder von Kernberg (1981), den Auffassungen von Kohut (1977), M. Mahler (1972) oder von Melanie Klein (1952). Liest man die Fallberichte – etwa die Examensarbeiten von Ausbildungskandidaten – oder nimmt man an kasuistischen Diskussionen teil, dann werden in der Alltagspraxis vielmehr einzelne Konzepte aus dem systematischen Zusammenhang, in dem sie in einer bestimmten Theorie stehen, herausgebrochen und je nach Belieben des Autors neu zusammengefügt. Wenn man diese Willkür nicht als bloße intellektuelle Schwäche verbuchen will, welche die Einsicht erschwert, daß theoretische Begriffe ihre Erklärungspotenz verlieren, wenn man sie aus dem Bezugssystem herausisoliert, in dem sie stehen (z. B. Althusser, 1972, S. 51f.), dann verweist auch sie auf eine restneurotische Grundlage.

Da die Theorien die zur Anwendung kommenden Deutungsmuster negativ eingrenzen, sie strukturell definieren und eine rationale, besser – und wie A. Freud (1970) meint – eine rationalisierende Begründung für ihre Verwendung und den Ausschluß anderer liefern, ist klar, daß sich im Zusammenspiel von Theorie und Restneurose ein Verfahren einstellt, in welchem – wie Canetti (1965, S. 274) im Eingangszitat zu dieser Arbeit bereits vermutete – die eigene Theorie immer nur bestätigt werden kann. Aufgrund seiner Restneurose ist der Analytiker gezwungen, die unbewußten Konflikte seines Analysanden in bewußte Erscheinungsformen zu transferieren, die seiner Theorie nicht widersprechen, einer Theorie, der er sich auch deshalb verschrieben hat, weil sie ihm seine Deutungsmuster als Erscheinungsformen seiner Restneurose zu verbergen hilft. In der therapeutischen Praxis wird damit genau das Kriterium eingelöst, an dem Popper (1966) seinen Vorwurf festmachte, die Psychoanalyse sei eine Pseudowissenschaft, weil ihre Theorie nicht falsifizierbar wäre.

III/2. Durch ihre Verflechtung mit den Restneurosen werden die psychoanalytischen Theorien auch bedeutsam für den organisatorischen Zusammenhalt verschiedener psychoanalytischer Gruppierungen. Als Ideen geben sie die objektiven Organisatoren von Gruppenbildungen ab, unter denen sich Psychoanalytiker zusammenfinden. Indem im Zusammenspiel von Eigenanalyse, Kontrollanalysen und kasuistisch-technischen Seminaren im psychoanalytischen Professionalisierungsprozeß die Restneurosen in gruppenspezifische Bewußtseinsinhalte eingelassen werden, fädeln die Ausbildungsgänge in der institutionalisierten Psychoanalyse die angehenden Analytiker über ihre Restneurosen in eine Gruppe mit einem spezifischen therapeutischen und alltagspraktisch wirksamen Bewußtsein ein. Mit dem Effekt einer individuellen Stabilisierung wird die private Neurose eingebunden in soziale, von den Mitgliedern einer Gruppe jeweils akzeptierten Formen, welche die in ihr vorherrschende Theorie als nichtneurotisch lizenziert und die ihnen dadurch auch den irrationalen Kitt ihres Zusammenhaltes nicht nur verbirgt, sondern zugleich rational maskiert. Auch die psychoanalytischen Gruppierungen organisieren sich über Erscheinungsformen von Restneurosen, über hergestellte „Schablonen" in einer Weise, die Lorenzer (1981, S. 119) bei der Bildung der nationalsozialistischen „Volksgemeinschaft" wirksam sah: „1. die Kollektivbildung setzt an einer ‚Symptom-Schablonen-Einheit' an, d. h., 2. die Massenbildung organisiert Erwachsene als ‚Kinder', nämlich an ihrem infantil fixierten, zum Symptom geronnenen Persönlichkeitsdefekt. ‚Er wird wieder zu einem Kinde, das nur die Gewalt der Eltern fürchtet.' ... 3. der Effekt dieser Massenbildung ist eine individuelle Stabilisierung ... 4. Gruppenbildung ist keine zufällige Anhäufung von gestörten Individuen. Es bedarf eines ‚objektiven Organisators', der in bereitliegende Persönlichkeitsdefekte einhackt: es bedarf eines Wortes, einer *‚Idee'*, die die weltanschauliche Ausrichtung besorgt."

Angesichts der widersprüchlichen theoretischen Lage und der inhaltlichen Varianz der Konzepte bei verschiedenen Psychoanalytikern wird hier zur Frage, auf welcher Grundlage man sich dann noch in einer Gemeinschaft wie der deutschen oder der internationalen psychoanalytischen Vereinigung zusammenschließen kann. Die im Selbstverständnis vorgetragene Begründung, das Freudsche Erbe zu bewahren und weiterzuentwickeln, kann jedenfalls nicht mehr die wirkliche Grundlage sein. Lorenzer (1989) etwa merkt an, daß es in der großen Schar derjenigen, die „etwas mit Psychoanalyse zu tun" haben und „über Psychoanalyse zu reden geneigt" sind, „zunehmend mehr" gibt, „die sich die Freudlektüre ersparen, weil sie wissenschaftliche Arbeiten wie Milchtüten mit dem Blick auf das Abfülldatum taxieren", und Sandler (1983), der den organisatorischen Zusammenschluß der Psychoanalytiker durch den Theoriepluralismus gefährdet sieht, fordert für eine einheitliche und den organisatorischen Zusammenhalt der *psychoanalytic professionals* garantierende psychoanalytischen Theorie „elastische und flexible Begriffe“, die „den Druck von Theorieveränderungen“ abfangen und absorbieren können. Im Klartext heißt dies, daß die Begriffe einer verbindlichen psychoanalytischen Theorie mehrheitlich von den Freudschen Auffassungen abgekoppelt in der Nähe sinnentleerter Abstraktionen zu suchen sind, welche nur mehr als formale Klammer für heterogene und privatistische, ins Belieben des einzelnen gestellte Inhalte und Zusammenhänge fungieren. Ebenso entsubstanzialisiert wie die formale Definition, daß Psychoanalyse das ist, was der Psychoanalytiker macht, enthält auch eine derartige Theorie keine Einsichten mehr, die eine Assoziierung der Psychoanalytiker inhaltlich begründen könnte. Die zunehmende Irrelevanz psychoanalytischer Inhalte für den Zusammenhalt psychoanalytischer Vereinigungen offenbart eine andere und praktischere Grundlage: Man organisiert sich nicht mehr aus inhaltlichen Gründen, sondern als Zweckgemeinschaft zur Durchsetzung standespolitischer und privater Partialinteressen. Bedenkt man, daß die Theorien der anderen, welche die Darstellungsformen ihrer Restneurosen jeweils als gesund ausweisen, nicht attackiert werden dürfen, wenn man bei einer kontroversen Theorielage zur Durchsetzung individueller und Standesinteressen zusammenhalten muß, dann wird auch einsichtig, warum man in den vielfältigen psychoanalytischen Publikationen eher Bruchstücke aus anderen Konzeptionen zustimmend zitiert, eklektizistisch aufgreift und den eigenen Überlegungen einverleibt, als daß man eine kritisch-inhaltliche Auseinandersetzung mit den Auffassungen anderer führt.

Nun wäre es freilich irrig, die organisierenden Ideen als bloße Projektionen von Restneurosen auf die theoretische Ebene anzusehen. Im wesentlichen sind die theoretischen Inhalte gnoseologische Produkte der Auseinandersetzung von Psychoanalytikern mit den von ihnen untersuchten Analysanden. Diese gnoseologische Auseinandersetzung in der dyadischen Situation der psychoanalytischen Therapie findet jedoch nicht außerhalb, sondern immer innerhalb bestimmter gesellschaftlicher Verhältnisse statt, so daß die theoretischen, den Zusammenhalt von Gruppen stiftenden Einsichten auch nicht unabhängig sein können vom sozialen Ort, den diejenigen in der Gesellschaft einnehmen, die sie entwickeln und die sich ihnen verschreiben. An anderer Stelle haben wir deutlich gemacht (Zepf u. Hartmann, Anm. II), daß die Psychoanalytiker als selbständige Kleinunternehmer und aufgrund ihrer sozioökonomischen Lage eher in der Nähe derjenigen zu finden sind, die über die Produktionsmittel verfügen, als dort, wo sich die unselbständig Arbeitenden aufhalten, die – frei vom Besitz der Produktionsmittel – ihre Arbeitskraft an deren Besitzer verkaufen müssen. Die aus diesem Ort geborenen Interessen der Psychoanalytiker gehen in ihre Theorien ein, und d. h., die Theorien sind nicht nur restneurotisch, sondern immer auch eingefärbt entsprechend der herrschenden Ideologie, welche die ökonomischen Interessen der Personen zum Ausdruck bringt, „die die Mittel zur materiellen Produktion zu ihrer Verfügung haben" und die in einer kapitalistischen, auf Privatbesitz der Produktionsmittel sich gründenden Gesellschaftsformation wie der unseren die Herrschenden sind: „Die herrschenden Gedanken sind weiter nichts als der ideelle Ausdruck der herrschenden materiellen Verhältnisse, die als Gedanken gefaßten herrschenden materiellen Verhältnisse; also der Verhältnisse, die eben die eine Klasse zu Herrschenden machen, also die Gedanken ihrer Herrschaft" (Marx u. Engels, 1845/46, S. 46), und die darauf abzielen, die Herrschaft der Herrschenden abzusichern (Marx u. Engels, 1845/46, S. 274). Dieses Moment der herrschenden Ideologie findet sich in allen Formen des gesellschaftlichen Bewußtseins, durchzieht die gesamte psychoanalytische Erkenntnisbildung in der konkreten Behandlungssituation bis hinaus in die abstrakteren Gefilde der Theoriebildung, die Grundlage und Resultat der Erkenntnis ist.[1] Schon 1946 (S. 137) machte Adorno am Beispiel der Neopsychoanalyse Horneyschen Zuschnitts auf die zunehmende Subsumtion psychoanalytischer Theorien unter herrschende Ideologie aufmerksam: „Es handelt sich bei ihnen [den Neoanalytikern, d.Verf.] nicht so sehr um häretische Abweichungen von Freuds Lehren als um eine bequeme Glättung ihrer Widersprüche, und in ihren Händen wird die Freudsche Theorie zu einem weiteren Mittel, die seelischen Regungen dem gesellschaftlichen Status quo zu integrieren. Aus der Analyse des Unbewußten machten sie einen Teil industrialisierter Massenkultur, aus einem Instrument der Aufklärung ein Instrument des Scheins, daß Gesellschaft und Individuum, Anpassung an die allmächtige Realität und Glück sich deckten. Dieser Schein wird immer mehr zu allgegenwärtigen Ideologie einer Welt, die das Individuum ohne Rest in lückenlose Organisation einfängt, dabei jedoch nicht minder zwanghaft irrational bleibt, als die psychologischen Schäden des Individuums je es waren." Kurz vorher heißt es (Adorno, 1946, S. 133): „In der bestehenden Verfassung des Daseins gehen die Beziehungen zwischen den Menschen weder aus ihrem freien Willen noch aus ihren Trieben hervor, sondern aus sozialen und ökonomischen Gesetzen, die sich über ihre Köpfe durchsetzen. Wenn in ihr die Psychologie sich menschlich oder gesellschaftsfähig macht, indem sie so tut, als wäre die Gesellschaft die der Menschen und von ihrem Innersten selbst bestimmt, so leiht sie einer inhumanen Realität den Glanz des Humanen. ... Daß man von der lichten und nicht von der finsteren Seite von Individuum und Gesellschaft reden solle, ist genau die offizielle genehme und respektable Ideologie."

Wie unmittelbar sich die gesellschaftlich vorherrschende Ideologie etwa in therapeutischen Konzepten wiederfindet, zeigt z. B. die Arbeit von Schultz-Hencke (1934) „Die Tüchtigkeit als therapeutisches Ziel". M. H. Göring (1933) Vetter des Reichsmarschalls und eingesetzter Reichsführer der neuen „Deutschen allgemeinen Gesellschaft für Psychotherapie", gab 1933 in einer Mitteilung deren Gründung bekannt und schrieb u. a.: „Die Gesellschaft setzt von allen ihren ... tätigen Mitgliedern voraus, daß sie Adolf Hitlers grundlegendes Buch ‚Mein Kampf' mit allem wissenschaftlichen Ernst durchgearbeitet haben und es als Grundlage anerkennen. Sie will mitarbeiten am Werk des Volkskanzlers, *das deutsche Volk zu einer heroischen, opferwilligen Gesinnung zu erziehen*" (Hervorhebungen d. Verf.). Auf dem VII. Kongress für Psychotherapie äußerte sich dann Göring (1934) wie folgt: „Nicht nur Heilung Kranker, sondern auch Brauchbarmachung Gesunder, denen die rechte Lebenseinstellung fehlt. Hinweis auf Hitlers Worte: ... ‚Es ist notwendig, daß der Einzelne sich langsam zu der Erkenntnis durchringt, daß sein eigenes Ich unbedeutend ist, gemessen am Sein des Volkes, ... *daß vor allem die Geistes- und Willenseinheit einer Nation höher zu schätzen ist, als die Geistes- und Willensfreiheit des Einzelnen*'" (Hervorhebungen d. Verf.). In der Arbeit Schultz-Henckes (1934) wird nun das therapeutische Ziel, die „Herstellung" der Tüchtigkeit beim schweren Neurotiker bzw. ihre „Wiederherstellung" beim „an sich Tüchtigen", dem leichten Neurotiker, faschistisch begründet. Wer den Neurotiker „von seiner Symptomatik befreit ..., gibt ihm die Herrschaft über seine Kräfte zurück. Damit aber schenkt er [der Therapeut, d. Verf.] *der Gemeinschaft die Kräfte des Einzelnen. Der Gesunde verwendet sie dann in deren Dienst*". Als Methode der Behandlung bedeute die Psychoanalyse nicht ein Abstreifen der Fesseln, eine Enthemmung des gehemmten Menschen, sondern sie sei auf *„Zucht, Disziplin, Dienstbereitschaft, Einordnung"* gerichtet, und Schultz-Hencke (1934) kritisiert, „daß es Forscher gibt, die aus den Strukturtatsachen des gehemmten Menschen alles andere als die *Notwendigkeit einer heroischen Haltung dem Leben gegenüber* ‚abzuleiten' suchen" (Hervorhebungen d. Verf.). Gesundheit wird von Schultz-Hencke (1934) daran bemessen, inwieweit der Mensch *„sich* *mit seinen Fähigkeiten in den Dienst dessen stellt, was mehr ist als er"* (Hervorhebungen d. Verf.). Die von M. H. Göring artikulierte herrschende Ideologie und die von Schultz-Hencke vorgetragenen Zielvorstellungen einer psychoanalytischen Therapie sind inhaltlich praktisch identisch.[2]

Dieses Beispiel macht auch deutlich, daß sich die herrschende Ideologie in den theoretischen Überlegungen nicht als das wiederfindet, was sie ist. Nach dem Urteil von Dräger (1971) etwa war Schultz-Hencke kein Faschist. Herrschende Ideologie setzt sich insgeheim durch und präsentiert sich hier dem Selbstverständnis im Gewande einer wissenschaftlichen und gesellschaftsunabhängigen Einsicht als das, was sie nicht ist. Freilich, ebenso wie es irrig wäre, psychoanalytische Theoriefiguren als bloße restneurotische Erscheinungsformen zu lesen, wäre es ebenso verfehlt, sie wegen ihres ideologischen Charakters als gänzlich falsches Bewußtsein zu denunzieren, das die Wirklichkeit systematisch verkennt. Ideologie und wissenschaftliche Erkenntnis sind keineswegs unversöhnliche Gegensätze, wie es etwa Barion (1974, S. 106) behauptet. Die herrschenden ökonomischen Interessen bestimmen vielmehr, was an welchen Gegenständen wie und wie weit untersucht wird. Die Erkenntnisse dringen hier nur so weit vor, wie es für einen technokratischen, an der Kapitalverwertung orientierten Umgang mit den Gegenständen nötig ist. Die bürgerliche Ökonomie etwa untersucht die Entstehung und die Zirkulation des Kapitals, ist aber nur wenig daran interessiert zu enthüllen, woher der Mehrwert stammt, indem sie etwa – wie Marx – aufzeigt, daß der Kapitalist keineswegs den Wert der Arbeit, sondern nur den Wert der Arbeitskraft bezahlt. Die bürgerliche Ökonomie kann dies nicht darstellen, weil damit die gegenwärtigen gesellschaftlichen Verhältnisse problematisiert würden. Dabei ist die Einsicht, daß der Lohnarbeiter nach der ausgeführten Arbeit bezahlt wird, keineswegs falsch. In ihr wird die Sache so auf den Begriff gebracht, wie das wirkliche Verhältnis von Lohnarbeit und Kapital nicht ist, aber in Wirklichkeit erscheint.[3] Durch die herrschende Ideologie wird Realität mithin so verkannt, wie sie verkürzt wird. Diese Verkürzung gründet einmal in dem Faktum, daß gesellschaftliche Oberflächenphänomene ihre innere Organisation verdecken, welche in ihnen „wie eine Camera obscura auf den Kopf gestellt erscheint" (Marx u. Engels, 1845/46, S. 26), und zum anderen in der objektiven Nötigung, die von der Organisation der Gesellschaft selbst ausgeht und die dazu zwingt, auf der Ebene objektiver Erscheinungen zu verharren.

Genau diese den Untersuchungsgegenstand verkennende Verkürzungen finden sich in den neueren psychoanalytischen Konzepten. Wir haben dies an den Überlegungen von Klein (1976), Brenner (1980) und Modell (1981) aufgewiesen (Zepf u. Hartmann, 1989). Dreh- und Angelpunkt der herrschenden Ideologie im Spätkapitalismus ist das von Marx (1867b, S. 51 ff.) als Warenfetischismus beschriebene Quidproquo, d. h. die systematische Verkennung entfremdeter sozialer Verhältnisse als naturgesetzliche, die weder hinterfragbar noch veränderbar erscheinen. Was dem Bewußtsein der Menschen in einer kapitalistischen Gesellschaftsformation von Grund auf entzogen ist, ist der gesellschaftliche Zusammenhang ihrer auf dem Privateigentum der Produktionsmittel gründenden Produkte. Ihre Tätigkeiten sind durch dieses Prinzip bestimmt. Jeder wirtschaftet nur in die eigene Tasche, und der gesellschaftliche Zusammenhang wird immer erst nachträglich im Warentausch hergestellt, der als blinde, sich die eigenen Tätigkeiten unterwerfende „Naturnotwendigkeit" erfahren wird, weil sich die Menschen nicht bewußt sind, daß dieser Zusammenhang allein aus ihren eigenen Tätigkeiten resultiert. Menschlichen Produkten haftet so weit der Schein des Naturhaften an, als die Menschen nicht wissen, was sie tun. Auf psychologischer Ebene entspricht die scheinbar natürliche Orientierung der Produktion am Mehrwert, den Profitchancen, der Bindung des Neurotikers an versteinerte, sich im Wiederholungszwang durchsetzende Beziehungsstrukturen. Dieser pseudonatürliche Charakter des neurotischen Leidens wird in den neueren Konzepten gleichermaßen als naturhaft und als bloß individuell verkannt. Ihre rationale Wurzel liegt darin, daß psychische Verhältnisse durch die Ausklammerung aus dem Bewußtsein im Zuge von Abwehroperationen in der Tat zu quasinaturgesetzlich ablaufenden Prozessen in von der Gesellschaft real entfremdeten Subjekten werden, die sich bewußtlos im Wiederholungszwang durchsetzen und von denen die Subjekte wie von einem nicht vorhersehbaren, schicksalhaft über sie hereinbrechenden „Naturereignis" betroffen werden, obwohl es ein menschliches – und d. h. ein gesellschaftliches – in der Primärsozialisation hergestelltes Produkt ist. So bleibt etwa Klein durch die unbefragte Gleichsetzung von Motiv und Ursache, von intentionalem und kausalem Erklären diesem naturhaften – und deshalb auch naturwissenschaftlich zu erklärenden –, gleichwohl trügerischen Schein verhaftet, Brenner bekennt sich explizit zur Psychoanalyse als einer Naturwissenschaft vom Seelischen und Modell klammert das Subjekt aus der Theorie aus und reklamiert es nur insofern als wissenschaftlichen

Gegenstand, als es zum Objekt geworden ist. Ideologisch sind diese Konzepte insofern, als in ihnen die Objektivierung menschlicher Subjekte, ihre Entfremdung unter den gegenwärtigen gesellschaftlichen Verhältnissen theoretisch hypostasiert wird, weil Erklärungen als Ziel und nicht als bloßer Zwischenschritt in einem Erkenntnisprozeß gelten, in dem es nicht um das Auffinden und Bestätigen von allgemeinen Gesetzen, sondern um deren Entlarvung als verkürzte Objektivationen realer Zusammenhänge geht, und weil sie die Psychoanalyse damit auf ein therapeutisches Verfahren, auf eine „psychoanalytische Technologie" (Thomä u. Kächele, 1985, S. 12), reduzieren – man denke hier auch an die Versuche von Gill (1976) und Schafer (1976) aus dem psychoanalytischen, immer auch kulturkritischen Ideenensemble eine klinische Theorie herauszuisolieren –, mit der sich eine neurotische, „irrationale Antwort" auf krankmachende, aber unangetastet bleibende „irrationale" gesellschaftliche Verhältnisse (Baran, 1966, S. 85) auch umtherapiert werden kann in Erscheinungsformen, welche sich – mit dem Terminus „Sublimierung" noch als höherwertig lizensiert (Bernfeld, 1931) – wieder im Einvernehmen mit den gesellschaftlichen vorherrschenden ideologischen Wertvorstellungen befinden.

Die blinde Reproduktion der Entfremdung (s. Zepf u. Hartmann, Anm. II) des psychoanalytischen Gegenstandes in bloß individualpsychologischen Kategorien macht die Psychoanalytiker auch blind für das, was sie wirklich tun. Darin liegt eine weitere und wesentliche praktisch-soziale Funktion ihrer Theorien. Was bei der Theoriebildung im verborgenen blieb, bleibt auch dem Bewußtsein verborgen. Solange die Psychoanalytiker die Entfremdung ihres Gegenstandes nicht begreifen, sondern nur blind reproduzieren, so lange bleibt ihnen auch verborgen, daß sie es nicht mit einem natürlichen, sondern mit einem *gesellschaftlich hergestellten Gegenstand* zu tun haben. Der Geltungsbereich der 6. Feuerbach-These – „Das menschliche Wesen ist kein dem einzelnen Individuum innewohnendes Abstraktum. In seiner Wirklichkeit ist es das Ensemble der gesellschaftlichen Verhältnisse" (Marx, 1845, S. 6) – wird mit der Entfremdung keineswegs verlassen. Auch die ihrem gesellschaftlichen Wesen entfremdeten Subjekte stellen sich her als Erscheinungsformen der gesellschaftlichen Verhältnisse, in denen sie leben. Psychoanalytische Kategorien sind gesellschaftlich hergestellte Kategorien für entfremdete Erscheinungsformen gesellschaftlicher Verhältnisse in den Subjekten. Verschließen sich die Psychoanalytiker der Einsicht in den epistemischen Status ihrer Begrifflichkeit, klären sie sich nicht über eine metatheoretische Vermittlung von subjektiver und objektiver gesellschaftlicher Strukturanalyse darüber auf, wie sich die Entfremdung in die Prozesse subjektiver Strukturbildung einträgt, dann wissen sie auch nicht, daß sie in ihrem Therapieverfahren

(1) die unbewußten Prozesse, die aus den vorherrschenden Verkehrsformen ausscheren und sich in einer Neurose manifestieren – die Neurose, so Freud (1921, S. 159), macht „asozial“, hebt „den von ihr Betroffenen aus den habituellen Massenbildungen heraus ...“ – heute nurmehr aus ihren krankhaften Erscheinungsformen herauspräparieren, um sie wieder einer irrationalen Verankerung der entfremdeten, als Realität unbefragt vorausgesetzten Verkehrsformen verfügbar zu machen, die „Betroffenen“ wieder in die „habituelle“ Masse eingliedern,

(2) „hysterisches Elend“ nicht in „gemeines Unglück“ (Freud, 1895, S. 312) zurückverwandeln, sondern es den Subjekten nur als solches kaschieren,

(3) den Widerstand gegen die eigene Entfremdung, der sich noch in Verkehrsformen darstellt, die – theoretisch als krank deklariert – innerhalb des bestehenden Systems dysfunktional sind, einebnen, indem sie ihn in gesellschaftskonformen Mystifikationen unkenntlich machen, und

(4) auch die objektive Irrationalität des Gesellschaftssystems ins Jenseits der Reflexionslosigkeit verbannen, indem sie objektive in subjektive Irrationalität einbetonieren.

Im Zuge der Diversifizierung ihrer Theorie, die mit ihrer gesellschaftlichen Etablierung einherging, wandelte sich ihre ehemals gnoseologische Funktion in eine ideologische, in ein aufgrund des erreichten sozioökonomischen Status der Psychoanalytiker notwendig gewordenes „falsches“, der Oberfläche verhaftetes Bewußtsein. Ebenso wie die Theorien den Psychoanalytikern ihre Restneurosen verbergen, ebenso trüben sie ihren den Blick für die gesellschaftliche Realität, in der sie arbeiten. Bei den heute in der Psychoanalyse vorherrschenden Theorien handelt es sich um gegenstands- und gruppenspezifische, in den Köpfen der Psychoanalytiker individualisierte Formen der herrschenden Ideologie. Die Verschiedenheit der Theorien, die für die Verschleierung von Restneurosen wesentlich ist, ist freilich für ihre ideologische Funktion im wesentlichen unwesentlich. Das Besondere der verschiedenen Konzepte ist hier auf ihre allgemeine Qualität reduziert, das Vakuum im expropriierten Bewußtsein auszufüllen, damit nicht das offenbare Geheimnis gesellschaftlicher, auch das eigene Handeln umschließender Wirkungszusammenhänge darin eindringt und sich dort enträtselt. Bei aller Heterogenität verstellen die Konzepte die Sicht auf neurotische Erscheinungen so, daß sie nicht mehr als lebende Symptome einer zerstörerischen Gesellschaftsform begriffen werden können – noch Ferenczi (1908, S. 22) charakterisierte die Neurose allgemein als „gesellschaftliche Krankheit" und die Verdrängung als „ein soziales Phänomen" (Ferenczi, 1928, S. 426) – und imprägnieren damit auch gegen die Einsicht in die Notwendigkeit einer qualitativen gesellschaftlichen Veränderung.

Wie bedeutsam offensichtlich die ideologische und verschleiernde Funktion der Theorien ist, wird deutlich, wenn man sich ansieht, wie in der etablierten Psychoanalyse mit Kollegen umgegangen wurde und wird, welche die Psychoanalyse und die Gesellschaft an den Begriffen messen, die diese von sich selbst haben. Zwar ist das Gebäude, dessen Pforten ehemals von den „Schibboleths" Freuds bewacht wurden und unter dessen „Dach" man „mit größter Gemütsruhe zusammenbleiben" konnte (Freud, 1924), inzwischen zu einem Penthouse geworden, dessen Pforten weit geöffnet sind. In diesem Penthouse können alle wohnen, die Anhänger der Theorie Melanie Kleins, der Daseinsanalyse, der Selbstpsychologie Kohuts, der verschiedenen Narzißmustheorien ebenso wie die Vertreter der orthodoxen Psychoanalyse, und, so meint Cremerius (1982), auch jene könnten sich heute dort wieder einmieten, die das ursprüngliche Haus verlassen haben. Anders ist es freilich, wenn mit der theoretischen Kontroverse die affirmative Wende, die ideologische Weltanschauung und damit auch die sozioökonomische Lage der Psychoanalytiker, deren ideologischer Ausdruck sie ist, implizit in Frage gestellt wird. Die Indolenz selbst gegenüber einem grundsätzlichen Dissenz zwischen den Einzelkonzepten wird hier zur Intoleranz. Hier gilt auch für eine zum Industrieunternehmen gemauserte Psychoanalyse (Eissler, 1965, S. 100) das, was Marx (1867a, S. 16) vor über 100 Jahren von der englischen Hochkirche sagte: „Die englische Hochkirche z. B. verzeiht eher den Angriff auf 38 von ihren 39 Glaubensartikeln, als auf ein 1/39 ihres Geldeinkommens. Heutzutage ist der Atheismus selbst eine culpa levis (eine kleine Sünde), verglichen mit der Kritik überlieferter Eigentumsverhältnisse." Solche Angriffe müssen abgewehrt werden. Bernfeld etwa wurde zum harmlosen Spaßmacher erklärt, Reich wurde ausgeschlossen, Langer wurde mit dem Ausschluß bedroht, als sie sich während ihrer Ausbildung antifaschistisch betätigte, die ethnopsychoanalytischen Kulturkritiker wie Münsterberger und Devereux hatten nach ihrer Emigration als

Nichtärzte keinen Zutritt mehr zu den Veranstaltungen der internationalen psychoanalytischen Vereinigung, Fenichel ging mit einer Gruppe, der u. a. auch A. Reich und Jacobson angehörten, in den psychoanalytischen Untergrund, Cremerius, Lorenzer, Richter und Parin werden marginalisiert und in Privatgesprächen auch pathologisiert. Die „Funktionen der psychoanalytischen Gesellschaften und der von ihnen abhängigen Lehrinstitute konzentrierte sich immer eindeutiger auf die Eliminierung aller Personen, die nicht mit der konstituierten gesellschaftlichen Kaste [der Psychoanalytiker, d. Verf.] konform gingen ..." (Parin, 1980, S. 655). Die Angriffe dieser psychoanalytischen Randexistenzen auf die sozial akzeptierten Formen von Restneurosen müssen nicht nur aus psychologischen, sondern vor allem aus politökonomischen Gründen abgewehrt werden. Zwar provozieren sie auch dadurch irrationale Ängste, daß sie mit den herrschenden Theoriefiguren auch die Erscheinungsformen von Restneurosen problematisieren; insbesondere aber entsteht in ihrem Gefolge die – berechtigte – Angst, den erreichten sozialen Status zu verlieren, wenn man sich auf die Psychoanalyse als einer kritischen Sozialwissenschaft verpflichtet. Beide Ängste verbinden sich hier zu einer unheilvollen Allianz, welche die Psychoanalyse ihrem Ende zutreibt.

III/3. Faßt man zusammen, dann ergibt sich als Antwort auf die Frage nach der sozialen Funktion des psychoanalytischen Theoriepluralismus: Je irrelevanter die kategorialen Inhalte der Freudschen Psychoanalyse für die Psychoanalytiker wurden, je mehr die Theorie sich diversifizierte, desto mehr wandelte sich ihre gnoseologische und gesellschaftskritische in eine ideologische und affirmative Funktion, welche sich durch ihren Pluralismus um so besser eignet, auch verschiedene individuelle restneurotische Erscheinungsformen als nichtneurotisch zu lizenzieren. In den Einzelanalysen kann dann auch um so besser sichergestellt werden, daß die Neurosen der einzelnen in sozial akzeptierten „Normvarianten" gesellschaftsfunktional resozialisiert werden. Mit der Einbindung in gruppenspezifische, sozial akzeptierte Formen verliert die private Neurose ihre „Asozialität". „In perverser Aufhebung", notiert Lorenzer (1981, S. 125), bleibt jedoch für eine Massenbildung über neurotisch-restneurotische Erscheinungsformen „die Freudsche Feststellung ‚die Neurose macht asozial'" erhalten: „Der Einzelne ist vereinigt mit den Anderen, ohne Solidarität entwickeln zu können. Der Einzelne ist zum Massenteil geworden, gebunden durch – die Ersatzbefriedigung ‚im kollektiven Agieren' –, dem verführerisch falschen Frieden mit der Realität, die durch die Brille der Weltanschauung ... wahrgenommen wird." Indem die Subjekte in der Psychoanalyse nur mehr in gesellschaftskonformen Mystifikationen über ihre Neurose aufgeklärt werden können, werden sie mit den Brillen der marktbeherrschenden Optiker – der vorherrschenden Ideologie – ausgestattet, die ihnen in den verschiedenen psychoanalytischen Theorien zur Gesundung verschrieben werden und die trotz ihrer individuellen Brechungsindizes die Subjekte gleichermaßen die gesellschaftliche Realität nicht so sehen lassen, wie sie in Wirklichkeit ist. Bei aller Verschiedenheit sichern damit auch die heute vorherrschenden Theorien den Fortbestand einer Gesellschaft, die in der Auffassung Freuds (1927, S. 333) eine „große Zahl von Teilnehmern unbefriedigt läßt und zur Auflehnung treibt" und die „weder Aussicht hat, sich dauernd zu erhalten, noch es verdient".

Anmerkungen

1) „In einer Gesellschaft der Lohnsklaverei eine unparteiische Wissenschaft zu erwarten," schreibt Lenin (LW, 19, S. 3), „wäre eine ebenso törichte Naivität, wie etwa von einem Fabrikanten Unparteilichkeit zu erwarten in der Frage, ob man nicht den Arbeitern den Lohn erhöhen sollte, indem man den Profit des Kapitals kürzt."

2) Die am Beispiel von Schultz-Henckes Arbeit dargestellte ideologische Durchtränkung theoretischer Begründungszusammenhänge will nicht jene apologetische Lesart des Schicksals der Psychoanalyse zwischen 1933 und 1945 legitimieren, wie sie etwa in der Nachfolge von Jones von Mitgliedern der Deutschen Psychoanalytischen Vereinigung (DPV) vorgetragen wurde, nämlich daß die deutsche Psychoanalyse in dieser Zeit durch Anpassungsgesten liquidiert worden sei und daß man selbst damit nichts zu tun habe (vgl. Lohmann u. Rosenkötter, 1984). Müller-Braunschweig (1949), der sich mit neun weiteren Mitgliedern 1950 zur Gründung der DPV entschloß, urteilte über die Neoanalyse Schultz-Henckes 1949 auf dem psychoanalytischen Kongreß in Zürich: „Neo-Analysis has resulted from drastically elimating from psycho-analysis all those points which in the course of the development of psychoanalysis aroused resistence." Im Gegensatz dazu hatte Müller-Braunschweig (zit. n. Dahmer, 1973, S. 480) allerdings 1933 im „Reichswart" eine Stellungnahme zur Frage „Psychoanalyse und Weltanschauung" veröffentlicht, deren Zentralaussage sich nicht wesentlich von den Auffassungen unterschied, die Schultz-Hencke ein Jahr später in seiner Arbeit vorgetragen hat: „Die Psychoanalyse bemüht sich, unfähige Weichlinge zu lebenstüchtigen Men-

schen, Instinktgehemmte zu Instinktsicheren, lebensfremde Phantasten zu Menschen, die den Wirklichkeiten ins Auge zu sehen vermögen, ... *am Ganzen des Lebens Uninteressierte zu Dienern am Ganzen umzuformen*" (Hervorhebungen d. Verf.).

3) Es handelt sich hier um eine objektive Erscheinung, weil sich das Verhältnis zwischen Lohnarbeit und Kapital als ein Warenverhältnis darstellt, so daß der Arbeitslohn auch als Preis der Ware Arbeit erscheint.

Literatur

Adorno, Th. W. (1946): Die revidierte Psychoanalyse. In: Görlich, B., u. Lorenzer, A., Schmidt, A. (1980), Der Stachel Freud, S. 119, Frankfurt

Adorno, Th. W. (1952): Zum Verhältnis von Psychoanalyse und Gesellschaftstheorie. Psyche 6, S. 1

Althusser, L. (1972): Das Kapital lesen. Bd. 1. Reinbek

Balint, M. (1947): Über das psychoanalytische Ausbildungssystem. In: Balint, M., Die Urformen der Liebe und die Technik der Psychoanalyse, S. 307. Stuttgart

Baran, P. A. (1966): Marxismus und Psychoanalyse. In: Baran, P. A., Unterdrückung und Fortschritt, S. 71, Frankfurt

Barion, J. (1974): Was ist Ideologie? Bonn

Beland, H. (1981): Was ist und wozu entsteht psychoanalytische Identität? (unveröffentlichtes Manuskript, Vortrag DPV-Tagung, Mai)

Bernfeld, S. (1931): Zur Sublimierungstheorie. In: Dahmer, H. (ed), Analytische Sozialpsychologie, Bd. 1, S. 139. Frankfurt, 1980

Brenner, C. H. (1980): Metapsychology and psychoanalytic theory. Psychoanal Q 49, S. 189

Butzer, R. (1987): Wissenschaftliche Mythologie. „Synchronizität" und „narzißtisches Erleben" bei C. G. Jung. Phil. Diss., Universität Frankfurt

Canetti, E. (1965): Die Provinz des Menschen. München

Cremerius, J. (1982): Die Bedeutung der Dissidenten für die Psychoanalyse. Psyche 36, S. 481

Dahmer, H. (1973): Libido und Gesellschaft. Frankfurt, 1982

Dräger, K. (1971): Bemerkungen zu den Zeitumständen und zum Schicksal der Psychoanalyse und der Psychotherapie in Deutschland zwischen 1933 und 1949. Psyche 25, S. 255

Eissler, K. R. (1965): Medical orthodoxy and the future of psychoanalysis. New York

Ferenczi, S. (1908): Psychoanalyse und Pädagogik. In: Ferenczi, S. (1964), Bausteine zur Psychoanalyse. Bd. III, S. 9, Bern

Ferenczi, S. (1928): Über den Lehrgang des Psychoanalytikers. In: Ferenczi, S. (1968), Bausteine zur Psychoanalyse. Bd. III, S. 422, Bern

Freud, A. (1970): Probleme der Lehranalyse. Psyche 24, S. 565

Freud, A. (1972): Zit.n. Cremerius, J. (1982), Psychoanalyse – jenseits von Orthodoxie und Dissidenz. Psyche 36, S. 481

Freud, S. (1895): Zur Psychotherapie der Hysterie. In: GW I, S. 252–312

Freud, S. (1905): Drei Abhandlungen zur Sexualtheorie. In: GW V, S. 27–145

Freud, S. (1914): Zur Geschichte der psychoanalytischen Bewegung. In: GW XIV, S. 43–131

Freud, S. (1916/17): Vorlesungen zur Einführung in die Psychoanalyse. In: GW XI

Freud, S. (1921): Massenpsychologie und Ich-Analyse. In: GW XIII, S. 71–161

Freud, S. (1923): „Psychoanalyse" und „Libidotheorie". In: GW XIII, S. 209–233

Freud, S. (1924): Brief an Karl Abraham vom 3. März 1924. In: Abraham, A.C., Freud, E., Freud, F. (ed), Sigmund Freud und Karl Abraham. Frankfurt, 1965

Freud, S. (1927): Die Zukunft einer I llusion. In: GW XIV, S. 325–380

Freud, S. (1937): Die endliche und die unendliche Analyse. In: GW XVI, S. 57–99

Gill, M. M. (1976): Die Metapsychologie ist keine Psychologie. Psyche 38, S. 961

Göring, M. H. (1933): Zbl Psychother 6, S. 141

Göring, M. H. (1934): Zbl psychother 7, S. 130

Joffe, W. G., u. Sandler, J. (1967): Über einige Probleme im Zusammenhang mit dem Studium narzißtischer Störungen. Psyche 21, S. 152

Kernberg, O. F. (1981): Objektbeziehungen und Praxis der Psychoanalyse. Stuttgart

Klein, G. S. (1976): Psychoanalytic theory. An explanation of essentials. New York

Klein, M. (1952): Some theoretical conclusions regarding the emotional life of the infant. In: Reviere, J. (ed), Developements in Psychoanalysis, 1952. London

Kohut, H. (1977): Die Heilung des Selbst. Frankfurt

Körner, J. (1989): Kritik der „therapeutischen Ich-Spaltung". Psyche 43, S. 385

Lenin, W. J.: Drei Quellen und drei Bestandteile des Marxismus. LW 19, S. 3–34

Lohmann, H. M., u. Rosenkötter, L. (1984): Psychoanalyse im Hitlerdeutschland. Wie war es wirklich? In: Lohmann, H. M. (ed.), Psychoanalyse und Nationalsozialismus, S. 54–77. Frankfurt

Lorenzer, A. (1981): Das Konzil der Buchhalter. Frankfurt

Lorenzer, A. (1989): Sigmund Freud. Gesammelte Werke. Nachtragsband. Texte aus den Jahren 1885–1938. (Rezension) Psyche 43, S. 884

Mahler, M. (1972): Symbiose und Individuation. Stuttgart

Marcuse, H. (1968): Triebstruktur und Gesellschaft. Frankfurt

Marx, K. (1845): Thesen über Feuerbach. In: MEW 3, S. 6

Marx, K. (1867a): Vorwort zur ersten Auflage des Kapitals. In: MEW 23, S. 11–17

Marx, K. (1867b): Das Kapital, Bd. 1. In: MEW 23

Marx, K., Engels, F. (1945/46): Deutsche Ideologie. In: MEW 3, S. 9–530

McLaughlin, F. (1967): Addendum to a controversial proposal. Some observations on the training analysis. Psychoanal Quart 36, S. 230

Modell, A. H. (1984): Gibt es eine Metapsychologie noch? Psyche 38, S. 214

Müller-Braunschweig, C. (1949): Schultz-Henckes „Neo-Analysis" as Seen from the Point of View of Psycho-Analysis (Authors Abstract) Int J Psychoanal 30, S. 204

Parin, P. (1980): Warum Psychoanalytiker so ungern zu brennenden Zeitproblemen Stellung nehmen. In: Dahmer, H. (ed), Analytische Sozialpsychologie Bd 2, S. 647. Frankfurt

Popper, K. (1966): Logik der Forschung. Tübingen

Rank, O. (1928): Zit. n. Cremerius, J. (1989), Lehranalyse und Macht. Forum Psychoanal 5, S. 190

Rowntег, E. (1985): The education of an analyst. Selections from unpublished interviews with Heinz Hartmann. In: Martin, J. (ed), Psychoanalytic education, S. 19–28. Irvine (Cal)

Sandler, J. (1978): Zit. n. Cremerius, J. (1982), Psychoanalyse – jenseits von Orthodoxie und Dissidenz. Psyche 36, S. 481

Sandler, J. (1983): Zum Verhältnis von Therapie und Theorie in der Psychoanalyse. Psyche 37, S. 577

Schafer, R. (1976): Eine neue Sprache für die Psychoanalyse. Stuttgart 1982

Schultz-Hencke, H. (1934): Die Tüchtigkeit als psychotherapeutisches Ziel. Zbl Psychother 7, S. 84

Sterba, R. (1934): Das Schicksal des Ich im therapeutischen Verfahren. Int Z Psychoanal. 20, S. 60

Sterba, R. (1985): Erinnerungen eines Wiener Psychoanalytikers. Frankfurt

Thomä, H., u. Kächele, H. (1985): Lehrbuch der psychoanalytischen Therapie. Heidelberg

Zepf, S., u. Hartmann, S. (1989): Psychoanalytische Praxis und Theoriebildung: Verstehen und Begreifen. Heidelberg

Anmerkung IV

Zur Diagnostik und Therapie strukturell Ich-gestörter Patienten

Siegfried Zepf

> Freud wird nach wie vor in Deutschland verdrängt ... Die Behauptung, er sei überholt, ist in Deutschland bloßer Obskurantismus; erst wäre er einmal einzuholen.
> *Adorno, 1946a, S. 182*

In der psychoanalytischen Strukturtheorie wird das Ich als ein theoretischer Begriff verstanden, der sich auf eine relativ eigenständige dynamische Organisation innerhalb des psychischen Apparates bezieht. In dieser Organisation sind bestimmte, zwischen Es, Über-Ich und der Realität vermittelnde Funktionen zusammengefaßt, zu denen u. a. das Bewußtsein gerechnet wird, die Realitätsprüfung und Synthese, das Gedächtnis und die Sprache (Arlow u. Brenner, 1964, S. 42), die motorische Kontrolle, die Abwehr, die Wahrnehmung, das Phantasieren (Sandler u. Nagera, 1966) sowie das prälogische, vorstellungsmäßige und das logisch-begriffliche Denken (Fenichel, 1945, S. 72–79; s. a. Freud, 1911, S. 234; 1923, S. 243, 253, 286; 1926, S. 122, 125f.; 1933, S. 82f.; 1937, S. 80; 1938, S. 68, 129–131). Das Ich, schrieb Hartmann (1964, S. 13) ist „ein Teilgebiet der Persönlichkeit und durch seine Funktionen bestimmt". Vor allem seit seiner Differenzierung des Freudschen Ich-Begriffs in den der Person, des Selbst bzw. der Selbstrepräsentanz und der Ich-Funktionen gilt nun, daß die Selbst-, Objekt- und Beziehungsrepräsentanzen, aus denen sich die psychische Realität eines Individuums aufbaut, über den Einsatz von Ich-Funktionen gebildet werden.

Diagnostisch und behandlungstechnisch bedeutsam wurde diese konzeptuelle Fassung des Ichs vor allem für die Abgrenzung funktioneller und sogenannter „struktureller" Ich-Störungen. Funktionelle Ich-Störungen sind das Resultat von Abwehroperationen, in deren Gefolge diese Funktionen gestört werden. Freud (1926, S. 116) beschreibt dies am Beispiel einer motorischen Hemmung des Schreibens und des Gehens. „Wenn das Schreiben, das darin besteht, aus einem Rohr Flüssigkeit auf ein Stück weißes Papier fließen zu lassen, die symbolische Bedeutung des Koitus angenommen hat, oder wenn das Gehen zum symbolischen Ersatz des Stampfens auf dem Leib der Mutter Erde geworden ist, dann wird beides, Schreiben und Gehen, unterlassen, weil es so ist, als ob man die verbotene sexuelle Handlung ausführen würde. Das Ich verzichtet auf diese ihm zustehenden Funktionen, um nicht eine neuerliche Verdrängung vornehmen zu müssen ..." Analog der Phobie, wo das phobische Objekt eine unbewußte Bedeutung angenommen hat und man es meidet, weil sonst aus diesem Grund Angst auftreten würde, wird bei dieser Art einer Ich-Funktionsstörung die Ausübung einer Funktion unterlassen, weil – in der Terminologie Lorenzers (1970) ausgedrückt – ihr Sprachsymbol aufgrund einer Verschiebung einer verpönten und deshalb verdrängten, desymbolisierten triebbestimmten Interaktionsform eine extensionale Bedeutungserweiterung erfahren hat, die inhaltlich jedoch nicht mehr reflektierbar ist. So wie sich die unbewußten, dem phobischen Objekt anhaftenden Bedeutungen im psychoanalytischen Verfahren aufklären lassen, so können auch die unbewußt gewordenen und im Zuge einer Verschiebung für eine Hemmung der Ich-Funktionen verantwortlichen Triebinhalte tiefenhermeneutisch eingeholt werden.

Ganz anders wird die Sachlage bei den sogenannten strukturellen Ich-Störungen gesehen. Ohne die Geschichte dieses Begriffs hier entfalten zu wollen, sei als historische Reminiszenz angemerkt, daß sich der Begriff der strukturellen Ich-Störungen bei Freud nicht findet. Bei ihm ist von „Ich-Veränderungen" die Rede, die er im Hinblick auf „den Abstand von einem fiktiven Normal-Ich" definierte (Freud, 1937, S. 85). Erstmals findet sich dieser Begriff dem Sinne nach vermutlich in einer Arbeit von Fenichel (1938), und zwar in bezug auf die zerrissene und deformierte Persönlichkeit des modernen Neurotikers, die Fenichel (1938) von der verhältnismäßig intakten Persönlichkeit bei klassischen Neurosen abzugrenzen versuchte. In folgender Bestimmung fand dieser Begriff dann Eingang in das deutschsprachige psychoanalytische Schrifttum durch eine Arbeit von Fürstenau (1977): Bei strukturellen Ich-Störungen handelt es sich um eine „strukturelle Abweichung des Ichs unserer Patienten vom fiktiven Normal-Ich", die nicht aus einer „erlebnisbedingten Beeinträchtigung" primär intakter Funktionen (dabei handelt es sich um sogenannte funktionelle Ich-Störungen), sondern aus „erlebnisbedingten Störungen ... der *Disponibilität von Ich-Funktionen zur Ausübung überhaupt*" resultieren, die einen „Defekt“ oder „Mangel“ kennzeichnen. Erfaßt werden diese „Mängel“ mittels einer Wahrnehmungseinstellung, die sich auf das beobachtbare Verhalten und nicht – wie die psychoanalytische – auf lebensgeschichtliche Erlebniszusammenhänge richtet, in denen die klinischen Manifestationen gründen. In der Diagnostik struktureller Ich-Störungen werden die Äußerungen des Patienten wie Beobachtungsdaten als Indikatoren behandelt, die das jeweilige Funktionsniveau des Ichs anzeigen sollen, wobei es für die subtile Diagnostik der Ich-Struktur geradezu hinderlich sei, wenn der Analytiker die Mitteilungen des Patienten in der gewohnten Perspektive aufnimmt und deren manifesten Inhalt auf unbewußte lebensgeschichtlichen Zusammenhänge zu befragen sucht. Ausdrücklich heißt es: „Hier handelt es sich ... um eine Einstellung, die eher dem organmedizinisch ausgebildeten Kliniker geläufig ist als uns. Eine Einstellung auf die subtile Erfassung des Zusammenhangs der aktuellen, klinisch sich manifestierenden Struktur des Patienten; in unserem Fall: der aktuell klinisch sich manifestierenden Ich-Struktur des Analysanden. Wenn wir von den Manifestationen zu den latenten unbewußten Zusammenhängen wegstreben, indem wir uns fragen, welche unbewußten, lebensgeschichtlich bedingten Zusammenhänge motivierend ‚hinter‘ der aktuellen klinischen Erscheinung stehen, dann kommt es gar nicht erst zu einer subtilen Diagnostik der aktuellen Struktur des Ich“ (Fürstenau, 1977, Hervorhebungen aufgehoben). Für die Therapie folgt dann aus den ausdrücklich quer zur Lebensgeschichte des Patienten angelegten Ermittlungen struktureller Ich-Störungen, „daß der Analytiker die dem Analysanden zur Verfügung stehenden, zur Erreichung bzw. Aufrechterhaltung von kreativer Wandlungsfähigkeit und Introspektionsfähigkeit in der analytischen Situation notwendigen basalen Ich-Funktionen für den Patienten solange stellvertretend ausüben und damit dem Ich des Patienten zur Verfügung stellen muß, bis der Patient in der Lage ist, diese Funktionen in eigene Regie zu übernehmen, d. h. selbst auszuüben, m. a. W., bis er sich strukturell normalisiert hat“ (Fürstenau, 1977). Sämtliche vorgeschlagenen therapeutischen Modifikationen für die Behandlung strukturell Ich-gestörter Patienten gehen denn auch davon aus, daß die Wiederherstellung eines „fiktiven Normal-Ich“ der Bearbeitung von Inhalten vorausgehen muß. Der Therapeut muß die beschädigte Ich-Organisation seines Patienten wieder herstellen (Blanck u. Blanck, 1980; Rohde-Dachser, 1979; Heigl-Evers u. Heigl, 1980). Er tut dies, indem er das Identifikationsbedürfnis des Patienten nutzt und sich selbst als Objekt für „selektive Identifizierungen" anbietet: „Die Identifizierung soll mit den allgemeinen menschlichen Attributen erfolgen, die wir [die Therapeuten, d. Verf.] besitzen ..." (Blanck u. Blanck, 1980, S. 133).

Dieses vorgeschlagene Untersuchungs- und Behandlungsverfahren ist nun nicht nur in eine Modifizierung des psychoanalytischen, sondern ein qualitativ anderes. Hört dort der Psychoanalytiker „in gleichschwebender Aufmerksamkeit" (Freud, 1912, S. 377) den Mitteilungen seines Patienten zu, um im Zusammenspiel von „lebenspraktischen Vorannahmen" und „unmittelbarer Teilhabe" (Lorenzer, 1974) in Gestalt von Übertragung und Gegenübertragung die verschütteten, unbewußt gewordenen Lebensentwürfe eines Patienten in Vervollständigung seiner Lebensgeschichte verstehend einzuholen, so fokussiert der Psychoanalytiker hier auf die Ich-Organisation und liest die Mitteilungen wie Beobachtungsdaten als Indikatoren, welche ihm das jeweilige Funktionsniveau des Ichs anzeigen sollen. Während im psychoanalytischen Verfahren tiefenhermeneutisch operiert wird, hat das hier vorgeschlagene die Struktur eines naturwissenschaftlichen Verfahrens. Indem der Patient aus seiner Lebensgeschichte herausabstrahiert, und d. h. von seiner Subjektivität abgesehen wird, wird er zu einem Objekt gemacht, das auf seine aktuellen Eigenschaften hin befragt wird. So wie der Organmediziner aus den Klagen seines Patienten über Herzjagen, Zittern, allgemeine Unruhe, Gewichtsabnahme und Schweißausbrüche auf die Funktionsweise seiner Schilddrüse – hier eine Überfunktion – schließt, so schließt auch der Psychoanalytiker aus den Mitteilungen des Patienten auf die Funktionsweise seines Ichs.

Vor allem durch den Hinweis auf die Vorgehensweise eines „organmedizinisch ausgebildeten Klinikers" scheint das Erkenntnisverfahren des Therapeuten bei der Diagnose struktureller Ich-Störungen auf den ersten Blick ganz unproblematisch zu sein. Beide schließen aus den Mitteilungen ihrer Patienten auf das, was sich in den Mitteilungen darzustellen scheint. Bei näherer Betrachtung wird freilich schnell offenkundig, daß in dem Ich-psychologischen Diagnostikverfahren genau das fehlt, was den Kern des naturwissenschaftlichen ausmacht, nämlich die Konfrontation subjektiver, in Hypothesen formulierter Eindrücke mit den Tatsachen der Empirie. So würde heute kein Organmediziner mehr allein aufgrund der Schilderungen seines Patienten und der Eindrücke, die er durch seinen „klinischen Blick" gewonnen hat, sich auf die Diagnose einer Schilddrüsenüberfunktion festlegen und die Indikation zu einer bestimmten Therapie stellen. Er würde zuerst versuchen, die Mitteilungen seines Patienten und seine klinischen Eindrücke durch den Einsatz von laborchemischen, endoskopischen oder röntgenologischen Untersuchungsverfahren zu objektivieren und ihr organisches Substrat damit auszumachen. Findet er etwa eine erhöhte Thyroxin- oder Trijodthyronin-Produktion, so wird er nach den Bedingungen fahnden, die dafür verantwortlich gemacht werden können. Er wird durch weitere labortechnische Untersuchungen zu klären versuchen, ob es sich um ein toxisches Adenom oder einen Morbus Basedow handelt, ob eine primäre oder sekundäre Hyperthyreose vorliegt usw. In diesem naturwissenschaftlich strukturierten Erkenntnisverfahren werden die Aussagen des Patienten als Aussagen über seinen körperlichen Zustand betrachtet. Durch diagnostische Untersuchungen werden die Aussagen und der klinische, sich der körperlichen Untersuchung des Patienten verdankende Eindruck objektiviert. Und genau diese Objektivierung eines sich auch außerhalb der psychoanalytischen Situation darstellenden Defekts bestimmter Ich-Funktionen fehlt in dem hier vorgeschlagenen diagnostischen Verfahren.

IV/1. Wenn in einer Ich-psychologischen Diagnostik nichts anderes geschieht als im psychoanalytischen Verfahren, nämlich nichts als „ein Austausch von Worten zwischen dem Analysanden und dem Arzt" (Freud, 1916/17, S. 9), in dem nicht weniger, aber auch nicht mehr als die psychische, in Repräsentanzen gegliederte (Sandler u. Rosenblatt, 1962) und sich in mystifizierter Form in den Mitteilungen des Patienten darstellende Realität erfaßt werden kann, dann lassen sich die strukturelle Störungen der Ich-Funktionen auch nur im Zuge reduktiver Schlußbildungen aus den Störungen ihrer Produkte, der Repräsentanzwelt, erschließen. Reduktive Schlüsse sind aber logisch nie zwingend. So läßt sich aus der Tatsache, daß morgens das Pflaster naß ist, nicht zwingend schließen, daß es in der Nacht geregnet hat. Es könnte auch ein Sprengwagen vorbeigefahren oder etwas anderes passiert sein. Während nun in einem naturwissenschaftlichen Untersuchungsverfahren genau nach der Ursache gefahndet wird, die für das nasse Pflaster verantwortlich ist, unterbleibt dies bei der Diagnose struktureller Ich-Störungen. Die Diagnose ist mithin ins Belieben gestellt.

Logisch zwingend wäre allenfalls der Schluß von der Negation einer „gesunden" Repräsentanzwelt auf die Negation der sie herstellenden Ich-Funktionen. Wenn ich etwa weiß, daß das Pflaster naß wird, wenn es regnet, dann weiß ich auch, daß, wenn das Pflaster trocken ist, es kurz vorher nicht geregnet hat. Er würde freilich voraussetzen, daß der Zusammenhang von Ich-Funktionen und einer „gesunden" Repräsentanzwelt bereits zureichend theoretisch begriffen ist. Davon aber ist die Psychoanalyse noch weit entfernt. Auch würde der Schluß vom Nichtvorhandensein einer bestimmten Repräsentanzwelt auf das Nichtvorhandensein von bestimmten Ich-Funktionen nur die Diagnose ihrer Störung, nicht aber die ihrer qualitativen Spezifik ermöglichen. Das Ziel, auf das sich die Erkenntnisbemühungen richten, nämlich Antwort zu geben auf die Frage: „Worin besteht klinisch genau die strukturelle Abweichung des Ichs unserer Patienten vom fiktiven Normal-Ich?" (Fürstenau, 1977), könnte somit damit auch nicht erreicht werden.

Klar ist auch, daß mit der Verpflichtung auf ein naturwissenschaftliches Verfahren, das sich der subjektiven Erlebnisperspektive verschließt, die Ich-Psychologen sich zugleich auch ihres Gegenstandes als einer „erlebnisbedingten Störung ... der Disponibilität von Ich-Funktionen zur Ausübung überhaupt" (Fürstenau, 1977) entledigen. Die konfliktuöse Mutter-Kind-Symbiose, in der die Ich-strukturellen Störungen heute mehrheitlich verankert werden (z. B. Blanck u. Blanck, 1980), entzieht sich dem diagnostischen Blick ebenso wie die gesellschaftlichen Gewaltverhältnisse, die in den Sozialisationsprozeß hineinragen, dessen konfliktuöse Struktur letztlich bestimmen und welche die Ich-Funktionen sich nur verkümmert entfalten lassen. Verborgen bleibt auch, daß die Patienten gewiß nicht an dem Punkt stehengeblieben sind, wo ihre Störung einsetzte. Ganz fraglos haben sie sich weiter entwickelt und haben sich auch mit den Konflikten etwa der analen oder genitalen Entwicklungsphase auseinandergesetzt, wenn auch unter der Bedingung einer Ich-strukturellen Störung. Die Störung steht mithin auch immer in einem konfliktuösen, dem Subjekt verborgenen lebensgeschichtlichen Zusammenhang, welcher auch in einem – hier sicherlich zu modifizierenden – tiefenhermeneutischen Verfahren der Psychoanalyse eingeholt und aufgearbeitet werden könnte. Damit würden dem Patienten auch die Entwicklungsmöglichkeiten zurückgegeben, die durch seine erlebten Konflikte festgezurrt wurden. Auch seine Ich-Struktur könnte sich nun verändern, und zwar nach Maßgabe der Möglichkeiten, die ihm zur Verfügung stehen und nicht nach Maßgabe der Vorstellungen eines Therapeuten.

Wenn sich die „so unbestimmt gekennzeichneten ‚Ich-Veränderungen'" (Freud, 1937, S. 80) nur als Abweichungen von einem „fiktiven

Normal-Ich“ (Freud, 1937, S. 85) diagnostizieren lassen, dann setzt das von Fürstenau (1977) beschriebene Verfahren aus formallogischen Gründen allerdings zwingend Vorstellungen dieses fiktiven Normal-Ichs oder von Gegebenheiten auf seiten des Therapeuten voraus, die mit normalen Ich-Funktionen einhergehen. Da der Patient nicht in seiner Geschichtlichkeit eingeholt wird, können diese Vorstellungen über psychische Gesundheit nicht innerhalb des Bezugssystems des Patienten unter der Frage entwickelt werden, ob er das, was ihm zu erreichen möglich war, auch erreicht hat. Die Struktur des Verfahrens zwingt hier zu Gesundheitsvorstellungen, die quer zur Lebensgeschichte des Patienten angelegt sind. Wie denn auch etwa Bellak und Small (1972) betonen, sind die Gesundheitsvorstellungen nicht von den Möglichkeiten des Patienten, sondern inhaltlich von sozialen Rollen bestimmt. Sie werden als Maßstab genommen, entlang dem die Ich-Funktionen befragt werden, ob und inwieweit sie dem Patienten erlauben, sich in den sozialen Rollen zu bewegen und sich in sie einzupassen: „Es empfiehlt sich, ‚Anpassung‘ hier im Hinblick auf den soziokulturellen Kontext zu verstehen: Wie jemand im Leben zurechtkommt, die Beziehungen zur Familie, Schule, Beruf, Ehe, Krisenbewältigung usw. In diesem Zusammenhang ist ein Begriff aus der Sozialpsychologie nützlich: der Begriff der Rolle. Ein adäquates Funktionieren in den verschiedenen Rollen des realen Lebens geht parallel mit einem adäquaten Verhalten insgesamt und ist somit ein wesentlicher Gesichtspunkt bei der psychodiagnostischen Beurteilung eines Patienten. Störungen in der Fähigkeit zur Anpassung führen zu Fehlanpassungen sowohl in der Beziehung zu anderen Menschen als auch bei der Bewältigung der Probleme des täglichen Lebens“ (Bellak u. Small, 1972, S. 57), und diese Fehlanpassungen, die Diskrepanz zwischen den Rollendefinitionen des Therapeuten und ihrer Ausübung durch den Patienten, gilt es in der Therapie zu bewältigen.

Damit aber werden Diagnostik und Therapie auch in soziologischer Perspektive problematisch. Die Rollendefinitionen des Therapeuten sind keine wertneutralen, bloß privatistischen Schöpfungen. Es handelt sich bei ihnen vielmehr um individuierte Erscheinungsformen ihrer gesellschaftlich vorherrschenden Definitionen, Erscheinungsformen der in einer Gesellschaft vorherrschenden, von Adam Smith' „invisible hand“ entworfenen sozialen Verkehrsformen, die Marx als Kapitalverwertungsprozeß sichtbar gemacht hat (s. Zepf u. Hartmann, Anm. II). Sie bilden den Horizont, an dem sich die Gesundheitsvorstellungen des Therapeuten orientieren, wenn er sich – wie einst die Eltern, die immer das „Beste" gewollt haben, nämlich eine Anpassung des Kindes an die eigenen Erwartungen – als Identifikationsobjekt anbietet und unter Ausbeutung des aus der Störung des Patienten resultierenden Identifikationsbedürfnisses seine Ich-Funktionen nachsozialisiert.

Aufgrund der erkenntnislogischen Struktur des Verfahrens kann dieser Horizont von den Therapeuten jedoch nicht mehr in Frage gestellt werden. Für die Ich-Psychologie gilt mithin das, was Marcuse (1980, S. 63) am neofreudianischen Revisionismus kritisierte: „Diese Psychologie hat keinen anderen objektiven Wertmaßstab als den geltenden. Gesundheit, Reife, Errungenschaft werden so hingenommen, wie sie von der heutigen Gesellschaft definiert werden ..." Im Therapieverfahren werden die Individuen in die herrschenden gesellschaftlichen Verhältnisse eingebunden, in deren Verkehrsformen sie sich aufgrund ihrer Störung nicht angemessen bewegen konnten. Gewiß werden all jene Therapeuten, deren Gesellschaftsverständnis sich letztlich auf den trivialen Satz reduziert „Wir sitzen alle in einem Boot", auch die Interessen des kranken Subjekts in dieser Art der Psychotherapie ausreichend berücksichtigt finden. Sie übersehen allerdings dabei, daß die Richtung, in welche des Boot fährt, nicht vom Interesse der arbeitenden Matrosen, sondern vom Interesse des Schiffseigners bestimmt wird. So wird denn auch für all jene, die in der Disjunktion der Interessen des über die Produktionsmittel verfügenden Schiffseigners, in dem sich das Kapitalinteresse personifiziert, und der arbeitenden Matrosen das wesentliche Charakteristikum unseres Gesellschaftssystems sehen, genau dies zur Frage. Zwar mag sich der psychotherapierte Patient subjektiv durchaus wohler fühlen, zugleich aber wird er in Dienst genommen für die Durchsetzung von Interessen, die nicht die der Mehrheit in unserer Gesellschaft sind, welche über die Produktionsmittel nicht verfügt. Über eine Verbesserung seiner Ich-Funktionen wird das Subjekt in kapitalfunktionable soziale Verkehrsformen eingepaßt (Zepf u. Hartmann, Anm. II), in deren Ausübung es dann auch blind die gesellschaftlichen Bedingungen fürs „gemeine Unglück" (Freud 1895, S. 312) aufrechtzuerhalten hilft, in denen letztlich seine Erkrankung gründet. Die gesellschaftliche Aufgabe, die etwa Popitz (1967) der Erziehung zuschreibt und die in der Sozialisation strukturell Ich-gestörter Patienten verfehlt wurde, wird in ihrer therapeutischen Nachsozialisation erfüllt, nämlich daß der einzelne „selbst willens und fähig wird, sich in seine Rollen zu fügen, ... indem wir lernen, zu wollen, was wir sollen, und es schließlich tun, ohne es zu merken" (Popitz, 1967, S. 6).

Nahm Freud (1908, S. 155) noch offen für die Besonderheit des Subjekts Partei – so heißt es etwa: „Es ist eine der offenkundigen sozialen Ungerechtigkeiten, wenn der kulturelle Standard von allen Personen die nämliche Führung des Sexuallebens fordert, die den einen dank ihrer Organisationsform mühelos gelingt, während sie den anderen die schwersten psychischen Opfer auferlegt ..." –, so hat die Ich-psychologisch orientierte Psychoanalyse die Seiten gewechselt und sich zum Vertreter eben dieser gesellschaftlich vorherrschenden Normen gemacht. Bemaß Freud (1927) noch die Güte einer Gesellschaftsform an dem Leiden der Subjekte unter dem von ihr produzierten Beschädigungen – und dies stempelte seine Kulturtheorie zu einer kritischen (Dahmer, 1975) –, so wird nun in Umkehrung der Freudschen Position die Güte des Subjekts an der bestehenden Gesellschaftsformation bemessen, d. h. daran, inwieweit es in der Lage ist, sich in gesellschaftlich definierte Rollen zu integrieren und unter den von ihr produzierten Beschädigungen nicht mehr zu leiden. Kritisierte Freud (1927, S. 333) die Gesellschaft, weil in ihr „die Befriedigung einer Anzahl von Teilnehmern die Unterdrückung einer anderen, vielleicht der Mehrzahl, zur Voraussetzung hat", votierte er noch für die „Unterdrückten", welche die Kultur „durch ihre Arbeit ermöglichen, an ihren Güter ... aber einen zu geringen Anteil haben", so suggeriert nun die Ich-Psychologie, daß die bürgerliche Gesellschaft jener Widersprüche ledig ist, die sie in ihrem Wesen konstituieren, daß für alle gleichermaßen subjektive und gesellschaftliche Interessen zusammenfallen, daß auch in den gesellschaftlich notwendigen Formen der Entmenschlichung ein menschenwürdiges Leben möglich ist. War Freud (1927, S. 333) der Ansicht, daß „eine Kultur, welche eine so große Anzahl von Teilnehmern unbefriedigt läßt", es nicht verdient, erhalten zu werden, so sanktioniert heute die Ich-Psychologie die bestehende inhumane Realität bereits als eine humane und zu erhaltende.

IV/2. Zu einem ähnlichen Urteil sind wir auch bei der Würdigung der Art und Weise gekommen, in der heute das psychoanalytische Therapieverfahren ausgeübt wird. Daraus folgt freilich nicht, daß es zwischen beiden Verfahren keine Unterschiede mehr gibt. Eine Differenz wird sofort sichtbar, wenn man auch in der Diskussion des Ich-psychologisch ausgerichteten Diagnostik- und Behandlungsverfahrens die neurotisch-restneurotischen Erscheinungen auf seiten des Therapeuten berücksichtigt. Um es kurz zu wiederholen (s. Zepf u. Hartmann,

Anm. II): Auch die lebenspraktischen Vorannahmen, mit denen im psychoanalytischen, konflikttheoretisch orientierten Verfahren operiert wird, sind durch die Restneurose des Analytikers subjektiv begründet und untermauert. Der Analytiker tritt mithin von vornherein an den Analysanden mit Bewußtseinsformen heran, die sich über und entlang seiner verbliebenen neurotischen Störung errichtet haben. In dem sich einstellenden Beziehungsgeschehen wird aber im Zusammenspiel von Übertragung und Gegenübertragung diese restneurotische Verankerung der lebenspraktischen Vorannahmen im Analytiker immerhin durch die sich in der Übertragung darstellenden unbewußten Triebkonflikte in Frage gestellt. Er bewältigt seine Irritation, indem er die in der Übertragung aufscheinenden Triebkonflikte so lange bearbeitet, bis sie eine bewußte Erlebens- und Darstellungsform gefunden haben, die dem Analytiker eine erneute kompromißhaft-neurotische Bewältigung seiner unbewältigten Konflikte erlaubt.

Im psychoanalytischen Verfahren wird mithin die Restneurose, wenn auch in mystifizierter Form, noch in die Beziehung Analytiker–Analysand inhaltlich eingeführt und dort, wiewohl unter falschem Titel, auch als Konflikt dargestellt. In der daraus resultierenden Irritation der engen Verklammerung von lebenspraktischen Vorannahmen und Restneurose verbirgt sich auch die – abstrakte – Chance, in Minimierung der Restneurose auch das psychoanalytische Verfahren seinem affirmativen Charakter zu entwinden und die ihm auch innewohnenden Möglichkeiten zu realisieren. Psychoanalyse kann sowohl affirmativ mißbraucht wie auch als ein Instrument eingesetzt werden, indem über kritische Selbstaufklärung Selbstverfügung wieder hergestellt wird. Indem die psychoanalytische Therapie Lebensgeschichte als Konfliktgeschichte lesbar, das System blind-unbewußt agierter Konflikte der Selbsterfahrung zugänglich macht, kann sie eine bewußte Widerspruchserfahrung produzieren und damit auch die Frage nach deren Ursache provozieren. Idealtypisch gesehen macht die Aufarbeitung der eigenen Lebensgeschichte in der psychoanalytischen Therapie die Geschichte nicht in Erkenntnissen greifbar, sondern in Fragen zugänglich. Die Erfahrung der Beschädigung drängt zur Frage nach ihren objektiven Ursachen, d. h., sie drängt auch zur politischen Selbstreflexion. Gewiß können diese Fragen ideologisch abgefangen und in verkürzter, die Sachlage mystifizierender Argumentation zum Schweigen gebracht werden. Damit ist aber das Problem der Verursachung zur Debatte gestellt. Auch wenn die Erklärungsversuche des einzelnen meist vor den gesellschaftlichen Widersprüchen enden mögen, der

Möglichkeit nach enthalten sie dennoch auch jene Perspektive, in der sich ein gesellschaftliches Problembewußtsein entfalten kann.

In einer hauptsächlich Ich-psychologisch ausgerichteten Sichtweise hingegen ist die Beziehung Therapeut-Patient von vornherein schon strukturell durch die Restneurose des Therapeuten bestimmt und erscheint inhaltlich nicht einmal mehr in mystifizierter Gestalt im Bewußtsein des Therapeuten. Diagnostiziert etwa ein Therapeut die psychische Problematik eines Patienten als sogenannte Frühstörung, so wird er diesem gegenüber – wegen der von ihm konstatierten Defekte – etwa Mitleid erleben; in der Diagnose selbst aber, die den Patienten als solch ein armes, mitleiderregendes Geschöpf entwirft, dem das fehlt, was der Therapeut zu besitzen vermeint, stellt sich möglicherweise die andere Seite eines von ihm nicht bewältigten neurotischen Konflikts dar, nämlich Haß, Verachtung, Entwertung etc. Da die Krankheit des Patienten nur mehr als struktureller Defekt vor dem Hintergrund einer angeblich defizitären Entwicklung gelesen wird, ergibt sich für die Beziehung a priori ein pädagogisches Gefälle, in dem das vorbestehende neurotische Gleichgewicht im Analytiker durch eine Entfaltung der Konflikte des Patienten nicht mehr problematisiert werden kann und wiederhergestellt werden müßte. Vielmehr wird das therapeutische Verhalten – fern von Abstinenz und gleichschwebender Aufmerksamkeit – von vornherein von der erlebten Gegenübertragung wie auch von der dazu entgegengesetzten und in ihr verborgenen Gefühlsqualitäten a tergo bestimmt.

Nicht nur, daß die Struktur einer Ich-psychologisch ausgerichteten Therapie die dem psychoanalytischen Verfahren noch innewohnende Irritation ausschließt; auch die Möglichkeit, über Selbstaufklärung Selbstverfügung wieder herzustellen, ist konzeptuell überhaupt nicht vorgesehen. Auch wenn das Subjekt im Verfahren der Psychoanalyse heute zum Verschwinden gebracht wird, so ist es dort ebenso noch enthalten wie auch in ihrer theoretischen Konzeption. In der Ich-Psychologie dagegen ist das menschliche Individuum als Subjekt nicht nur praktisch, sondern auch in theoretischer Hinsicht ausgeschlossen. Praktisch, weil in ihrem Verfahren seine personale, „vertikale" Identität nicht durch eine deutende Aufarbeitung seiner Lebensgeschichte vervollständigt, sondern über eine Korrektur isolierter Momente seines Verhaltens, die an seinem Selbstverständnis vorbeigeht, in einer abstrakten und „horizontalen" aufgelöst wird, die sich aus der Quersumme seiner verschiedenen sozialen Rollen destilliert (s. de Levitta, 1971, S. 194). Theoretisch, weil dem Subjekt die Verfügungsgewalt über seine Ich-Funktionen entzogen ist. So gliedern etwa Sandler und Joffe (1969) den seelischen Bereich in einen „erlebnishaften" und einen „nicht-erlebnishaften" auf. Bewußte und unbewußte, die Subjektivität eines Individuums konstituierende Selbst- und Objektrepräsentanzen würden in ihren erlebnishaften, die Ich-Funktionen aber in den nicht-erlebnishaften gehören, auf den dann auch das Gegensatzpaar bewußt–unbewußt nicht bezogen werden könne. Damit aber entziehen sich auch die Ich-Funktionen nicht nur der intentionalen Verfügung des Subjekts – es ist vielmehr auch ausschließlich das Resultat von biologischen Funktionsabläufen, die sich seiner Einflußnahme entziehen und die damit selbst subjektiviert werden.

Die Zuweisung der Ich-Funktionen in einen nicht-erlebnishaften Bereich durch Sandler und Joffe (1969) ist nun allerdings mit guten Gründen bestritten worden. Wie sollte es beispielsweise bei dieser Zuordnung noch möglich sein, daß Ich-Funktionen zum eigenen Gegenstand oder zum Gegenstand einer anderen Ich-Funktion gemacht werden können? Die Individuen sind ja durchaus in der Lage, etwa darüber nachzudenken, wie sie denken, phantasieren oder wie sie wahrnehmen, und sie sind auch imstande, im Zuge intententionaler Akte Ich-Funktionen in Abwehroperationen einzubeziehen, wie etwa die hysterische Blindheit zeigt. Nachdenken über etwas aber setzt die Repräsentanz dessen voraus, worüber man nachdenkt, und Abwehr spielt sich an Repräsentanzen ab. Ich-Funktionen, so ließe sich argumentieren, müssen somit dem subjektiven Erleben zugänglich sein und auch in jenem psychischen Bereich repräsentiert sein, aus dem sie von Sandler und Joffe (1969) exkommuniziert wurden.

Hebt man freilich die von Sandler und Joffe (1969) vorgenommene Trennung der seelischen Bereiche auf und konzediert auch den Ich-Funktionen repräsentationalen Charakter, dann müssen allerdings in einer Theorie, welche die intentionale Verfügung über Ich-Funktionen zur Darstellung bringen und einsichtig machen will, nicht nur das Subjekt, sondern auch die Kriterien verbegrifflicht sein, die dem Subjekt erlauben, den Komplex seiner Ich-Funktionen von jenen Ansprüchen und Wünschen zu unterscheiden, welche unter den Kategorien des „Über-Ich" und des „Es" firmieren, und bei deren Realisierung sie eingesetzt werden. Die Inhalte der Begriffe „Über-Ich", „Ich" und „Es" sind Abstraktionen aus der Selbstrepräsentanz eines Individuums, gliedern diese analytisch auf und bringen einige ihrer Teilaspekte auf abstrakte Begriffe. Eine Differenzierung ihrer kategorialen Inhalte durch Außenkriterien, wie sie etwa Arlow und Brenner (1964, S. 36) angeben – sie bestimmen das Es als Ort der seelischen Triebrepräsentanzen sowie als Quelle der psychischen Energie und das Ich als den ausführenden Teil der Seele, der Antrieb und Energie vom Es erhält –, kann hier nicht genügen. Beläßt man es dabei, dann kann das Individuum nicht mehr als Subjekt, sondern nur mehr objektivistisch, d. h. als Objekt, als Produkt des Zusammenspiels seiner Teilgebiete rekonstruiert werden. Als Subjekt ist das Individuum erst dann in der Theorie repräsentiert, wenn es dort nicht nur als passives Resultat seiner Teilbereiche konzipiert ist, sondern wenn in ihr auch die aktive Gestaltung des Zusammenspiels seiner seelischen Strukturen durch das Individuum Eingang gefunden hat. Dazu müßten freilich die Außenkriterien in subjektive Kriterien der Unterscheidung seiner Teilbereiche transferiert werden. Das heißt, um Aufschluß über die intentionale Verfügung über die Ich-Funktionen zu gewinnen, müßte geklärt werden, wie sich das Außenkriterium von Arlow und Brenner (1964) in der Perspektive des Subjekts darstellt. Bis heute sind allerdings die Kriterien verborgen geblieben, die dem Subjekt erlauben, die theoretisch herausabstrahierten Bereiche seines Innenlebens zu unterscheiden, so daß auch unbegriffen bleiben mußte, wie das Subjekt aktiv das Zusammenspiel seiner verschiedenen Bereiche organisiert.

Fehlen die subjektiven Unterscheidungskriterien, dann kann zwar vermittels des Konzepts der Selbstrepräsentanz theoretisch noch einsichtig gemacht werden, wie sich das Individuum als Subjekt verstehen kann. Da aber unbegriffen bleibt, wie das Subjekt über seine Ich-Funktionen seine Innenwelt und seine Beziehung zur Außenwelt gestaltet, gewinnt in dieser Konzeption das Subjekt den Status einer bloßen Folie, auf der sich die Produkte seiner Ich-Funktionen eintragen. Der Subjektbegriff wird zu einer inhaltslosen Abstraktion, und die aktive, intentionale Seite des Individuums impliziert dann auf theoretischer Ebene eine Personalisierung der Ich-Funktionen.

Es ließe sich nun argumentieren, daß auch Freud die Ich-Funktionen nicht nur implizit, sondern sogar explizit subjektiviert habe, so etwa in folgendem Passus (Freud, 1938, S. 68; s. a., 1923, S. 243;, 1933, S. 82 f.): Das Ich „hat die Aufgabe der Selbstbehauptung, erfüllt sie, indem es nach außen die Reize kennenlernt, Erfahrungen über sie aufspeichert (im Gedächtnis), überstarke Reize vermeidet (durch Flucht), mäßigen Reizen begegnet (durch Anpassung) und endlich lernt, die Außenwelt in zweckmäßiger Weise zu seinem Vorteil zu verändern (Aktivität); nach innen gegen das Es, indem es die Herrschaft über die Triebansprüche gewinnt, entscheidet, ob es zur Befriedigung zugelassen werden soll, diese Befriedigung auf die in der Außenwelt günstigen

Zeiten und Umstände verschiebt oder ihre Erregung überhaupt unterdrückt. ... Das Ich strebt nach Lust, will der Unlust ausweichen". Wenn also das Ich als ein System von Funktionen definiert ist, dann subjektivieren Sätze wie „Das Ich ... entscheidet" deshalb die Entscheidungsfunktion, weil die Entscheidung nicht mehr im Subjekt gründet, das sich dazu dieser Funktion bedient. Gegen die Auffassung, daß Freud das Ich als Subjekt „verdinglicht" habe, hat allerdings Lampl de Groot (1964) geltend gemacht, daß es sich bei Formulierungen wie in dem Freud-Zitat nicht um Sachaussagen, sondern um Metaphern handelt, die Freud benutzt habe, um schwer darzustellende psychische Prozesse anschaulich zu machen. Freud selbst habe immer wieder betont, daß „Es", „Ich" und „Über-Ich" theoretische Begriffe sind, die helfen sollen, die dynamischen Verhältnisse im Konflikt besser zu begreifen. Nimmt man noch die Hartmannsche (1964) Analyse der Entwicklung des Ich-Begriffs bei Freud hinzu, aus der hervorgeht, daß sich dieser Terminus bei Freud nicht nur auf einen Funktionskomplex, sondern auch auf die Person bezieht, dann wird der Versuch, eine Personalisierung der Ich-Funktionen durch einen Rekurs auf Freud zu legitimieren, zumindest fraglich.

IV/3. Gleichgültig, ob die Ich-Funktionen dem subjektiven Erleben zugänglich oder daraus verbannt sind, in beiden Konzeptionen werden die Ich-Funktionen subjektiviert und das Subjekt zu ihrem Objekt gemacht. Theoretische Konzeptionen sind nun nicht nur das Produkt einzelner Individuen. Es sind immer gesellschaftlich produzierte Kategorien, in denen sich – in welch mystifizierter Form auch immer – die Gesellschaft darstellt. Marx (1862, S. 249) erläutert dies am Beispiel der Darwinschen Untersuchungsergebnisse: „Es ist merkwürdig, wie Darwin unter Bestien und Pflanzen seine englische Gesellschaft mit ihrer Teilung der Arbeit, Konkurrenz, Aufschluß neuer Märkte, ‚Erfindungen' und Malthusschem ‚Kampf ums Dasein' wiedererkennt. Es ist Hobbes bellum omnium contra omnes, und es erinnert an Hegel in der ‚Phänomenologie', wo die bürgerliche Gesellschaft als ‚geistiges Tierreich', während bei Darwin das Tierreich als bürgerliche Gesellschaft figuriert." Zu fragen wäre also, welche gesellschaftliche Realität sich in diesen theoretischen Konzeptionen mystifiziert darstellt. Die Irrelevanz menschlicher Subjektivität für den Kapitalverwertungsprozeß, die wir unter dem Titel der „Entfremdung" bereits dargestellt haben (s. Zepf u. Hartmann, Anm. II), die Reduzierung menschlicher Subjekte auf Objekte, deren Verhalten bestimmt ist durch die Vorschriften der herrschenden, der Kapitalverwertung dienenden sozialen Verkehrsformen, wird in diesen Konzeptionen auf das Individuum projiziert und im Verhältnis des Subjekts zu seinen Ich-Funktionen entdeckt. Wird in der Gesellschaft das Subjekt auf ein bloßes Produkt der herrschenden sozialen Verkehrsformen verkürzt, so wird es hier auf ein bloßes Produkt seiner Ich-Funktionen reduziert. Das Subjekt löst sich beide Male in ein abstraktes Individuum auf. Auch die von Marx und Engels (1847/48, S. 476) beschriebene Umkehrung des Verhältnisses von Personen und Sachen in einer kapitalistischen Gesellschaftsformation – „In der bürgerlichen Gesellschaft ist das Kapital selbständig und persönlich, während das tätige Individuum unselbständig und unpersönlich ist" – findet sich in dieser Konzeption wieder. Hier wie dort werden die Subjekte zu bloßen Akteuren in einem Drama gemacht, deren Autoren sie nicht selbst sind. Werden ihnen in der Gesellschaft ihre Rollen vom Kapitalverwertungsprozeß aufgenötigt, so liegt hier die Autorenschaft bei den Ich-Funktionen.

Während sich die Psychoanalyse noch auf die Subjekte bezieht und deren Entfremdung in ihren individualpsychologischen Kategorien blind zur Darstellung bringt, erscheinen in den Ich-psychologischen Konzeptionen die Subjekte als das, wozu sie im Laufe der gesellschaftlichen Entwicklung mehr und mehr gemacht wurden und werden – als ihrer Subjektivität entleerte, abstrakte Individuen. Der Übergang zum Monopolkapitalismus hat dem Subjekt einen tödlichen Schlag versetzt (Jacoby, 1975). Unter diesem Aspekt betrachtet, wird auch einsichtig, worin der Vormarsch der Ich-Psychologie in den letzten Jahren gründet. Mit der zunehmenden reellen Subsumption der Subjekte unter das Kapitalinteresse ging in Profilierung des Ich-psychologischen Gegenstands der psychoanalytische mehr und mehr verloren. Mehr als die Psychoanalyse erweist sich damit die Ich-Psychologie auf der Höhe einer Zeit, in der die Individuen „entindividualisiert ... und unpersönlich" werden (Jacoby, 1975) und ihre Subjektivität „als ohnmächtige Reservatssphäre gegenüber der wuchernden ‚rationalen' Komponente zur Kuriosität" (Adorno, 1955, S. 25) verkommen ist.

Literatur

Adorno, Th. W. (1946): Die revidierte Psychoanalyse. In: Görlich, B., Lorenzer, A., Schmidt, A. (1980): Der Stachel Freud, S. 119, Frankfurt

Adorno, Th. W. (1946a): (Thesen zum Verhältnis Soziologie und Psychologie) Postskriptum. In: Görlich, B., Lorenzer, A., Schmidt, A. (1980): Der Stachel Freud, S. 179. Frankfurt

Adorno, Th. W. (1955): Zum Verhältnis Soziologie und Psychoanalyse. In: Soziologica. Aufsätze, Max Horkheimer zum 60. Geburtstag gewid met. Frankfurt

Arlow, J. A., u. Brenner, C. (1964): Grundbegriffe der Psychoanalyse. Reinbek, 1976

Bellak, L., Small, L. (1972): Kurzpsychotherapie und Notfallpsychotherapie. Frankfurt

Blanck, G., u. Blanck, R. (1980): Ich-Psychologie II. Stuttgart

Dahmer, H. (1975): Psychoanalyse als Gesellschaftstheorie. Psyche 29, S. 991

de Levitta, D. J. (1971): Der Begriff der Identität. Frankfurt

Fenichel, O. (1938): Ich-Stärke und Ich-Schwäche. In: Psychoanalyse und Gesellschaft, 229. Frankfurt

Fenichel, O. (1945): Psychoanalytische Neurosenlehre, Bd 1. Freiburg, 1975

Freud, S. (1895): Zur Psychotherapie der Hysterie. In: GW I, 252–312

Freud, S. (1908): Die kulturelle Sexualmoral und die moderne Nervosität. In: GW VII, S. 143–167

Freud, S. (1911): Formulierungen über zwei Prinzipien des psychischen Geschehens. In: GW XIII, S. 229–238

Freud, S. (1912): Ratschläge für den Arzt bei der psychoanalytischen Behandlung. In: GW XIII, S. 375–387

Freud, S. (1916/17): Vorlesungen zur Einführung in die Psychoanalyse. In: GW XI

Freud, S. (1923): Das Ich und das Es. In: GW XIII, S. 234–289

Freud, S. (1926): Hemmung, Symptom und Angst. In: GW XIV, S. 111–205

Freud, S. (1927): Die Zukunft einer Illusion. In: GW XIV, S. 325–380

Freud, S. (1933): Neue Folge der Vorlesungen zur Einführung in die Psychoanalyse. In: GW XV

Freud, S. (1937): Die endliche und die unendliche Analyse. In: GW XVI, S. 57–99

Freud, S. (1938): Abriss der Psychoanalyse. In: GW XVII, S. 63–138

Fürstenau, P. (1977): Die beiden Dimensionen des psychoanalytischen Umgangs mit strukturell ichgestörten Patienten. Psyche 31, S. 197

Hartmann, H. (1964): Zur psychoanalytischen Theorie des Ichs. Stuttgart

Heigl-Evers, A., u. Heigl, F. (1979): Interaktionelle Gruppenpsychotherapie. In: Heigl-Evers, A. (ed): Die Psychologie des 20. Jahrhunderts, Bd. 8, Lewin und die Folgen. Zürich

Jacoby, R. (1975): Negative Psychoanalyse und Marxismus. Psyche 29, S. 961

Lampl de Groot, J. (1964): Heinz Hartmanns Beiträge zur Psychoanalyse. In: Hartmann, H. (1964): Zur psychoanalytischen Theorie des Ichs, Stuttgart

Lorenzer, A. (1970): Sprachzerstörung und Rekonstruktion. Frankfurt

Lorenzer, A. (1974): Die Wahrheit der psychoanalytischen Erkenntnis. Frankfurt

Marcuse, H. (1980): Epilog. Kritik des neo-freudianischen Revisionismus. In: Görlich, B., Lorenzer, A., Schmidt, A. (1980): Der Stachel Freud, 149. Frankfurt

Marx, K. (1862): Marx an Engels, Brief vom 18.6.1862. In: MEW 30, S. 249

Marx, K., u. Engels, F. (1847/48): Manifest der Kommunistischen Partei. In: MEW 4, S. 459–493

Popitz, H. (1967): Der Begriff der sozialen Rolle als Element der soziologischen Theorie. Tübingen

Sandler, J., u. Joffe, W. G. (1969): Auf dem Weg zu einem Grundmodell der Psychoanalyse. Psyche 23, S. 461

Sandler, J., u. Nagera, H. (1966): Einige Aspekte der Metapsychologie der Phantasie. Psyche 20, S. 188

Sandler, J., u. Rosenblatt, B. (1962): The concept of the representational world. Psychoanal Study Child 17, S. 128

Anmerkung V

Die Blicke der anderen – Ein Ich-psychologischer Dialog

Sebastian Hartmann

Die Psychoanalyse ist jene Geisteskrankheit, für deren Therapie sie sich hält.

Karl Kraus, 1913, S. 21

Verfänglich ist er bisweilen – der Dialog mit einem Kranken. Manchem sitzt noch der Schrecken in den Knochen und der Alp beengend auf der Brust, denkt er an den „Narr mit dem Tonband" (Dossier: Auf der Couch (und dahinter), 1972). Die Burleske ist schnell erzählt: Der Patient A, seit 15 Jahren in psychoanalytischer Behandlung, erscheint eines Tages mit einem Tonband zur Behandlungsstunde und beginnt den Analytiker zu analysieren. Schnell wähnt sich dieser vom Patienten A verfolgt und reagiert mit panischer Angst, um schließlich, als A von seinem Vorhaben nicht abzubringen ist, nach der Polizei zu rufen, vor der Patient A am Ende flieht. Jean Paul Sartre hebt im Epilog zwei Momente hervor, die durch die Satire grell beleuchtet werden: Die strukturelle, latente Gewalt, die der psychoanalytischen Behandlungspraxis eigne – hier in Szene gesetzt durch die possenhaft anmutende Gegengewalt des Narren –, sowie die Zufälligkeit und Vertauschbarkeit der Positionen innerhalb dieses Machtverhältnisses. Es hat den Anschein, als seien beide, Analytiker wie Patient, Kinder ein und derselben Welt, einer gemeinsamen Sprache des Irrsinns, die zwar immer nur einer spricht, beide aber verstehen, oder besser nicht verstehen, aber dumpf in ihr beheimatet sind. Die Gemeinsamkeit im Irrsinn ist jedoch keine, insofern dieser darin besteht, jene zu zerspalten. Gerade vermöge seiner Professionalisierung, welche das als irrational Deklassierte und Denunzierte zur Krankheit individualisiert hat, um es dem Haushalt der Seele, zuförderst der eigenen, vermeintlich zu verweisen, es wenigstens aber aus dem finsteren Keller zu zerren ans Zwielicht des Bewußtseins, wird der Analytiker blind gegen das allgemein Irrationale, das ihn de facto umschließt und im Verhältnis zum

Narren aufscheint. Projektiv händelt er, was er weit und längst von sich entfernt glaubte und was nun um so mächtiger ihn ereilt und anfällt. Das ist die Morphologie der Paranoia, welche die eigene Fratze nur noch am anderen sieht. In einer intuitiv-stummen Ahnung des Analytikers blitzt im Wahn ein Wahres auf: Das bislang im Patienten A als Krankheit verdinglichte Irrationale verflüssigt sich nun in die Form, der der Wahn ehemals entsprungen ist, die soziale Verkehrsform und beleuchtet sie wahnfhaft als das, was sie ist, als Gewaltverhältnis. Doch, wer die Gewalt aus dem Korsett von Krankheit und Behandlung entfesselt, so daß sie tendenziell durchschlägt aufs Konkrete, der bekommt es mit dem Büttel zu tun, der mit dem Schlagstock die alte Ordnung wieder herstellt.

Die Psychoanalyse selbst hat – zumindest in den luziden Momenten ihrer theoretischen Konzeptualisierung – den Hintergrund für das, was hier – satirisch auf die Spitze getrieben – im Verhalten des Analytikers zum Ausdruck kommt, als grundsätzliches Problem erkannt und etwa im Begriff der Gegenübertragung zu fassen versucht (vgl. Ermann, 1987; Fliess, 1953; Freud, 1911; Freud, 1937; Racker, 1957; Stern, 1924; Winnicott, 1960; Zepf u. Hartmann, 1989). Sicher bleibt ihre Perspektive dabei um das Wesentliche verkürzt, insofern sie das Problem der „blinden Flecke" auf seiten des Analytikers individualpsychologisch einengt und durch ihr Verfahren für prinzipiell bewältigbar hält. Daß es sich bei dessen neurotischen „Resterscheinungen" um die psychologischen Derivate des allgemeingesellschaftlichen Verblendungszusammenhangs handelt, ist an anderer Stelle dieses Buches (s. Zepf u. Hartmann, Anm. II) ausführlich dargelegt worden.

Wirft die Psychoanalyse, jedenfalls die Freudsche, noch ein wenn auch eher fahles Licht auf die Schatten der Neurotizismen des Analytikers und kann diese im günstigen Falle in ihrer psychologischen Oberflächengestalt ausleuchten, um sie im therapeutischen Verfahren – wenigstens der Tendenz nach – „kontrolliert" zu handhaben, so taucht die Ich-Psychologie, indem sie die Subjektivität des Therapeuten im Behandlungsprozeß de facto suspendiert und ihn als normative Institution konzipiert hat, auch dessen Neurose ins Dunkel einer fatalen Ahnungslosigkeit. Hier wird unsere Satire Wirklichkeit. Wo der Therapeut die eigenen neurotischen Widersprüche grundsätzlich verleugnet, fällt er ihnen zwangsläufig zum Opfer.

V/1. Wir wollen anhand eines Ich-psychologisch ausgerichteten diagnostischen Interviews, das durchaus nicht aus dem Rahmen psychotherapeutischer Alltagsroutine fällt, zeigen, wie sich im Gespräch die neurotischen Widersprüche des Therapeuten durchsetzen und dieses schließlich – im neurotischen Zusammenspiel mit dem Patienten – strukturieren. Unmittelbar stellt sich – wie wir sehen werden – in der Irrationalität des Therapeuten ein Stück des allgemeinen, bornierten Alltagsbewußtseins dar; deshalb haben wir dieses Interview ausgewählt. Vorweg sei noch folgendes angemerkt: Es geht uns bei dieser Darstellung nicht um die Kritik eines bestimmten Psychotherapeuten oder gar um seine Diskreditierung, sondern wir wollen einmal exemplarisch deutlich machen, welche fatalen Konsequenzen eine bestimmte, antiemanzipatorische Entwicklung in der Psychoanalyse, deren vorläufiger Tiefpunkt die Ich-Psychologie ist, für die Betroffenen hat, nämlich deren Auslieferung ans schlechte Allgemeine.

P: Mir ging's bis vor kurzem noch ganz gut. – Also ich hab' meine Studien aufnehmen können ..., mit sehr viel Erfolg auch.

T: Hm.

P: Ich hab' Philosopie und Kunstgeschichte studiert ... Und jetzt vor 1½ Monaten bekam ich so'nen Rückschlag, aber diesmal mehr psychotischer Natur ... – Also der Arzt hatte diagnostiziert: paranoid-halluzinatorische Psychose.

T: Hmhm.

P: Ich hab' dann gedacht, meine Mutter sei 'ne Hexe, man muß der den Teufel austreiben ... und so Bibeln gekauft zu Hause ... – Ach ja, ich hab' dann gedacht, ich würde so beeinflußt von einem Professor von der Uni, der hätt' mir das alles gesagt, ich soll das tun und ... ja, mir allerhand so'n Quatsch vorgestellt.

T: Also Sie sprechen jetzt davon als Quatsch, also das ist vorbei ...

P: Ja.

T: – und das kam so ganz plötzlich?

P: Das kam so ganz plötzlich. – Aber vorher hab' ich auch – ich studiere Sinologie, und da hab' ich mich auch sehr viel mit ostasiatischer Philosophie beschäftigt. Da hab' ich dann auch schon an Wiedergeburt geglaubt, ich wär' schon mal 'n Chinese gewesen ... Und dieser Professor, mit dem ich da zusammen war, der hat also auch gesagt, er glaubte also, daß er schon mal gelebt hätte ... in China, und wir haben uns dann so gegenseitig so'n bißchen hochgeschaukelt.

T: Hmhm. – Zu dem hatten Sie näheren Kontakt, ja?

P: Ja –, wir haben uns dann auch mal besucht in den Ferien ... Aber dann an der Uni, da hat er mich so'n bißchen unter seine Fittiche genommen.

T: Hmhm. – Vielleicht berichten Sie mal 'n bißchen davon, was Sie da gemacht haben.

P: Ja, also an der Uni speziell oder ...? – Also an der Uni hat's mir sehr gut gefallen, also ... das war so mein ein und alles so ... die studentische Laufbahn ... Das hat auch alles sehr gut geklappt. Ich hab' auch gute Noten gemacht. – Und dann hat dieser Professor – mit dem hab' ich mich besonders angefreundet, weil der sich auch für ostasiatische Philosophie interessiert hat.

T: Ist das ein Professor für Sinologie, ja?

P: Hm. – Was, was ich mir dann vorgestellt hab', hab' ich natürlich nicht gesagt, so mit der Teufelsaustreibung und so, wa? – Ich weiß auch nicht, wie das alles gekommen ist ...

T: Würden Sie mal 'n bißchen berichten von dieser Freundschaft?

P: Ach, Freundschaft – der hat mich halt begeistert. Ich sollte auch'n Referat für ihn schreiben, und ... das war halt so'ne studentische Freundschaft, also 'n Student zu'nem Professor, der ihn 'n bißchen unterstützen will, nicht. – Der hat mich jetzt aufgesucht, als es mir schlecht ging zu Hause.

T: Hmhm. – Sonst möchten Sie, möchten Sie nichts dazu sagen?

P: Sonst wüßt' ich nicht, was man da noch erzählen könnte ... faktisch. – Ich hatte auch sehr viel Vertrauen zu dem Herrn, und ... das war eigentlich alles – Ich hab' mich dann auch hier an der Klinik beworben, weil ich dachte, hier könnt' ich mir vielleicht doch selber helfen ... oder hier könnte mir geholfen werden.

T: Hmhm.

P: Das ist eigentlich auch ganz gut verlaufen danach, und dann dacht' ich: wenn's einmal ging, warum sollte es nicht ein zweites Mal auch gehen.

T: Wie hat sich das denn so entwickelt?

P: Hm.

T: Sie haben ja die Diagnose des Arztes mitgeteilt und noch nicht so recht gesagt – oder nur so angedeutet, was sich bei Ihnen dann – äh –, was sich in Ihrem Erleben verändert hat.

P: Ich hab' halt alles so intensiv erlebt, auch gefühlsmäßig ...

T: Von einem auf den anderen Tag plötzlich anders?

P: Das ging dann doch sehr schnell. Also das eigentlich Krankhafte ging dann sehr schnell, also so ... sich freuen – als Chinese schon mal gelebt und so. – Und dann das Eigentliche ging dann sehr schnell. Das ging dann so ... innerhalb einer halben Woche.

T: Können Sie das mal ein bißchen beschreiben?

P: Ja – ich hab' halt alles, was so passiert in meiner Umwelt, auf mich bezogen ...

T: Hm – zum Beispiel?

P: Also wenn die Leute geguckt haben auf der Straße ... Ich meint' da, sie gucken mich auch an, weil sie denken, du mußt es ja schaffen, und, und ... da bist du jetzt 18 – und da müßten Leute was verändern.

T: Hmhm. – Da hatten Sie das Gefühl, Sie werden sehr genau beachtet und beobachtet?

P: Jaja, sicher – Das war ja zuletzt ..., wenn man sich mal so richtig vorstellt, wie das gewesen, dann fällt es mir auch schwer, darüber zu reden.

T: Ich würd' mir schon gern ein etwas genaueres Bild machen können.

P: Ha – was soll ich denn da erzählen? Ja, ich dachte halt, die Welt wäre so zweigeteilt – einmal in die gefühlsmäßigen Menschen, einmal die logischen Menschen –, und die gefühlsmäßigen würden letztlich wieder so ... die Herrschaft an sich reißen ..., also gefühlsmäßige, emotionale Menschen gegen die Logiker, also das ostasiatische, was das Gefühlsmäßige so sehr betont, gegen das logische Denken des Westens.

T; Hmhm. – Und da fühlten Sie sich bedroht oder ...?

P: Bedroht nicht –, aber von meinen Eltern dacht' ich, die wollten mich also fertigmachen, wollten mich in die Psychiatrie einweisen ... Aber das stimmt natürlich alles nicht.

T: Sie fürchten, das sei doch so ... recht bruchstückhaft. Äh ..., vielleicht denken Sie, ich wüßte ohnehin, wovon Sie sprechen wollen?

P: Nee, das nicht, aber ich kann das irgendwie ... nicht so zusammenbringen, was ich so erlebt hab'. Das waren halt Schwierig-, Schwierigkeiten. – Ich erinner' jetzt, wie's gewesen ist, auch nur bruchstückhaft.

T: Hmhm. – Sie können sich auch gar nicht mehr so genau daran erinnern?

P: Diese Erinnerung fällt mir auch schwer.

T: Nehmen Sie Medikamente augenblicklich?

P: Ja, Haldol, Atosil und Akineton.

T: Ah ja. – In welcher Dosierung … Haldol?

P: 3 x Haldol 5 mg am Tag. –

T: Und Atosil?

P: 3 x am Tag 25 mg.

T: Aha. Ähm – kam das denn nun …, ich mein', es ist ja wahrscheinlich, daß da irgendwas gewesen ist, nicht so – bevor sich das entwickelt hat. – Also daß …

P: Ja …

T: … auch wenn es nichts Auffälliges möglicherweise war, aber irgendwo, irgendwas wird doch vorneweg gewesen sein.

P: Daß ich mit meiner Sexualität überhaupt nicht klargekommen bin, also das hat sich leider nicht zum Positiven entwickelt, seit ich hier gewesen bin.

T: Hmhm. – Was war denn da?

P: Daß ich überhaupt nichts hatte, ne, gar keinen Geschlechtsverkehr …

T: Ja.

P: Das ist ja dann auch deprimierend.

T: Haben Sie denn da ne bestimmte Erfahrung gemacht …?

P: Nee, ich hab' jetzt nur seit 5 Jahren gar keinen Geschlechtsverkehr mehr. Also hab' gar keine Erfahrungen gemacht.

T: Und in den Tagen, bevor sich das so … Sie sich da so beobachtet fühlten … War da auch nichts? – Was ist da gewesen in der … in den Tagen davor?

P: Ja, eigentlich nichts Besonderes. – Ich hatte nur mal wieder 'ne Frustration erlebt. Also ich hatte mich wieder mal in einen Mann verliebt, und der wollte auch wieder nichts von mir wissen. Und dann … bin ich halt auch so'n bißchen ausgeklinkt.

T: Können Sie darüber mal 'n bißchen berichten?

P: Ja, ich hatte den kennengelernt in'ner Gruppe „Homosexualität und Kirche“, das ist so'ne Gruppe. – Und da hatte ich ihn halt gesehen und hatte ihn halt sehr liebgewonnen … Aber der sagte, er wollte mit mir nichts zu tun haben. Ich hatte da auch schon so rumerzählt – „Homosexualität und Kirche“, das war natürlich so mein Thema …, so Christentum gegen ostasiatische Philosophie. Ich hab' natürlich auch manchmal 'n bißchen sehr viel erzählt und mich halt so profiliert …, dann so gedacht habe, Taoismus und Konfuzianismus gegen Christentum.

T: Hmhm.

P: Das stimmt natürlich auch nicht so ...

T: Wann war denn das, daß der Sie so zurückgewiesen hat? – Sie hatten ... Ihr Wunsch war, daß er Ihnen Beachtung schenken solle ...

P: Jaja, doch.

T: ... und hat sie dann eindeutig zurückgewiesen. – War das ... wann war denn das etwa?

P: Das muß so Mitte bis Ende April gewesen sein ... Die Enttäuschung für mich ...

T: Das war sehr hart sicher, ja.

P: Jaja ...

T: Und Sie hatten zu dem schon so ...

P: Nee, nur in dieser HuK, in dieser Gruppe da mit ihm geredet.

T: Hmhm.

P: Sonst auch nichts.

T: Hm. Was hat Ihnen so an dem gefallen?

P: Das ist immer so, ich weiß auch nicht, ich brauch' nur jemandem in die Augen zu sehen, dann weiß ich einfach, ob er mir gefällt oder nicht.

T: Hm, was ist denn an den Augen dran?

P: Das weiß ich auch nicht ..., das kann ich nicht sagen. – Ich hab' mich auch schon oft gefragt, was denn an den Augen ist, aber ich brauch' nur in die Augen zu sehen, dann weiß ich gleich, ob ein Mensch mir sympathisch ist oder nicht.

T: An und für sich lernt man ja ..., macht man sich ja kein genaues Bild von einem Mann, wenn man ihm in die Augen sieht. Das ist irgendwie ... Haben Sie das Gefühl, Sie erfahren da von dem anderen da mehr?

P: Das geht mir auch so, die Augen, das ist für mich halt der Spiegel der Seele.

T: Also wenn ich Ihnen in die Augen schaue, weiß ich nicht, wie Ihnen zumute ist.

P: Ich kann das aber irgendwie doch.

T: Ja? – Was ... meinen Sie denn zu sehen?

P: Die Stimmung, den Charakter, das Wesen.

T: Also da muß ich Ihnen sagen, das wäre mir außerordentlich unangenehm, wenn Sie mir in die Augen schauen und meine Stimmung oder meinen Charakter erkennen könnten. Dann hätte ich ja kaum 'ne Möglichkeit, mich zu schützen. – Nun bin ich mir sicher, daß das kein Mensch kann. Und ich bin sicher, daß ich mich da ausreichend schützen kann.

P: Aber die Augen ..., es ist halt, daß einem jemand sympathisch ist oder nicht

T: Das würde ich gerne noch ein bißchen besser verstehen können, woran sich Ihre Sympathie da festmacht.

P: Ja, an dem Blick.

T: Ja, können Sie das mal sagen: Wie blicke ich Sie z. B. an jetzt? – Und ...?

P: Ja, sehr forschend, sehr fragend, forschend. – Ich kann das auch nicht näher beschreiben.

T: Das stimmt teilweise, aber das ist auch nur 'n Teil. Also dann hätten Sie ja Fähigkeiten, die andere Menschen nicht haben.

P: Ja, das will ich mir auch nicht zuschreiben, aber ich hab' vielleicht 'ne große Sensibilität dadrin.

T: Also, tut mir leid, also ich will Ihnen keine Fähigkeiten absprechen, aber ... – Also, wie Sie mich z. B. genauer kennenlernen könnten, indem Sie mir in die Augen schauen, das ...

P: Ja, kennen nicht, aber ob mir jemand gefällt, das ist so ... durch die Augen.

T: Ach, Sie machen das gar nicht an der Person fest, sondern ...

P: Ja, doch, die Person auch. Die muß mir auch gefallen. Letzten Endes die Augen, das is' es dann, äh, ob ich 'n Mensch lieb hab' oder nich'. Das sagen dann die Augen ... Also das is so das letzte I-Tüpfelchen, der Blick der Augen.

T: Hm. – Und dann haben Sie später das Gefühl, daß alle Augen auf Sie starren?

P: Ha –, ja, alle nicht, aber so bestimmte Personen: also Mieter, die bei uns im Haus gewohnt haben ... und ... – Das ist für mich schwer, das halt wieder zu erzählen. Also für mich ist das alles so bruchstückhaft ... Vielleicht kommt das durch die Medikamente.

T: Möglicherweise. – Ja, das ist sogar nicht ... äh – ganz unwahrscheinlich, daß das durch die Medikamente kommt. – Das glaub' ich schon. – Ich wollte schon gerne nochmal auf diesen Zusammenhang kommen, weil – wenn ich das recht verstanden habe – hatten Sie ja 'nen Blick auf einen anderen Mann geworfen ...

P: Ja, ja.

T: ... während dieser – äh – Gruppe, und der Ihnen dann aber eindeutig gesagt hat: Nein, ich mag dich nicht. Und dann hatten Sie später das Gefühl: alle Augen schauen auf Sie.

P: H-h –, so ist das auch nicht ganz richtig, also …

T: Jaa, also vielleicht korrigieren Sie es.

P: Ich fühlte mich halt ein bißchen beobachtet, aber nich' so … Weiß auch nich'. Alle Augen –, das is' auch nich' so … richtig. – Ich kann das halt schwer beschreiben.

T: Aber wenn sie alle beobachtet haben, müssen Sie doch jemand sehr Wichtiges für die gewesen sein?

P: Is' halt schwer für mich, das zu beschreiben.

T: Hmhm – Ich weiß jetzt nicht ganz, wie Sie sich's vorstellen, Sie sagten mir ja auch draußen, es ginge ja um die Frage, ob Sie wieder zu uns kommen …

P: Ja, ja.

T: … wie Sie sich vorstellen, daß ich mir einerseits ein Bild von Ihnen machen könnte – wobei ich jetzt nicht überblicken kann, einfach per Blick, äh – daß Sie auf der anderen Seite ja wirklich eher wenig von sich mitteilen möchten …, was ja vielleicht gute Gründe hat.

P: Ja, ich muß halt lernen, meine Gefühle artikulieren zu können, also meine Gefühle auch ausdrücken zu können. Das war ja immer schon schwer.

T: Hm. – Hm, nicht unbedingt nur Ihre Gefühle, nicht? – Auch was Sie denken oder … wie Sie die Dinge sehen, wenn Sie genau hinschauen.

P: Mir fällt's halt schwer, auch so Sachen über mich zu erzählen.

T: Hmhm. – Hat das jetzt was mit hier zu tun?

P: Ja, die Situation ist auch für mich so'n bißchen beängstigend.

T: Hm ja, könnten Sie sagen, was hier das Beängstigende ist?

P: Ha, die Atmosphäre, und so diese ganzen Kabel.

T: Hmhm.

P: Ist halt so unnatürlich: auf der einen Seite die schönen Bilder … und auf der andern Seite die Technik. – Das ist nämlich so'n Gegensatz auch.

T: Ja?

P: Also Technik und Kunst ist für mich immer 'n Gegensatz.

T: Ah ja.

P: Sieht für mich 'n bißchen unnatürlich aus.

T: Also ich finde, die Bilder könnten etwas schöner gerahmt sein, also …

P: Ja, das mein' ich auch.

T: ... aber sonst paßt das schon zusammen.

P: Also Technik und Kunst ..., da ist für mich ...

T: Ja?

P: ... 'n Gegensatz. Also die Kunst hört da auf, wo die Technik anfängt.

T: Hmhm. – Also das geht mir anders. Mir ... für mich paßt das ganz gut zusammen.

P: Das hab' ich ...

T: Ich mag auch so Sachliches und Gefühlshaftes zusammen ganz gerne.

P: Och, ich bin da mehr fürs Gefühlshafte.

T: Ja? – Nein, nein, ich hab' schon gerne dann ... auch die sachliche Kontrolle und Steuerung.

P: Ja, ich wünsch' mir mehr, die Kunst so als Rausch zu erleben ..., so wie ich auch meine Wagner-Platten immer gehört hab' ..., so'nen totalen Rausch dann auch, so richtig mitgehen da ...

T: Hm.

P: Das find' ich dann auch ganz gut. – Also wenn ich den „Tristan" hör', dann bin ich auch der Tristan im Moment, und die Isolde auch ... Dann bin ich im Moment auch die Isolde, die da singt ...

T: Hmhm.

P: Also ich hoff', alle Stimmungen in der Oper, die dann sind, für mich auch mitzumachen ..., also mich dann nicht davon distanzieren, sondern dareinversetzen.

T: Also mich –, mich beunruhigt das etwas, wenn ich das höre so von Ihnen.

P: Warum?

T: Ja –, äh –, also ich kenn' das von mir selber ..., ich kenn' das im Ansatz auch, daß ich mich in etwas sehr hineinversetzten und mich auch mal ... mitreißen lassen kann ..., aber ich hab' noch gerne das Wissen darüber, wer ich selber bin und immer noch gerne die ..., auch die ... sachliche oder von mir aus auch die intellektuelle Steuerung.

P: Ja, das hab' ich dann bewußt bei mir versucht auszuschalten ...

T: Sie sagen ja auch: für mich paßt das nicht zusammen.

P: Nee.

T: Ich hab' auch'n bißchen den Eindruck – und ich weiß nicht, ob ich mich da in Ihnen täusche –, Sie möchten das auch gar nicht. Sie halten das so auseinander. Das soll bloß nichts miteinander zu tun haben.

P: Das is', weil ich von Technik und logischem Denken nich' soviel verstehe. Das andere is' halt meine Stärke ..., und da versuch' ich auch, meine Stärke zu verteidigen.

T: Ach, wäre das für Sie 'n Wegnehmen, wenn man also sagen würde: also bitte das andere? – Das braucht man doch auch. – Da würde Ihnen die Logik das Gefühl sozusagen entreißen?

P: Ja, ja.

T: Hmhm.

P: Auch in der Uni hab' ich immer das gefühlsmäßige Denken verteidigt ... In so einem Seminar von Kunsttheorie, da wir ich immer derjenige, der das Gefühl veteidigt hat ...

T: Hmhm.

P: ... also muß die Welt durch die Gefühle und nicht durch die Logik wahrnemen.

T: Hmhm. – Also ... ich denke, das könnte sicher 'ne sehr interessante Diskussion werden. – Ähm –, vielleicht könnten Sie mir noch mal etwas näher erläutern, was Sie meinen mit „gefühlsmäßigem Denken". Da ist ja eigentlich schon beides zusammen, Gefühl und Denken. Da sagen Sie ja eigentlich schon, daß das eins ist.

P: Ja, daß man die Welt so nicht zerteilen, zerreden kann. Die Welt ist so, was sich auch bei mir im Inneren abspielt. Also wenn ich in mich hineinschaue, dann lerne ich die Welt kennen, und nicht so, wie die Griechen sagen: also die Welt hat mit der menschlichen Natur nichts zu tun. Das steht im Konflikt.

T: Also das ... verstehe ich jetzt nicht. Was lernen Sie über mich kennen, wenn Sie in *sich* hineinschauen? – Da hab' ich schon lieber, daß Sie mich anschauen.

P: Aber ich schau' in mich, und da werd' ich auch die andern Menschen verstehen. – Oder würden Sie da nicht zustimmen?

T: Nee –, überhaupt nicht.

P: Denn irgendwo sind doch alle Menschen gleich. Sie haben doch dieselbe Seele ...

T: Hm.

P: ... dieselbe Substanz.

T: Ich glaube, Sie und ich, wir sind in manchem gleich und in manchem sehr verschieden ... Und wenn ich etwas über Sie erfahren möchte, dann frage ich Sie und schaue nicht in mich hinein und hoffe, daß Sie mir antworten ... und werde versuchen, das zu verstehen. – Aber ich bin noch immer ich selber, und ich lerne Sie nicht genauer kennen, indem ich meine Gefühle z. B. in dieser Situation erfasse. Ich nehm' an, Ihre sind andere. Mir ist es z. B. nicht sonderlich unbehaglich hier. – Und ich finde z. B., die könnten 'n bißchen schöner sein, die Bilder. Ich finde, daß das ganz gut zusammenpaßt ..., nicht übermäßig geschmackvoll, aber ... ich finde z. B., daß Gefühl und Denken sehr gut zusammengeht. Und ich möchte auf keines davon verzichten müssen. – Da seh' ich schon Unterschiede zwischen Ihnen und mir. – Und ich sehe ..., ich weiß nicht, ob Sie mich genauer kennenlernen würden, wenn Sie in sich hineinschauen. Und da hätten Sie ja jetzt – wenn Sie in sich hineingeschaut hätten – was ganz anderes erfahren –, aber nichts von mir.

P: Ja, das stimmt doch.

T: Hmhm. – Ich find' das eigentlich ..., find's n' bißchen beunruhigend, diese Vorstellung. Da ist nochmal was, was ich beunruhigend finde, diese Vorstellung: ich schaue in mich hinein und erfahr' was über die anderen.

P: Ja, ich kann einfach das, das Denken der andern verstehen ... Ich denke, in der Situation könntest du genauso gehandelt haben, und da hättest du genauso reagiert –, also sozusagen das Denken und Handeln der andern nachzuvollziehe, für mich auch.

T: Also ich würd' manches ganz anders machen. Und ich glaub' auch ..., meine auch fast sicher zu sein, es geht so nicht. Ich würd' die andern fragen.

P: Und wenn sie nicht gefragt werden wollen?

T: Dann hab' ich Pech gehabt. Dann frag' ich mich, was ist mit unserer Beziehung heut' ... los?

P: Hm. – Ja, ich versuch' mich halt in das Denken der andern hineinzuversetzten.

T: Nur wie erfahren wir das, wie die denken?

P: Also wenn ich die Wahrheit sage und ich sie frage ...

T: Dann nehm' ich an, sie lügen.

P: Wie kann ich das beurteilen?

T: Das traue ich mir zu, wenn ich jemanden genauer kenne. – Da muß ich aber jemand ziemlich gut kennen und ziemlich lange. Das kann ich nicht durch In-mich-Hineinschauen, das kann ich nicht durch einen oder mehrere Blicke erfahren. Da muß ich jemanden ziemlich gut kennen, ehe ich mir da 'n genaues Urteil von ihm bilde.

P: Hm.

T: Ich nehm' an, das geht Ihnen ähnlich? – Oder zumindest wird's Ihnen einleuchten.

P: Na, ich kann also ... die andern sehr schlecht beurteilen.

T: Verstimmt das für Sie so manchmal, was Sie sind und was die andern sind? – Das war wohl auch in der letzten Zeit dann der Fall, nicht?

P: Ja, doch auch, ja. – Jetzt frag' ich mich natürlich auch, ob ich in die Klinik aufgenommen werde oder nicht. – Was meinen Sie denn, könnte ich aufgenommen werden?

T: Potentiell ja. – Sie erwarten von mir jetzt eine direkte Antwort, noch ehe ich ...

P: Hmhm.

T: ... noch ehe ich so Genaueres von Ihnen weiß. – Bei mir dauert das länger, ehe ich ein genaueres oder auch nur annähernd ein genaueres Bild von Ihnen mache – wenn wir uns nicht kennen würden schon. – Ich kann das nicht mit einem Blick. Ich muß da schon 'n bißchen mehr von dem anderen hören, falls er bereit ist, mir was von sich zu sagen.

P: Dazu bin ich ja bereit.

T: Das wollte ich jetzt auch nicht in Frage gestellt haben.

P: Mir fällt das immer nur sehr schwer, über mich zu reden. Das war auch schon bei meinen Freunden so: Ja, du kannst doch nichts über dich erzählen ... Ich kann auch meine Gefühle schlecht artikulieren. ...

T: Oh, ich interessier' mich auch für Ihr Denken.

P: Was ich denke ...

T: Damit wollen Sie nichts so recht zu tun haben im Moment?

P: Womit?

T: Mit dem Denken, das haben Sie so der westlichen Welt ...

P: Die Ostasiaten denken auch, aber halt auf 'ne andere Art, nich so logisch-analytisch-zergliedernd, sondern das Ganze immer im Auge behaltend ..., also das Einssein mit der Welt ist so das Ziel.

T: Da kommt das ja wieder: Einssein mit der Welt –, daß Sie das also gut finden, wenn's da keine Trennung gibt zwischen mir und der Welt.

P: Ja, also warum? – Find' ich eigentlich ganz schön.

T: Also mich – mir sträuben sich die Nackenhaare, wenn ich's höre. – Also ich hätte Angst um mich selbst.

P: Also Einssein mit der Natur auch als oberstes Ziel ..., sich nur als Teil der Natur verstehen und nicht mehr als eigenes Ich.

T: Hm – da kann ich nur nochmal sagen: da, bei mir funktioniert das zum Glück. Ich kriegte Angst um mich ..., wenn's mir so gehen würde.

P: Also ich hab' das schon manchmal zum Teil geschafft, so gefühlsmäßig Ekstase ... Ich hab' mal so meine Blumen angeguckt und mich mal als Teil der Blume verstanden.

T: – Sie sagen das auch mit so'nem Lächeln und finden das dann auch gut.

P: Ja, immer noch – leider!

T: Hm.

P: Das is' halt meine Art, mich zu profilieren, mit solchen ...

T: Leider würd' ich auch sagen, ja.

P: Jetzt seh' ich ja, was dabei rauskommt.

T: Also ‚leider' im Sinne von ... – Haben Sie – nun ja –, haben Sie gar keine Angst da um sich?

P: Ah, jetzt doch, aber ... ich mein', ich hab' ja gesehen, wohin das geführt hat, wenn man sich als westlicher Mensch mit solchen Dingen beschäftigt.

T: Hm.

P: ... wovor man mich oft genug vorher gewarnt hatte, aber ich hab' die Warnungen im Wind zerschlagen.

T: Hmhm. – Ich kann mir schon vorstellen auf der anderen Seite, daß Sie da so interessante Erfahrungen auch gemacht haben und daß das für Sie auch wichtige Erlebnisse waren. Aber äh –, ja, vielleicht ist es so, wie Sie sagen: das ist etwas, was man ..., wenn man also mit dem logischen Denken, dem analytischen Denken der westlichen Welt aufgewachsen ist, was einem ja so die eigenen Grundlagen wegnimmt ...

P: Ach, Grundlagen nich ... Ich mein, ich war schon immer sehr ... ostasiatisch, bevor ich mich damit auch beschäftigt, also ... war immer schon sehr gefühlsmäßig-intensiv und ...

T: Ja, mir war auch bei Ihrem letzten Aufenthalt schon aufgefallen, daß Sie sich sehr schwer tun manchmal, sich'n genaues Bild von anderen Menschen zu machen.

P: Das kann ich auch jetzt noch nicht ... Das gelingt mir einfach nicht.

T:Hmhm.

P: Entweder beurteil' ich sie nur aus einer Tradition heraus oder ... so himmelhoch jauchzend, zu Tode betrübt, entweder ganz schlecht oder ganz gut.

T: Hm.

P: Mir fehlt da halt so die Mitte.

T: Hmhm. – So wie wenn's für Sie so ganz tolle und dann ganz miese Menschen wären?

P: Jaja, sicher.

T: Hm. – Das kommt ja so öfters bei Ihnen, daß es so zwei Dinge gibt, die nicht so recht zusammenpassen: das Denken und die Logik oder gute und böse oder schlechte Menschen. – Ja, wie wenn so bei Ihnen die Grautöne, die Töne so dazwischen fehlten.

P: Also ich hab' da keine Erklärung, warum ich da so … strukturiert bin. –

T: Na, das klingt jetzt so'n bißchen defätistisch – ‚so strukturiert bin' –, als könnte man das nicht lernen.

P: Ja, sicher –, aber … in meinem Alter noch?

T: Ha! – Also jetzt bin ich ja'n bißchen …

P: Ich bin ja immerhin schon 25.

T: Immerhin schon 25?

P: Ja.

T: Was denken Sie denn von mir?

P: Ja, Sie haben's vielleicht gut, das Denken …

T: Hm.

P: Das Denken will ich Ihnen nicht absprechen.

T: Na, aber von mir … Bin ich im Greisenalter für Sie oder was?

P: Nee, 'n Mann im besten Alter.

T: Dann wären Sie ja 'n Jugendlicher.

P: Aber das Denken noch so zu ändern …, auch wenn man jetzt noch so als Jugendlicher … – Stell' ich mir sehr schwer vor, auch für mich da noch, äh – daß ich da noch umdenken muß. –

T: Wo sehen Sie die Schwierigkeit? –

P: Also das Gefühlsmäßige …

T: Ich möchte auch nicht 60 sein und nichts mehr dazulernen.

P: Es müßte ein Teil meiner Persönlichkeit sehr geändert werden dann auch.

T: Wieso?

P: Ich –, was mir so Halt gegeben hat, also mich mit andern Dingen zu beschäftigen als die andern, halt die ostasiatische Philosophie, da mal so mit zu glänzen.

T: Äh ja –, das hat damals 'n relativen Halt gegeben, da was anderes zu machen als der Durchschnitt …

P: Ja, doch, ja.

T: … die Leute, die sowohl schwarz wie auch weiß sehen …

P: Hmhm.

T: … daß Sie sich da so'n bißchen rausgehoben fühlen konnten.

P: Hmhm.

T: Und Sie fürchten, wenn ich Sie recht verstehe, wenn Sie da Wut bringen, daß Sie dann nichts mehr haben, womit Sie sich auszeichnen?

P: Ja, würde mir dann doch fehlen.

T: Sie können sich so gar nicht vorstellen im Moment, daß Sie … da etwas hinzulernen, da … sich ein bißchen verändern … und trotzdem noch so einzigartig ganz derjenige bleiben, der Sie sind. Können Sie sich nicht vorstellen?

P: Das kann ich mir sehr schlecht vorstellen.

T: Hmhm.

P: Vor allem weil ich ja mein Studium auch weitermachen will, ne? – Also ich würde jetzt auch, wenn ich wieder gesund wrden sollte, weiter Sinologie und Kunstgeschichte studieren – wenigstens jetzt aus dem Moment heraus gesagt.

T: Hm –, hmhm.

P: Also ich werd' trotzdem wieder weiterhin damit konfrontiert. – Dann müßt' ich also bloß 'nen andern Umgang damit lernen.

T: Hmhm. – Ja, gut, machen wir Schluß.

P: Hmhm.

V/2. Verfolgen wir zunächst den Gang des Gesprächs im Selbstverständnis der Ich-Psychologie: Schnell wird deutlich, daß es sich bei dem Patienten um einen „Frühgestörten“ handelt, der, wie wir erfahren, erst wenige Monate zuvor eine psychotische Episode paranoid-halluzinatorischen Gepräges durchlebt hat. Die durchgängige Haltung des Therapeuten im Gespräch entspricht zunächst durchaus den Essentials, die für die diagnostische und therapeutische Technik für „Schwergestörte" in den einschlägigen Behandlungskatalogen der Ich-Psychologie festgelegt sind (vgl. Fürstenau, 1977; Heigl-Evers u. Heigl, 1979; Rohde-Dachser, 1979). Rohde-Dachser (1979, S. 196) etwa empfiehlt bei der Borderline-Variante der „Frühstörung" in Anlehnung an Kernberg (1968) eine deutliche Modifizierung des psychoanalytischen Standardverfahrens, die Einführung sogenannte „Parameter". Es bedürfe einer Strukturierung der therapeutischen Situation durch umschreibbare aktive Maßnahmen des Analytikers, wobei hier insbesondere Interventionstechniken hervorgehoben werden, die den aktuellen „Realitätsbezug" des Patienten verbessern sollen wie etwa „freimütiges Mitteilen von Gegenübertragungsgefühlen, durch die der Analytiker für den Patienten als eigenständiges Individuum erlebbar wird ..." oder „statt genetischer Deutungen überwiegend Deutungen, die den Realitätsbezug des Patienten verbessern ...", oder „Steuerung der inhaltlichen Mitteilungen des Patienten in die Richtung eines verbesserten Realitätsbezugs anstelle der Aufforderung zur freien Assoziation" etc. Fürstenau (1977) empfiehlt bei dem Umgang mit strukturell Ich-gestörten Patienten, „daß der Analytiker die dem Analysanden nicht zur Verfügung stehenden ... notwendigen basalen Ich-Funktionen für den Patienten so lange stellvertretend ausüben und damit dem Ich des Patienten zur Verfügung stellen muß, bis der Patient in der Lage ist, diese Funktionen in eigener Regie zu übernehmen, d. h. selbst auszuüben, m. a. W.: Bis er sich strukturell normalisiert hat. ... Da der Patient aufgrund seiner strukturellen Störung dazu [Kontakt und Zuwendung zu Partnern selbst zu realisieren, d. Verf.] zunächst nicht in der Lage ist, muß der Analytiker den Kontakt zu ihm herstellen und aufrechterhalten, d. h. in den sich isolierenden, abschirmenden Patienten libidinös eindringen. ... Dieser vollziehende, tätige Aspekt der ersten Dimension des Umgangs mit strukturell gestörten Patienten steht in einem deutlichen Gegensatz zu der gleichbleibend distanzierten freischwebenden Aufmerksamkeit, die nach der klassischen Beschreibung Freuds für die Arbeit des Analytikers in der zweiten Dimension (der Aufdeckung der unbewußten Hintergründe von Übertragung und Widerstand) charakteristisch ist" (Hervorhebungen aufgehoben, d. Verf.) (Fürstenau, 1977, S. 203 f.).

Unser Therapeut scheint diese Ratschläge gut zu kennen und sie zu beherzigen: Zwar wirkt er anfänglich, wenn der Patient seine psychotische Symptomatik schildert, noch analytisch-distanziert und interveniert, angeschmiegt noch an den Erzähltext des Patienten, aus der Haltung analytischer Abstinenz mal interpretativ, mal konfrontierend, hier und da empathisch einfühlsam. Relativ abrupt dann ändert sich sein Interaktionsstil, als der Patient von seiner homosexuellen Verliebtheit berichtet. Der Therapeut gibt seine abstinente Haltung zugunsten eines „aktiven Eingreifens" auf. Als der Patient mitteilt, daß er in den Augen eines anderen dessen Seele gespiegelt sehe, antwortet der Therapeut – seinem Selbstverständnis nach im Sinne einer Verbesserung des Realitätsbezugs des Patienten –, daß man sich kein Bild vom anderen machen könne, wenn man ihm in die Augen sehe. Durch das dann kurz danach anschließende „freimütige Mitteilen von Gegenübertragungsgefühlen", das der Therapeut einsetzt, nachdem der Patient auf seinen Annahmen insistiert, versucht jener sich für den Patienten als eigenständiges, abgegrenztes Individuum erlebbar zu machen und den Realitätsbezug des Patienten im Hier und Jetzt gleichsam modellhaft zu erarbeiten. Diesen Interaktionsstil behält der Therapeut während des weiteren Gesprächs bei, nimmt die Mitteilungen des Patienten in ihrem *manifesten* Inhalt auf, verwirft und korrigiert sie, bezieht Position dazu, äußert seine augenblicklichen Empfindungen etc. Aus Ich-psychologischer Perspektive ist sein Interventionsverhalten durchaus opportun, scheinen doch all seine Interventionen das Ziel einer verbesserten Realitätswahrnehmung durch den Patienten zu haben, indem sie drohende Fusionen von Selbst- und Objektrepräsentanzen zu verhindern suchen (etwa im Zusammenhang mit der Frage, ob man jemanden durch seine Augen, seinen Blick kennenlernen oder ob man über den anderen etwas erfahren könne, wenn man in sich selbst hineinschaue etc.), Spaltungen zu problematisieren (Kunst versus Technik, Gefühl versus logisches Denken etc.) und paranoid getönte Ängste des Patienten in der aktuellen Gesprächssituation zu unterbinden.

Doch das ist nur die halbe Wahrheit: Verdeckt durch den Ich-psychologischen Konsens therapeutischer Rationalität, die ja schon wegen ihrer normativen Realitätsideologie in sich höchst fragwürdig ist, entfaltet sich unter der Hand und jenseits des bewußten Zugriffs der Beteiligten ein Beziehungsdrama, daß das eigentliche dynamische Zentrum des Gesprächs zu sein scheint. Führen wir uns in diesem Zusammenhang noch einmal den Beginn der „aktiven Maßnahmen" des Therapeuten vor Augen:

P: Das ist immer so, ich weiß auch nicht, ich brauch' nur jemandem in die Augen zu sehen, dann weiß ich einfach, ob er mir gefällt oder nicht.

T: Hm, was ist denn an den Augen dran?

P: Das weiß ich auch nicht ..., das kann ich nicht sagen. – Ich hab' mich auch schon oft gefragt, was denn an den Augen ist, aber ich brauch' nur in die Augen zu sehen, dann weiß ich gleich, ob ein Mensch mir sympathisch ist oder nicht.

T: An und für sich lernt man ja ..., macht man sich ja kein genaues Bild von einem Mann, wenn man ihm in die Augen sieht. Das ist irgendwie ... Haben Sie das Gefühl, Sie erfahren da von dem anderen da mehr?

P: Das geht mir auch so, die Augen, das ist für mich halt der Spiegel der Seele.

T: Also wenn ich Ihnen in die Augen schaue, weiß ich nicht, wie Ihnen zumute ist.

P: Ich kann das aber irgendwie doch.

T: Ja? – Was ... meinen Sie denn zu sehen?

P: Die Stimmung, den Charakter, das Wesen.

T: Also da muß ich Ihnen sagen, das wäre mir außerordentlich unangenehm, wenn Sie mir in die Augen schauen und meine Stimmung oder meinen Charakter erkennen könnten. Dann hätte ich ja kaum 'ne Möglichkeit, mich zu schützen. – Nun bin ich mir sicher, daß das kein Mensch kann. Und ich bin sicher, daß ich mich da ausreichend schützen kann.

P: Aber die Augen ..., es ist halt, daß einem jemand sympathisch ist oder nicht

T: Das würde ich gerne noch ein bißchen besser verstehen können, woran sich Ihre Sympathie da festmacht.

P: Ja, an dem Blick.

T: Ja, können Sie das mal sagen: Wie blicke ich Sie z. B. a… …tzt? – Und ...?

P: Ja, sehr forschend, sehr fragend, forschend. – Ic… …n das auch nicht näher beschreiben.

T: Das stimmt teilweise, aber das ist … nur 'n Teil. Also dann hätten Sie ja Fähigkeiten, die andere Mensch… …icht haben.

P: Ja, das will ich mir au… …nicht zuschreiben, aber ich hab' vielleicht 'ne große Sensibilität dadrin…

T: Also, tut … leid, also ich will Ihnen keine Fähigkeiten absprechen, aber ... – Al… …ie Sie mich z. B. genauer kennenlernen könnten, indem Sie mir in die …gen schauen, das ...

…: Ja, kennen nicht, aber ob mir jemand gefällt, das ist so ... durch die Augen.

T: Ach, Sie machen das gar nicht an der Person fest, sondern …

P: Ja, doch, die Person auch. Die muß mir auch gefallen. Letzten Endes die Augen, das is' es dann, äh, ob ich 'n Mensch lieb hab' oder nich'. Das sagen dann die Augen … Also das is so das letzte I-Tüpfelchen, der Blick der Augen.

T: Hm. – Und dann haben Sie später das Gefühl, daß alle Augen auf Sie starren?

Auffällig sind vorderhand die in sich widersprüchlichen Interventionen des Therapeuten, in denen er das vom Patienten eingeführte Thema ebenso weiterführt wie immer wieder zurückweist. Während der Patient zunächst in seiner Distanz zum Therapeuten relativ konstant und thematisch beinahe stereotyp bleibt, kreist der Therapeut das Thema spiralförmig ein und konkretisiert es schließlich in der aktuellen Situation als Beziehungsgeschehen, das in der Aufforderung, der Patient solle ihm beschreiben, wie er diesen anblicke, gipfelt; sobald dieser sich aus der Distanz in die hier vom Therapeuten strukturierte Beziehung hineinziehen läßt, bricht der Therapeut das Beziehungspiel ab, verwirft das Thema und verweist es endgültig in die Psychopathologie des Patienten.

Die Bedeutung „des Blicks" für den Patienten wird im Verlaufe des Gesprächs offenkundig: In den Augen der anderen erscheint mystifiziert seine homosexuelle Problematik; das „In-die-Augen-Sehen" wirkt in diesem Kontext wie die Darstellungsform „libidinösen Eindringens", das – vermutlich teils ins Gegenteil verkehrt, teils projiziert – auch in den paranoiden Ängsten des Patienten widerscheint, hier in der Variation der verfolgenden, bösen Blicke der anderen, in der homosexueller Wunsch und dagegen gerichtete Abwehr wahnhaft ineinander verschränkt sind. Die Konkretisierung der paranoiden Thematik des Blicks in der aktuellen Beziehungssituation durch den Therapeuten muß von dem Patienten vor diesem Hintergrund als Versuchungssituation erlebt werden; nicht umsonst sucht der Patient über lange Passagen „standzuhalten" und gibt erst nach direkter Aufforderung seine Distanz auf.

Sicher kann es nicht die bewußte Absicht des Therapeuten sein, diese Versuchungssituation aktiv herzustellen, liegt doch gerade, wie zu Beginn des Gesprächs deutlich wird, in der homosexuellen Versuchung das auslösende Moment der psychotischen Entgleisung des Patienten. Unterstellen wir also dem Therapeuten die besten Absichten gegenüber dem Patienten, so müssen wir davon ausgehen, daß sich seine Aktivitäten hier seiner bewußten Verfügung entziehen, d. h. eigentlich unbewußt motiviert und reguliert sind. Mit anderen Worten: Die Interventionen des Therapeuten müßten unter dieser Annahme als entstellte Ausdrucksformen verdrängter Erlebensgestalten gelesen werden, kurz, als Darstellung eines eigenen neurotischen Konflikts, der mit der homosexuellen Problematik des Patienten eng korrespondiert. Nicht zufällig ändert der Therapeut seinen Interventionsstil in dem Moment, als der Patient über seine homosexuelle Verliebtheit berichtet. Und nicht zufällig gestaltet sich die therapeutische Aktivität so merkwürdig widersprüchlich. Gehen wir nämlich davon aus, daß die verdränge Erlebnisfigur auf seiten des Therapeuten eben so strukturiert ist, wie es neurotischen Konflikten eigen ist, nämlich als antagonistisch-widersprüchliche Beziehung von verpöntem Wunsch und dagegen gerichteter Abwehr, so wird die Widersprüchlichkeit in seinem Verhalten verständlich, nämlich als Erscheinungsform eben dieses Konflikts, in der mal der verdrängte Wunsch, mal die Abwehr sich darstellt. Ganz der Dynamik neurotischer Konflikte entsprechend nimmt die Konkretheit der – müssen wir jetzt wohl sagen – Übertragung vom Therapeuten auf den Patienten im Verlauf dieser Passage zu: Wurde das Thema „des Blicks" anfänglich noch fern der aktuellen Situation und Beziehung behandelt, so gelingt es dem Therapeuten trotz des Widerstands des Patienten, seine Übertragung direkt in der Beziehung zu diesem zu entfalten, die ihren vorläufigen Höhepunkt in der tendenziellen, symbolisch-mystifizierten Realisierung des verpönten Wunsches (ausgedrückt durch die Frage des Therapeuten an den Patienten, wie er ihn anblicke) und der sich kurz darauf anschließenden deutlichen Abwehroperation, die schließlich in eine projektive Abwehrbewegung mündet (der Therapeut kommt am Ende der hier vorgeführten Passage wieder auf die Psychopathologie des Patienten zu sprechen), erreicht. Verfolgen wir die Entwicklung der von uns angenommenen Übertragung des Therapeuten auf den Patienten ein Stück weiter und schließen dazu unmittelbar an den oben zitierten Gesprächsabschnitt an:

T: Hm. – Und dann haben Sie später das Gefühl, daß alle Augen auf Sie starren?

P: Ha –, ja, alle nicht, aber so bestimmte Personen: also Mieter, die bei uns im Haus gewohnt haben … und … – Das ist für mich schwer, das halt wieder zu erzählen. Also für mich ist das alles so bruchstückhaft … Vielleicht kommt das durch die Medikamente.

T: Möglicherweise. – Ja, das ist sogar nicht … äh – ganz unwahrscheinlich, daß das durch die Medikamente kommt. – Das glaub' ich schon. – Ich wollte schon gerne nochmal auf diesen Zusammenhang kommen, weil – wenn ich das recht verstanden habe – hatten Sie ja 'nen Blick auf einen anderen Mann geworfen ...

P: Ja, ja.

T: ... während dieser – äh – Gruppe, und der Ihnen dann aber eindeutig gesagt hat: Nein, ich mag dich nicht. Und dann hatten Sie später das Gefühl: alle Augen schauen auf Sie.

P: H-h –, so ist das auch nicht ganz richtig, also ...

T: Jaa, also vielleicht korrigieren Sie es.

P: Ich fühlte mich halt ein bißchen beobachtet, aber nich' so ... Weiß auch nich'. Alle Augen –, das is' auch nich' so ... richtig. – – Ich kann das halt schwer beschreiben.

T: Aber wenn sie alle beobachtet haben, müssen Sie doch jemand sehr Wichtiges für die gewesen sein?

P: Is' halt schwer für mich, das zu beschreiben.

T: Hmhm – Ich weiß jetzt nicht ganz, wie Sie sich's vorstellen, Sie sagten mir ja auch draußen, es ginge ja um die Frage, ob Sie wieder zu uns kommen ...

P: Ja, ja.

T: ... wie Sie sich vorstellen, daß ich mir einerseits ein Bild von Ihnen machen könnte – wobei ich jetzt nicht überblicken kann, einfach per Blick, äh – daß Sie auf der anderen Seite ja wirklich eher wenig von sich mitteilen möchten ..., was ja vielleicht gute Gründe hat.

P: Ja, ich muß halt lernen, meine Gefühle artikulieren zu können, also meine Gefühle auch ausdrücken zu können. Das war ja immer schon schwer.

T: Hm. – Hm, nicht unbedingt nur Ihre Gefühle, nicht? – Auch was Sie denken oder ... wie Sie die Dinge sehen, wenn Sie genau hinschauen.

P: Mir fällt's halt schwer, auch so Sachen über mich zu erzählen.

T: Hmhm. – Hat das jetzt was mit hier zu tun?

P: Ja, die Situation ist auch für mich so'n bißchen beängstigend.

T: Hm ja, könnten Sie sagen, was hier das Beängstigende ist?

P: Ha, die Atmosphäre, und so diese ganzen Kabel.

Zunächst gelingt es dem Therapeuten, die brisante homosexuelle Problematik aus der „Gefahrenzone" der unmittelbaren Beziehung hinaus in die Psychopathologie des Patienten zu verbannen, aus der sie – in gewandelter Gestalt – aber bald in der Beziehung wieder auftaucht: Auf die relativ karge Schilderung des Patienten über seine paranoiden Ängste reagiert der Therapeut prima vista überraschend ungeduldig und schroff; er weist den Patienten darauf hin, daß dieser, sofern er nicht bereit wäre, sich zu öffnen, seine stationäre Aufnahme gefährde. Wovor sich der Patient in dieser Situation ängstigt, liegt auf der Hand. „Einfach per Blick" – das reicht dem Therapeuten nicht, da muß der Patient schon mehr anbieten. Der sagt auch gleich, worum es augenscheinlich geht: um die Offenbarung seiner Gefühle. So weit will der Therapeut nun doch nicht gehen; unverhofft und plötzlich öffnet er sich und dem Patienten eine Hintertür, durch die beide schließlich wieder der vom Therapeuten heraufbeschworenen „Gefahr" entschwinden: daß es dem Therapeuten schon genüge, wenn der Patient sich ihm in seinem Denken öffne; darin liegt nicht nur ein Kompromiß zwischen dem plötzlich vorpreschenden Therapeuten und dem ängstlich-bang zurückweichenden Patienten, sondern auch eine Möglichkeit für die Stabilisierung des innerpsychischen Gleichgewichts beider.

Unter unserer Annahme einer Übertragungsreaktion des Therapeuten auf den Patienten wäre die plötzliche, aus dem Verlauf des Gesprächs unerwartet direkte Aufforderung des Therapeuten an den Patienten, sich zu öffnen, als mystifizierter Ausdruck des aus der Latenz plötzlich durchbrechenden, eigentlich verpönten Wunsches zu interpretieren, den er sehr rasch aber wieder durch die dagegen gerichtete Abwehr zügeln kann. Trifft unsere Vermutung zu, so nimmt es nicht Wunder, daß der Therapeut sich – auf den ersten Blick – erstaunlich schnell von seiner „Forderung" an den Patienten von diesem ablenken läßt und nicht weiter darauf insistiert.

T: Hm ja, könnten Sie sagen, was hier das Beängstigende ist?

P: Ha, die Atmosphäre, und so diese ganzen Kabel.

T: Hmhm.

P: Ist halt so unnatürlich: auf der einen Seite die schönen Bilder ... und auf der andern Seite die Technik. – Das ist nämlich so'n Gegensatz auch.

T: Ja?

P: Also Technik und Kunst ist für mich immer 'n Gegensatz.

T: Ah ja.

P: Sieht für mich 'n bißchen unnatürlich aus.

T: Also ich finde, die Bilder könnten etwas schöner gerahmt sein, also ...

P: Ja, das mein' ich auch.

T: ... aber sonst paßt das schon zusammen.

P: Also Technik und Kunst ..., da ist für mich ...

T: Ja?

P: ... 'n Gegensatz. Also die Kunst hört da auf, wo die Technik anfängt.

T: Hmhm. – Also das geht mir anders. Mir ... für mich paßt das ganz gut zusammen.

P: Das hab' ich ...

T: Ich mag auch so Sachliches und Gefühlshaftes zusammen ganz gerne.

P: Och, ich bin da mehr fürs Gefühlshafte.

T: Ja? – Nein, nein, ich hab' schon gerne dann ... auch die sachliche Kontrolle und Steuerung.

P: Ja, ich wünsch' mir mehr, die Kunst so als Rausch zu erleben ..., so wie ich auch meine Wagner-Platten immer gehört hab' ..., so'nen totalen Rausch dann auch, so richtig mitgehen da ...

T: Hm.

P: Das find' ich dann auch ganz gut. – Also wenn ich den „Tristan" hör', dann bin ich auch der Tristan im Moment, und die Isolde auch ... Dann bin ich im Moment auch die Isolde, die da singt ...

T: Hmhm.

P: Also ich hoff', alle Stimmungen in der Oper, die dann sind, für mich auch mitzumachen ..., also mich dann nicht davon distanzieren, sondern dareinversetzen.

T: Also mich –, mich beunruhigt das etwas, wenn ich das höre so von Ihnen.

P: Warum?

T: Ja –, äh –, also ich kenn' das von mir selber ..., ich kenn' das im Ansatz auch, daß ich mich in etwas sehr hineinversetzten und mich auch mal ... mitreißen lassen kann ..., aber ich hab' noch gerne das Wissen darüber, wer ich selber bin und immer noch gerne die ..., auch die ... sachliche oder von mir aus auch die intellektuelle Steuerung.

Sicher könnte man die Äußerung des Patienten als Ausdruck seiner defizitären Ich-Funktionen beschreiben und die Einlassungen des Therapeuten als sinnvolle therapeutische Interventionen, sofern man auf die Ebene des manifesten Inhalts der Äußerungen rekurriert. Nimmt man aber den aus dem Zusammenhang des Gesprächs zu vermutenden latenten Sinngehalt des Gesagten in den Blick, so hat man auch diese Passage als Darstellungsform des neurotischen Zusammenspiels der Beteiligten zu deuten. Auf der Ebene des vom Therapeuten eingeleiteten Kompromisses, daß der Patient seine Gedanken offenbart, führen beide – der Patient scheint jetzt an der Dramturgie des Geschehens aktiver beteiligt als vorher – das neurotische Zusammenspiel relativ ungefährdet weiter. Bei der Einlassung des Patienten einer rigorisen Trennung von Kunst und Technik handelt es sich sicherlich um den Ausdruck von Spaltungsvorgängen, im Zusammenhang mit seiner im Verlauf des Gesprächs provozierten homosexuellen Problematik ist diese Spaltung aber auch als Übertragungsphänomen zu begreifen, d. h. rückzubeziehen auf die Beziehung der Beteiligten. So gesehen wäre die Unvereinbarkeit von Kunst und Technik als Abwehr homosexueller Wünsche zu lesen, die kurz darauf folgende Sequenz, in der der Patient über seine Rauscherlebnisse bei Wagner-Opern berichtet, als deren symbolische Realisierung. In einer späteren Passage wird diese verborgene Wunschbefriedigung noch deutlicher:

P: Die Ostasiaten denken auch, aber halt auf 'ne andere Art, nich so logisch-analytisch-zergliedernd, sondern das Ganze immer im Auge gehaltend ..., also das Einssein mit der Welt ist so das Ziel.

T: Da kommt das ja wieder: Einssein mit der Welt –, daß Sie das also gut finden, wenn's da keine Trennung gibt zwischen mir und der Welt.

P: Ja, also warum? – Find' ich eigentlich ganz schön.

T: Also mich – mir sträuben sich die Nackenhaare, wenn ich's höre. – Also ich hätte Angst um mich selbst.

P: Also Einssein mit der Natur auch als oberstes Ziel ..., sich nur als Teil der Natur verstehen und nicht mehr als eigenes Ich.

T: Hm – da kann ich nur nochmal sagen: da, bei mir funktioniert das zum Glück. Ich kriegte Angst um mich ..., wenn's mir so gehen würde.

P: Also ich hab' das schon manchmal zum Teil geschafft, so gefühlsmäßig Ekstase ... Ich hab' mal so meine Blumen angeguckt und mich mal als Teil der Blume verstanden.

T: – Sie sagen das auch mit so'nem Lächeln und finden das dann auch gut.

P: Ja, immer noch – leider!

T: Hm.

P: Das is' halt meine Art, mich zu profilieren, mit solchen …

T: Leider würd' ich auch sagen, ja.

P: Jetzt seh' ich ja, was dabei rauskommt.

T: Also ‚leider' im Sinne von … – Haben Sie – nun ja –, haben Sie gar keine Angst da um sich?

P: Ah, jetzt doch, aber … ich mein', ich hab' ja gesehen, wohin das geführt hat, wenn man sich als westlicher Mensch mit solchen Dingen beschäftigt.

T: Hm.

P: … wovor man mich oft genug vorher gewarnt hatte, aber ich hab' die Warnungen im Wind zerschlagen.

T: Hmhm. – Ich kann mir schon vorstellen auf der anderen Seite, daß Sie da so interessante Erfahrungen auch gemacht haben und daß das für Sie auch wichtige Erlebnisse waren. Aber äh –, ja, vielleicht ist es so, wie Sie sagen: das ist etwas, was man …, wenn man also mit dem logischen Denken, dem analytischen Denken der westlichen Welt aufgewachsen ist, was einem ja so die eigenen Grundlagen wegnimmt …

P: Ach, Grundlagen nich … Ich mein, ich war schon immer sehr … ostasiatisch, bevor ich mich damit auch beschäftigt, also … war immer schon sehr gefühlsmäßig-intensiv und …

Genau komplementär zu den Äußerungen des Patienten verhalten sich die Einlassungen des Therapeuten: Auf das Abwehrmanöver des Patienten, das in der „Spaltung" von Kunst und Technik erscheint, reagiert er zunächst im Sinne seiner latenten Wunschkonstellation, er möge Sachliches und Gefühlshaftes zusammen ganz gerne. Im weiteren Verlauf aber, wenn der Patient die homosexuelle Thematik in seinen Verschmelzungsphantasien konkretisiert, nimmt die Eindeutigkeit seiner abwehrenden Haltung dagegen zu. Schließlich verdichtet sich diese Haltung zu einer Art moralischen Widerwillens gegen die Einlassungen des Patienten.

Was zunächst mißglückte – nämlich die Projektion der eigenen neurotischen Problematik – scheint jetzt gelungen.

Erst gegen Ende des Gesprächs scheint die homosexuelle Problematik noch einmal für einen kurzen Moment in der aktuellen Beziehung der Beteiligten auf:

P: Also ich hab' da keine Erklärung, warum ich da so ... strukturiert bin. –

T: Na, das klingt jetzt so'n bißchen defätistisch – ‚so strukturiert bin' –, als könnte man das nicht lernen.

P: Ja, sicher –, aber ... in meinem Alter noch?

T: Ha! – Also jetzt bin ich ja'n bißchen ...

P: Ich bin ja immerhin schon 25.

T: Immerhin schon 25?

P: Ja.

T: Was denken Sie denn von mir?

P: Ja, Sie haben's vielleicht gut, das Denken ...

T: Hm.

P: Das Denken will ich Ihnen nicht absprechen.

T: Na, aber von mir ... Bin ich im Greisenalter für Sie oder was?

P: Nee, 'n Mann im besten Alter.

T: Dann wären Sie ja 'n Jugendlicher.

P: Aber das Denken noch so zu ändern ..., auch wenn man jetzt noch so als Jugendlicher ... – Stell' ich mir sehr schwer vor, auch für mich da noch, äh – daß ich da noch umdenken muß. –

T: Wo sehen Sie die Schwierigkeit? –

P: Also das Gefühlsmäßige ...

T: Ich möchte auch nicht 60 sein und nichts mehr dazulernen.

P: Es müßte ein Teil meiner Persönlichkeit sehr geändert werden dann auch.

Kurz darauf ist das Gespräch zu Ende, abgebrochen vom Therapeuten. Es ließe sich fortführen – virtuell ins Unendliche als stereotype Wiederholung der immer gleichen Konfliktthematik, deren Lösung so aussichtsreich erscheint wie die Quadratur des Kreises. Beide Akteure, Patient wie Therapeut, hängen an den unsichtbaren Fäden ihrer Neurosen, die sie wie Puppen miteinander tanzen lassen. Allerdings –

während jener seine innere Unfreiheit zumindest noch erahnt, scheint dieser nicht einmal mehr angekränkelt von des Gedankens Blässe, in der selbst die kleinste Regung an Selbstbesinnung und -reflexion widerschiene.

Sicherlich ist uns die Problematik dieses Interpretationsversuchs eines Ich-psychologischen diagnostischen Interviews bewußt. Die Rückschlüsse vom manifesten Inhalt des Gesprächs und dem gesamten szenischen Arrangement auf die dem Verhalten beider Beteiligter zugrundeliegende latente Sinnstruktur können selbstverständlich nur den Grad von Vermutungen, wenn auch wohlbegründeten, haben. Letzten Endes haben wir bei diesem Interpretationsversuch insbesondere den Therapeuten einem Erkenntnisverfahren unterworfen, das – und darin besteht innerhalb der Psychoanalyse ein Konsens – zur psychoanalytischen Diagnostik angewandt wird. Aber auch wenn man unser Interpretationsverfahren akzeptiert, bleibt zu erwähnen, daß bestimmte, wichtige Momente in der von beiden Beteiligten gespeisten Psycho- bzw. Pathodynamik nicht berücksichtigt wurden. Insofern kann unsere Interpretation des Gesprächs keinen Anspruch auf Vollständigkeit erheben und weder dem Patienten noch dem Therapeuten ganz gerecht werden. Bei unserer Dartellung ging es uns ja auch in erster Linie um die Illustration neurotisch-verstrickter Erlebensstrukturen auf seiten des Therapeuten, die in Diagnostik und Therapie zu einem neurotischen Zusammenspiel mit dem Patienten führen. Wir haben das am Moment der latenten homosexuellen Problematik in der Beziehung Therapeut–Patient festzumachen versucht, weil sich hierin die Verschränkung neurotischer „Blindheit" und ideologischer Borniertheit unmittelbar zeigen läßt. Mit anderen Worten: Die Tabuisierung von Homosexualität durch die Gesellschaft, die ja gerade zu „einer unbewußten Homosexualisierung der Gesellschaft" (Adorno, 1963) führt, schlägt sich in der psychischen Struktur der Individuen als Neurose nieder und scheint sich – wie hier am Beispiel des Psychoanalytikers, der sich selbst einer Lehranalyse unterzogen hat, dargestellt – der psychoanalytischen Bearbeitung und Auflösung zu entziehen. Die Grenzen psychoanalytischer Praxis sind eben im wesentlichen durch die ideologische Befangenheit der Psychoanalytiker eng gezogen. Ja, die Psychoanalyse selbst hat zu dieser Ideologiebildung beigetragen, indem sie die von ihr approbierte Genitalität als einzig „gesunde" Form menschlicher Sexualität deklariert und Abweichungen von dieser Norm, die in den sogenannten Partialtrieben gründen, als pervers denunziert hat, um dann therapeutisch darüber zu verfügen. Begründet scheint die Annahme, daß deren Behandlung, ob sie nun manifest oder latent sind, nur so weit reicht, wie sie von der gesellschaftlichen Norm, also ihrer kollektiven Verdrängung, abweichen. Die Gesellschaft, so schreibt Adorno (1944) „hat die Krankheit aller Einzelnen gleichsam übernommen, und in ihr ... wird das im Individuum vergrabene subjektive Unheil mit dem sichtbaren objektiven integriert. Trostlos aber der Gedanke, daß der Krankheit des Normalen nicht etwa die Gesundheit des Kranken ohne weiteres gegenübersteht, sondern daß dieser meist nur das Schema des gleichen Unheils auf anderer Weise vorstellt".

Literatur

Adorno, Th. W. (1944): Die Gesundheit zum Tode. In: Minima Moralia, S. 68–71, Frankfurt 1982

Adorno, Th. W. (1963): Sexualtabus und Recht heute. In: Eingriffe. Neun kritische Modelle, S. 99–124, Frankfurt 1963

Dossier: Auf der Couch (und dahinter): (1972), Kursbuch 29, S. 23

Ermann, M. (1987): Behandlungskrisen und die Widerstände des Psychoanalytikers. Bemerkungen zum Gegenübertragungswiderstand. Forum Psychoanal 3, S. 100

Fliess, R. (1953): Countertransference and counteridentification. J Am Psychoanal Ass 1, S. 268

Freud, S. (1911): Die zukünftigen Chancen der psychoanalytischen Therapie. GW VIII, S. 103–115

Freud, S. (1912): Ratschläge für den Arzt bei der psychoanalytischen Behandlung. GW VIII, S. 375–387

Freud, S. (1937): Die endliche und die unendliche Analyse. GW XVI, S. 57-99

Fürstenau, P. (1977): Die beiden Dimensionen des psychoanalytischen Umgangs mit strukturell Ich-gestörten Patienten. Psyche 31, S. 197

Heigl-Evers, A. u. Heigl, F. (1979): Interaktionelle Gruppenpsychotherapie. In: Heigl-Evers, A. (ed): Die Psychologie des 20. Jahrhunderts, Bd. 8, Lewin und die Folgen, S. 850–858. Zürich

Kernberg, O. F. (1968): Zur Behandlungstechnik bei Borderline-Störungen. Psyche 35, S. 497, 1981

Kraus, K. (1913): Die Fackel (Nr. 376/77), XV. Jahr, S. 21

Racker, H. (1957): The Meanings and Uses of Countertransference. Psychoanal Q 26, S. 303

Rohde-Dachser, Ch. (1979): Das Borderline-Syndrom. Bern
Stern, A. (1924): On the counter-transference in psychoanalysis. Psychoanal Rev 11, S. 474
Winnicott, D. (1960): Countertransference. Brit J med Psychol 33, S. 17
Zepf, S., Hartmann, S. (1989): Psychoanalytische Praxis und Theoriebildung: Verstehen und Begreifen. Heidelberg

Anmerkung VI

Psychologie ohne Philosophie – Zu den Versuchen, aus der Psychoanalyse eine Naturwissenschaft zu machen

Stefan Nagel

In den Aufzeichnungen, denen Elias Canetti, vielleicht einer der bedeutendsten Gegner der Psychoanalyse, den Titel „Die Provinz des Menschen" gab, findet sich unter den Eintragungen des Jahres 1971 folgender Aphorismus:

> Freuds Todestrieb ist ein Abkömmling alter und finsterer Lehren, aber noch gefährlicher als diese, weil er sich in biologische Termini kleidet, die das Ansehen der Moderne haben.
> Diese Psychologie, die keine Philosophie ist, lebt von deren schlechtestem Erbe.[1]

Der Vorwurf, den Canetti hier, vom Begriff des Todestriebes ausgehend, diesem speziellen psychologischen Entwurf, aber auch „dieser Psychologie", also wohl der Psychoanalyse insgesamt, macht, ist deshalb besonders schwerwiegend, weil er genau das für die Psychoanalyse behauptet, was zu überwinden ursprünglich ihre erklärte Absicht war:

> Ich glaube in der Tat, daß ein großes Stück der mythologischen Weltauffassung, die weit bis in die modernsten Religionen hinein reicht, nichts anderes ist, als *in die Außenwelt projizierte Psychologie*. Die dunkle Erkenntnis (sozusagen endopsychische Wahrnehmung) psychischer Faktoren und Verhältnisse des Unbewußten spiegelt sich – es ist schwer, es anders zu sagen, die Analogie mit der Paranoia muß hier zu Hilfe genommen werden – in der Konstruktion einer *übersinnlichen Realität,* welche von der Wissenschaft in *Psychologie des Unbewußten* zurückverwandelt werden soll. Man könnte sich getrauen, die Mythen vom Paradies und Sündenfall, von Gott, vom Guten und Bösen, von der Unsterblichkeit und dgl. in solcher Weise aufzulösen, die *Metaphysik* in *Metapsychologie* umzusetzen.[2]

Daß diese Umsetzung von „Metaphysik in Metapsychologie" gelungen sei, bestreitet Canetti, wenn er von der Psychoanalyse behauptet, daß in ihr genau jene alten und finsteren philosophischen Lehren eine Wiederauferstehung feiern, die sie zu bekämpfen vorgibt. Er wiederholt damit in anderer Formulierung einen ähnlich klingenden Vorwurf seines Lehrmeisters Karl Kraus, der gesagt hatte: „Psychoanalyse ist jene Geisteskrankheit, für deren Therapie sie sich hält."[3]

Wie „Metaphysik in Metapsychologie umzusetzen" sei, stand für Freud sein ganzes Leben lang fest, nämlich mittels der Methoden der Naturwissenschaft, womit er sich in eine seit der Renaissance, insbesondere seit Galileo Galilei, zunehmend an Einfluß gewinnende Tradition der Aufklärung einreiht:

> Während man in der Bewußtseins-Psychologie nie über jene lückenhaften, offenbar von anderswo abhängigen Reihen hinauskam, hat die andere Auffassung, das Psychische sei an sich unbewußt, gestattet, die Psychologie zu einer Naturwissenschaft wie jede andere auszugestalten. Die Vorgänge, mit denen sie sich beschäftigt, sind an sich ebenso unerkennbar wie die anderer Wissenschaften, der chemischen oder physikalischen; aber es ist möglich, die Gesetze festzustellen, denen sie gehorchen, ihre gegenseitigen Beziehungen und Abhängigkeiten über weite Strecken lückenlos zu verfolgen, also das, was man als Verständnis des betreffenden Gebiets von Naturerscheinungen bezeichnet. Es kann dabei nicht ohne neue Annahmen und die Schöpfung neuer Begriffe abgehen, aber diese sind nicht als Zeugnisse unserer Verlegenheit zu verachten, sondern als Bereicherung der Wissenschaft einzuschätzen, haben Anspruch auf denselben Annäherungswert wie die entsprechenden intellektuellen Hilfskonstruktionen in anderen Naturwissenschaften, erwarten ihre Abänderungen, Berichtigungen und feinere Bestimmung durch gehäufte und gesiebte Erfahrung. Es entspricht dann auch unserer Erwartung, daß die Grundbegriffe der neuen Wissenschaft, ihre Prinzipien (Trieb, nervöse Energie u. a.) auf längere Zeit so unbestimmt bleiben wie die der älteren Wissenschaften (Kraft, Masse, Anziehung).[4]

Zu dieser Tradition, Metaphysik als „philosophische Grunddisziplin", die den „Erkenntnisweg von den ‚physischen', also sinnfälligen Gegenständen zu den übersinnlichen" darstellt,[5] mittels naturwissenschaftlichem Procedere in Metapsychologie umzusetzen, gehören auch alle auf Freud folgenden Versuche, Psychoanalyse als eine Naturwissenschaft aufzufassen, was Habermas veranlaßte, vom „szientistische(n) Selbstmißverständnis der Metapsychologie" zu sprechen.[6] Aus der grundsätzlichen Bedeutung, die die Frage nach Notwendigkeit und Charakter der Metapsychologie hat, resultiert das Gewicht, das die Diskussion um die Metapsychologie innerhalb der psychoanalytischen Theoriedebatte bis heute besitzt.[7] Canettis Vorwurf, daß sich in der Gestalt der Metapsychologie die alte Metaphysik lediglich in biologische Termini kleide, die „das Ansehen der Moderne haben", ihren aufklärerischen Anspruch aber letztlich nicht erfüllen, läßt sich nur auf zwei Wegen abwehren: Entweder der Nachweis gelingt, daß die Metapsychologie tatsächlich Biologie und nichts sonst ist, was Freud wohl hoffte: „... Geist und Seele sind in genau der nämlichen Weise Objekte der wissenschaftlichen Forschung wie irgendwelche menschenfremden Dinge.“[8] „Die Psychologie ist auch eine Naturwissenschaft. Was sollte sie denn sonst sein?“[9] Oder aber man entschließt sich zu dem u. a. von Habermas skizzierten Verzicht auf die Fundierung der Metapsychologie im Rahmen der Naturwissenschaften zugunsten der Hoffnung, daß in einer „Bewegung der Selbstreflexion“[10] „aus der Reflexion auf die natur- und geisteswissenschaftlichen Forschungsprozesse Ansätze zu einer Wissenschaftstheorie hervorgehen, die die Form transzendentaler Begründung rehabilitieren, ohne idealistisch ein der natürlichen Entstehungs- und der gesellschaftlichen Bildungsgeschichte entzogenes Subjekt der Erkenntnis in Anschlag zu bringen.“[11] Dies zu leisten, war der Anspruch der von Heidegger und Gadamer entwickelten philosophischen Hermeneutik.[12]

Die aufgezeigten Möglichkeiten, dem Vorwurf der Verfallenheit an alte und finstere philosophische Lehren zu entgehen, können zusammenfassend so beschrieben werden, daß im ersten Fall der Versuch gemacht wird, der Metaphysik durch Naturwissenschaft zu entgehen, und im zweiten Fall der Versuch gemacht wird, Metaphysik durch Philosophie zu überwinden. Einmal handelt es sich um Psychologie, „die keine Philosophie ist“, also um Psychoanalyse ohne Philosophie, und das andere Mal geht es um Psychologie, die Philosophie ist, also um Psychoanalyse als Philosophie.

In beiden Fällen aber kommt es zu schwerwiegenden Problemen: Sollte es sich tatsächlich so verhalten, daß die Metapsychologie letztlich Biologie ist, verliert die Psychoanalyse ihren bereits von Freud betonten Charakter einer eigenständigen Wissenschaft und wird zu einer Subdisziplin der Biologie.[13] Darüber hinaus tritt das Problem auf, wie sich im naturwissenschaftlichen Sinne „harte“ Untersuchungsdaten bei einer Wissenschaft erheben lassen, die sich mit dem Unbewußten, also einem niemals direkt zu beobachtenden Untersuchungsgegenstand beschäftigt.[14] Zu diesen methodologischen Schwierigkeiten kommt noch ein erkenntnistheoretisches Problem, das Freud selbst deutlich gesehen hat und das die Vergleichbarkeit der Psychoanalyse mit den Naturwissenschaften stark einschränkt: „Alle Wissenschaften beruhen auf Beobachtungen und Erfahrungen, die unser psychischer Apparat vermittelt. Da aber unsere Wissenschaft diesen Apparat selbst zum Objekt hat, findet hier die Analogie ein Ende."[15] Während in den Naturwissenschaften Erkenntnissubjekt und Erkenntnisobjekt als voneinander getrennte Entitäten aufgefaßt werden, fallen sie in der Psychoanalyse in eins. Allerdings wurde in den Naturwissenschaften, vor allem im Bereich der Physik, deutlich, daß die Trennung von Erkenntnissubjekt und Erkenntnisobjekt letztlich doch nicht gegeben ist (Heisenbergsche Unschärferelation), der daraus resultierende Fehler in bestimmten Fällen jedoch vernachlässigbar klein bleibt.[16] Für die Psychoanalyse aber ist von vornherein festzustellen, daß eine Trennung nicht möglich ist. Dieser Tatbestand zwingt diejenigen, die an der Vorstellung, daß die Psychoanalyse eine Naturwissenschaft sei, festhalten zu wollen, Techniken und Verfahren zu entwickeln, die eine „objektive" Datenerhebung möglich machen, also Deutung in Beobachtung (Interpretation in Empirie) zu verwandeln. Fragebögen, schematisierte Auswertung von Interviewtransskripten[17] usw. sind die unausweichliche Folge. Dabei bleibt die Frage offen, ob das Ganze nicht einen aberwitzigen Versuch darstellt, aus dem prinzipiell Unbeobachtbaren (dem Unbewußten) etwas Beobachtbares im Sinne eines Tatbestandes zu machen, sprich: den Unterschied zwischen dem Latenten und dem Manifesten aufzuheben.

Eine andere Richtung des Selbstverständnisses der Psychoanalyse wird von den Autoren repräsentiert, die die Psychoanalyse nicht als Naturwissenschaft, sondern als Hermeneutik begreifen. Ihre Auffassung hat den Vorteil, daß die Psychoanalyse ihren Charakter als eigenständige Wissenschaft nicht verliert und daß sie auf einen wissenschaftstheoretischen Hintergrund zurückgreifen kann, der speziell für Untersuchungsgegenstände entwickelt wurde, bei denen Untersuchungsgegenstand und Erkenntnissubjekt sehr eng miteinander verknüpft sind und daher bereits eine Methode vorhanden ist, wie in diesem besonderen Fall eine wissenschaftliche Untersuchung vonstatten gehen kann. Günstig ist außerdem, daß die Hermeneutik schon lange den Unterschied zwischen „Geist und Buchstabe" oder, psychoanalytisch gesprochen, von Latentem und Manifestem kennt und sich Gedanken darüber gemacht hat, auf welchem Wege man am besten von diesem zu jenem gelangt. Die Idee einer unmittelbaren Beobachtung des Untersuchungsgegenstandes ist dabei weitgehend aufgegeben. Diesen Vorteilen stehen schwerwiegende Bedenken gegenüber. Zum einen fällt eine Auffassung der Psychoanalyse als Hermeneutik von vornherein unter den Verdacht, „unwissenschaftlich" zu sein, da die auf diese Weise operierenden Geisteswissenschaften niemals als so „wissenschaftlich“ wie die Naturwissenschaften verstanden worden sind. Darüber hinaus lassen sich die mittels hermeneutischer Vorgehensweise gewonnenen Erkenntnisse niemals in demselben Sinne verifizieren beziehungsweise falsifizieren wie die naturwissenschaftlich gewonnenen.[18]

Neben diesen eher wissenschaftstheoretischen Überlegungen spielen im Grunde auch noch andere Argumente eine wesentliche Rolle. So hat die Psychoanalyse nur eine Chance, sich in der etablierten und naturwissenschaftlich orientierten Medizin zu behaupten, wenn sie nachweist, daß sie selbst auch eine Naturwissenschaft ist. Vom Gelingen dieses Nachweises hängen eine große Zahl von Privilegien ab, die einmal die Analytiker, zum anderen aber genauso die Patienten betreffen. Als ein Beispiel unter vielen sei nur die Möglichkeit genannt, Behandlungen von Patienten über die Kasse abzurechnen, was einerseits das wirtschaftliche Auskommen des Analytikers, andererseits die Möglichkeit für den Patienten, die Therapie überhaupt durchzuführen, gewährleistet. So bestehen eine Fülle „innerer“ und „äußerer“ Gründe, aus denen heraus es „besser“ zu sein scheint, die Psychoanalyse als eine Naturwissenschaft zu verstehen oder zumindest in absehbarer Zeit zu einer Naturwissenschaft zu machen.

VI/1. Der von uns beschriebene Unterschied zwischen den beiden möglichen Auffassungen von Psychoanalyse als Naturwissenschaft oder als hermeneutische Wissenschaft gehört in eine wissenschaftstheoretische Debatte um den Unterschied zwischen den sogenannten „erklärenden“ und den sogenannten „verstehenden“ Wissenschaften. Es ist womöglich hilfreich für ein vertieftes Verständnis des Grundproblems, die angesprochenen Unterschiede vor dem Hintergrund dieser Debatte noch einmal zu beleuchten.

In seinem Buch „Erklären und Verstehen“ charakterisiert Georg Henrik von Wright die beiden wissenschaftstheoretischen Positionen als die „aristotelische“ und die „galiläische“.[19] Letztere kann im Anschluß an Comte und Mill als Positivismus bezeichnet werden.

> Eine der Grundannahmen des Positivismus ist der *methodologische Monismus* bzw. die Idee von der Einheit der wissenschaftlichen Methode inmitten der Verschiedenartigkeit des Gegenstandes wissenschaftlicher Untersuchungen. Eine zweite Grundannahme besteht in der Ansicht, daß die exakten Naturwissenschaften, insbesondere die mathematische Physik, ein methodologisches Ideal bzw. einen methodologischen Standard setzen, an dem der

Entwicklungs- und Perfektionsstand aller anderen Wissenschaften, einschließlich der Humanwissenschaften, zu messen sei. Eine dritte Grundannahme ist schließlich eine charakteristische Auffassung von wissenschaftlicher Erklärung. Solche Erklärung ist, in einem weiten Sinne, „kausal". Sie besteht konkreter gesagt in der Subsumption individueller Sachverhalte unter hypothetisch angenommene allgemeine Naturgesetze, einschließlich Gesetze der „menschlichen Natur". Finalistische Erklärungen, d. h. Versuche, Tatsachen mit Hilfe von Intentionen, Zielen und Zwecken zu erklären, werden entweder als unwissenschaftlich abgelehnt oder es wird zu zeigen versucht, daß sie bei entsprechender Eliminierung „animistischer" oder „vitalistischer" Relikte in Kausalerklärungen transformiert werden können.[20]

Dieser positivistischen Wissenschaftstheorie steht eine andere gegenüber, zu deren Kennzeichnung nach Wrights Auffassung der Begriff Hermeneutik angemessen ist. Er geht auf Überlegungen von Droysen, Dilthey, Simmel und Weber zurück.

Alle diese Denker verwerfen den methodologischen Monismus des Positivismus und lehnen es ab, das von den exakten Naturwissenschaften vorgegebene Muster als das einzige und höchste Ideal eines rationalen Realitätsverständnisses anzusehen. Viele von ihnen verweisen mit Nachdruck auf einen Gegensatz zwischen jenen Wissenschaften, die wie die Physik, Chemie oder Physiologie auf Generalisierungen über reproduzierbare und prognostizierbare Phänomene abzielen, und jenen, die wie die Geschichtswissenschaft die individuellen und spezifischen Merkmale ihrer Gegenstände erfassen wollen. Windelband prägte die Bezeichnung „nomothetisch" für Wissenschaften, die auf der Suche nach Gesetzen sind, und „idiographisch" für die deskriptive Untersuchung von Individualität.
Die Antipositivisten griffen ebenfalls die positivistische Auffassung von Erklärung an. Der deutsche Historiker und Philosoph Droysen hat wohl als erster eine methodologische Dichotomie eingeführt, die großen Einfluß gehabt hat. Er prägte dafür die Namen *Erklären* und *Verstehen*. Das Ziel der Naturwissenschaften, so sagte er, liegt im Erklären; das Ziel der „Historik" ist es, die in ihren Bereich fallenden Phänomene zu verstehen. Diese methodologischen Ideen wurden dann von Wilhelm Dilthey systematisch ausgearbeitet. Er verwandte für den gesamten Bereich der Methode des Verstehens die Bezeichnung *Geisteswissenschaften*. ... Verstehen hängt auch mit Intentionalität zusammen, und zwar in einer Weise, in der dies für Erklären nicht gilt. Man versteht die Ziele und Absichten eines Handelnden, die Bedeutung eines Zeichens oder Symbols und den tieferen Sinn einer sozialen Institution oder eines religiösen Ritus. Diese intentionalistische oder, wie man sie vielleicht ebenfalls nennen könnte, semantische Dimension des Verstehens trat in der neueren Diskussion immer mehr in den Vordergrund ...[21]

Diesen beiden unterschiedlichen methodologischen Standpunkten korrespondieren zwei verschiedene Auffassungen von Kausalität, so

„daß man Kausalvorgänge in der Natur und – wenn man so will – Kausalvorgänge im Bereich individueller und kollektiver Handlungen als zwei völlig verschiedene Dinge auseinanderhalten sollte. Im Lichte dieser Unterscheidung wird sich zeigen, daß viele Annahmen und Ideen zum Determinismus in der Geschichte von Individuen und Gesellschaften auf begrifflichen Konfusionen und falschen Analogien beruhen".[22] Auf diese Verwirrung hatte bereits Habermas in „Erkenntnis und Interesse" aufmerksam gemacht und ebenfalls eine „Kausalität der Natur" von einer „Kausalität des Schicksals" unterschieden.[23] Ganz vereinfacht gesprochen, wirken in der ersteren die „Naturgesetze" und in der letzteren „Intentionen". Versucht man, aus der Psychoanalyse eine Naturwissenschaft zu machen, ist man gezwungen, menschliches Verhalten letztlich als naturgesetzlich determiniert zu verstehen; das bedeutet aber zumindest, individuelles menschliches Verhalten mittels „Eliminierung ‚animistischer' oder ‚vitalistischer' Relikte" unter ein allgemeines Gesetz zu subsumieren. Denn „der Anspruch, die Subsumptions-Theorie der Erklärung besitze universelle Gültigkeit, läßt sich primär daran testen, ob das Gesetzesschema der Erklärung auch teleologische Erklärungen erfaßt".[24] Ein solches, in den Naturwissenschaften überaus erfolgreiches Verfahren scheitert allerdings genau in dem Moment, in dem es notwendig wird, im Rahmen dieser Methodik die „Unhintergehbarkeit von Individualität" aufzuheben:[25]

Betrachten wir z. B. die Feststellung, daß Ludwig XIV. am Ende seines Lebens unbeliebt war, weil er eine für Frankreichs nationale Interessen schädliche Politik verfolgt hat. Wie könnte ein Theoretiker des Gesetzesschemas seine Behauptung verteidigen, daß in dieser Erklärung implizit ein Gesetz enthalten ist? Ein allgemeines Gesetz, nach dem *alle* Herrscher, die ... unbeliebt werden, würde nur dann ein entsprechendes Schema für diesen Fall liefern, wenn es um so viele einschränkende und modifizierende Bedingungen ergänzt würde, daß es letztlich äquivalent wäre mit der Feststellung, daß alle Herrscher unbeliebt werden, die unter genau den gleichen Bedingungen, wie sie in Frankreich und den anderen von Ludwigs Politik betroffenen Ländern vorherrschten, genau die gleiche Politik verfolgen wie Ludwig XIV. Wenn nicht allgemein spezifiziert wird, worin diese genaue Gleichheit von Politik bzw. vorherrschenden Bedingungen besteht, dann ist diese Feststellung überhaupt kein „Gesetz", da sie sich notwendigerweise nur auf einen einzigen Fall, nämlich Ludwig XIV., bezieht. Wenn die Bedingungen für die Gleichheit spezifiziert würden – was in der Praxis kaum möglich sein dürfte – hätten wir ein echtes Gesetz, doch der einzige Fall, der unter dieses Gesetz fällt, wäre der, den es „erklären" soll. Ein Rekurs auf dieses Gesetz würde daher in jedem Fall nur auf eine erneute Beteuerung dessen hinauslaufen, was bereits festgestellt worden ist, nämlich daß die Ursache für die Unbeliebtheit des alternden Ludwig in seiner unglücklichen Außenpolitik lag.[26]

Für die Psychologie und die Psychoanalyse bedeutet das an diesem Beispiel geschilderte Problem mindestens, daß wir bei der Betrachtung eines Menschen entweder sein individuelles Gepräge zugunsten eines allgemeinen Gesetzes aus den Augen verlieren, oder aber daß wir kein allgemeines Gesetz im Sinne einer naturgesetzlich kausalen Determiniertheit finden können, wenn wir uns wirklich seiner konkreten Individualität zuwenden.

VI/2. Eine Richtung innerhalb der Psychoanalyse, die großen Einfluß gewonnen hat, da sie vom Selbstverständnis her eher in der Tradition einer nomothetisch operierenden Erkenntnislogik steht, ist die sogenannte Ich-Psychologie, die mit dem Freudschen Begriff des „fiktiven Normal-Ich"[27] genau die Grundlage für ein allgemeines Gesetz gefunden zu haben glaubt, von dem sie die Abweichungen als Pathologie bestimmen und klassifizieren kann.[28] Mit der Rede von angeborenen Ich-Apparaten und den „primär autonomen Ich-Funktionen"[29] dieser Ich-Apparate halten biologische Vorstellungen zugunsten einer allgemeinen Psychologie auf biologischer Grundlage Einzug in die Psychoanalyse. Obwohl die Verwendung der entsprechenden ich-psychologischen Begriffe vielen szientistischen Tendenzen Freuds nachgebildet zu sein scheint, gibt sie doch wesentliche und wichtige Positionen der ursprünglichen psychoanalytischen Theorie auf. Dies führt letztlich sogar dazu, daß Rapaport schreiben kann: „Die Begriffe der Struktur und relativen Autonomie (Hartmann) sind unerläßlich für die Theorie, und es ist im Augenblick nicht möglich, Änderungen der Theorie vorauszusehen, die sie eliminieren könnten. Die Begriffe des Es, Ich und Über-Ich aber und die Differenzierung des Ich in Abwehr-, Kontroll- und Instrumentalstrukturen sind weder derart unerläßlich für die Theorie, noch derart unabhängig von ihr, daß wir ihr Überlebenspotential sehr hoch einschätzen könnten."[30] Und kurz zuvor hatte er betont: „Die Begriffe des Triebes, der Triebvermischung, spezifischer Triebe (Sexualität, Aggression, Lebens- und Todestrieb usw.) sind von geringer Allgemeingültigkeit und können sich im Wandel der Theorie durchaus ändern oder ersetzt werden."[31] Damit ist einer Aufgabe der Definition des Ich, wie sie von Freud noch deutlich vertreten wurde, im Rahmen der Triebtheorie, d. h. in der Verklammerung von Es, Ich und Über-Ich, Tür und Tor geöffnet. Im Grunde wird Freuds Gesamttheorie, die psychische Entwicklung im wesentlichen aus Konflikten zwischen Es (Triebwünschen), Außenwelt und Über-Ich ableitete, die das Ich zu bewältigen hat, durch eine Entwicklungspsychologie ersetzt, in der Reifungsprozesse von bestimmten Ich-Strukturen im Vordergrund stehen. Die Triebe, wie Freud sie gesehen hatte („Die Trieblehre ist sozusagen unsere Mythologie. Die Triebe sind mythische Wesen, großartig in ihrer Unbestimmtheit. Wir können in unserer Arbeit keinen Augenblick von ihnen absehen und sind dabei nie sicher, sie scharf zu sehen“[32]), werden unwesentlich.

Ein weiterer Begriff trägt zur „Biologisierung“ der Psychoanalyse bei, der programmatisch bereits im Titel von Hartmanns Schrift „Ich-Psychologie und Anpassungsproblem“ vorkommt.[33] „Im Anpassungsproblem finden wir einen ... ausgezeichneten Themenkomplex neben dem Zug zur allgemeinen Psychologie und der Herausarbeitungen einer primär wie einer sekundär autonomen Ich-Sphäre. Auch in der Akzentuierung dieser Thematik ist das Motiv spürbar, mit den zeitgenössischen Wissenschaften – diesmal mehr mit Biologie und Soziologie – in Kontakt zu kommen. Hartmann bekennt sich zu einer biologischen Grundhaltung, die seiner Meinung nach nicht in Abwehr und Gegenstellung zu soziologischen Gesichtspunkten steht“ (S. 32 f.).[34] „Diese Theorie der primär autonomen Ich-Anteile ist, sofern sie sich von der Theorie der in den Triebkonflikt involvierten Ich-Anteile unterscheidet, als Theorie von den *konstitutionellen* Anteilen des Ich zu verstehen, als ein Äquivalent zu der Theorie von den organischen Gründen, in denen nach Freud die Triebe des Menschen wurzeln.“[35] In seiner Kritik an Hartmann wählt Fürstenau für diese Begrifflichkeit den Ausdruck „pseudobiologisch“: „Hartmann sieht nämlich die adaptive Bedeutung dieser Funktionen nicht primär darin, daß sie in der Auseinandersetzung mit der jeweiligen sozialen ‚Umgebung‘ durch Identifizierung entstanden und auf Grund dieser Internalisierung der gesellschaftlichen Verhaltensmuster realitätszugewandt und adaptiv sind. Vielmehr liegt für ihn die adaptive Bedeutung der sekundären Ich-Funktionen darin, daß sie sich als autonom gewordene dem hierarchischen System biologisch fundierter Regulationsprinzipien zur Disposition stellen und integrieren.“[36] Und selbstverständlich hat Fürstenau recht, wenn er daraus folgert: „Damit erspart sie sich jede Bezugnahme auf eine wie auch immer ausgearbeitete psychoanalytische Gesellschaftstheorie.“[37] An dieser Stelle wird Fürstenau in seiner Kritik noch deutlicher: „Hartmann löst das ‚Anpassungsproblem‘

durch Rückgang auf immer höhere, umfassendere Prinzipien der Harmonisierung, der vorgängigen Abstimmung des Verhältnisses von menschlichem Organismus und Umwelt."[38] Dies aber hat schwerwiegende Folgen: „Indem die gesellschaftlichen Bedingungen in die Alternative: typische oder atypische (von der Norm abweichende) Entwicklungsreize hineingepreßt werden, hat sich die Theorie ohne Erörterung und Rechtfertigung für das *Ideal einer naturhaft statischen Gesellschaft* entschieden."[39] Und wie Canetti spricht Fürstenau deshalb von „Pseudobiologie", weil auch bei Hartmann und seinen Nachfolgern die biologische Begrifflichkeit etwas anderes kaschiert: „Die Aufteilung Hartmanns folgt nicht sachlichen Gründen, vielmehr kleiden sich hier außersachliche, wissenschaftspolitische Tendenzen ins Gewand sachlogischer Einteilungen. Das zeigt sich schon in der Verselbständigung des strukturellen Zusammenhangs von Es und Ich in zwei voneinander unterschiedenen Theorien, so als ob die Triebe und ihre Schicksale unabhängig vom Ich und umgekehrt behandelt werden könnten."[40]

Neben den Nachteilen der Kaschierung wissenschaftspolitischer Tendenzen und der fragwürdigen Trennung von Triebtheorie und Ich-Psychologie hat der „pseudobiologische" Begriff des „Anpassungsproblems" für uns in diesem Zusammenhang sein Gutes, da er uns verrät, um welche alten und finsteren philosophischen Lehren, auf die uns Canetti hingewiesen hat, es sich hier handelt und wieso sie so leicht als „Biologie" mißverstanden werden können. Was an einigen Stellen andeutungsweise schon bei Freud, sicherlich aber bei vielen seiner naturwissenschaftlich orientierten Nachfolger durchschlägt, ist der Darwinismus. Das Ich wird im Rahmen evolutionsbiologischer Überlegungen betrachtet und als Anpassungsorgan des Individuums an seine Umgebung begriffen. Dies geschieht selbstverständlich nicht im Sinne eines primitiven Sozialdarwinismus, der z. B. von Hartmann deutlich abgelehnt wird.[41] Aber es bleibt dennoch eine unterschwellige Tendenz, sich an darwinistischen Kategorien zu orientieren, ein Verhalten, das bereits in fast allen natur- und geistwissenschaftlichen Bereichen Schule gemacht hat und zu dem „Darwins Metaphern"[42], insbesondere die vom „Kampf ums Dasein"[43] und die der „natürlichen Zuchtwahl" bzw. vom „Überleben des Tüchtigsten"[44] zu verführen scheinen. Dabei betont Darwin selbst den metaphorischen Charakter seiner Begrifflichkeit: „Es sei vorausgeschickt, daß ich die Bezeichnung ‚Kampf ums Dasein' in einem weiten metaphorischen Sinne gebrauche, der die Abhängigkeit der Wesen voneinander, und was noch wichtiger ist: nicht nur das Leben des Individuums, sondern auch seine Fähigkeit, Nachkommen zu hinterlassen, mit einschließt.“[45] Genau aus den beiden hier erwähnten Möglichkeiten lebender Wesen, Selbst- und Arterhaltung, aber hat man jene heimliche Teleologie geschmiedet, die inzwischen weite Teile unseres wissenschaftlichen und alltäglichen Denkens, insbesondere jedoch die Theorien naturwissenschaftlich orientierter Psychoanalytiker okkupiert hat. Darwins Theorie beschränkt sich nämlich nicht darauf, das Phänomen der Selbst- und Arterhaltung lediglich zu konstatieren, sondern die „Erklärungsleistung der Theorie Darwins liegt vielmehr in dem Nachweis, daß die gegebene Zweckmäßigkeit der organischen Formen mit der Idee einer durch kausale Notwenigkeit determinierten Natur verträglich ist. Das Selektionsprinzip beurteilt nämlich alle Vorgänge vom Standpunkt der Nützlichkeit im Sinne der Zuträglichkeit für die Erhaltung. Es trifft daher durchaus zu, wenn man Darwin als ‚allergrößten Teleologen‘ bezeichnet hat“.[46] Entnahm Carl Friedrich von Weizsäcker daraus den „Hinweis auf die Vereinbarkeit der kausalen und der finalen Betrachtungsweise“,[47] so zögern die Psychoanalytiker natürlich nicht, dasselbe zu tun: „Der Anwendungsbereich des Kausalprinzips umfaßt auch das seelische Gebiet. ... denn das Reich des Kausalprinzips beschränkt sich nicht auf das Anwendungsgebiet von Kausalgleichungen. Die teleologische Deutung, deren sich die Psychoanalyse bedient, ... widerspricht nicht der kausalen Erklärung. Ganz allgemein kann in der Biologie für die kausale Forschung die Beurteilung eines Vorgangs unter teleologischen Gesichtspunkten ein methodisch wertvolles Prinzip sein ...“[48] Hartmann macht an dieser Stelle darüber hinaus noch deutlich, wie die Hierarchie der Erkenntniswege aussieht, nämlich daß das hermeneutische (verstehende, an Intentionen orientierte) Vorgehen nur sinnvoll ist, wenn es sich letztlich dem erklärenden (kausal und subsumptionstheoretisch orientierten) unterordnet, eine Vorstellung, die noch Thomä und Kächele aufgreifen, wenn sie vermuten: „Wahrscheinlich gerät ... die philologische Hermeneutik an eine ähnliche Grenze, wie sie auch von der nur verstehenden Psychologie – weil ihr eine erklärende Theorie fehlt – nicht überschritten werden kann.“[49]

Bevor wir uns den Konsequenzen dieser weitverbreiteten Ansichten über die Hierarchie wissenschaftlicher Erkenntnismethoden zuwenden, müssen wir noch einmal zu Heinz Hartmanns Anpassungsbegriff zurückkehren, denn trotz aller Affinitäten zu evolutionsbiologischen Überlegungen grenzt er ihn auch nachdrücklich vom Begriff der Selektion ab:

> Wir könnten vielleicht ein Angepaßt*sein*, das zwischen Organismus und Umgebung statthat, von dem *Vorgang* der Anpassung unterscheiden, d. h. von jenen Prozessen, durch welche ein solches Verhältnis des Angepaßtseins zustande kommt; denken wir an die Gesamtentwicklung dieser Vorgänge, so dürfen wir sie als ein erhaltungsgemäßes Inbeziehungsetzen von Genotypus und Außenwelt umschreiben. Angepaßt sein kann auf Gegenwart und Zukunft bezogen werden. Im Anpassungsvorgang ist immer die Beziehung auf einen zukünftigen Zustand mitgedacht; wir meinen hier nicht die sogenannte negative Begrenzung der Anpassung, wie sie durch Selektion zustande kommt, u. ä. Hier begegnen wir sofort all jenen Kontroversen, die das Verhältnis der Stammesentwicklung zur Anpassung betreffen, und den Lösungsversuchen dieser Schwierigkeiten in Darwinismus, Lamarckismus und anderen biologischen Lehren. Diese Auffassungen berühren aber unser Problem nur mittelbar.[50]

Sollte man meinen, und wie günstig wäre es, den „Schwierigkeiten in Darwinismus, Lamarckismus und anderen biologischen Lehren“ auf diese Weise aus dem Weg gehen zu können! Aber leider ist es so einfach nicht. Verläßt man nämlich eine Theorie der Anpassung, die den Anpassungsvorgang „negativ“ begrenzt, in der die Lebewesen ihre Anpassung also nicht selbst herbeiführen, sondern mittels Selektion („natürlicher Auslese“ oder „natürlicher Zuchtwahl“) angepaßt werden, zugunsten einer Theorie von Anpassungswegen, „auf welchen durch direkte, aktive Veränderung der Umwelt oder der eigenen Person ein Anpassungszustand zwischen Individuum und Umgebung hergestellt wird“[51], so wird erstens die postulierte Vereinbarkeit des kausalen mit dem teleologischen, intentional orientierten Denken fragwürdig, denn sie gilt ja für die Darwinsche Selektionstheorie, aber nicht mehr zwangsläufig, wenn man deren grundlegende Prämissen aufgibt. Zweitens, und damit kommen wir zum entscheidenderen Problem, das die Hartmannsche Auffassung des Anpassungsvorganges mit sich bringt, wenn „ein erhaltungsmäßiges Inbeziehungsetzen von Genotypus und Außenwelt“, also jene Prozesse, „durch welche ein solches Verhältnis des Angepaßtseins zustande kommt“, nicht mehr Ergebnis der „natürlichen Auslese“, sondern Ergebnis der „aktive[n] Veränderung der eigenen Umwelt oder der eigenen Person“ sind, werden Darwins Aussagen in einem wesentlichen Aspekt entstellt. Die wie ein Zweig aussehende Stabheuschrecke ist nicht deshalb überlebenstüchtig, weil sie dieses Aussehen aktiv durch Selbstveränderung herbeigeführt hat, sondern weil Heuschrecken mit ihrem Aussehen häufiger überlebt haben und in diesem passiven Sinne „tüchtig“ waren, selbstverständlich nur bezogen auf eine bestimmte Umwelt, und zwar eine, in der es

Zweige gibt. Anpassung (an bestimmte biologische Umwelten) ist bei Darwin nicht Folge bestimmter Fähigkeiten („Tüchtigkeiten", z. B. Anpassungsfähigkeit) des Individuums, obwohl seine Metapher vom „Überleben des Tüchtigsten" ein solch aktivistisches Mißverständnis nahezulegen scheint, sondern bestimmte Eigenschaften oder Fähigkeiten von Individuen, z. B. Aussehen wie ein Zweig oder Anpassungsfähigkeit, sind Folgen der Selektion. Damit ist aber keineswegs gesagt, daß die so entstandenen Eigenschaften oder Fähigkeiten im Hinblick auf das Überleben absolute, d. h. immer und unabhängig von jeder Umwelt „wertvolle" Tüchtigkeiten sind. Nach einer atomaren Katastrophe beispielsweise werden sicherlich einige der im Sinne der aktiven Selbst- und Umweltveränderung schlecht anpassungsfähigen Insekten die „Tüchtigsten" bezüglich des Überlebens sein, da sie radioaktive Strahlung in viel höheren Dosen überstehen („können") als Wirbeltiere. Die größere Anpassungsfähigkeit der Menschen, bezogen auf die Fähigkeit zur aktiven Selbst- und Umweltveränderung (auch die erweist sich bei näherem Zusehen ja als recht fragwürdig, aber sei's drum!), die eine solche Katastrophe möglicherweise induziert, stellt sich unter dieser Perspektive eher als verhängnisvoll fürs Überleben (als „Untüchtigkeit") dar, zumindest ist sie in der dann gegebenen Umwelt „nutzlos". Jedenfalls werden trotz schlechterer aktiver Anpassungsfähigkeit Insekten passiv ‚besser' an die dann herrschende Umwelt „angepaßt" sein als Menschen. Was Darwins Anpassungsbegriff meint (passives Angepaßtsein an eine bestimmte Umgebung als Ergebnis der Selektion) hat im Grunde nichts gemeinsam mit dem Hartmannschen Anpassungsbegriff, der von der aktiven Herstellung „ein[es] Anpassungszustand[es] zwischen Individuum und Umgebung" spricht. Daher muß er ihn einerseits von Darwin abgrenzen; andererseits kann er dies nicht ohne weiteres, da er im Grunde an einer mit dem Anpassungsbegriff bei Darwin eng zusammenhängenden Tatsache festhalten will, nämlich daß Angepaßtsein Überlebensvorteile mit sich bringt. „Das Urteil über den Anpassungsgrad eines Menschen – das wir doch so selbstverständlich unserem Gesundheitsbegriff zugrunde legen –"[52] ist genau deshalb zentral, weil Überleben, das wie man Darwin entnehmen zu können glaubt, eben nur bei einem hohen Grad an Angepaßtsein gewährleistet ist, mit Gesundheit und damit letztlich Angepaßtsein mit Gesundheit gleichgesetzt wird. Ist dies ein schon im Rahmen der Darwinschen Theorie nicht zulässiger Schluß, da Anpassung und damit „Tüchtigkeit" und „Gesundheit" hier lediglich relativ auf eine spezifische Umwelt bestimmbare Begriffe sind, so gilt er erst recht nicht mehr, wenn ich einen völlig von Darwins Verständnis differierenden Anpassungsbegriff verwende. Hartmanns Abgrenzung des Anpassungsbegriffs von Darwin ist somit genau der Moment, in dem aus der naturwissenschaftlich-biologisch geprägten Evolutionstheorie Darwinismus als Pseudobiologie wird.

Die Folgen dieser fragwürdigen Begriffsoperation bestehen aber nicht nur in einem gefährlichen, da vermeintlich naturwissenschaftlich fundierten Gesundheitsbegriff, sondern bedingen eine Reihe weiterer schwerwiegender theoretischer Fehlschlüsse. „Wir kommen damit zu der Frage, wie denn diese Außenwelt aufgebaut ist, an die sich der menschliche Organismus anpaßt. Biologische und soziale Begriffe lassen sich hier nicht auseinanderhalten."[53] Eine naheliegende Auffassung, wenn der Anpassungsbegriff ein aktives Verhalten meint, für das gleichgültig ist, ob es sich auf eine biologische oder soziale Umwelt bezieht. Differenziert werden müssen „biologische und soziale Begriffe" natürlich nur, wenn man ein passives Angepaßtsein in bezug auf eine biologische Umwelt, wie es der Evolutionstheorie entspricht, von einem aktiven Anpassungsverhalten unterscheidet, das in der sozialen Umwelt unbestreitbar zu beobachten ist. Aber dieser Hartmannsche Fehlschluß, daß biologische und soziale Umwelt im Begriff nicht differenziert werden müssen, weist uns darauf hin, was Hartmann mit seinem Anpassungsbegriff eigentlich meint: „Die Aufgabe der Anpassung des Menschen an den Menschen", die „von Anbeginn gegeben" ist, [54] in Verbindung mit der „biologischen Aufgabe der Fortpflanzung",[55] was die „Annahme eines dem Leben des Individuums vorgeordneten Zwecks, nämlich der Erhaltung der als konstant angesetzten Art" impliziert.[56] „Darwin kehrt diese Verhältnisse um. Außer der Erhaltung des Individuums (im weiteren Sinne einschließlich der Fortpflanzung) erkennt er keinen biologischen Zweck an. Die Zweckmäßigkeit der natürlichen Auslese bemißt sich nicht nach der Übereinstimmung der Individuen mit der Art, sondern lediglich nach der Lebensfähigkeit, mag das Individuum beschaffen sein, wie es wolle."[57] Im Gegensatz hierzu glaubt Hartmann offenbar, daß sich Lebewesen und somit auch Menschen nicht einfach erhalten und vermehren, dies allein läßt sich ja durch Beobachtung der entsprechenden Phänomene belegen, sondern erhalten und vermehren *wollen* (intentionalistischer Fehlschluß) und *sollen*, um das Überleben der Art zu sichern (finalistischer Fehlschluß). Läßt sich der intentionalistische Fehlschluß noch einigermaßen mit der Darwinschen Evolutionstheorie in Einklang bringen (darauf beruht ja die Idee der Vereinbarkeit des kausal-deterministischen mit dem intentional orientierten Denken, obwohl es sich bei Anlegen strenger Kriterien letztlich auch um Teleologie – Darwin als „allergrößter Teleologe“ – handelt, weshalb die Evolutionstheorie eben Theorie und nicht Beobachtungstatbestand ist), so ist der finalistische Fehlschluß naturwissenschaftlich nicht mehr begründbar (und daher von Darwin auch nicht verfochten worden). Hier mündet, was mit dem von Darwin abweichenden Anpassungsbegriff als Pseudobiologie begann, endgültig in den Rahmen „alter und finsterer philosophischer Lehren“ über den dem einzelnen Individuum vor- und übergeordneten Zweck der Natur- und Weltgeschichte, der nicht mehr naturwissenschaftlich ableitbar, sondern je nach Gesellschaftssystem wechselnde Ideologie ist. Was wir für Heinz Hartmann als Gründungsvater der Ich-Psychologie nachgewiesen haben, läßt sich relativ leicht für fast alle Vertreter der Ich-Psychologie, selbst wenn sie sich nicht direkt auf ihn berufen, zeigen: Ein falsch verstandener Darwin, der richtig verstanden schon zweifelhaft genug ist, führt zu einem vermeintlich naturwissenschaftlichen Gesundheits- und Normalitätsbegriff, der wiederum zu einem vermeintlich „objektiven“ Kriterium (Anpassungsfähigkeit) zur Beurteilung des Ausmaßes der (psychischen) Gesundheit des einzelnen führt, während in Wirklichkeit nur die Devianz bzw. Konformität zur jeweilig herrschenden gesellschaftlichen Ideologie geprüft und der Deviante entweder unschädlich gemacht oder mittels „Therapie“ endgültig „angepaßt“ wird.

VI/3. Wie kann es sogar bei einem Autor mit den besten Absichten, die wir Heinz Hartmann selbstverständlich unterstellen, zu einem derartigen Rückfall in finstere metaphysische Teleologie kommen? Eben durch die gute Absicht, nämlich dadurch, daß jede philosophische Spekulation vermieden und durch naturwissenschaftliche Gewißheit ersetzt werden soll! Das heißt für die Psychoanalyse, daß an die Stelle der an Intentionen, Zielen und Zwecken orientierten Hermeneutik endlich das allgemeine Gesetz, die nomothetisch operierende Erklärung treten muß. Und wieso führt der Versuch, mittels naturwissenschaftlichem Vorgehen den Anteil an fragwürdiger Philosophie in unseren Erkenntnissen zu mindern, zur Wiederkehr des Verdrängten, zu mehr fragwürdiger Philosophie in unseren Erkenntnissen? Betrachten wir noch einmal kurz den Hartmannschen Anpassungsbegriff: Hartmans Bemühung besteht im Grunde darin, daß er für diesen Begriff eine naturwissenschaftliche Ausgangsbasis sucht, um das Phänomen Anpassung möglichst unabhängig von aller gesellschaftlich-traditionellen Bedeutung „objektiv“ zu erfassen und in ein System allgemeiner Gesetze zu integrieren. Indem er den Anpassungsbegriff aktiv definiert und sich nicht an die Darwinsche (passive) Definition der Anpassung hält, entsteht zum ersten Mal, wie wir gesehen hatten, die Gefahr, daß nicht naturwissenschaftliche, sondern gesellschaftliche oder philosophische Vorstellungen von Anpassung Einzug in sein Denken halten. Aber nehmen wir einmal an, auch sein von Darwin abweichender Anpassungsbegriff sei (was wir nicht ernsthaft glauben) ein naturwissenschaftlich begründeter. In einem nächsten Schritt geht er daran, unter, wie wir vermuteten, vager Bezugnahme auf Darwins „Tüchtigsten“ aus dem Anpassungsbegriff den Gesundheitsbegriff abzuleiten. Er denkt offenbar, je anpassungsfähiger ein Lebewesen sei, um so tüchtiger sei es (im Hinblick auf Überleben und Nachkommen), um so gesünder müsse es also sein. Mit dieser Operation scheint er den Gesundheitsbegriff auf ein naturwissenschaftliches Fundament gestellt zu haben. Aber es scheint eben nur so! Denn selbst wenn wir annehmen, daß Überleben und Nachkommen als Tüchtigkeit wirklich Folgen des Anpassungsgrades eines Individuums sind, was fraglich ist, und wenn wir annehmen, daß Überleben und Nachkommen Ziel (Télos) dessen, was wir gemeinhin „Natur“ nennen, oder des einzelnen Individuums sind, was angesichts der momentanen Entwicklung der Gattung Mensch eher fraglich erscheint, aber wenn wir dies alles annehmen und mit naturwissenschaftlichen Erkenntnissen für vereinbar halten, ist der Schluß, daß Anpassung ein gutes, gesundes und daher erstrebenswertes Verhalten sei, noch keineswegs zwingend. Er beruht nämlich auf einer Wertentscheidung, z. B. der, in Übereinstimmung mit „der Natur“ leben zu wollen. Diese Einstellung jedoch ist, so „natürlich“ sie aussehen mag, keine, die auf naturwissenschaftlichen Erkenntnissen beruht, sondern eine, die bestimmte naturwissenschaftliche Erkenntnisse als handlungs- oder zumindest orientierungsrelevant betrachtet. Die Menschen anderer Jahrhunderte haben diese Wertentscheidung anders gefällt und sich z. B. mehr nach tatsächlichen oder vermeintlichen göttlichen Geboten gerichtet. Mit dem Gesundheitsbegriff hält also zwangsläufig ein Werturteil Einzug in unsere Sicht auf die Dinge, das naturwissenschaftlich nicht ableitbar sein kann, denn Naturwissenschaft ist, die tatsächlichen Verhältnisse lassen wir einmal dahingestellt, per Selbstdefinition „wertfrei“. Was Hartmann also versucht, ist die Quadratur des Kreises. Der Gesundheitsbegriff läßt sich, und seien sie noch so weit fortgeschritten, niemals aus den Naturwissenschaften gewinnen. Versucht man diese Einsicht zu verleugnen, so schleichen sich analog zur Wiederkehr des Verdrängten beim Neurotiker genau die metaphysischen Spekulationen unter der Hand wieder ein, die man vermeiden wollte. Der Glaube, in der Medizin, insbesondere aber in der Psychoanalyse, auf „Philosophie" ganz zugunsten der Naturwissenschaften verzichten zu können, fördert geradezu die Heraufkunft von Philosophie in einer sehr gefährlichen, nämlich völlig unreflektierten Form.

Hier nun könnte die philosophische Hermeneutik eine Hilfe sein, wenn man ihren „Universalitätsanspruch" in seiner vollen Bedeutung begreifen würde[58] und endlich davon abließe, „Verstehen" immer noch für ein „Instrumentarium der Geisteswissenschaften" oder für „eine Technologie der Interpretation" zu halten.[59] Genau das ist mit der auf Martin Heidegger zurückgehenden philosophischen Hermeneutik nicht gemeint: „Wenn wir dieses (das Verstehen) als fundamentales Existential interpretieren, dann zeigt sich damit an, daß dieses Phänomen als Grundmodus des Seins des Daseins begriffen wird. ‚Verstehen' dagegen im Sinn *einer* möglichen Erkenntnisart unter anderen, etwa unterschieden von ‚Erklären', muß mit diesem als existenziales Derivat des primären, das Sein des Da überhaupt mitkonstituierenden Verstehens interpretiert werden."[60] Selbst wenn man der in dieser Formulierung erkennbar werdenden Einholung der Naturwissenschaften unter das Dach der Hermeneutik nicht zustimmt, gilt Gadamers Folgerung:

> Die Hermeneutik, die hier entwickelt wird, ist daher nicht etwa eine Methodenlehre der Geisteswissenschaften, sondern der Versuch einer Verständigung über das, was die Geisteswissenschaften über ihr methodisches Selbstbewußtsein hinaus in Wahrheit sind und was sie mit dem Ganzen unserer Welterfahrung verbindet. Wenn wir das Verstehen zum Gegenstand unserer Besinnung machen, so ist das Ziel nicht eine Kunstlehre des Verstehens, wie sie die herkömmliche philologische und theologische Hermeneutik sein wollte. Eine solche Kunstlehre würde verkennen, daß angesichts der Wahrheit dessen, was uns aus der Überlieferung anspricht, der Formalismus kunstvollen Könnens eine falsche Überlegenheit in Anspruch nähme. Wenn im folgenden nachgewiesen werden wird, wieviel *Geschehen* in allem *Verstehen* wirksam ist und wie wenig durch das moderne historische Bewußtsein die Traditionen entmächtigt sind, so werden damit nicht etwa den Wissenschaften oder der Praxis des Lebens Vorschriften gemacht, sondern es wird versucht, ein falsches Denken über das, was sie sind, zu berichtigen.[61]

Betrachten wir das von uns untersuchte Beispiel der Ich-Psychologie Heinz Hartmanns, so scheint eine derartige „Berichtigung" der

Vorstellungen, die Psychoanalytiker von den „Wissenschaften oder der Praxis des Lebens“ haben, als „Bewegung der Selbstreflexion“ dringend erforderlich. Der Versuch jedenfalls, mittels naturwissenschaftlichem Vorgehen „Metaphysik in Metapsychologie umzusetzen“, führt aufgrund eines „falschen Denkens“ über das, was die Naturwissenschaften zu leisten imstande sind, wohl eher zu mehr und zu gefährlich unreflektierter Metaphysik im Sinne „alter und finsterer philosophischer Lehren“, die bloß „das Ansehen der Moderne haben“, da sie sich in „biologische Termini“ kleiden. Will man aus der Psychoanalyse eine Naturwissenschaft machen, um eine Psychologie ohne Philosophie zu erhalten, gelangt man via Ich-Psychologie lediglich zu einer Psychologie plus Philosophie, die aber unreflektiert nichts anderes ist als Ideologie, und die Psychoanalyse verkommt nun ihrerseits zu einem „Anpassungsorgan“ an diese Ideologie. Will man dagegen am aufklärerischen Anspruch, mit dem Freud seine besondere Wissenschaft gründete, festhalten, kann sie nur wirklich Wissenschaft bleiben, falls sie Philosophie im Sinne einer ständigen Selbstreflexion ihrer Grundlagen ist.

Dies gilt vor allem, wenn das Wort Viktor von Weizsäckers von der „Einführung des Subjekts in die Medizin“ für die Psychoanalyse Gültigkeit behalten soll.[62] Denn spätestens hier erreicht die Naturwissenschaft – erinnern wir uns an das Beispiel Ludwigs des XIV. – ihre absolute Grenze, weil sie gerade als nomothetisch und subsumptionstheoretisch arbeitendes Verfahren von der Einzigartigkeit des Individuums abzusehen gezwungen ist. Andernfalls trifft die Psychoanalyse nicht nur Canettis Vorwurf des Rückfalls in alte und finstere philosophische Lehren, sondern zudem noch, was er der Psychiatrie ins Stammbuch schrieb:

> Die psychiatrische Betrachtung von Menschen hat etwas Verletzendes, das mehr in der Klassifizierung des Abnormen als in seiner einfachen Feststellung liegt. Es gibt keine wirkliche Norm mehr; unter den Menschen, die Urteil und Erfahrung haben, hat sich die Überzeugung festgesetzt, daß jeder, daß alles auf irgendeine Weise abnorm ist. Der Wert dieser Erkenntnis liegt im Gefühl für das Einzigartige jedes Menschen, das sie fördert: so möchte man jeden Einzelnen achten, lieben und schützen, auch wenn seine Verhaltensweise weder zu begreifen, noch vorauszusehen ist. – Der Psychiater aber, der Kategorien des Abnormen schafft, dem erst an Klassifizierung und dann an Heilung gelegen ist, nimmt dem oft Gedemütigten auch noch seine Einzigartigkeit weg. Diese Macht, andere zu *gruppieren*, wird nicht nur vom Betroffenen als schmerzlich empfunden; es ist auch für den beteiligten Betrachter bedrückend, sie am Werk zu sehen und nicht rückgängig machen zu können.[63]

Die Psychoanalytiker jedenfalls hätten, wenn sie so enden, damit jeden Anspruch aufgegeben und jedes Anrecht verloren auf etwas, was Canetti als das tatsächlich *human*medizinische Ideal folgendermaßen beschreibt:

> Der wahrhaft vornehme Arzt, der für jeden seiner Patienten eine neue Krankheit erfindet.[64]

Anmerkungen

1) Elias Canetti: Die Provinz des Menschen: Aufzeichnungen 1942–1972, München Wien (Hanser) 1973, S. 346.

2) Sigmund Freud: Gesammelte Werke Bd. IV: Zur Psychopathologie des Alltagslebens (1901), Frankfurt am Main (Fischer) 1973, S. 287 f.

3) Karl Kraus: Die Fackel, 30. Mai 1913 (Nr. 376/77), XV. Jahr, S. 21. Vgl. auch Edwin Hartl: Karl Kraus und die Psychoanalyse: Versuch einer Klarstellung, Merkur 31 (1977), Bd. 1, S. 144–162.

4) Sigmund Freud: Gesammelte Werke Bd. XVII: Abriß der Psychoanalyse (1938), Frankfurt am Main (Fischer) 1972, S. 80 f.

5) J. Ritter et K. Gründer (Hrsg.): Historisches Wörterbuch der Philosophie Bd. 5, Wissenschaftliche Buchgesellschaft Darmstadt 1980, S. 1188.

6) Jürgen Habermas: Erkenntnis und Interesse, Frankfurt am Main (Suhrkamp) 1981 (1968), S. 300 ff.

7) Zur Übersicht siehe Siegfried Zepf et Sebastian Hartmann: Psychoanalytische Praxis und Theoriebildung: Verstehen und Begreifen, Berlin, Heidelberg, New York (Springer) 1989, insbesondere S. 11 ff.! Vgl. auch Merton M. Gill: Die Metapsychologie ist keine Psychologie, Psyche 38 (1984), S. 961–992; G. S. Klein: Two theories or one? (1970), Bull. Menninger Clin., 37 (1973), S. 99–132; Wolfgang Loch: Die Krankheitslehre der Psychoanalyse, 5. Aufl., Stuttgart (Hirzel) 1989, S. 1 ff.; Arnold H. Modell Gibt es die Metapsychologie noch? Psyche 38 (1984), S. 214–234; Helmut Thomä und Horst Kächele: Lehrbuch der psychoanalytischen Therapie: 1. Grundlagen, Berlin, Heidelberg, New York (Springer) 1985, S. 1 ff. und Helmut Thomä und Horst Kächele: Wissenschaftstheoretische und methodologische Probleme der klinisch-psychoanalytischen Forschung, Psyche 27 (1973), S. 205–236 und S. 309–355.

8) Sigmund Freud: Gesammelte Werke Bd. XV: Neue Folge der Vorlesungen zur Einführung in die Psychoanalyse (1933), XXXV. Vorlesung, Frankfurt am Main (Fischer) 1973, S. 171.

9) Sigmund Freud: Gesammelte Werke Bd. XVII: Some Elementary Lessons in Psycho-Analysis (1940), a. a. O., S. 143.

10) Jürgen Habermas: Erkenntnis und Interesse, a. a. O., S. 306.

11) Ebd., S. 379 f.

12) Hans-Georg Gadamer: Wahrheit und Methode: Grundzüge einer philosophischen Hermeneutik, 4. Aufl., Tübingen (Mohr) 1975; Martin Heidegger: Sein und Zeit, 14. Aufl., Tübingen (Niemeyer) 1977, insbesondere §§ 31 ff.

13) Siehe Siegfried Zepf et Sebastian Hartmann: Psychoanalytische Praxis und Theoriebildung: Verstehen und Begreifen, a. a. O., S. 30.

14) „Wie sollen wir zur Kenntnis des Unbewußten kommen? Wir kennen es natürlich nur als Bewußtes, nachdem es eine Umsetzung oder Übersetzung in Bewußtes erfahren hat" (Sigmund Freud: Gesammelte Werke Bd. X: Das Unbewußte (1915), Frankfurt am Main (Fischer) 1972, S. 266). „Die Psychoanalyse macht eine Grundvoraussetzung deren Diskussion philosophischem Denken vorbehalten bleibt [sic!], deren Rechtfertigung in ihren Resultaten liegt. Von dem, was wir unsere Psyche (Seelenleben) nennen, ist uns zweierlei bekannt, erstens das körperliche Organ und Schauplatz desselben, das Gehirn (Nervensystem), anderseits unsere Bewußtseinsakte, die unmittelbar gegeben sind und uns durch keinerlei Beschreibung näher gebracht werden können. Alles dazwischen ist uns unbekannt, eine direkte Beziehung zwischen beiden Endpunkten unseres Wissens ist nicht gegeben. Wenn sie bestünde, würde sie höchstens eine genaue Lokalisation der Bewußtseinsvorgänge liefern und für deren Verständnis nichts leisten" (Sigmund Freud: Gesammelte Werke Bd. XVII: Abriß der Psychoanalyse (1938), a. a. O., S. 67).

15) Sigmund Freud: Gesammelte Werke Bd. XVII: Abriß der Psychoanalyse (1938), a. a. O., S. 81.

16) „Wenn von einem Naturbild der exakten Naturwissenschaft in unserer Zeit gesprochen werden kann, so handelt es sich also eigentlich nicht mehr um ein Bild der Natur, sondern um *ein Bild unserer Beziehungen zur Natur*. Die alte Einteilung der Welt in einen objektiven Ablauf in Raum und Zeit auf der einen Seite und die Seele, in der sich dieser Ablauf spiegelt, auf der anderen, also die Descartes'sche Unterscheidung von *res cogitans* und *res extensa*, eignet sich nicht mehr als Ausgangspunkt zum Verständnis der modernen Naturwissenschaft. Im Blickfeld dieser Wissenschaft steht vielmehr vor allem das Netz der Beziehungen zwischen Mensch und Natur, der Zusammenhänge, durch die wir als körperliche Lebewesen abhängige Teile der Natur sind und sie gleichzeitig als Menschen zum Gegenstand unseres Denkens und Handelns machen. Die Naturwissenschaft steht nicht mehr als Beschauer vor der Natur, sondern erkennt sich selbst als Teil dieses Wechselspiels zwischen Mensch und Natur. Die wissenschaftliche Methode des Aussonderns, Erklärens und Ordnens wird sich der Grenzen bewußt, die ihr dadurch gesetzt sind, daß der Zugriff der Methode ihren Gegenstand verändert und umge-

staltet, daß sich die Methode also nicht mehr vom Gegenstand distanzieren kann. *Das naturwissenschaftliche Weltbild hört damit auf, ein eigentlich naturwissenschaftliches zu sein*" (Werner Heisenberg: Das Naturbild der heutigen Physik, Hamburg (Rowohlt) 1955, S. 21).

17) Siehe z. B.: Lester Luborsky et Horst Kächele: Der zentrale Beziehungskonflikt: Ein Arbeitsbuch, Ulm (PSZ-Verlag) 1988.

18) Vgl. hierzu K. Popper: Conjectures and refutations, Basic Books, New York 1962, S. 37, und K. Popper: Logik der Forschung, Tübingen (Mohr) 1966.

19) Georg Henrik von Wright: Erklären und Verstehen, 2. Aufl., Königstein/Ts. (Athenäum) 1984, S. 17.

20) Georg Henrik von Wright: Erklären und Verstehen, 2. Aufl., a. a. O., S. 18. Vgl. ebendort auch die Anmerkungen 8 bis 17, S. 152 f.

21) Georg Henrik von Wright: Erklären und Verstehen, 2. Aufl., a. a. O., S. 19 f. Vgl. ebendort auch die Anmerkungen 18 bis 23, S. 153.

22) Georg Henrik von Wright: Erklären und Verstehen, 2. Aufl., a. a. O., S. 145.

23) Jürgen Habermas: Erkenntnis und Interesse, a. a. O., S. 330.

24) Georg Henrik von Wright: Erklären und Verstehen, 2. Aufl., a. a. O., S. 28. Die Kritik, die Adolf Grünbaum in seinen Vorlesungen „Psychoanalyse in wissenschaftstheoretischer Sicht", Konstanz (Universitätsverlag) 1978, an Habermas (und Paul Ricoeur: Die Interpretation: Ein Versuch über Freud, Frankfurt am Main (Suhrkamp) 1969) übt, greift deshalb nicht, weil er, wie man schon an seinen fast ausschließlich aus dem Bereich der Physik gewählten Beispielen sehen kann, immer genau das vorraussetzt, was er beweisen will, nämlich daß es nur eine Art von wissenschaftlicher Erkenntnismöglichkeit, und zwar eben diese Subsumptionstheorie als deduktiv-nomologisches Erklärungsschema gibt und daß die von Habermas getroffene Unterscheidung zwischen „Kausalität der Natur" und „Kausalität des Schicksals" ein „Pseudo-Kontrast zwischen den humanistischen Disziplinen und den Naturwissenschaften" (S. 28) ist. Dies ist auch deshalb besonders peinlich, weil er sich neben der Tatsache, daß er über Habermas und Gadamer (Hans Georg Gadamer: Wahrheit und Methode, a. a. O.) in eben dem Ton spricht, den er als „ungehalten und sogar herablassend" (S. 17) an Habermas bemängelt, dem Verdacht aussetzt, die wesentlichen Überlegungen dieser beiden Autoren nicht verstanden zu haben.

25) Manfred Frank: Die Unhintergehbarkeit von Individualität, Frankfurt am Main (Suhrkamp) 1986.

26) Georg Henrik von Wright: Erklären und Verstehen, 2. Aufl., a. a. O., S. 34 f.

27) Sigmund Freud: Gesammelte Werke Bd. XVI: Die endliche und die unendliche Analyse (1937), Frankfurt am Main (Fischer) 1972, S. 85.

28) Vgl. zum folgenden auch den Artikel „Zur Diagnostik und Therapie strukturell Ich-gestörter Patienten“ von Siegfried Zepf in diesem Buch.

29) Heinz Hartmann: Ich-Psychologie und Anpassungsproblem, Stuttgart (Klett) 1960, S. 45.

30) David Rapaport: Die Struktur der psachoanalytischen Theorie, Stuttgart (Klett) 1959, S. 132 f.

31) Ebd., S. 132.

32) Sigmund Freud: Gesammelte Werke Bd. XV: Neue Folge der Vorlesungen zur Einführung in die Psychoanalyse, Frankfurt am Main (Fischer) 1973, S. 101.

33) Heinz Hartmann: Ich-Psychologie und Anpassungsproblem, Stuttgart (Klett) 1960.

34) Peter Fürstenau: Ich-Psychologie und Anpassungsproblem: Eine Auseinandersetzung mit Heinz Hartmann, Jahrbuch der Psychoanalyse Bd. 3, S. 34.

35) Ebd., S. 32.

36) Ebd., S. 42.

37) Ebd., S. 40.

38) Ebd., S. 44.

39) Ebd., S. 46.

40) Ebd., S. 48. Es ist interessant, daß Fürstenau zu einem späteren Zeitpunkt trotz dieser stichhaltigen Kritik an Hartmann selbst eher auf die Seite der Ich-Psychologie gewechselt ist (aus „wissenschaftspolitischen“ Gründen?). Vgl. hierzu: Peter Fürstenau: Die beiden Dimensionen des psychoanalytischen Umgangs mit strukturell ich-gestörten Patienten, Psyche 31 (1977) S. 197–207, sowie die Kritik von Hermann Argelander: Diskussionsbeitrag zu P. Fürstenaus Arbeit „Die beiden Dimensionen des psychoanalytischen Umgangs mit strukturell ich-gestörten Patienten“, Psyche 31 (1977), S. 208–215, und von Wolfgang Loch: Anmerkungen zum Thema Ich-Veränderungen, Ich-Defekte und psychoanalytische Technik, Psyche 31 (1977), S. 216–227, und schließlich Peter Fürstenau: Stellungnahme zu dem Diskussionsbeitrag von Hermann Argelander und zu den Anmerkungen von Wolfgang Loch, Psyche 31 (1977), S. 361–365.

41) Heinz Hartmann: Psychoanalyse und moralische Werte, Stuttgart (Klett) 1973, S. 50 ff. („Gesundheitsethik“ und verwandte Probleme).

42) Ferdinand Fellmann: Darwins Metaphern, Archiv für Begriffsgeschichte, Bd. XXI (1977), S. 285–297.

43) Charles Darwin: Die Entstehung der Arten, Stuttgart (Reclam) 1963, S. 98.

44) Ebd., S. 120 ff.

45) Ebd., S. 101.

46) Ferdinand Fellmann: Darwins Metaphern, a. a. O., S. 294. Vgl. auch Ernst Cassirer: Das Erkenntnisproblem in der Philosophie und Wissenschaft der neueren Zeit: Von Hegels Tod bis zur Gegenwart, Stuttgart 1957, S. 174.

47) Carl Friedrich von Weizsäcker: Die Geschichte der Natur, Göttingen 1970 (7. Aufl.), S. 90.

48) Heinz Hartmann: Ich-Psychologie: Studien zur psychoanalytischen Theorie, Stuttgart (Klett) 1972, S. 385. Siehe auch Friedrich Albert Lange: Darwinismus und Teleologie, in: Günter Altner: Der Darwinismus: Die Geschichte einer Theorie, Darmstadt (Wissenschaftliche Buchgesellschaft) 1981, S. 200–216.

49) Helmut Thomä und Horst Kächele: Lehrbuch der psychoanalytischen Therapie, a. a. O., S. 20. Vgl. auch die Ablehnung der Hermeneutik in Helmut Thomä und Horst Kächele: Wissenschaftstheoretische und methodologische Probleme der klinisch-psychoanalytischen Forschung, a. a. O., S. 207 ff.

50) Heinz Hartmann: Ich-Psychologie und Anpassungsproblem, Stuttgart (Klett) 1975 (3. Aufl.), S. 26.

51) Ebd.

52) Ebd., S. 32.

53) Ebd., S. 31.

54) Ebd.

55) Ebd., S. 36.

56) Ferdinand Fellmann: Darwins Metaphern, a. a. O., S. 292.

57) Ebd.

58) Vgl. Jürgen Habermas: Der Universalitätsanspruch der Hermeneutik, in: Hermeneutik und Ideologiekritik: Mit Beiträgen von Karl-Otto Apel, Claus v. Bormann, Rüdiger Bubner, Hans-Georg Gadamer, Hans Joachim Giegel, Jürgen Habermas, Frankfurt am Main (Suhrkamp) 1971, S. 120–159.

59) Helmut Thomä et Horst Kächele: Wissenschaftstheoretische und methodologische Probleme der klinisch-psychoanalytischen Forschung, a. a. O., S. 209.

60) Martin Heidegger: Sein und Zeit, a. a. O., S. 143.

61) Hans-Georg Gadamer: Wahrheit und Methode, a. a. O., S. XXIX.

62) Viktor von Weizsäcker: Begegnungen und Entscheidungen, Stuttgart 1949.

63) Elias Canetti: Die Provinz des Menschen: Aufzeichnungen 1942–1972, a. a. O., S. 173.

64) Ebd., S. 159.

Literatur

Altner, G. (1981): Der Darwinismus: Die Geschichte einer Theorie. Darmstadt

Apel, K.-O., Bormann, C. v., Bubner, R., Gadamer, H.-G., Giegel, H. J., Habermas, J. (1971): Hermeneutik und Ideologiekritik. Frankfurt am Main

Argelander, H (1977): Diskussionsbeitrag zu P. Fürstenaus Arbeit „Die beiden Dimensionen des psychoanalytischen Umgangs mit strukturell ich-gestörten Patienten". Psyche 31, S. 208–215

Canetti, E. (1973): Die Provinz des Menschen: Aufzeichnungen 1942–1972. München Wien

Darwin, Ch. (1963): Die Entstehung der Arten. Stuttgart

Fellmann, F. (1977): Darwins Metaphern. Archiv für Begriffsgeschichte, Bd. XXI, S. 285–297

Frank, M. (1986): Die Unhintergehbarkeit von Individualität. Frankfurt am Main

Freud, S. (1901): Gesammelte Werke Bd. IV: Zur Psychopathologie des Alltagslebens. Frankfurt am Main, 1973

Freud, S. (1915): Gesammelte Werke Bd. X: Das Unbewußte. Frankfurt am Main, 1972

Freud, S. (1933): Gesammelte Werke Bd. XV: Neue Folge der Vorlesungen zur Einführung in die Psychoanalyse. Frankfurt am Main, 1973

Freud, S. (1937): Gesammelte Werke Bd. XVI: Die endliche und die unendliche Analyse. Frankfurt am Main, 1972

Freud, S. (1938): Gesammelte Werke Bd. XVII: Abriß der Psychoanalyse. Frankfurt am Main, 1972

Freud, S. (1940): Gesammelte Werke XVII: Some Elementary Lessons in Psycho-Analysis. Frankfurt am Main, 1972

Fürstenau, P. (1977): Die beiden Dimensionen des psychoanalytischen Umgangs mit strukturell ich-gestörten Patienten. Psyche 31, S. 197–207

Fürstenau, P.: Ich-Psychologie und Anpassungsproblem: Eine Auseinandersetzung mit Heinz Hartmann. Jahrbuch der Psychoanalyse Bd. 3, S. 30–55

Fürstenau, P. (1977): Stellungnahme zu dem Diskussionsbeitrag von Hermann Argelander und zu den Anmerkungen von Wolfgang Loch. Psyche 31, S. 361–365

Gadamer, H.-G. (1975): Wahrheit und Methode: Grundzüge einer philosophischen Hermeneutik, 4. Aufl. Tübingen
Gill, M. M. (1984): Die Metapsychologie ist keine Psychologie. Psyche 38, S. 961–992
Grünbaum, A. (1987): Psychoanalyse in wissenschaftstheoretischer Sicht. Konstanz
Habermas, J. (1971): Der Universalitätsanspruch der Hermeneutik. In: Apel, K.-O., Bormann, C. v., Bubner, R., Gadamer, H.-G., Giegel, H. J., Habermas, J., Hermeneutik und Ideologiekritik. Frankfurt am Main
Habermas, J. (1968): Erkenntnis und Interesse. Frankfurt am Main
Hartl, E. (1977): Karl Kraus und die Psychoanalyse: Versuch einer Klarstellung. Merkur 31, Bd. 1, S. 144–162
Hartmann, H. (1972): Ich-Psychologie: Studien zur psychoanalytischen Theorie. Stuttgart
Hartmann, H. (1960): Ich-Psychologie und Anpassungsproblem. Stuttgart, (3. Aufl. 1975)
Hartmann, H. (1973): Psychoanalyse und moralische Werte. Stuttgart
Heidegger, M. (1977): Sein und Zeit, 14. Aufl. Tübingen
Heisenberg, W. (1955): Das Naturbild der heutigen Physik. Hamburg
Klein, G. S. (1970): Two theories or one? Bull. Menninger Clin., 37 (1973), S. 99–132
Kraus, K.: Die Fackel, 30. Mai 1913 (Nr. 376/77), XV. Jahr
Lange, A. (1981): Darwinismus und Teleologie. In: Altner, G., Der Darwinismus: Die Geschichte einer Theorie. Darmstadt
Loch, W. (1977): Anmerkungen zum Thema Ich-Veränderungen, Ich Defekte und psychoanalytische Technik. Psyche 31, S. 216–227
Loch, W. (1989): Die Krankheitslehre der Psychoanalyse, 5. Aufl. Stuttgart
Luborsky, L., Kächele, H. (1988): Der zentrale Beziehungskonflikt: Ein Arbeitsbuch. Ulm
Modell, A. H. (1984): Gibt es die Metapsychologie noch? Psyche 38, S. 214–234
Popper, K. (1962): Conjectures and refutations. New York
Popper, K. (1966): Logik der Forschung. Tübingen
Rapaport, D. (1959): Die Struktur der psychoanalytischen Theorie. Stuttgart
Ricœur, P. (1969): Die Interpretation: Ein Versuch über Freud. Frankfurt am Main

Ritter, J., Gründer, K. (Hrsg.) (1980): Historisches Wörterbuch der Philosophie, Bd. 5. Darmstadt

Thomä, H., Kächele, H. (1985): Lehrbuch der psychoanalytischen Therapie: 1. Grundlagen. Berlin, Heidelberg, New York

Thomä, H., Kächele, H. (1973): Wissenschaftstheoretische und methodologische Probleme der klinisch-psychoanalytischen Forschung. Psyche 27, S. 205–236 und S. 309–355

Weizsäcker, C. F. v. (1970): Die Geschichte der Natur, 7. Aufl. Göttingen

Weizsäcker, V. v. (1949): Begegnungen und Entscheidungen. Stuttgart

Wright, G. H. v. (1984): Erklären und Verstehen, 2. Aufl. Königstein/Ts.

Zepf, S., Hartmann, S. (1989): Psychoanalytische Praxis und Theoriebildung: Verstehen und Begreifen. Berlin, Heidelberg, New York

Anmerkung VII

Zum Diskurs über die „Sexualität" in zeitgenössischen psychoanalytischen Entwürfen[1]

Bernd Nitzschke

Bildet die aufmerksame Pflege und Prüfung der wissenschaftlichen Überlieferung, besonders dort, wo sie von positivistischen Reinigern als nutzloser Ballast dem Vergessen überantwortet wird, ein Moment der Erkenntnis, so ist dafür im gegenwärtigen Zusammenbruch der bürgerlichen Zivilisation nicht bloß der Sinn von Wissenschaft fraglich geworden. Was die ... anpassungsfähigen Experten der Humanität naiv durchsetzen: die rastlose Selbstzerstörung der Aufklärung zwingt das Denken dazu, sich auch die letzte Arglosigkeit gegenüber den Gewohnheiten und Richtungen des Zeitgeistes zu verbieten.

Aus der „Vorrede" von Horkheimer und Adorno zur „Dialektik der Aufklärung"

Im 18. Jahrhundert – im Zeitalter der Aufklärung – taucht, laut van Ussel (1970), erstmals das Adjektiv „sexuell" auf, dem sich im 19. Jahrhundert der Terminus „Sexualität" zugesellt. Nach van Ussels Argumentation bedeuten diese Neuschöpfungen keineswegs eine Bereicherung der Sprache, vielmehr signalisieren sie sprachliche Verarmung: Nunmehr werden Phänomene begrifflich zusammengefaßt, die in irgendeiner Beziehung zur Zweigeschlechtlichkeit des Menschen stehen, Phänomene, für die es früher vielerlei sprachliche Bezeichnungen gab. Viele der zuvor gebräuchlichen Sprachzeichen, angesiedelt im Umkreis von Sinnlichkeit, Lust, Begehren, Zärtlichkeit, Leidenschaftlichkeit, Affektivität und Erotik, verlieren sich allmählich aus der Umgangssprache. Zurück bleibt eine ausgedünnte Sprache, die unter „sexuell" und „Sexualität" die frühere Vielfalt zur Einfalt kondensiert. Die unterschiedlichsten Relationen des eigenen zum fremden Körper sind nun unter einem übergreifenden Aspekt zusammengefaßt.

Gegen diese Tendenz argumentiert Freud am Beginn des 20. Jahrhunderts, indem er das *psychoanalytische* Verständnis von Sexualität entwickelt. Freud bemüht sich darum, den Begriff der Sexualität zu entfalten; er zerlegt das in diesem Begriff Zusammengefaßte erneut in Komponenten, wobei er beim psychoanalytischen Gebrauch des Begriffs allerdings weitgehend vom expliziten sexuellen *Verhalten* absieht. Nicht dieses Verhalten an sich, sondern dessen biologisch-somatische Begründungen (die Freud im Begriff des *Triebes* faßt) und deren psychische Konsequenzen konstituieren für Freud den Reflexionsgegenstand „Sexualität".

Der Trieb als somatische Reizquelle und seine psychischen Auswirkungen – vom Affekt bis zur Phantasiebildung, vom Wunsch nach Triebbefriedigung bis zum Konflikt, der diese Befriedigung einschränkt oder behindert – stehen im Zentrum der Aufmerksamkeit Freuds. Die Anatomie – das heißt die biologische Differenz der Geschlechter – erscheint als „Schicksal". Wie sich diese Differenz im psychischen Sinne herausbildet, wie es zur Geschlechtsidentität kommt und wie die Sehnsucht entsteht, diese Differenz immer von neuem *vorübergehend* zu überwinden, um Befriedigung zu erleben, zur psychischen Einheit zurückzufinden, schließlich das Leiden an dieser Differenz, an ihrer prinzipiellen Unaufhebbarkeit – das sind einige der Anlässe, die Freud zum Nachdenken über die Sexualität bewegen:

> Wir sprechen darum auch lieber von *Psychosexualität,* legen so Wert darauf, daß man den seelischen Faktor des Sexuallebens nicht übersehe und nicht unterschätze. Wir gebrauchen das Wort Sexualität in demselben umfassenden Sinne, wie das deutsche Wort „lieben". Wir wissen auch längst, daß seelische Unbefriedigung mit allen ihren Folgen bestehen kann, wo es an normalem Sexualverkehr nicht mangelt, und halten uns als Therapeuten immer vor, daß von den unbefriedigten Sexualstrebungen, deren Ersatzbefriedigungen in der Form nervöser Symptome wir bekämpfen, oft nur ein geringes Maß durch den Koitus oder andere Sexualakte abzuführen ist (Freud, 1910, S. 120 f.).

Definieren wir also – in Anlehnung an diese Äußerung Freuds und somit an das deutsche Wort „lieben" – das Sexuelle

- als Bereich *eines Teils* jener Phänomene, die mit der psychosomatischen Differenz der Geschlechter verbunden sind (der andere Teil bezieht sich auf all die Phänomene, die die Differenz behaupten wollen – bis hin zum Haß und zum Vernichtungswillen gegenüber dem jeweils fremden Geschlecht);

- als Ereignis, das innig mit der Entwicklung und Festigung der Geschlechtsidentität unter jeweils verschiedenartigen kulturellen (historisch-gesellschaftlichen) Bedingungen verknüpft ist;
- schließlich als die damit einhergehende Sehnsucht, die Differenz zwischen den Geschlechtern immer von neuem – für einen kurzen „unhistorischen Augenblick" (vgl. Nitzschke, 1988) – zu überwinden, wozu alle möglichen und – unter Voraussetzung der jeweils gegebenen historisch-gesellschaftlichen Situation – auch unmöglichen Formen der Wiedervereinigung gehören.

Die Rede über die „Sexualität" wird bei Freud zu einer Rede über die Anatomie als „Schicksal", das sich im Verlauf der jeweils individuellen Entwicklung zu einem historisch-gesellschaftlich (mit)bedingten Triebschicksal ausgestaltet, schließlich im gefestigten Charakter gerinnt. Dabei wird vom Kind nach psychoanalytischer Auffassung die mehr oder weniger gelungene Entwicklung zur Monosexualität und zur Geschlechtsidentität – als Voraussetzung der späteren heterosexuellen Objektwahl des Erwachsenen – im Verlauf einer symbiotischen Beziehung zum Primärobjekt und einer hernach schrittweise zu vollziehenden *Trennung* von diesem Objekt erworben. Die Ausgangsbedingungen dieses Dramas werden „präödipal" genannt, während dessen Fortsetzung unter dem Stichwort „ödipal" firmiert.

Dazwischen, im Schnittpunkt beider Szenarien, liegt der Symbiose-Individuation-Konflikt. Wie immer er bewältigt werden mag – der *Wunsch* nach Rückkehr, nach Überwindung der Trennung (und damit der Individuation), bleibt (neben aller Angst vor der Erfüllung dieses Wunsches) in jedem Falle bestehen. Freud hat schließlich den Wunsch (zur Rückkehr) mit dem Wesen des Triebes überhaupt identifiziert (woraus sich auch ein allgemeinerer Begriff der Triebangst ableiten ließe).

Dem *Wunsch,* die Kluft zu überwinden, entspricht die *Angst* (vor dem Verlust der Identität), die sich als Angst vor dem eigenen Begehren und vor dem fremden Geschlecht in unterschiedlicher Weise erfahren läßt. Wunsch und Abwehr, Sehnsucht und Angst, schließlich der aus beiden Tendenzen sich ergebende Konflikt (die Identität zu bewahren *und* sie aufzulösen) konstituieren das Drama, als dessen Abbild ich die psychoanalytische Theorie insgesamt verstehe.

Dies alles läßt den Schluß zu, daß sich die Sexualität in dem von Freud *kritisierten* Sinne der Alltagssprache von Anfang an in der psychoanalytischen Theorie aufgelöst hat. Die Theorie war ja gerade zu *diesem* Zweck entwickelt worden: die Sexualität mit der „Liebe" –

das heißt mit der Sehnsucht nach der verlorenen Einheit und mit dem daraus sich entfaltenden Drama einer Überwindung der Trennung – erneut zu *verbinden,* um sodann dieses Drama in allen Einzelheiten theoretisch entfalten zu können.

Der im vorliegenden Text zu behandelnde „Diskurs über die Sexualität“ hat mit diesen einleitenden Bemerkungen einen allgemeinen – nämlich den von Freud vorgegebenen – Rahmen gefunden. Wollten wir nun diesen Diskurs, wie es der zweite Teil des Titels beansprucht, „in zeitgenössischen psychoanalytischen Entwürfen“ verfolgen, so wäre eine kurze Abhandlung gänzlich vermessen; vielmehr wäre eine Darstellung von enzyklopädischem Ausmaß nötig. Es versteht sich von selbst, daß – wie seit jeher behauptet, so auch speziell in diesem Falle – die Tugend in der Begrenzung liegen muß. Der Diskurs über die Sexualität in zeitgenössischen psychoanalytischen Entwürfen ist daher nur unter ausgewählten Aspekten und nur anhand einiger weniger psychoanalytischer Texte zu untersuchen.

VII/1. Die von Parin behauptete „Verflüchtigung des Sexuellen in der Psychoanalyse“ gibt Anlaß zu einigen kritischen Überlegungen. Parins Arbeit (1986) übernimmt den Begriff des „Sexuellen“ von Morgenthaler, der ihn wie folgt definiert:

> Das Sexuelle ist die Triebhaftigkeit, die sich in Triebregungen äußert. Triebregungen – ihrer Natur nach unbestimmbar – folgen dem „Primärprozeß“, der von der Psychoanalyse zu Recht dem Es zugeordnet wird (1984, S. 137).

Morgenthaler wie Parin verstehen demnach unter dem Sexuellen die „Triebhaftigkeit“, ein Verlangen, das existiert, ohne von der Vernunft gerufen, geschweige denn von ihr begleitet zu sein. Angesiedelt ist das Triebhafte in jenem Grenzbereich zwischen Soma und Psyche, in jenem dunklen Bezirk, in den das Licht der Vernunft nicht ohne besondere Hilfen vorzudringen vermag. Die Erfahrung dieses Grenzbereichs – die unterschieden werden muß vom Konstatieren, Beobachten und Erklären aller *manifesten* Auswirkungen der Triebhaftigkeit – bedarf offenbar einer besonderen Beobachtungsmethode – der psychoanalytischen Explorationsmethode im alten, im *Freudschen* Sinne.

Nun ist das konkrete Vordringen in diesen Bereich kein ungefährliches Unternehmen. Und andererseits bedeutet die für unsere intellektuelle Kultur inzwischen typische und massenhaft betriebene Reproduktion psychoanalytischer Termini und Theoriestücke keineswegs, daß die Erfahrungen, denen sich diese Begriffe und Konzepte einst verdankten, in jedem sprachlichen Reproduktionsfalle zuvor auch tatsächlich gemacht worden sind. Wer die entsprechenden Termini und Theoriestücke im Munde führt, hat deshalb noch nicht den Nachweis erbracht, tatsächlich zu wissen, wovon er spricht, bzw. zu wissen, aus welcher konkreten Erfahrung diese Begriffe und Konzepte einst abgeleitet worden sind. Die Entfaltung der Erfahrung jenes Grenzbereichs, der bei herkömmlich „vernünftiger" (oder auch „erwachsener") Organisation allenfalls im *Traum* betreten werden kann, ist identisch mit einem Teil der Freudschen Theorie. Gerade solche Erlebnisformen, die unter „normalen" Voraussetzungen nicht unmittelbar zugänglich sind, haben – so die von mir vertretene Auffassung – einstmals zu Selbstbeobachtungsdaten geführt, die dann in einem bestimmten Teilbereich der psychoanalytischen Theorie – nämlich in der Metapsychologie – in abstrakter Form niedergelegt worden sind.

Die vom Standpunkt des organisierten Ichs aus möglichen Erfahrungen, also ein großer Teil der sogenannten klinischen Alltagserfahrungen, ist demnach *nicht* gemeint, wenn ich von der theoretischen Darstellung jenes Grenzbereichs durch Freud spreche. Die psychoanalytische Triebtheorie, die mit dem energetischen Konzept (das heißt: mit der Libidotheorie), mit der Psychologie des Unbewußten, demzufolge mit zunächst unbewußten Phantasiebildungen, schließlich mit der Metapsychologie insgesamt verwoben ist, das sind Konzepte, die sich einer *Verarbeitung* von Beobachtungsdaten verdanken, die nicht ohne weiteres auf der Hand liegen. Mit der Preisgabe *eines* der genannten Theoriestücke wird meines Erachtens der theoretische Grundriß der Psychoanalyse insgesamt in Frage gestellt.

Parin, auf den ich mich im folgenden beziehen werde, konstatiert nun zum einen den allmählich verstummenden Diskurs über das Sexuelle in der Psychoanalyse; zum anderen begründet er, „warum das, was phänomenologisch nur die Verflüchtigung eines Teils, eines Begriffs oder eines Aspekts zu sein scheint, bereits die Aufhebung der Methode selbst ist" (1986, S. 12). Ich komme auf diesen Einwurf Parins, den ich teile, später gesondert zurück. Zunächst sei aber noch einmal ausdrücklich festgehalten: Zweck der psychoanalytischen *Methode* war es von Anfang an, in jenen von mir angesprochenen Grenzbereich vorzustoßen, um die darin enthaltenen primären Bildungen („Primärprozesse") soweit als möglich der bewußten Erfahrung zugänglich machen zu können.

Wenn Parin nun die *Gründe* für die Verflüchtigung des Sexuellen aus der Psychoanalyse[2] zu bestimmen sucht, so kommt er zu Aussagen, die ich nicht *sämtlich* teilen kann. Parin meint zum Beispiel, die Preisgabe des Sexuellen habe zu tun mit dem Siegeszug der Ichpsychologie. Er erläutert dies mit Hilfe einer Anekdote. Er zitiert (allerdings ohne genauen Beleg)[3] eine Stelle aus Sterbas „Erinnerungen". Sie lautet:

> Als Anna Freud in den späteren dreißiger Jahren den Vorsitz in der [Wiener Psychoanalytischen – B. N.] Vereinigung übernahm, sagte ... Hitschmann, auf den Vorsitzplatz hinweisend: „Dort ist Freud gesessen und hat uns die Triebe gelehrt – und nun sitzt Anna dort und lehrt uns die Abwehr", sowohl eine Anspielung auf Annas Buch *Das Ich und die Abwehrmechanismen* als ein Hinweis auf Anna Freuds asketisch anmutende Schlichtheit und ihr reserviertes Benehmen (Sterba, zit. n. Parin, 1986, S. 16).

Das angeführte Zitat soll Parins Grundthese belegen, derzufolge Freud die Triebtheorie entwarf, die von der Ichpsychologie zunehmend vernachlässigt und schließlich verdrängt worden sei. Gegen diese These Parins sind zwei Einwände vorzubringen:

(a) Freud hat von Beginn an *zugleich* mit der Theorie des Triebhaften eine Abwehrtheorie entworfen; der eine Aspekt trat nie ohne den anderen auf. Bereits in den „Studien über Hysterie" (Breuer, Freud, 1895) wird durchweg erläutert, daß das Symptom als eine Kompromißbildung zwischen der Abwehr und dem „Trieb" aufzufassen sei (damals noch verstanden im Sinne der traumatischen Begründung der Erkrankung und ohne ausdrückliche Benutzung des Terminus „Trieb"). Und ebenfalls bereits in den „Studien" wird die therapeutische Motivation erkennbar, das Abgewehrte (Verdrängte) aufzudecken, in der Absicht, das triebhaft auf (verdeckte) Wiederholung Drängende aufzulösen, es zu befrieden, es – wie es später heißen wird – der Herrschaft des Bewußtseins oder der Verfügungsgewalt des Ichs zu unterwerfen.

Anna Freud hat nun die *eine* Seite dieser innerseelischen Dynamik systematisiert, nämlich die Abwehrseite, dabei aber durchweg die Triebtheorie vorausgesetzt sowie das bereits früher entworfene therapeutische Konzept Freuds fortgesetzt. Freud verstand dieses Konzept zwar als einen Versuch der Befreiung – jedoch, wie ich meine, nicht im Sinne einer Befreiung *des* Triebes, sondern im Sinne einer Befreiung *vom* Trieb. Dies gilt zumindest für den Trieb, soweit er sich dem Bewußtsein verweigert, soweit sich die Formen seiner Befriedigung nicht mit dem Ich vereinbaren lassen. Als Beleg für meine Behauptung führe ich aus der Fülle möglicher Beispiele nur eines an. Es ist den „Protokollen der Wiener Psychoanalytischen Vereinigung" entnommen, denen zufolge Freud bei der Sitzung am 16.12.1908 äußerte:

> Durch die Kur befreien wir die Sexualität, aber nicht damit sich nun der Mensch von ihr beherrschen lasse, sondern wir ermöglichen eine Unterdrükkung, Verwerfung der Triebe von einer höheren Instanz aus. *Die Fackel* [eine von Karl Kraus herausgegebene Zeitschrift – B. N.] trete für das Ausleben ein. Wir unterscheiden zwischen einem pathologischen Prozeß der Verdrängung und einem normal zu heißenden. Die pathologische suchen wir zu ersetzen durch Verwerfung (Nunberg, Federn, 1977, II, S. 81).

Die „Unterdrückung der Triebe von einer höheren Instanz aus", wie es im angeführten Zitat heißt, bleibt Freuds Credo, das für seine Therapiekonzeption wie übrigens auch für seine Kulturtheorie gilt. An dieser Stelle ist eine Zwischenüberlegung notwendig: Wer an Freuds Kulturtheorie festhalten will, muß auch im grundsätzlichen Sinn dessen Triebtheorie teilen, denn beide Konzepte sind nur zwei Seiten *eines* übergreifenden Gedankenganges. Das bedeutet aber auf der anderen Seite nicht, daß nun einmal alles, was Freud im Kontext von Triebtheorie und Kulturtheorie äußerte, sakrosankt sei, festgeschrieben werden müsse, jeder möglichen Kritik zu entziehen sei. Es bedeutet nur, daß man den gesamten Gedankengang Freuds zu berücksichtigen hat, wenn man sich mit einer der beiden Seiten beschäftigt. Wollte man Freud kritisieren oder fortführen, so hätte man – wie beispielsweise bei Lorenzer (1976) geschehen – die Vermittlung von Trieb(theorie) und Kultur(theorie) in nachvollziehbarer Weise neu zu bestimmen.

Man mag die Auffassung Freuds (der Trieb als „blindes", naturwüchsig erscheinendes Ereignis sei durch das Ich zu beherrschen), vom Standpunkt einer utopisch möglichen Befreiung des Sexuellen aus kritisieren – in Anlehnung an Morgenthaler, Parin oder auch an Wilhelm Reich. Aber die Fiktion, Freud selbst habe, wie die soeben genannten Autoren, ein Konzept der utopischen Befreiung des Sexuellen vertreten, während erst die Ichpsychologie (bzw. Anna Freud) einen – gemessen an der utopischen Hoffnung – als repressiv erscheinenden Standpunkt eingenommen habe, entspricht gewiß nicht der Realität der historischen Entwicklung der psychoanalytischen Auffassungen. Die Kritik an der Ichpsychologie, wie Parin sie im Hinblick auf die „Verflüchtigung des Sexuellen aus der Psychoanalyse" vertritt, ließe sich – vor diesem Hintergrund betrachtet – nur in einem *eingeschränkten* Sinne vertreten. So formuliert, könnte diese Kritik lauten:

Die Ichpsychologie betont *einseitig* den Abwehraspekt, um die Herrschaft des Ichs um nahezu jeden Preis zu sichern und zu rechtfertigen. Und in diesem Sinne wird sie zu einem wichtigen Ort der Transformation. Nachdem sie die Herrschaft des Ichs wissenschaftlich-theoretisch abgesichert hat, und zwar weit über die ursprünglichen Ansichten Freuds hinaus (z. B. indem von Beginn der Entwicklung des Ichs an konfliktfreie Zonen im Ich behauptet werden), festigt sie zugleich das Ich des *psychoanalytischen Forschers,* das sich schließlich so sehr verhärtet, daß es zunehmend unfähiger zu werden beginnt, jenen Grenzbereich überhaupt noch *wahrzunehmen,* in dem der Trieb in seinen ursprünglichsten psychischen Äquivalenten sichtbar werden könnte. Die Metapsychologie als die Theorie, die diesen Grenzbereich abstrakt darzustellen versucht, wird somit zwangsläufig – *nach* dem Siegeszug der Ichpsychologie – zu einem Gegenstand des Unverständnisses, jedenfalls für den Psychoanalytiker, der nunmehr ganz vom Standpunkt des gefestigten Ichs aus urteilt. Dieser Beobachter ist nicht mehr bereit, sich im Zuge des psychoanalytischen Forschens noch *selbst* aufs Spiel zu setzen. Daher kann er „ruhigen“ Gewissens die „Irrtümer“ der Metapsychologie als überwunden behaupten. Wir werden später, wenn ich auf Thomä und Kächele (1985) zu sprechen komme, sehen, welche Umformung der Freudschen Theorie ein solches beruhigtes psychoanalytisches Gewissen erlaubt.

Wenn ich also auch einerseits meine, daß der grundsätzliche Standpunkt, den die Ichpsychologie einnimmt, bereits durch Freud vorformuliert worden ist,[4] so finden wir doch andererseits bereits in den „Protokollen“ – insbesondere im Zusammenhang mit der Auseinandersetzung zwischen Freud und Adler – kritische Bemerkungen Freuds im Hinblick auf den Terminus „Ichpsychologie“. Sie beziehen sich meiner Ansicht nach auf die *Ein*seitigkeit der ichpsychologischen Perspektive, ohne diese Perspektive als solche generell zu disqualifizieren. Werden die neurotischen Symptome *nur* noch vom Standpunkt der Wahrnehmungs- und Denkmöglichkeiten des Ichs aus gesehen, dann geht der Blick auf jenen Grenzbereich verloren, in dem sich das Triebhaft-Sexuelle in seiner primären Gestalt offenbaren könnte. Jenen Blick allerdings gelte es grundsätzlich zu bewahren, meint Freud in Auseinandersetzung mit Adler, denn nur die *Voraussetzung* dieses Blickes berechtige es überhaupt, der herkömmlichen Psychologie eine Wissenschaft vom Unbewußten (die Psychoanalyse) mit eigener Methode und eigenständigem Gegenstandsbereich gegenüberzustellen.

So spricht Freud über Adlers Thesen von einer „Oberflächen-" bzw. von einer „Ichpsychologie". Und weiter heißt es an derselben Stelle der „Protokolle" über Freuds Äußerungen zu Adlers theoretischen Ansichten:

> Die ganze Darstellung ist vom Ich aus gesehen und vom Ich aus betrachtet, so wie die Neurose dem Ich erscheint. Es ist Ichpsychologie, durch die Kenntnis der Psychologie des Unbewußten vertieft. Darin liegt die Stärke und die Schwäche der Adlerschen Darstellung. Die Dinge, die wir bisher studiert haben, kann man auf diese Weise niemals sehen (Nunberg, Federn, 1979, III, S. 145).

Man muß also unterscheiden zwischen der Verwendung des Begriffs „Ichpsychologie" bei Parin und bei Freud. Beide verwenden diesen Begriff in kritischer Absicht. Doch der Vorwurf, den Parin formuliert, deckt sich nur zum Teil mit dem von Freud formulierten Vorwurf. Soweit Parin mit seiner Aussage die Beherrschung des Sexuellen durch das Ich (erweitert: durch die Kultur oder durch die Gesellschaft) angreift, müßte er konsequenterweise auch Freuds therapeutisches Konzept kritisieren.

Wir werden später sehen, daß die „Stärke" des Adlerschen Standpunktes identisch ist mit der „Stärke" einer Psychoanalyse, die sich heute als nomothetische Realwissenschaft zu konstituieren versucht, indem sie die vermeintliche wissenschaftliche „Schwäche" der alten Freudschen Metapsychologie und Triebpsychologie als überwunden darstellt.

Mein erster Einwand gegen Parin lautet also: Nicht erst mit Anna Freud (bzw. der Ichpsychologie), sondern von Beginn der Psychoanalyse an gab es ein Bestreben, sich des Sexuellen *therapeutisch* zu erwehren. Von dieser Feststellung ausgehend, mag man dann zu dem Schluß kommen, daß die Ichpsychologie (beginnend mit den 30er Jahren) den Grundstein dafür legt, daß Schritt für Schritt auch eine *theoretische* Abwehr des Triebhaft-Sexuellen erfolgt, die schließlich im Entwerten und Verwerfen der Metapsychologie (und Triebtheorie) insgesamt gipfelt. Zurück bleibt dann die vom Standpunkt des wissenschaftlich gefestigten Ichs aus konzipierte klinische (Alltagserfahrung der) Psychoanalyse, der ein wissenschaftstheoretisches Verständnis der Psychoanalyse zur Seite steht, das sich nicht mehr unterscheidet vom Selbstverständnis beispielsweise der akademischen Psychologie.

Freuds therapeutisches Konzept enthielt das Kalkül, das Ich zu stärken. Zu diesem Zweck erschien es aber ursprünglich einmal als sinnvoll, einen *Umweg* einzuschlagen. Zunächst sollten das unter bestimmten *Bedingungen* wahrnehmbare – nur unter besonderen Voraussetzungen in die Erscheinungswelt der Vernunft eintretende – primärprozeßhaft organisierte Wechselspiel zwischen Triebhaft-Sexuellem und Abwehrendem bzw. die den Traumbildern entsprechenden primären Phantasiebildungen, die solchen frühen Organisationsformen des triebhaft gesteuerten Psychischen Ausdruck verleihen, vor die Augen des gegen den Trieb ankämpfenden Ichs geführt werden. *Das Ich sollte wissen* (beobachten, erleben und schließlich durcharbeiten), *wovor* es einst aus Angst die Augen abwehrend verschlossen hatte, um für solch schonungsvolle Blindheit mit der Erkrankung zu büßen.

Ich meine, wir verdanken es dieser Therapiekonzeption und den dadurch ermöglichten Erfahrungen, also dem Freudschen Junktim zwischen Selbsterforschung (des Analysanden), (Selbster-)Forschung (des Analytikers) und Heilung, daß es überhaupt zu *Beobachtungen* kommen konnte, deren theoretischer Niederschlag Metapsychologie und Triebpsychologie sind. Das „Sexuelle" kam auf diesem Wege in einer ganz ungewohnten Weise zur Sprache. Und dieser Sprache sind große Teile der Freudschen Theorie vollkommen angemessen – Teile, die heute von manchen zeitgenössischen Analytikern verworfen werden als Ausdruck einer veralteten, unwissenschaftlichen Auffassung des Psychischen. Gegen diesen Ungeist des psychoanalytischen Zeitgeistes, der im Sinne einer Selbstzerstörung möglicher psychoanalytischer Aufklärung (über das Triebhaft-Sexuelle) agiert, wäre die These zu setzen: Es ist *nicht* das Veralten der Freudschen Metapsychologie (die in Teilaspekten durchaus kritisiert werden mag); es ist die *Angst* vor einer Erkenntnis*möglichkeit,* die zum Rückzug zwingt. Auch wenn dieser Rückzug unter dem Deckmantel der „Wissenschaftlichkeit" erfolgt, lohnt es sich doch, das erneut aufzudecken, was dieser Mantel dem Blick zu entziehen sucht.

Mein erster Einwand gegen Parins Auffassung, es sei per se die Ichpsychologie, die diesen Rückzug einleitete, zwingt zu einem kurzen Eingehen auf die Ichpsychologie im engeren Sinne – jetzt verstanden als eine historische Epoche der psychoanalytischen Theoriebildung, verbunden etwa mit dem Namen Heinz Hartmann. Daraus ergibt sich ein zweiter, die These Parins modifizierender Einwand.

(b) Liest man etwa in Hartmanns Werken genauer nach, so ist man überrascht, in welchem Ausmaß dort noch immer von der Sexualität, vom Trieb die Rede ist. Das Triebhafte – in der Terminologie von Morgenthaler und Parin: das Sexuelle – bleibt in den Schriften der

Ichpsychologen dieser Zeit *Ausgangspunkt* der Erörterungen, auch wenn die Autoren vorrangig das Problem diskutieren, wie denn das von Freud vorgegebene Programm einer Herrschaft des Ichs über die Triebe sinnvoll, effektiv und dauerhaft erfüllt werden könnte.

Unter Voraussetzung dieses Ausgangspunktes bemühen sich die Ichpsychologen um eine theoretisch-praktische Klärung etwa der folgenden Fragen: Wie wären die Entwicklung des Ichs, die Bedingungen seiner Stärke und Schwäche, die Ich-Funktionen u. a. m. zu begreifen? Parallel hierzu – und später in Verbindung mit ichpsychologischen Auffassungen – bemühen sich verschiedene objektbeziehungstheoretische Ansätze um den Nachweis, daß die Bildung des Ichs im Kontext sozialer Beziehungen erfolgt. Bei Kernberg kommt es dann schließlich zu dem – m. E. konsequentesten und vollständigsten – Versuch, triebpsychologische, ichpsychologische und objektbeziehungstheoretische Ansätze miteinander in Beziehung zu setzen. Ich will hier nicht darüber urteilen, ob dieser Versuch Kernbergs geglückt ist. Ich will diesen Versuch nur als Beispiel dafür anführen, daß die Einbeziehung ichpsychologischer und objektbeziehungstheoretischer Überlegungen nicht per se zu einer Aufgabe der Triebpsychologie (bzw. Metapsychologie) *zwingt*.

Noch einmal: Die klassischen Ichpsychologen – Hartmann voran – bleiben *konsequente* Anhänger der Metapsychologie. Das heißt, sie vertreten einen theoretischen Standpunkt, der überhaupt nur unter der *Voraussetzung* der Triebpsychologie und der Psychologie des Unbewußten (mit Einschluß des Sexuellen) entwickelt werden *konnte*. Sie vertreten allerdings auch – *und zwar in Übereinstimmung mit Freud* – den Standpunkt, die Herrschaft des Ich über den Trieb sei zu sichern oder mit Hilfe der psychoanalytischen Therapie wiederzugewinnen.

Abgesehen von den hier vorgetragenen Einwänden stimme ich der grundsätzlichen Sicht Parins zu, das Sexuelle habe sich aus der Psychoanalyse weitgehend verflüchtigt. Es wäre nun allerdings ein anderer als der von Parin genannte Ort zu finden, von dem aus der Prozeß der Ausgrenzung eines Teils der Theorie – und damit der in der Theorie abstrakt gefaßten Erfahrungen des Triebhaft-Sexuellen – begonnen hat.

Bevor ich den Ort anhand eines Beispiels aus der zeitgenössischen psychoanalytischen Literatur genauer kennzeichnen will, an dem die Aufgabe des originären Erkenntniswillens Freuds stattfindet, ist es nützlich, noch etwas genauer auf Freuds Begriff des Triebes einzugehen, damit ersichtlich werden kann, welche Aspekte dieses Begriffes allmählich aufgegeben wurden, bevor sich andere Aspekte – abgelöst vom ursprünglichen theoretischen Konzept – im Rahmen einer modifizierten psychoanalytischen Theorie verselbständigen konnten. Wir werden sehen: Gelöst wurde die von Freud behauptete Verbindung zwischen *Trieb* und *Affekt*. Die auf den Trieb bezogenen theoretischen Konstruktionen wurden verworfen, so daß am Ende der Affekt bzw. die affektiven Beziehungen im Inneren und im Äußeren erneut in einer „wissenschaftlich" genannten Perspektive erscheinen konnten, die nur wenig mit der ursprünglichen Freudschen Methode zu tun hat und demzufolge mit dem Methodeninventar der nomothetischen Realwissenschaft in eins gesetzt werden kann. Ist dieser Weg bis zum Ende durchschritten, so kann das Feld der originären psychoanalytischen Forschung – die therapeutische Situation – nur noch eine Hilfsfunktion erfüllen: Sie dient dann der Anregung zur Hypothesenbildung, während die möglichen Hypothesen auf einem anderen Feld zu überprüfen wären. Es kommt dabei also zu einer *Transformation*. Der Reflexionsgegenstand verliert seine Eigentümlichkeiten und wird in die Reihe jener Phänomene eingegliedert, die vom hermetisch abgesicherten Standpunkt des Ichs aus prinzipiell wahrnehmbar sind. Damit ist die Selbstzerstörung der *psychoanalytischen* Aufklärung vollendet (vgl. Nitzschke, 1985).

Erinnern wir uns also noch einmal an Freuds Kennzeichnungen des „Triebes". Der Begriff taucht erstmals in den „Drei Abhandlungen zur Sexualtheorie" (1905) auf und bezeichnet dort eine somatische Reizquelle, die psychische Konsequenzen hat. Diese Konsequenzen beziehen sich in erster Linie auf die angestrebte Befriedigung des Triebes mit Hilfe eines Objekts.

Die Begriffssprache, die von Freud verwendet wird („Objekt"), zeigt, daß es hierbei um eine sehr eigentümliche Sicht (oder Relation) geht. Denn das „Objekt", von dem hier die Rede ist, war ursprünglich (d. h. vor seiner Verinnerlichung, also im Unterschied zum *inneren* Objekt) ein anderer Mensch – ein Mensch mit *eigenen* Triebwünschen. Die Perspektive, die Freuds Sprache vermittelt, ist also *nicht* die Perspektive der Wechselseitigkeit, ist keine „objektive" Perspektive. Freud stellt das Geschehen ganz mit den Augen des Triebes dar, der bekanntlich *blind* ist und nur sich selbst kennt.

Folgern wir demnach: Es ist ein egozentrischer, ein für die Bedürfnisse des *Objekts* weitgehend blinder, ein primärnarzißtischer Standpunkt, von dem aus die Freudsche Triebtheorie entworfen worden ist. Man hat gerade diese *ausgewählte* Perspektive unzählige Male kritisiert, um Freud vorzuwerfen, die „wahren" Verhältnisse seien „anders" (nämlich z. B. wechselseitiger Natur). Das mag stimmen; doch damit ist noch nicht gesagt, daß es die von Freud dargestellte Perspektive im *Erleben* des Kindes oder auch des Erwachsenen nicht gebe. Und damit ist auch noch nicht die Tatsache zu bestreiten, daß diese Erlebensperspektive womöglich einen ganz entscheidenden Einfluß auf das Selbst- und Fremderleben sowie auch auf das Verhalten habe. Der gegen Freuds Sprache vorgebrachten Kritik und der damit implizierten Kritik am perspektivischen Standpunkt, von dem aus die entsprechenden theoretischen Konzepte Freuds formuliert worden sind, wäre zu erwidern: Wenn der in der Triebpsychologie abstrakt niedergelegte Faktor einen determinierenden Einfluß auf Erleben und Verhalten haben sollte, so lohnt es sich, diesen Faktor weitergehend zu untersuchen.

Ergänzend hierzu mögen Theorien über die Wechselseitigkeit der Beziehung (beispielsweise zwischen dem Kind und der Mutter) erarbeitet werden. Es ist jedoch unzulässig, beide Ebenen der Betrachtung gegeneinander argumentativ auszuspielen. Jede wissenschaftliche Aussage hat notwendig Grenzen, und allenfalls diese Grenzen sind nachzuweisen. Was innerhalb dieser Grenzen liegt, ist mit Hilfe der angegebenen Methode auf seine Verläßlichkeit hin zu überprüfen. Ein Wechsel der Methode bringt hingegen zwangsläufig auch eine Veränderung der Perspektive, schließlich des Reflexionsgegenstandes selbst mit sich.

Die Prozesse der Transformation des somatischen Bedürfnisses, das dem Mangel entspringt, in die psychologisch greifbare Form des Wunsches, schließlich die Verbindungen und Bruchstellen zwischen Triebziel und Triebobjekt kennzeichnen die sogenannten, von Freud erörterten Triebschicksale. Soweit in diesem Zusammenhang vom Objekt die Rede ist, geht es dabei in letzter Konsequenz stets auch um einen *Wunsch*: um den Wunsch nach Wiederherstellung einer (trieb-)befriedigenden Beziehung zu diesem Objekt. In der Verschmelzung mit dem Objekt kommt (oder *käme*) der Trieb zur Ruhe. Da diese Verschmelzung aber niemals endgültig zu erreichen ist (es sei denn, in der Form des Todeswunsches, die Freud ab 1920 zum Gegenstand seines Nachdenkens macht), bleibt der (Sexual-)Trieb ein stetiger Störenfried, ein rastloses Agens, das in der früheren Fassung der Freudschen Triebtheorie den Bestand des Individuums (dessen Selbsterhaltung) gefährdet, während es in der späteren Fassung der Triebtheorie (als „Eros" verpuppt) das Leben gerade sichert. Sehen wir an dieser Stelle von den damit implizierten Widersprüchen zwischen der früheren und der späteren Fassung der Triebtheorie ab, und bleiben wir bei unserer Grundaussage: Es geht um die Wiedervereinigung mit dem Objekt zum Zwecke der Erfüllung eines Wunsches; es geht um die Befriedigung eines Bedürfnisses; es geht um die Reorganisation eines psychosomatischen Integrationszustandes. Dieses Triebziel *könnte* mit Hilfe des Triebobjekts (endgültig) erreicht werden, falls eine Befriedigung des Triebes (endgültig) möglich *wäre*.

Der Konjunktiv an dieser Stelle verdeutlicht, daß es beim Trieb *immer* um eine Utopie geht, und zwar um eine in die Vergangenheit weisende Utopie, in der diese Utopie schon einmal erfüllt war (oder im *Wunsch* erfüllt zu sein schien) – in den Augenblicken des Glücks nämlich, in denen die *emotionale* Einheit zwischen dem Kind und der Mutter vorhanden war (sei es als emotionale Realität, sei es als „Illusion"). Es ist dieser „unhistorische Augenblick", der im Wechsel der Zeit festgehalten bzw. im Einspruch gegen die Gegenwart in der Zukunft (*an Stelle* der Vergangenheit) wiederhergestellt werden soll. Der Trieb ist nach *rückwärts* gerichtet – und stürmt gerade *deshalb* rastlos in die Zukunft.

Der Trieb will die Wiederherstellung eines früheren Zustandes; er ist prinzipiell der Regression und dem Lustprinzip verhaftet. Und weil er dabei häufig weder auf die Vernunft noch auf die Realität und auch nicht auf die legitimen Bedürfnisse jenes Objekts Rücksicht nimmt, an dem oder durch das er sich befriedigen will, handelt es sich beim „Trieb" um eine Macht, um eine „Kraft" – die *gebändigt werden muß*. Aber es sind zunächst keineswegs die Einsprüche „der" Vernunft, die diese Begrenzung des Triebes nahelegen, vielmehr sind es die Einsprüche des Objekts, auf das sich der Triebwunsch richtet. Dieses Objekt wehrt sich gegen seine unerbittliche Vereinnahmung, wehrt sich gegen den Willen zur Macht, dem es sich unterwerfen soll. Auch dieses Sichwehren ist keineswegs *ein*seitig: Mutter und Kind sind füreinander wechselseitig Objekte eines je eigenen Triebwunsches (wie später sich auch die Liebenden zueinander so verhalten, bis die „Leidenschaften" abgeklungen sind, das heißt, bis eine wechselseitig respektierte *Grenze* gefunden worden ist). Die Abwehr des Triebes (oder des Triebwunsches) erfolgt also ursprünglich durch das Objekt des Triebes, bevor diese Abwehr verinnerlicht, zur intrapsychischen Abwehr wird. *Ohne Abwehr ist nur das Glück* – das Glück jener seltenen Augenblicke, in denen der eigene Wunsch restlos identisch ist mit dem fremden Wunsch, in denen es also überhaupt keine Wünsche mehr gibt.

Der Trieb wird in der beschriebenen Weise „erlebt" – und diesem Erleben entsprechend von Freud theoretisch als eine Kraft dargestellt.

Freud spricht daher dem Trieb „Energie“ zu (Triebenergie), die – soweit es um die Sexualtriebe geht – „Libido“ genannt wird. *Psychisches* Äquivalent dieser „Kraft“ des Triebes ist – der *Affekt*. Trieb, psychische Energie, Libido, Erregungssumme und Affektbetrag sind bei Freud zum Teil ineinander überführbare Größen.

Es mag vielleicht für manchen überraschend klingen, wenn ich hier Trieb und Affekt umstandslos in eine Reihe bringe. Die Berechtigung hierfür ergibt sich jedoch, zum Beispiel, aus Freuds Ausführungen über die Triebrepräsentanz. Was versteht Freud darunter? – Er meint damit zum einen (unbewußte oder bewußte) Vorstellungen, „welche vom Trieb her mit einem bestimmten Betrag von psychischer Energie (Libido, Interesse) besetzt“ sind. Neben der Vorstellung kommt allerdings – Freud zufolge – noch „etwas anderes“ in Betracht. „Für dieses andere Element der psychischen Repräsentanz hat sich der Name *Affektbetrag* eingebürgert; es [also dieses „andere“ – B. N.] entspricht dem Triebe, insofern er sich von der Vorstellung abgelöst hat und einen seiner Quantität gemäßen Ausdruck in Vorgängen findet, welche als Affekte der Empfindung bemerkbar werden“ (1915, S. 254 f.). Die hier zitierten Äußerungen Freuds sind bedeutsam, denn sie belegen, daß der *Affekt* in Freuds Augen ein psychisches Äquivalent des Triebes ist.

Die Freudsche Triebpsychologie könnte demnach auch als eine verdeckte *Affekttheorie* verstanden werden; und da der Begriff der „Quantität“ zudem sowohl auf die Energetik wie auf die Metapsychologie verweist, könnten auch diese Teilstücke der psychoanalytischen Theorie als – bis heute mehr oder weniger unaufgeschlüsselte – Formen einer Affekttheorie angesehen werden. Freuds Metapsychologie, die das ökonomische, dynamische und topische Verhältnis der „Kräfte“ (sprich: der den Affekten entsprechenden Energien) abbilden soll, wäre somit erst noch zu entziffern. Diese Dechiffrierung wäre zu fordern, bevor – wie heute oftmals üblich – Triebpsychologie, Libidotheorie und Metapsychologie einfach nur verworfen werden.

VII/2. Nach diesen kurzen Zwischenüberlegungen zum Freudschen Triebbegriff ist nun der Ort genauer zu bestimmen, von dem aus sich das Sexuelle verflüchtigt hat – verstanden als das Triebhafte (oder genauer: als ein Teil desselben, da ja das Aggressive in der hier geführten Argumentation weitgehend unberücksichtigt bleibt). Es muß dies ein Ort sein, *an dem die Wahrnehmung und die dieser Wahrnehmung gemäße Theorie der unbewußt-primärprozeßhaft organisierten Triebrepräsentanzen nicht* *mehr erwünscht sind.* Es muß dies also genau der Ort sein, an dem die Einwände gegen die *Freudsche* Metapsychologie beginnen.

Sehen wir uns die Einstellung gegenüber der Metapsychologie exemplarisch anhand zweier Beispiele an. Ich wähle zu diesem Zweck die Vertreter zweier Positionen, die derzeit um das wissenschaftliche (Selbst-)Verständnis der Psychoanalyse miteinander ringen. Gemeinhin schwankt dieses Verständnis zwischen einer hermeneutischen und einer nomothetischen Einordnung der Psychoanalyse – nach alter Nomenklatur: zwischen Verstehen und Erklären. Gewiß gibt es im Freudschen Entwurf *beide* Positionen: Soweit Phantasien beispielsweise „verstanden" und in einen Zusammenhang gebracht werden, lesen sich Freuds Krankengeschichten wie „Novellen" (und die Hermeneutik gehört auch etwa zum Methodenarsenal des Literaturwissenschaftlers, der es seinerseits mit „Phantasien" recht eigener Art zu tun hat). Soweit Freud eindeutige Wenn-Dann-Aussagen, also erklärende Bedingungssätze, formuliert und auch zu gesetzesähnlichen Verallgemeinerungen seiner Aussagen voranschreitet, die etwa nur in Einzelfällen auf Beobachtungen beruhen, dann aber generalisiert werden, scheint es durchaus zulässig zu sein, die Bedingungen, unter denen die Beobachtungen möglich sind, sowie den Gültigkeitsbereich der davon abgeleiteten Aussagen zu überprüfen. Wollte man also jeweils einzelne Elemente aus dem Denkgebäude herausgreifen, so ließen sie sich wahlweise unter einem hermeneutischen oder unter einem nomothetischen Gesichtspunkt erörtern.

Hermeneutik im geisteswissenschaftlichen Sinne kann die Psychoanalyse insgesamt allerdings nicht sein, da sie mehr zu verstehen beansprucht als nur Sprachtexte. Sie versucht vor allem auch die Körpersprache zu verstehen und zu interpretieren. Daß sie nicht ausschließlich nomothetische Realwissenschaft sein kann, weil sie einen Reflexionsgegenstand besitzt, der sich dem Experiment und anderen Formen herkömmlicher empirischer Forschung nicht beugt, scheint plausibel zu sein, jedenfalls dann, wenn man die im vorliegenden Text formulierten Annahmen als begründet respektiert – hinsichtlich der Eigentümlichkeit der psychoanalytischen Methode und ihres Gegenstandes, der im *Grenzbereich* liegt, in den die Vernunft nicht vorzudringen vermag, falls sie sich nicht zuvor partiell selbst aufs Spiel gesetzt hat.

Zunächst einige kurze Bemerkungen zum dialektisch-hermeneutischen Verständnis der Psychoanalyse im Sinne Lorenzers (1974). Zwar ist bei Lorenzer (in dem hier angeführten Werk) von Sexualität im expliziten Sinne so gut wie nicht die Rede; doch Lorenzer hält an der Metapsychologie fest, somit im grundsätzlichen Sinne an der Triebtheorie. Da wir das „Sexuelle" in diesem Theoriebereich der Psychoanalyse verankert glauben, kann für Lorenzers Standpunkt zumindest ein implizites Festhalten an entsprechenden Entwürfen zur Sexualität unterstellt werden.

Nach Lorenzers Auffassung wäre die Metapsychologie (erweitert: die Triebtheorie) allerdings zu *dechiffrieren*. Sie enthält seiner Ansicht nach wertvolle Gesichtspunkte, müßte aber im Lichte einer Theorie der Vergesellschaftung des Menschen neu interpretiert werden. Was bei Freud zum großen Teil noch in der *Biologie* verwurzelt bleibe, sei im Sinne einer kritischen Theorie des Subjekts umzuformulieren. Auf diesem Wege sei der „Trieb" als ein gesellschaftlich organisiertes Ereignis zu begreifen, jedenfalls als ein Ereignis, das in all seinen Erscheinungsformen – und damit in allen Formen, die zum Gegenstand der theoretischen Reflexion werden können – bereits den bedingenden Einfluß der Gesellschaft dokumentiere. Unter dieser Voraussetzung bleibt Lorenzer ein Anhänger – und in Auseinandersetzung mit Thomä und Kächele (vgl. Lorenzer, 1974, S. 85 ff.) – auch ein Anwalt der Metapsychologie.

Ich will es bei diesen wenigen Bemerkungen zu Lorenzer belassen, die nur aufzeigen sollten, daß der Ansatz Lorenzers nicht notwendig einen Verzicht auf die Eigenständigkeit der Freudschen Methode impliziert. Um meine eigene Position derjenigen Lorenzers gegenüber abzugrenzen, sei hinzugefügt: Es könnte auch um eine *andersartige* Dechiffrierung der Metapsychologie gehen. Das hieße zunächst einmal, die Metapsychologie zu *verstehen* als die abstrakt-theoretische Abbildung einer Welt primärer Körpererfahrungen, wie sie vom Standpunkt des erwachsenen („wissenschaftlichen") Ichs aus *nicht* zu erleben sind. In einem weiteren Schritt wäre dann zu erörtern, ob diese Theorie nur abbildet oder tatsächlich auch etwas „erklärt". Die weitergehende Erörterung dieser Frage würde allerdings über den hier gesteckten Rahmen hinausreichen.

In schärfstem Gegensatz zur Position Lorenzers befinden sich Thomä und Kächele, von deren Arbeiten ich beispielhaft das „Lehrbuch der psychoanalytischen Therapie" (1985) auswähle, da es ihren Standpunkt zusammenfaßt und gut nachvollziehbar präsentiert. Die Autoren vertreten einen wissenschaftstheoretischen Standpunkt, demzufolge die Psychoanalyse als nomothetische Realwissenschaft – orientiert an den empirischen Wissenschaften vom Menschen, insbesondere an der akademischen Psychologie – zu begreifen sei oder zumindest in dieser Richtung weiterzuentwickeln wäre.

Wie bei Lorenzer, so spielt auch bei Thomä und Kächele der Begriff „Sexualität“ im expliziten Sinne so gut wie keine Rolle mehr. Von einer „ichpsychologischen“ Warte aus – jetzt verstanden im Sinne des zitierten Einwands, den Freud gegen Adler vorbrachte – werden bei Thomä und Kächele die „Gegenstände“ der psychoanalytischen Reflexion abgehandelt. Thomä und Kächeles Standpunkt bleibt gegenüber den metapsychologischen Darstellungen Freuds unerschüttert. Die Metapsychologie wird allenfalls im Sinne einer eher zweifelhaften, jedenfalls unwissenschaftlichen „Metaphorik“ gewertet. Das „wissenschaftliche“ Ich – verkörpert in Thomä und Kächele – hat sich somit einen Reflexionsgegenstand völlig unterworfen, von dem es einstmals – bei Freud – hieß, er sei überhaupt nicht zu haben, überhaupt nicht zu *sehen*, wenn man ihn von dieser Warte aus zu beobachten glaube. Erinnern wir uns – in Hinsicht auf Thomä und Kächele – also noch einmal an Freuds Einwand gegenüber Adler: „Die ganze Darstellung ist vom Ich aus gesehen ... Darin liegt die Stärke und die Schwäche der Adlerschen Darstellung. Die Dinge, die wir bisher studiert haben, *kann man auf diese Weise niemals sehen*“ (Nunberg, Federn, 1979, S. 145 – Herv. B. N.). Nun, was im „Lehrbuch“ von Thomä und Kächele dargestellt ist, soll nicht per se abgelehnt werden; es soll allerdings behauptet werden, daß diese Sichtweise in einem sehr weitreichenden Maß nicht mehr der Perspektive entspricht, die einst Freud einnahm und die es ihm ermöglichte, die Psychoanalyse überhaupt erst *in Abgrenzung* zur herkömmlichen Psychologie als *eigenständige Wissenschaft* (vom menschlichen Erleben) zu begründen.

Zurück bleibt bei Thomä und Kächele im wesentlichen die Untersuchung *affektiver Beziehungen* im Subjekt und zwischen den Subjekten. Dabei verliert der Affekt jedoch seine bei Freud vorhandene metapsychologische Fundierung. Die im herkömmlichen Sinne empirisch operationalisierbaren Korrelate des Affekts werden dadurch zum greifbar-begreifbaren Untersuchungsgegenstand. Die phantastische Wahrnehmung des Affekts, dessen Innenansicht, wie sie meines Erachtens in der Metapsychologie abstrakt dargestellt worden ist, geht verloren. Als symptomatisches Indiz für meine Behauptung sei angeführt: Im Stichwortverzeichnis des „Lehrbuchs“ tauchen „*unbewußte* Phantasien“ als eigenständige Rubrik überhaupt nicht mehr auf. Eine Auswahl der aus dieser wissenschaftstheoretisch eingenommenen Position resultierenden Bemerkungen von Thomä und Kächele zur Metapsychologie, Libidotheorie und Triebpsychologie sei im folgenden zur Illustration angeführt:

- „... die Metapsychologie – ist in den letzten Jahrzehnten ins Wanken geraten. Im Verzicht auf diese Dachkonstruktion, durch die Freud die Psychoanalyse den Naturwissenschaften zuzuordnen versuchte, sehen viele den Beginn einer neuen Ära ..." (1985, S. 14);
- ... die „Metapsychologie, der alle Merkmale einer nachprüfbaren naturwissenschaftlichen Theorie fehlen ..." (1985, S. 26);
- ... die „metapsychologischen Pseudoerklärungen ..." (1985, S. 26);
- „Es ist kein Zufall, daß die überall in die klinische Theorie hineinreichende Krise der Metapsychologie manifest wurde, als man die hypothesenprüfende Forschung systematisch vorbereitete. Bei der klinischen oder experimentellen Nachprüfung von Theorien kann man nicht von metapsychologischen Spekulationen ausgehen, die ein Gemisch aus weltanschaulich-naturwissenschaftlichen Ideen, tiefgründigen metaphorischen Aussagen über den Menschen sowie genialen Beobachtungen und Theorien über die Entstehung seelischen Leidens enthalten" (1985, S. 16);
- „Die metapsychologischen Erklärungen lagen ... jenseits der Reichweite der psychoanalytischen Untersuchungsmethode. Denn die Richtigkeit der Metapsychologie läßt sich mit Hilfe der psychoanalytischen Unteruchungsmethode nicht nachweisen, soweit sich das ökonomische Prinzip auf zentralnervöse Vorgänge bezieht, die nur einer physiologischen Untersuchung zugänglich sind" (1985, S. 17);
- „... in der Metapsychologie bzw. auch hinter ihr liegt Freuds persönliche Philosophie ..." (1985, S. 18);
- „Die Hexe Metapsychologie führt also nicht in imaginäre Gefilde, sondern zu handfesten Quantitäten, die Freud allerdings dort lokalisiert, wo die psychoanalytische Methode niemals hingelangen kann ...: im Körper" (1985, S. 22);
- „Deshalb kommt Holt (1976) nach ausführlicher positiver Würdigung der klinischen Daten der Libidotheorie, also der psychosexuellen Entwicklung des Menschen, zu dem Ergebnis, daß der Trieb als *metapsychologischer* Begriff tot und durch den Wunsch zu ersetzen sei" (1985, S. 28);
- der „schwer durchschaubare Mischmasch der Metapsychologie ..." (1985, S. 29);
- „Wir glauben, daß die Kritik an der Triebenergetik der wissenschaftlichen Tiefenpsychologie neue Dimensionen eröffnet hat" (1985, S. 30);
- der „oft geradezu deformierende Einfluß" der „metapsychologischen Annahmen" „auf die klinische Erfahrung ..." (1985, S. 382).

Belassen wir es bei dieser Auswahl an Zitaten. Faßt man die darin enthaltenen Gesichtspunkte illustrativ zusammen, so ergibt sich die folgende Position: Von der „hypothesenprüfender Forschung“ müssen die „metapsychologischen Spekulationen“ verworfen werden, von denen behauptet wird, (a) sie lägen „außerhalb der Reichweite der psychoanalytischen Untersuchungsmethode“, da sie sich (b) auf Vorgänge bezögen, die nur einer „physiologischen Untersuchung zugänglich“ seien. Dem „Trieb als *metapsychologischer* Begriff“ wird der Totenschein ausgestellt (er ist „tot“); an seine Stelle tritt der Begriff „Wunsch“ (der allerdings auch bei Freud bereits ein in Verbindung mit dem Trieb *zentraler* Begriff ist). Zurück bleibt das offene Eingeständnis der Autoren, Freuds Metapsychologie *nicht zu verstehen*: Der „schwer durchschaubare Mischmasch der Metapsychologie“ landet auf den Müllhalden überwundener wissenschaftlicher Irrtümer.

Halten wir demgegenüber mit dem vorangestellten Zitat aus Horkheimers und Adornos Schrift „Dialektik der Aufklärung“ fest: Nicht alles, was „als nutzloser Ballast dem Vergessen überantwortet wird“, ist so nutzlos, wie es den „positivistischen Reinigern“ erscheinen mag. Das gilt insbesondere für Freuds Metapsychologie, von der erst noch zu erweisen wäre, daß sie tatsächlich nicht mehr enthält als das, was die von Freud aus der Physiologie des 19. Jahrhunderts übernommene Sprache vordergründig zum Ausdruck bringt. Von der also noch zu erweisen wäre, daß ihr Gegenstand tatsächlich identisch ist mit einem möglichen Gegenstand der Neurophysiologie und daß die in der Metapsychologie niedergelegten (von uns unterstellten) Körpererfahrungen tatsächlich nicht angemessen mit der psychoanalytischen Untersuchungsmethode zu beobachten seien.

Zunächst sei festgehalten: Die angeführten Zitate aus dem „Lehrbuch“ belegen die These, derzufolge der Ort, an dem sich das Triebhaft-Sexuelle (zumindest in seinem metapsychologischen Sinn) aus der psychoanalytischen Theorie verflüchtigt, dort liegt, wo die metapsychologischen „Spekulationen“ Freuds nicht mehr verstanden werden können. Die Libidotheorie, die Triebenergetik, schließlich die subtile Wahrnehmung von Körperprozessen verflüchtigen sich mit der Metapsychologie. Dem ist entgegenzusetzen: Erst unter der Voraussetzung einer vorübergehenden Infragestellung des Ichs und seiner Realitätsauffassung wären Wahrnehmungen überhaupt noch zu machen, die im metapsychologisch-theoretischen Entwurf Freuds ihren abstrakten *Ausdruck* gefunden haben.

Allerdings: Die Behauptung von Thomä und Kächele, die Metapsychologie beziehe sich auf den *Körper* (vgl. 1985, S. 22), kann als zutreffend anerkannt werden. Unzulässig ist es hingegen, den Körper deshalb nun völlig der Physiologie zu überlassen, so als ließe sich das von Freud mit Hilfe der Metapsychologie beschriebene Körperbild, dessen dynamischer Wechsel, nicht auch *psychologisch* verstehen. Ich meine: Es ging Freud eben gerade nicht darum, in der Metapsychologie einen Ersatz für die Arbeit im physiologischen Labor Brückes zu phantasieren bzw. sich mit Hilfe einer unwissenschaftlichen Metaphorik unter Rückgriff auf die Sprache der Physiologie über den Verlust seines Arbeitsplatzes im physiologischen Labor hinwegzutrösten.

An dieser Stelle ist eine Zwischenbilanz zu ziehen. Wenn ich auch den Ort, an dem sich das Sexuelle – *mit* der Metapsychologie – aus der Psychoanalyse endgültig zu verflüchtigen scheint, anders als Parin bestimmt habe, so zeigt sich doch auch eine grundsätzliche Übereinstimmung mit der von Parin vertretenen Position: Der Grund für die Eliminierung des „Sexuellen" (im Verbund mit der Metapsychologie) liegt in einem bestimmten Wissenschaftsverständnis. Mit Parin gilt daher, daß es letztlich gar nicht nur um eine „Verflüchtigung des Sexuellen" aus der Psychoanalyse geht, sondern um die „Tendenz zur Auflösung der psychoanalytischen Methode oder zur Abschaffung der Psychoanalyse als Wissenschaft". Daher muß man davon reden, „daß die Psychoanalyse aufgegeben worden ist" (Parin, 1986, S. 12).

Ist dieser Verzicht auf den originären Gegenstandsbereich der Psychoanalyse erst einmal geleistet, konnte man so das Wissen von ehedem erfolgreich verdrängen, anstatt es weiterführend zu klären, brauchten sich die Kritiker der Metapsychologie keine Rechenschaft mehr über die Gründe und Abgründe der verworfenen Theorie zu geben. Am Ende siegt schließlich doch Adler über Freud. Oder, gegen Freud gewandt: Wenn dessen therapeutisches Programm tatsächlich erfüllt ist, wenn das Ich den Trieb endgültig *beherrscht*, dann kann es ihn auch nicht mehr in seinen ursprünglicheren Gestalten wahrnehmen. Dann ist endlich wieder ein „objektiver" Standpunkt erreicht, der es gestattet, über die Dinge zu reden, anstatt sie von *innen* her in ihrer eigenständigen Form wahrnehmend zur Sprache zu bringen. Wenn ein solch „objektiver" Standpunkt erst einmal wissenschaftlich abgesichert ist, dann steht die Vernunft allerdings wieder vor einer (Freudschen) Theorie des Triebes, die sie nicht mehr verstehen kann. Mit gutem (wissenschaftlichem) Gewissen kann dann verworfen werden, was ohne solche Selbstbefriedung nach wie vor Ansporn zum Nachdenken sein müßte.

Aus den hier vorgetragenen Einwänden gegen die von Thomä und Kächele vertretene Position folgt allerdings *nicht* der Umkehrschluß, die von diesen Autoren vorgeschlagene Untersuchung affektiver Prozesse sei an sich unzulässig, unfruchtbar oder per se antiaufklärerisch. Sie ist dies meines Erachtens *nur* insofern, als damit zugleich ein anderer, originär Freudscher Untersuchungsansatz, der u. a. in den metapsychologischen Überlegungen seinen Ausdruck gefunden hat, als unwissenschaftlich *disqualifiziert* wird. Und nur insofern gilt gegen Thomä und Kächele der Vorwurf eines erkenntnisbehindernden Revisionismus. Klarheit wäre demgegenüber in jenem Punkt herzustellen, wie die *Differenz* zwischen dem Freudschen Ansatz und der von Thomä und Kächele vorgeschlagenen Revision beschaffen ist. Dann ließe sich auch feststellen, daß man *notwendig* zu unterschiedlichen Beobachtungsdaten und Abstraktionen (Theorien) kommen muß, je nachdem, welche Beobachtungsperspektive, welche Methode und welchen Gegenstandsbereich man wählt – und zwar in Abhängigkeit von der emotionalen Aufgeschlossenheit des Beobachters, die Ausgangspunkt aller hier erörterten Beobachtungs*möglichkeiten* bleibt.

VII/3. Im folgenden sei nun das Problem der Verflüchtigung des Sexuellen aus der Psychoanalyse noch einmal anhand eines anderen Beispiels erörtert. Ich will dabei kurz auf einige Äußerungen Kohuts eingehen, von denen ich glaube, sie seien für den Standpunkt dieses Autors halbwegs charakteristisch. Doch zunächst noch einmal ein Zitat aus dem „Lehrbuch" von Thomä und Kächele, das zur nachfolgenden Argumentation überleiten soll:

> Schon der Säugling konstruiert seine Erfahrung in aktiver Weise. Bei diesen interaktionellen Prozessen spielen Affekte eine hervorragende Rolle. Die Libidotheorie deckt diese Prozesse affektiver Wechselseitigkeit nicht ab. Spitz (1976) hat aufgezeigt, daß Freud das libidinöse Objekt ganz vorwiegend vom Standpunkt des Kindes (und seiner unbewußten Wünsche) aus und nicht auf dem Hintergrund der wechselseitigen Beziehung zwischen Mutter und Kind betrachtet hat. Diese Tradition hat sich so tief eingegraben, daß Kohut die Selbstobjekte aus der hypothetischen narzißtischen Sicht- und Erlebnisweise des Säuglings abgeleitet hat (1985, S. 46).

Diese Bemerkung belegt nach Ansicht der Autoren abermals, daß die Libidotheorie zu verwerfen sei, da sie die „Wirklichkeit" der Interaktion zwischen dem Säugling und der Mutter (erweitert: die Interaktion zwischen zwei libidinös aneinander gebundenen Menschen) nicht beschreibe. Setzen wir diese Ansicht als stimmig voraus, dann heißt dies nur, daß der Bereich *einzuschränken* wäre, den die

Libidotheorie zu beschreiben, möglicherweise sogar zu erklären versucht.[5]

Die von Thomä und Kächele vorgetragene Kritik an der Libidotheorie (unter Berufung auf Spitz und in Wendung gegen Kohut) charakterisiert zum einen die Beziehung zwischen dem Kind und der Mutter, wie sie vom „erwachsenen" Standpunkt aus *erscheint*. Implizit verdeutlicht sie aber zugleich die Perspektive des Erlebnisstandpunktes, der von der Freudschen Libidotheorie hypothetisch dem Kind zugeschrieben wird. Dieser Erlebnisstandpunkt gilt zugleich für den Erwachsenen unter regressiv veränderten Wahrnehmungsbedingungen. Unter dieser Perspektive erscheint das Triebobjekt als Wunsch- und Phantasieobjekt. So gesehen (oder besser: erlebt) ist das Objekt ein *Teil* – und zwar der zur Reorganisation der psychosomatischen Integrität *fehlende Teil* – der subjektiven Bedürfniswelt desjenigen, der nicht seiner Vernunft, sondern seinem triebhaft bedingten Wunsch folgt. Die Erforschung dieser Bedürfniswelt und die Darstellung ihrer Bedeutungsgehalte, also die *theoretische Interpretation dieser Welt* – das waren nun einmal wesentliche Reflexionsgegenstände für Freud. Allen „objektiven" Einwänden Thomäs und Kächeles zum Trotz bleibt diese Bedürfnis- und Bedeutungswelt der ursprüngliche Gegenstand der psychoanalytischen Erkenntnis; und Kohut bleibt, zumindest unter dem von Thomä und Kächele genannten Aspekt betrachtet, tatsächlich in der Freudschen Tradition.

Habe ich soeben Kohut gegenüber der an ihm von Thomä und Kächele geübten Kritik verteidigt, so ist eine kritische Auseinandersetzung mit Kohuts Positionen – unter einem *anderen* Aspekt vorgebracht – dennoch sinnvoll. Auch Kohut erhebt nämlich den Anspruch, Freuds Triebtheorie, wenigstens zum Teil, überwunden zu haben, wenn er schreibt:

> Der Versuch, die in der Analyse narzißtischer Persönlichkeitsstörungen aktivierten Manifestationen der Übertragung mit Hilfe der Triebpsychologie und des begrifflichen Rahmens des strukturellen Modells der Psyche zu erklären ..., kann mit dem Versuch verglichen werden, innerhalb des Rahmens der Ästhetik die Schönheit oder Häßlichkeit eines Gemäldes durch Untersuchung der Art und Verteilung der vom Maler verwendeten Pigmente zu erklären, oder, im Rahmen der Literaturkritik, mit dem Versuch, Gelingen oder Mißlingen eines Romans durch Bestimmung des vom Autor verwendeten Vokabulars oder der Satzstruktur zu bestimmen (1981, S. 72 f.).

Die „klassische Metapsychologie", so fährt Kohut fort, eigne sich nicht, „die Störungen des Selbst" zu erklären; auch dies entspreche nämlich einer unzulässigen Reduktion, vergleichbar dem Versuch, „die Komplexität menschlicher Physiologie in Gesundheit und Krankheit im Rahmen der anorganischen Chemie zu erklären" (1981, S. 73). Mag sein, daß der Geltungsbereich der Metapsychologie auch unter diesem Gesichtspunkt einzuschränken wäre. Das würde aber voraussetzen, diesen Geltungsbereich zuvor genau zu bestimmen bzw. die Aussagen der Metapsychologie von jenem Standpunkt aus zu interpretieren, von dem aus sie entworfen worden sind. Geschieht dies nicht, so handelt es sich beim Einwand gegen die Metapsychologie allenfalls um ein Bonmot. Immerhin deuten die Formulierungen und Vergleiche Kohuts an, worum es in der Metapsychologie geht: um eine Mikroanalyse subtilster Prozesse, für deren Wahrnehmbarkeit ich eine ganz spezifische Beobachtungsposition vorausgesetzt habe.

Der entscheidende Einwand, den Kohut in die Diskussion um die Triebpsychologie einbringt, hört sich jedoch noch einmal anders an. Nach Kohuts Ansicht sind die von Freud beschriebenen sexuellen (und auch aggressiven) Triebwünsche des Kindes nämlich keineswegs Bestandteile einer *normalen* Entwicklung. Kohut begreift solche Triebwünsche vielmehr – jedenfalls zum großen Teil (vgl. 1981, S. 75 ff.) – als die *Folgen einer gestörten Entwicklung*. Nur das Kind, das aufgrund mangelnder empathischer Spiegelung durch die Mutter (erweitert: durch die Eltern) kein kohärentes Selbst entwikkeln konnte, zeigt, Kohut zufolge, die von Freud beschriebenen sexuellen und aggressiven Triebregungen, mit deren Hilfe es der latenten oder manifesten Fragmentierung seines Selbst entgegenzuwirken sucht:

> ... d. h. wenn das Selbst des Kindes durch den Mangel an empathischen Reaktionen des Selbstobjektes ernstlich fragmentiert und geschwächt ist, dann können die Formulierungen der Triebpsychologie zwar die entscheidenden psychologischen Schwankungen zwischen dem kohärenten und dem fragmentierten Selbst nicht angemessen einbeziehen, aber durchaus geeignet sein, den neuen Zustand in erfahrungs*fernen* Begriffen zu erklären (Kohut, 1981, S. 77 – Herv. B. N.).

Mit anderen Worten: Bei Kohut kommt es nicht nur zu einer partiellen Zurückweisung der Metapsychologie und der Triebpsychologie, sondern zu einer vollständigen Umkehrung des Menschenbildes, das Freud gezeichnet hat. Kohut zufolge entwickeln sich die Menschen „normalerweise" glücklich und zufrieden, weil „normalerweise" zwischen dem Kind und der Mutter (erweitert: den Eltern) phasenspezifisch glückliche Beziehungen vorhanden sind. Dieser theoretische Entwurf des Paradieses bei Kohut kommt einer Umkehrung der Welt als Tragödie, wie Freud sie gezeichnet hatte, gleich. Es liegt auf der Hand, daß Kohuts Konzeption dem Narzißmus des Rezipienten besser entspricht als die von Freud vorgetragene Sicht der tragischen Realität der menschlichen Natur.

Für die Auffassung der menschlichen Sexualität hat dies beträchtliche Auswirkungen: Bei Freud erscheint die menschliche Sexualität in ihrer unsozialisierten Form als ein Chaos verschiedenartigster Impulse, die von Freud allesamt als „pervers" bezeichnet bzw. als Teilvorbilder möglicher manifester Perversionen begriffen werden. Freuds Sicht erlaubt es demnach dem „normalen" Erwachsenen nicht, sich selbst als *prinzipiell* verschiedenartig dem „Perversen" gegenüber zu verstehen (dessen negatives Abbild nach Freuds Auffassung der „Neurotiker" verkörpert). Dies gilt vor allem deshalb, weil Freud behauptet, daß all jene polymorph-perversen infantilen Impulse auch bei geglückter Entwicklung im „Unbewußten" des „normalen" Erwachsenen fortbestehen. Bei Kohut hingegen gibt es den „Normalen" per se; lediglich unglückliche Umstände erzwingen „perverse" oder sonstige unerwünschte sexuelle (und aggressive) Manifestationen. Diese gäbe es nicht, gäbe es eine glückliche Welt. Da es diese glückliche Welt aber bis heute vorerst noch nirgendwo gegeben zu haben scheint (es sei denn, man fände sie mit Wilhelm Reich im idealisierten Urzustand irgendeines „primitiven" Volkes), neigen wir zum Zwecke einer realistischeren Sicht wohl doch besser den Auffassungen Freuds zu.

Folgen wir hingegen Kohuts Sicht, so ergibt sich, daß die von Freud gezeichnete Realität der menschlichen Sexualität lediglich das Produkt der Wahrnehmung ist, die ein fragmentiertes Selbst ermöglicht:

> Da beim Fehlen des Selbst die Triebe in den Mittelpunkt des Seelenlebens rücken, können wir erwarten, daß eine Triebpsychologie uns gute Dienste leisten wird, wenn wir empathisch das Verhalten des sehr kleinen Kindes und die Erfahrungswelt des schwer regredierten Psychotikers untersuchen (1981, S. 91).

Es ist sehr wahrscheinlich – und entspricht im übrigen der von mir in diesem Text vertretenen Position –, daß Kohut (in begrenztem Umfang) mit dieser Meinung recht hat. Da es das Unglück aber nun einmal will, daß viele Menschen in der sexuellen Begegnung mit sich selbst und mit einem anderen Menschen in Zustände geraten können – vorausgesetzt, sie haben überhaupt noch den Mut, sich den Leidenschaften zu überlassen –, deren Erlebnis- und Bedeutungswelt sehr viel Ähnlichkeit mit der eines „sehr kleinen Kindes" oder gar der eines „schwer regredierten Psychotikers" haben kann, bleibt Kohuts Einwand *relativ*. Das heißt, es ist eine Frage der *Relation*, inwieweit man Kohuts Feststellung als Kritik an Freuds Position oder aber als deren nachträgliche, wenngleich unfreiwillige Bestätigung auffassen will.

Vielleicht ist es doch ein Glück im allgemeinen Unglück dieser Welt, daß Freud den *Mut* zur Erkenntnis hatte, die uns Auskunft über die Erfahrungswelten gibt, denen wir in der einen oder anderen Weise immer begegnen könnten, sei es aufgeschlossen oder abwehrend. Als abstrakt-theoretisch gefaßte Auskunft über diese Welt wären die Freudsche Metapsychologie und Triebtheorie zu verstehen.

VII/4. Der vorliegende Text wurde eingeleitet mit einem Zitat aus der „Dialektik der Aufklärung", und er begann mit dem Hinweis, das Adjektiv „sexuell" sei im historischen Zeitalter der Aufklärung, im 18. Jahrhundert, entstanden, während im 19. Jahrhundert eine Zusammenfassung zahlreicher Komponenten unter dem Begriff „Sexualität" stattgefunden habe. Freuds Bemühen, den Begriff Sexualität erneut in das Vielfältige und Besondere aufzulösen, das sich im Begriff verbirgt, wurde charakterisiert als ein Versuch, dem Besonderen erneut Wert zuzusprechen. Das ist überhaupt ein wesentliches Merkmal der Bemühungen Freuds: Mit Hilfe der Reflexion und durchaus geleitet vom Begriff, sprengt er die Fesseln, die das Allgemeine dem Besonderen auferlegt. Dies geschieht in *radikaler* Weise im therapeutischen Prozeß: Hier gilt das Allgemeine *nicht* mehr. Das emanzipatorische Interesse des therapeutischen Prozesses der Psychoanalyse besteht ja gerade darin, das Besondere, das Individuelle, das Einmalig-Erlebte, das nur durch die je besondere Individualität Ausgezeichnete, dem Allgemeinen gegenüber zu verteidigen. Kein Erlebnis gleicht dem anderen; und wenn das Erlebnis in seiner je individuellen Bedeutung endlich zur Sprache kommen kann, entrissen den Klischees der allgemeinen Sprache, *dann* ist es zu sich selbst gekommen. Dann hat letztlich nicht „die" Vernunft gesiegt, sondern das Individuum hat auf vernünftige Weise sich selbst, seine eigenen Erregungen und Phantasien erkannt, eine Ordnung gefunden, die sich gegen die Behauptungen des Allgemeinen zu bewähren hätte. Autonomie in diesem Sinne bedeutet den Sieg des Individuell-Besonderen über das Allgemeine. Auf diese Weise wird das Besondere zugleich aus seiner Isolation befreit, da es in der

Beziehung zum anderen Menschen, in der therapeutischen Beziehung, zur Sprache kommen darf.

Gewiß, es gibt auch die gegenläufige Tendenz im Denken Freuds: Aus den auf diese Weise gewonnenen Einsichten in das Besondere wird versucht, allgemeine Aussagen zu extrahieren, Leitlinien, die über den Einzelfall hinaus Gültigkeit beanspruchen. Inwieweit solchen Allgemeinsätzen allerdings Gültigkeit zukommt, muß in jedem einzelnen Falle – jedenfalls in jeder einzelnen Behandlung – erneut überprüft werden. Und der Psychoanalytiker weiß, daß die *heilende* Wirkung niemals dadurch zustande kommt, daß der Analysand sich nun in allgemeinen Begriffen verstehen kann, sondern einzig dadurch, daß er fähig ist, in sich das Besondere zu erleben und es gegenüber dem Anspruch der Verallgemeinerung zu verteidigen. So gesehen bedeutet die analytische Kur den Versuch, die *Differenz* zu verteidigen – und zwar nicht nur gegenüber dem Anspruch der Allgemeinheit, sondern auch gegenüber dem individuellen *Wunsch* des Analysanden, sich selbst regressiv wieder im Allgemeinen, in der Undifferenziertheit aufzulösen. Mag dieser Wunsch auch das innerste Wesen des Triebes sein – als vernünftiges Wesen im Sinne Freuds ist der Mensch nur dann Herr seiner Triebe, wenn es ihm gelingt, den Schmerz der Trennung zu bewältigen und damit seine eigene Individualität zu *bejahen*.

Ursprünglich ist auch der Mythos ein Versuch, das Besondere darzustellen, um es, durch das Ritual vermittelt, in Beziehung zu setzen mit der Erfahrung des Kollektivs. Der Mythos ist zunächst nur Bericht, Erzählung. In Form der Mythologie schlägt er dann aber um in eine Lehre, in ein System, wird er zum Versuch, in das Disparate und Vereinzelte Ordnung, Übersicht, Hierarchie zu bringen. In diesem Sinne wird der Mythos bereits, wie Horkheimer und Adorno meinen, zur Aufklärung. Deren Ziel ist die *Beherrschung* der Natur außerhalb und innerhalb des Menschen, ein Ziel, das in einen neuen Mythos – in den Mythos der Beherrschbarkeit – umschlägt. Und zuletzt verschleiert dann Aufklärung als erneute Mythenbildung die Herrschaft des Menschen über den Menschen, die sich hinter der Ideologie der Beherrschung der Natur durch den Menschen verbirgt.

Das ist gemeint, wenn von der „Dialektik" der Aufklärung die Rede ist. „Die vielen mythischen Gestalten lassen sich der Aufklärung zufolge alle auf den gleichen Nenner bringen, sie reduzieren sich auf das Subjekt." Und: „Als Sein und Geschehen wird von der Aufklärung vorweg nur anerkannt, was durch Einheit sich erfassen läßt; ihr Ideal ist das System, aus dem alles und jedes folgt" (Horkheimer, Adorno,

1971, S. 10). Noch einmal anders formuliert: „Die bürgerliche Gesellschaft ist beherrscht vom Äquivalent. Sie macht Ungleichnamiges komparabel, indem sie es auf abstrakte Größen reduziert ... Beharrt wird auf der Zerstörung von Göttern und Qualitäten" (1971, S. 11).

Im Namen der Befreiung von Herrschaft kommt es so zu erneuter Herrschaft, die sich die Differenz, das nicht Vergleichbare, das Besondere, das jedem Vergleich Widerstrebende unterwirft. Vom Banne des mythischen Denkens sich zu befreien ist das eine; das andere ist die Arbeit an einem neuen Bann, der das Besondere ins Allgemeine verbannt, um es so dem Gesetz zu unterwerfen. Demgegenüber würde Freiheit bedeuten, das Erleben, das in einem ersten Schritt in den Mythen zum Ausdruck kommt und in einem zweiten Schritt dem Gesetzmäßigen unterworfen wird, immer wieder von neuem erfahrbar zu machen, es zu sich selbst kommen zu lassen. Wo dies gelingt, ist vom „Glück" die Rede, hat der „unhistorische Augenblick" die Zeit und damit auch den Raum aufgebrochen. Geschieht dies, so ist vom Glück nicht mehr die Rede, denn in diesem „unhistorischen Augenblick" findet jede Rede ihr Ende.

Rohde-Dachser (1989) hat nun neuerdings den Diskurs über die Sexualität in der Psychoanalyse u. a. am Beispiel der Freudschen Theorien über die Geschlechterdifferenz weitergeführt. Sie erhebt den Anspruch, Freuds Theorie über die weibliche Sexualität, insbesondere die, die er „im Rahmen seiner Metapsychologie entwickelte" (1989, S. 196), mit Hilfe der Dialektik der Aufklärung einer weitergehenden Kritik auszusetzen. Ihre Grundthese lautet: Die Freudsche Theorie der Geschlechterdifferenz, mit der seine Theorie der Weiblichkeit verbunden ist, schlage um in eine neue Remythologisierung, da die in dieser Theorie thematisierten unbewußten Phantasien – Kastrationsangst und Penisneid – nicht das Eigentliche, nicht das Wesentliche seien. Dahinter läge eine noch tiefere Phantasie, jene der Ungeschiedenheit nämlich, der Wunsch, mit dem primären Objekt jenseits aller (Geschlechter-)Differenz eine zeitlose Einheit aufrechtzuerhalten. Wie die unbewußten Phantasien (Kastrationsangst, Penisneid) erfasse die diesen Phantasien zu verdankende Theorie Freuds nur den abgewehrten Wunsch nach primärer Einheit – oder sie bringe diesen Wunsch in verschlüsselter Form zum Ausdruck, wobei Rohde-Dachser die Anleitung zur Entschlüsselung der Phantasien wie der Theorie zu liefern glaubt.

Wie man sieht: Rohde-Dachser beansprucht die Dialektik der Aufklärung im Hinblick auf die Freudsche Aufklärung (die zwei zentrale unbewußte Phantasien in ihrer *Differenz* zu würdigen suchte), um genau das zu unternehmen, was Horkheimer und Adorno als den die Aufklärung beherrschenden Zug entlarvten, nämlich im Namen der Befreiung von Herrschaft die Herrschaft des Undifferenziert-Allgemeinen erneut zu festigen. Indem es Rohde-Dachser scheinbar gelingt, die Freudschen Auffassungen auf ein „Letztes", auf den Wunsch aller Wünsche zu reduzieren, gelingt es ihr zugleich in paradoxer Weise, das unbewußt-phantastische Erleben der Differenz der Geschlechter wieder einzuebnen. Sie befreit auf diese Weise beide Geschlechter von dem je exquisiten leitenden *Affekt* – von der (Kastrations-)*Angst* des Mannes, vom (Penis-)*Neid* der Frau –, Affekte, die Freud zufolge das unbewußte Erleben der Geschlechter bestimmen. Zurück bleibt der undifferenzierte Wunsch, der tatsächlich seit Freud, spätestens aber seit Ferenczi, als ein letzter Bezugspunkt gelten kann.

Tatsächlich aber ist dieser letzte Bezugspunkt nicht das Wesentliche. Vielmehr wäre die Ausdifferenzierung dieses Wunsches im Falle der beiden Geschlechter wesentlich, um die Differenz im Erleben erkennen zu können. Und Versöhnung mit der Differenz, also Versöhnung zwischen den Geschlechtern, bestünde nicht darin, den Geschlechtern zu suggerieren, am Ende wollten sie doch dasselbe, vielmehr ihnen Einblick zu gewähren, warum sie, *obgleich* sie dasselbe wollen, doch sehr verschieden erleben *müssen*. Rohde-Dachsers Versuch, mit Hilfe der Dialektik der Aufklärung über Freud hinauszugelangen, schlägt um in eine neue Remythologisierung; sie bringt also genau das zustande, was sie Freud vorwerfen zu müssen glaubt.

Wenn Rohde-Dachser die – für sie anscheinend verblüffende – Entdeckung macht, die der Freudschen Theorie zugrundeliegenden unbewußten Phantasien – Kastrationsangst und Penisneid – seien Ausdruck des Erlebens eines kleinen Kindes, so hat sie natürlich recht. Freud hat nie behauptet, etwas anderes aussagen zu wollen als dies: Daß es noch in jedem Erwachsenen eine Schicht des Erlebens gibt, in der er *als Kind* fühlt, phantasiert und denkt. Gegenstandsbereich seiner Aussagen über die Geschlechterdifferenz ist diese Schicht des Erlebens, die abstrakt-theoretisch dargestellt werden sollte. Wer immer daraus Wesensaussagen zur Wahrheit der Geschlechter überhaupt ableitet, überschreitet den Gegenstandsbereich; und wer die Freudschen Aussagen im Sinne einer Ideologie benutzt, tut dies auf eigene Verantwortung und mag zu Recht kritisiert werden.

Im übrigen mag alles so sein, wie Rohde-Dachser es behauptet: Kastrationsangst und Penisneid mögen Phantasiebildungen sein, die speziell von einem Mann entdeckt wurden, der damit einen noch tieferliegenden Wunsch zu verschleiern suchte. Es gibt kein Denkverbot, Freuds Konstruktionen weitergehend zu interpretieren. Soweit Freud nicht als Verkünder ewiger Wahrheiten verehrt, sondern als Wissenschaftler ernstgenommen wird, stehen – wie in jeder Wissenschaft – alle seine Theoreme der Kritik zur Verfügung. Damit sind natürlich auch andere Wege der Reinterpretation eröffnet als jene, die Rohde-Dachser beschreitet; etwa dieser: Die Angst des Mannes, den Penis zu verlieren, die sich in der Kastrationsangst darstellt, könnte auch verstanden werden als eine Angst, mit dem Penis die *Differenz* zur Frau-Mutter zu verlieren, in der Einheit mit ihr wieder unterzugehen. Und der Neid der Frau auf den Penis des Mannes, wenn er sich denn in einer Analyse als *Erleben* nachweisen läßt, könnte verstanden werden als Neid auf ein symbolisches Zeichen, das die Individuation, die Trennung von der Mutter, halbwegs verläßlich zum Ausdruck bringt. Wollte man das gemeinte unbewußte Phantasieren in dieser Weise auffassen, so hätten Kastrationsangst und Penisneid eine *gemeinsame* Wurzel, und sie verwiesen keineswegs nur auf den Wunsch der Wünsche (mit der Mutter erneut zu verschmelzen), sondern auch auf die Angst der Ängste (die sich mit denselben Worten ausdrücken läßt: mit der Mutter wieder zu verschmelzen). Wunsch und Angst wären am Ende und am Anfang identisch, bezögen sich auf dasselbe Ereignis. Und das Drama, das Freud beschrieben hat, wäre zu verstehen als der ewige Konflikt, die eigene Identität zu bewahren und sie doch aufzulösen.

Auch diese Reinterpretation mag richtig oder falsch sein, mag sich durch die konkrete Analyse des Erlebens eines Erwachsenen im Verlauf der therapeutischen Regression auf ein infantiles Erlebensniveau bestätigen lassen oder nicht. In jedem Falle aber steht diese hier vorgeschlagene Reinterpretation in teilweisem Gegensatz zu der von Rohde-Dachser dargestellten Sichtweise. Auffallend ist, daß bei Rohde-Dachser am Ende nur der Wunsch der Wünsche, die Wiederverschmelzung mit dem Primärobjekt (bzw. das phantastische Festhalten an der Einheit mit diesem Objekt), erhalten bleibt, während die Angst der Ängste, die Freud immer mitdachte, mit Hilfe einer reduktionistischen Sicht aus der Erlebniswirklichkeit ausgeschlossen wird.

In Rohde-Dachsers Sicht wäre Freuds Theorie der Weiblichkeit zu lesen als Ausdruck der Abwehr eines verleugneten Wunsches des Mannes, der diese Theorie entwarf (bzw. jedes Mannes, der entsprechende Phantasien besitzt). Entschlüsselt und im Klartext Rohde-

Dachsers formuliert, lautet die zugrundeliegende, in der Theorie abgewehrte Vorstellung: „Für meine Mutter (später: meine Frau) bin ich der Einzige. Sie wird immer bei mir bleiben, denn sie ist abhängig von mir“ usw. (1989, S. 199). Man sieht, es handelt sich nur um die eine Seite, demzufolge um eine sehr *ein*seitige Neuinterpretation. Die andere Seite, die *Angst*, die durch die Vorstellung provoziert wird, auf ewig mit einem anderen Menschen verbunden sein zu *müssen*, wird auf diese Weise theoretisch-phantastisch verleugnet.

Es bleibt ein Fazit zu ziehen. Der von mir anhand einiger ausgewählter Beispiele zeitgenössischer psychoanalytischer Texte verfolgte Diskurs über die Sexualität in der Psychoanalyse belegt meiner Ansicht nach die These, daß das zentrale Thema des unbewußten Erlebens der Differenz der Geschlechter (so hatte ich eingangs den Begriff der Sexualität definiert) bei Freud – unter Rückgriff auf eine der Vernunft und dem organisierten (wissenschaftlichen) Ich nicht ohne weiteres zugängliche Ebene des *Erlebens* – zu theoretischen Konzepten geführt hat (angesiedelt im Umfeld von Metapsychologie, Libidotheorie, Triebpsychologie und dem Begriff des Unbewußten, der unbewußten Phantasien), die aus vielerlei Gründen inzwischen auf *Ablehnung* stoßen. Beginnend mit den Auseinandersetzungen zwischen Freud und Adler, hat es nicht an Ansprüchen gefehlt, die anstößigen Aussagen Freuds zu widerlegen, seine Theorie zu revidieren. Dies geschah mit Hilfe der unterschiedlichsten Argumente, aber stets unter der Flagge höherer Werte: Man wollte Freud mehr Wissenschaftlichkeit (Thomä und Kächele), mehr Humanität (Kohut) und schließlich gar mehr Wahrheit, eine neue Aufklärung im Zeichen feministisch gefärbter Überzeugung (Rohde-Dachser) entgegensetzen. Man hört die Botschaften wohl – allein es fehlt der Glaube, die Boten besäßen einen der Radikalität Freuds vergleichbaren Mut zur Erkenntnis. Und da es an diesem *Mut* zur Erkenntnis trotz Beschwörung höherer Werte (oder gerade *wegen* solcher Beschwörung?) zu mangeln scheint, bleibt die Prognose zu stellen: Welche Revision der modische Zeitgeist auch immer vorschlagen wird, die fortgesetzte Auseinandersetzung der Kritiker mit Freud verweist darauf, daß seine Theorien noch längst nicht veraltet sind.

Anmerkungen

1) Veränderte Fassung eines Vortrags, gehalten beim 9. Ausbildungswochenende der Österreichischen Arbeitskreise für Psychoanalyse, Innsbruck 28.4.–1.5.1989

2) Parins Arbeit trägt den Titel „Die Verflüchtigung des Sexuellen *in* der Psychoanalyse"; im Text ist dann aber stets davon die Rede, daß sich das Sexuelle *„aus"* der Psychoanalyse verflüchtigt habe (z. B. 1986, S. 12). Ich unterstelle bei dieser differierenden Wortwahl des Autors keine Absicht; dennoch lädt der Unterschied zu einem Gedankenspiel mit der Differenz ein: *In* der Psychoanalyse – gemeint ist hier von mir: die Psychoanalyse als Theorie – hat sich das (jetzt alltagssprachlich verstandene) „Sexuelle" tatsächlich verflüchtigt. Es wurde aufgelöst in die zahlreichen Komponenten, die es enthält – einer chemischen Analyse vergleichbar. *Aus* der Psychoanalyse hat sich hingegen die Rede über das Sexuelle in seinen verschiedenen psychoanalytischen Gestalten (von der Metapsychologie bis zur Triebtheorie) im Laufe der Zeit wieder verflüchtigt, weil man – so die These meines Beitrags – zunehmend schlechter *verstand,* wovon Freud überhaupt sprach, als er metapsychologische, triebpsychologische Konzepte usw. formulierte.

3) Parins Artikel enthält einige Flüchtigkeiten. So ist z. B. seine Behauptung nicht durch die veröffentlichten „Protokolle der Wiener Psychoanalytischen Vereinigung" belegbar, daß Magnus Hirschfeld jemals „an den Mittwochsitzungen bei Sigmund Freud an der Berggasse 19 in Wien" (1986, 11) teilnahm. Tatsächlich gehörte der Sexualforscher Magnus Hirschfeld 1908 zu den ersten fünf Mitgliedern der (vorläufigen) *Berliner* Psychoanalytischen Gesellschaft. Im selben Jahr forderte er Freud auf, mit ihm gemeinsam einen Fragebogen zur Sexualität für empirische Untersuchungen einzusetzen. Dieser *Fragebogen* wurde in der „Mittwochsgesellschaft" diskutiert – allerdings in Abwesenheit von Hirschfeld, der in späteren Jahren auch nur noch sehr losen Kontakt zur Psychoanalyse unterhielt.

4) „Und gar als Freud auf seiner Sexualtheorie die Ichpsychologie aufzubauen begann, da ging ein hörbares Aufatmen durch die wissenschaftliche Welt: endlich beginne Freud seine Absurditäten einzuschränken, endlich komme auch das ‚Höhere' im Menschen zu Wort, und überhaupt die Moral ... Und es dauerte nicht lange, bis man nurmehr von Ichidealen reden hörte und die Sexualität, wie die stereotype Ausrede lautet, ‚selbstverständlich vorausgesetzt' wurde. Man sprach von einer neuen Ära der Analyse, von einer Renaissance ... die Psychoanalyse wurde mit einem Wort gesellschaftsfähig" (Reich [2]1971, S. 184). – „Immer wieder wirkt sich die Sexualverdrängung gegen die Psychoanalyse aus. Auch sonst kann man im psychoanalytischen Kreise selbst die gesellschaftliche und ökonomische Gebundenheit in ihrer mildernden, abschwächenden, Kompromisse bildenden Arbeit sehen. Nach dem Erscheinen von ‚Das Ich und das Es' ist jahrelang von der Libido kaum die Rede, man versucht, die ganze Neurosenlehre auf die Ich-Termini umzumünzen... In der Neurosentherapie, wo es sich um die praktische Anwendung einer durchaus revolutionären Theorie auf den Menschen in der kapitalistischen Gesellschaft handelt, tritt die Neigung zum Kompromiß und zur Kapitulation vor

der bürgerlichen Sexualmoral am deutlichsten in Erscheinung. Das gesellschaftliche Dasein des Analytikers verbietet, ja macht es ihm unmöglich, die Unvereinbarkeit der heutigen Sexualmoral, der Ehe, der bürgerlichen Familie, der bürgerlichen Erziehung mit der radikalen psychoanalytischen Therapie der Neurosen in der Öffentlichkeit auszusprechen. Obwohl auf der einen Seite zugegeben wird, daß die familiären Verhältnisse trostlos sind, daß die Umgebung des Kranken gewöhnlich das größte Hindernis seiner Gesundung ist, scheut man sich – begreiflicherweise –, die Konsequenzen aus dieser Feststellung zu ziehen" (Reich ²1971, S. 185). – „Die hinsichtlich der Ausbreitung der Analyse optimistischen Analytiker irren sich gewaltig. Diese Ausbreitung gerade ist Zeichen ihres beginnenden Unterganges" (Reich ²1971, S. 186).

5) Thomä und Kächele begründen ihre Zurückweisung der Metapsychologie Freuds in einem dreifachen Sinne: 1) die metapsychologischen Aussagen lassen sich nicht durch die „hypothesenprüfende Forschung" (1985, S. 16) falsifizieren; 2) der Versuch Rapaports (1960), die metapsychologischen Aussagen Freuds zu systematisieren, habe die „Schwächen" (1985, S. 17) der Metapsychologie aufgedeckt und schließlich dazu geführt, daß wichtige Mitarbeiter Rapaports (Gill, Klein, Schafer, Spence) später zu „den schärfsten Kritikern der Metapsychologie" (1985, S. 17) wurden (da sie die von Rapaport – mehr oder weniger unfreiwillig – aufgedeckten Schwächen des metapsychologischen Systems nun ihrerseits durch weiterführend kritisches Nachdenken als nicht überwindbar erkannt hätten); 3) die metapsychologischen Aussagen werden der spezifischen Wirklichkeit der Interaktion zwischen Menschen (Spezialfall: zwischen dem Säugling und der Mutter) nicht gerecht.
Dieses letzte Argument benutzen Thomä und Kächele u. a. – wie im Haupttext aufgezeigt – konsequent gegen Kohut. Warum aber erwähnen sie Kohut (der sich selbst als Kritiker der Metapsychologie Freuds bekennt) – und *nicht* Kernberg (der sich als ausdrücklicher Anhänger der Freudschen Metapsychologie zu erkennen gibt)? – Diese Frage läßt sich wohl nur mit Verweis auf verdeckte, gruppenspezifische Eigenheiten des psychoanalytischen Diskurses beantworten (also mit Hinweis auf Rücksichtnahmen innerhalb der IPV): Während nämlich Kohut als ein Abtrünniger von Freuds Lehre gilt, zählt Kernberg zu den einflußreichsten Repräsentanten der Psychoanalyse (innerhalb der IPV). Gerade Kernberg rechtfertigt nun aber die Freudsche Metapsychologie unter Berufung auf die Mutter-Kind-Interaktion (wie sie etwa von Mahler u. a. untersucht worden ist). Spätestens 1980 lagen diesbezügliche Auffassungen Kernbergs auch in Buchform vor; sie hätten also (was nicht geschah) von Thomä und Kächele in die Diskussion um die Metapsychologie einbezogen werden können.
Kernberg sieht sich selbst als prägnanten Vertreter der Objektbeziehungstheorie (wobei er *verinnerlichte* Objektbeziehungen von psychosozialen, interaktionellen Objektbeziehungen unterscheidet). Sodann begreift sich Kernberg als in der Tradition der Ichpsychologie stehend. Er verbindet die ichpsychologischen und die objektbeziehungstheoretischen Ansätze – und wird somit zu einem erklärten Anhänger der Metapsychologie. Die nach Kernbergs Argumentation mögliche

Vereinbarkeit von Ichpsychologie, Objektbeziehungstheorie *und* Metapsychologie erweist, wie ich meine, die von mir formulierte These, daß die Aufgabe der Metapsychologie (und damit die der Triebtheorie) nicht das *zwangsläufige* Ergebnis eines ichpsychologischen Standpunkts sein muß.
Wie entschieden Kernberg *für* eine Verbindung von Objektbeziehungstheorie und Metapsychologie eintritt, zeigt sich etwa in einer Bemerkung über Edith Jacobsohn, deren Werk Kernberg „als herausragenden metapsychologischen Beitrag zu einer Integration verinnerlichter Objektbeziehungen mit der Strukturtheorie und als Erweiterung der Arbeiten von Hartmann, Kris und Loewenstein" (1988, 116) auffaßt. Damit wird an der genannten Stelle Heinz Hartmann als einer der bedeutendsten Vertreter der Ichpsychologie in eine Traditionslinie eingereiht, an deren Endpunkt Kernberg sich selbst sieht.
Wie entschieden Kernberg die Meinung ablehnt (der Thomä und Kächele anhängen), ein objektbeziehungstheoretischer Standpunkt zwinge zur Aufgabe der Metapsychologie, geht aus der folgenden Bemerkung über den Objektbeziehungstheoretiker Fairbairn hervor, dem Kernberg ausdrücklich vorwirft, die Metapsychologie unnötigerweise preiszugeben: Zwar sei es richtig, daß wir in „klinischen Situationen niemals reine Triebe vorfinden, sondern stets eine Aktivierung von Affekten, die solche Triebe im Zusammenhang mit verinnerlichten Objektbeziehungen spiegeln, welche in der Übertragung wiederholt werden. Meines Erachtens hatte Fairbairn recht mit seiner Vermutung, daß sein Konzept bereits bei Freud angelegt war und nur noch eines zusätzlichen Schrittes für eine grundlegende Neuerforschung der Metapsychologie bedurfte. Gar nicht einverstanden bin ich jedoch mit seiner Annahme, daß seine Konzeption die Preisgabe von Freuds Metapsychologie notwendig mache" (1988, S. 91).
Halten wir fest: Die von Thomä und Kächele – unter Berufung auf objektbeziehungstheoretische und entwicklungsorientierte Neuansätze der Psychoanalyse – vorgenommene Ablehnung der Freudschen Metapsychologie erfährt durch Äußerungen Kernbergs (die von Thomä und Kächele der Einfachheit halber gar nicht erst referiert werden) ihren deutlichsten Widerspruch. Kernberg *rechtfertigt* die Freudsche Metapsychologie gerade unter Berufung auf die Ichpsychologen, die Objektbeziehungstheoretiker und die empirische Erforschung der Mutter-Kind-Interaktion. Im übrigen räumt Kernberg (z. B. 1988, S. 317 ff.) in seinen theoretischen Erörterungen auch der Bedeutung der Sexualität einen weit größeren Raum ein, als dies im Werk Thomäs und Kächeles der Fall ist. Allerdings kommt in diesem Kontext auch Kernbergs (theoretische) Angst vor der Sexualität (die im Falle Thomäs und Kächeles bloß noch durch eine Leerstelle bezeichnet wird) zum Ausdruck: Denn die von Kernberg konzipierte „sexuelle Leidenschaft" (1988, 336) endet genau dort, wo der Beginn des (realen) *Erlebens* der Aufhebung von Körper- und Ich-Grenzen, also eben das leidenschaftliche Erleben der Sexualität, möglich wäre. Aufgrund solcher Einschränkungen kommt bei Kernberg eine recht eigenartige, nämlich bourgeoise (spießerhafte) Auffassung dessen zustande, was „sexuelle Leidenschaft" genannt wird – und was sich bei Kernberg nur allzu gut mit den Grenzen einer amerikanischen Mittelstandsehe verträgt.

Literatur

Breuer J. u. Freud, S. (1895): Studien über Hysterie. Leipzig, Wien

Freud, A. (1936): Das Ich und die Abwehrmechanismen. Wien

Freud, S. (1905): Drei Abhandlungen zur Sexualtheorie. GW V

Freud, S. (1910): Über „wilde" Psychoanalyse. GW VIII, S. 117–125

Freud, S. (1915): Die Verdrängung. GW X, S. 247–261

Holt, R. R. (1976): Drive or wish? A reconsideration of the psychoanalytic theory of motivation. In: Gill, M. M., Holzman, P. S. (eds), Psychology versus metapsychology. Psychoanalytic essays in memory of George S. Klein. New York

Horkheimer, M., Adorno, T. W. (1971): Dialektik der Aufklärung. Frankfurt/M.

Kernberg, O. (1988): Innere Welt und äußere Realität. Anwendungen der Objektbeziehungstheorie. München, Wien

Kohut, H. (1981): Die Heilung des Selbst. Frankfurt/M.

Lorenzer, A. (1976): Die Wahrheit der psychoanalytischen Erkenntnis. Ein historisch-materialistischer Entwurf. Frankfurt/M.

Morgenthaler, F. (1984): Homosexualität, Heterosexualität, Perversion. Frankfurt/M.

Nitzschke, B. (1985): Der eigene und der fremde Körper. Bruchstücke einer psychoanalytischen Gefühls- und Beziehungstheorie. Tübingen

Nitzschke, B. (1988): Vom Nutzen und Nachteil der Sexualität für das (postmoderne) Leben. Reflexionen über den „unhistorischen Augenblick" und sein mögliches zukünftiges Schicksal. Leviathan, Sonderheft 9, S. 348–367

Nunberg, H., Federn, E. (Hg.) (1977): Protokolle der Wiener Psychoanalytischen Vereinigung, Bd. II. Frankfurt/M.

Nunberg, H., Federn, E. (Hg.) (1979): Protokolle der Wiener Psychoanalytischen Vereinigung, Bd. III. Frankfurt/M.

Rapaport, D. (1957): Die Struktur der psychoanalytischen Theorie. Versuch einer Systematik. Stuttgart

Reich, W. (1971): Dialektischer Materialismus und Psychoanalyse (1929). In: Sandkühler, H. J. (Hg.), Psychoanalyse und Marxismus. Dokumentation einer Kontroverse. Frankfurt/M., S. 137–188

Rohde-Dachser, C. (1989): Unbewußte Phantasie und Mythenbildung in psychoanalytischen Theorien über die Differenz der Geschlechter. Psyche 43, S. 193–218

Spitz, R. A. (1976): Vom Dialog. Studien über den Ursprung der menschlichen Kommunikation und ihre Rolle in der Persönlichkeitsbildung. Stuttgart

Thomä, H., Kächele, H. (1985): Lehrbuch der psychoanalytischen Therapie, Bd. 1. Berlin

Ussel, J. van (1970) : Sexualunterdrückung. Geschichte der Sexualfeindschaft. Reinbek

Anmerkung VIII

Eigentlich ist schon alles gedacht und gesagt – warum handeln wir nicht?

Detlef Michaelis

„Auch mein Herz glüht ... für die Freiheit", so läßt der Karikaturist T. T. Heine (1897) in der Zeitschrift „Simplicissimus" eine seiner Zeichenfiguren sagen, „aber", so fährt diese dann fort, „für eine Freiheit mit hoher obrigkeitlicher Bewilligung." Meint er damit auch uns, heute, 1990? Ein Simplicius fände an dem Betrieb der Psychoanalyse sicher viel Gefallen, bietet dieser doch reichlich Stoff für das erschütterte, tränenreiche Lachen des vom Objekt seiner Erkenntnis in die Ratlosigkeit getriebenen Kritikers. Am Beispiel der Lehre und der Auswahl in der Psychoanalyse sei zunächst noch einmal verdeutlicht, mit welchen Kräften (vor allem in uns) Aufklärung zu kämpfen hat.

VIII/1. Das Thema Lehranalyse hat spätestens seit der bekannten „Normopathen-Diskussion" eine eigenartige und neue Dimension bekommen. Danach läßt sich die Frage, wer für eine Lehr- bzw. Ausbildungsanalyse geeignet ist und wie diese letztlich praktiziert werden soll, nicht allgemein beantworten, auch nicht die Frage, welche Eignungskriterien ein Analytiker in Ausbildung bzw. ein Lehranalytiker für seine Tätigkeit erfüllen sollte (vgl. dazu Cremerius, 1986, 1987). Vor diesem Hintergrund nimmt sich recht befremdlich aus, daß es einen beträchtlichen Katalog von Ausbildungskriterien gibt, sowohl hinsichtlich der Ansprüche an den Kandidaten als auch an seinen Lehrer, die schriftlich fixiert sind, auf deren Befolgung von institutioneller Seite gedrängt wird, auch wenn niemand ihren Sinn erkennen, geschweige denn erklären kann. Und noch seltsamer wirkt es, daß trotz der Beliebigkeit der Kriterien auf die immense Bedrohung hingewiesen wird, die von der möglichen Nichtbeachtung dieser Kriterien ausgehen kann bzw. ausgeht. Da ist von „Anarchie" die Rede, von Spaltung, von der Gefahr der „wilden" Analyse, von der Perpetuierung eines präödipalen Psychoanalyseverständnisses (z. B. Grunberger 1980; A. Freud 1972; Loch 1984, S. 39; Gaddini 1984, S. 10) usw. Man fürchtet den allgemeinen Kontrollverlust. Nur fragt sich, was soll denn kontrolliert werden? Oder sollte man besser fragen, was soll mit dem lautstarken Ruf nach Kontrolle kompensiert werden?

Cremerius (1986, 1987) hat umfangreiches Material zusammengetragen, das die absurden Begleiterscheinungen der Institutionalisierung der Psychoanalyse dokumentiert, und die Konflikte beschrieben, die entstehen, wenn die Lehranalyse in alleiniger Erfüllung beruflicher Konvention zur „Liegekur" verkommt. Mit „Liegekur" bezeichnet Cremerius folgendes Phänomen: Der Kandidat (Analytiker in Ausbildung) hält tapfer und ohne Murren bis zum Ende seiner Ausbildungsanalyse durch, auch wenn diese ihm nicht viel „bringt", winkt doch am Ende der Durchhalteperiode ein relativ gesichertes Einkommen. Der Lehranalytiker kann sich sicher wähnen, läuft ihm doch im großen und ganzen keines seiner „Schäfchen" davon; ihm bringt die „Liegekur" den sicheren Status eines Beamten. Da es hier nicht um die Beziehung zwischen „einfachem" Analysanden und „einfachem" Analytiker geht, sondern um die von Kandidat und Lehranalytiker, ist klar, daß Konflikte und Kontrollverluste der Betreffenden im großen und ganzen ausgeschlossen sind. Genau besehen handelt es sich um das Verhältnis zweier „Auserwählter", die auch ausgewählt miteinander umgehen müssen, einander dringend brauchen und nur schwer voneinander lassen können. Wer unter dem Druck der Auserwähltheitsphantasie lebt, lebt aber in der ständigen Angst, diesen Status zu verlieren. Wie mörderisch die einer Auserwähltheitsphantasie zugrundeliegenden Ängste sein können, ist spätestens seit Freuds (1912/13) Schrift „Totem und Tabu" von der besonderen Thematisierung des Unbewußten her bekannt und von Major in seinem Vortrag auf der Vernetzungstagung 1986 in Zürich an historisch aktuelleren Themen verdeutlicht worden (vgl. a. Major 1987, S. 232 f.). Wenn „Auserwählte" aufeinandertreffen, so heißt es bei ihm, besteht die Gefahr, daß einer von ihnen umkommt. Vielleicht ließe sich, etwas milder und auf Gruppenprozesse bezogen, formulieren, daß Auserwähltheitsphantasien immer eine Entwertung des jeweils anderen zugrunde liegt. Wer sich auserwählt fühlt, duldet in der Regel nicht dieselben Gefühle bei jemand anderem. Der Konflikt ist gleichsam programmiert.

Ist hier vielleicht schon ein Problem aufgewiesen, welches künstlich in das Verhältnis zweier Menschen induziert wird; und gehen beide vielleicht ein Bündnis ein, das vor gegenseitiger Angst und Aggression schützen soll? Ein Bündnis, das nach bekanntem Muster davon lebt, daß der Feind, das Feindliche, von außen kommt: nämlich das Unanalytische, der Nichtanalysierte, der nicht ordnungsgemäß Analysierte, der noch nicht genug Analysierte, der Abtrünnige, der von der anderen Vereinigung, schlicht: das Fremde. Wie sieht es z. B. mit den Kontakten zu den unterschiedlichen psychoanalytischen Gruppierungen und Schulen während und nach der Ausbildung aus? Sind da nicht ängstliche und tabuartige Vermeidungen erkennbar? Wo liegt die Bedrohung fragt man sich, und wie wirkt das *Tabu*?

Und das *Totem*? Wer kennt nicht – und dies läßt sich leider nur allzu häufig beobachten – die unterwürfige Idealisierung oder den erniedrigenden Haß, wenn sich Lehranalytiker und Analytiker nach gemeinsamer Ausbildung begegnen, sei es auf Kongressen, sei es angesichts von Publikationen oder sei es „nur" über die Handhabung des Kassenantrags etc. Hat dies alles nur etwas mit der sogenannten unaufgelösten Übertragung oder mit der zu langen, sadomasochistische Abhängigkeit fördernden individuellen Beziehung in der Ausbildung zu tun, oder spielen die ritualisierten Normierungen der Institutionen dabei die entscheidenden Rolle?

Wie dem auch sei, alle von den Großorganisationen wie der IPA und den nationalen Vereinigungen erlassenen Regelungen lesen sich angesichts der empirischen Erhebungen – also angesichts dessen, wie die Praxis aussieht – wie ein absurdes Theater. Wer die Details dazu kennenlernen möchte, sei neben den genannten Artikeln von Cremerius auf die von Wallerstein (1984) herausgegebene IPA-Publikation „Changes in Analysis und their Training" verwiesen. Als ich die Materialien zum Thema Lehranalyse bzw. zu deren Dilemma nochmals las, fand ich das zunächst aufregend, werden hier doch offen und ohne Beschönigung echte Mißstände aufs Korn genommen. Ich fühlte mich aber bald an die Helden der Kindheit, die ewigen Wahrheitssucher, erinnert und fragte mich, ob Freud für uns inzwischen auch solch ein Held (der Kindheit) geworden ist, dessen Forschungsabenteuer uns „damals" – bei unserer eigenen ersten Begegnung mit der Psychoanalyse wie auch in den Anfängen der Psychoanalyse selbst – in ihren Bann zogen, zur nachahmenden Identifizierung anspornten, uns heute aber nicht mehr sonderlich interessieren, da wir inzwischen „erwachsen" geworden sind, auf unsere Neugier, auf Abenteuer verzichten und statt dessen unser Leben mit Terminen, mit furchterregender Abstinenz oder – wie die Heidelberger Psychoanalytikerin Renate Kremer einmal sagte – mit vollen Praxen abdichten.

Die Aufregung wich bald der Verwirrung, als ich feststellte, daß sich bei den verschiedenen Autoren über Jahrzehnte hin die Klagen über den schlechten Ausbildungszustand in fast gleichem Wortlaut wiederholten, ohne daß sich – außer in Richtung weiterer Verschlimmerung – je etwas getan hat. Es fragt sich also, welche Funktion all diese aufklärerischen Warnrufe haben. Soll sich denn wirklich etwas ändern? Schauen wir uns das Desaster noch einmal an: Petri (1985) hat sich in seinem Artikel über die zunehmende Länge der Lehr- und Patientenanalysen einmal die Mühe gemacht, die gravierendsten Warnrufe zusammenzutragen. Er resümiert: „Wenn man als Insider eine Art Brainstorming über die Literatur zu Ausbildungsfragen durchführt und die Beschreibungen zu einer Art Puzzle zusammenfügt, läßt sich in etwa folgendes Bild zeichnen: Ausbildungsinstitute sind *‚Fortpflanzungsorgane der psychoanalytischen Bewegung‘*, die in ihrer *‚hierarchischen Strukturierung‘* *‚Kaderschmieden‘* für *‚infantilisierte‘* und *‚angepaßte‘* *‚Musterschüler‘* darstellen. Die *‚Unterwerfung‘* erfolgt durch *‚Gewalt in der Ausbildung‘*, *‚Einschüchterung‘*, *‚Disziplinierung‘* und *‚Zwang‘*, wobei die *‚Institutionalisierung von Unfreiheit‘* durch *‚Initiationsriten‘* gefördert wird, die durch *‚autoritäre Techniken‘* und *‚dogmatische Verkündigung‘* den *‚Gehorsam‘* und eine *‚Über-Ich-Impression‘* der Kandidaten bewirken. Die *‚Machtstrukturen‘* entsprechen denjenigen einer *‚religiösen Glaubensgemeinschaft‘* bzw. einer *‚Sekte‘*, die durch *‚Unaufrichtigkeit‘*, *‚Unehrlichkeit‘*, Anspruch auf *‚Unfehlbarkeit‘* und Absolutheit sowie durch *‚Intoleranz‘* gekennzeichnet ist und deren *‚Proselytenmacherei‘* einem *‚priesterlichen Moralismus‘* entspringt. Durch *‚Isolierung nach außen‘* kann auch das *‚Herrschaftsinstrument‘* der *‚Geheimhaltung‘* nach innen erhalten bleiben, wobei die *‚Herrschaftsverhältnisse‘* durch ein *‚elitäres Bewußtsein‘* gesichert werden. Hier wurde nicht Orwell zitiert, sondern Balint (1947), Bernfeld (1952), Richter (1983), Parin (1983), Spiegel (1984) und Speier (1983) als Vertreter des eigenen Faches“ (Hervorhebungen d.Verf.). Und ergänzend lassen sich die Namen A. Freud, Wallerstein, Kernberg, Sandler, Cremerius, Mitscherlich-Nielsen u. a. m. getrost hinzufügen.

Sicherlich könnte jeder der einzelnen Kritikpunkte, die Petri (1985) in ihrer verdichteten Form zitiert hat, ausführlicher diskutiert werden; man würde meines Erachtens aber lediglich die schon sehr präzise und gedankenreich geführte Diskussion wiederholen – oder aber auf die altbekannten Abwehrstrategien treffen. Wie ausgesprochen provinziell und dürftig angesichts des internationalen Diskussionsstandes die deutsche Variante des „Bloß-nichts-Änderns" aussieht, mag eine Passage aus dem 152. Bulletin (S. 56) der Internationalen Psychoanalytischen Vereinigung belegen. Dort heißt es im Rückblick auf den IPV-Kongreß in Hamburg unter der Überschrift „Deutsche Psychoanalytische Vereinigung": „Sehr wahrscheinlich gaben die ungelösten Identifizierungen mit der deutschen Vergangenheit, die für viele Analytiker ihre Beziehung zu jeglicher Form von Autorität, die Beziehungen zwischen den Psychoanalytikergenerationen, die Frage nach Wert und Verantwortlichkeit institutioneller Autorität, nach institutionellen Strukturen und nach der Institutionalisierung der Psychoanalyse im allgemeinen zu einer problematischen Frage machten, Anlaß zu vielen Kontroversen innerhalb der DPV und verstärkten die Probleme, die sich aus der gegenwärtigen Struktur und Ausbildungspraxis ergeben, aus der Ausbildung von Doktoranden, aus der wissenschaftlichen Kommunikation und aus dem Auswahlmodus von Lehranalytikern. Diese Probleme haben dazu geführt, daß einige Analytiker fordern, die traditionellen institutionellen Formen der psychoanalytischen Organisation aufgrund ihrer angeblich hierarchischen, repressiven und autoritären Struktur aufzubrechen und diese repräsentativen demokratischen Strukturen durch von der ‚Basis' bestimmte, d. h. durch plebiszitäre ‚demokratische' Strukturen zu ersetzen. Die letztgenannten Ideen stammen von einer Fraktion, die stark von der Politik von Parins Züricher Seminar beeinflußt ist, das den Anspruch erhebt, die Ideen und die historische Tradition der ‚politischen Freudianer' zu vertreten."

Die Annahme freilich, daß Bernfeld, Balint, A. Freud, Wallerstein, Kernberg und die anderen obengenannten Kritiker alle von Parins „Züricher Seminar" beeinflußt sind, ist absurd, und die abschließende Empfehlung, „die psychoanalytischen Grundlagen und Identität zu bewahren und die Fragen und Ansichten, die nichts mit der Psychoanalyse zu tun haben, auszugrenzen", macht sich verdächtig, daß nicht nur das Züricher Seminar und die Freudsche Kulturtheorie, sondern Gesellschaftsanalysen überhaupt auszugrenzen sind. Wiederholt versuchte die psychoanalytische Zunft sich von ihren gesellschafts- und kulturkritischen Vertretern wie Alexander Mitscherlich und Horst-Eberhard Richter zu distanzieren, indem sie diese schlichtweg zu Soziologen erklärte. Auch heute noch gilt für viele Psychoanalytiker die Berufsbezeichnung „Soziologe" als Schreckgespenst für das Fremde, das gänzlich Unverständliche, das Störende und das mit der Psychoanalyse nicht zu Vereinbarende. Vergessen werden Freuds eigene brillante Gesellschaftsanalysen (vgl. d. a. den entsprechenden Hinweis bei Wangh, (1989). Hinzuweisen ist in diesem Zusammenhang auch auf die Arbeit von Bessermann-Vianna (1988), in der gezeigt wird, wie sehr die „kleine“ psychoanalytische Gesellschaft von Rio de Janeiro sich jeweils an die politischen Umgangsformen der „großen“ brasilianischen Gesellschaft anpaßte, offensichtlich ohne dies zu merken.

Im großen und ganzen ist die Kritik am psychoanalytischen „mainstream“ den im täglichen Geschäft der Psychoanalyse Tätigen bekannt, besonders auch denen, die bisher in – von institutioneller Seite her gesehen – „verantwortlicher Position“ für die Aufrechterhaltung des Status quo stehen. Einige von ihnen – und glücklicherweise sind auch Analytiker der älteren Generation dabei – schauen inzwischen zumindest mit „gemischten“ Gefühlen, wenn nicht gar mit Distanz und Ablehnung auf ihr Mitbeteiligtsein an der Institutionalisierungs- und Dogmatisierungsgeschichte der Psychoanalyse. Leider sind es aber nur wenige Analytiker, die ihr inneres Beteiligtsein an der Aufrechterhaltung des Bestehenden auch beschrieben haben – ein Problem, das weiteren Nachdenkens bedarf. Was läßt sich daraus lernen, wenn Mitscherlich-Nielsen (1986) z. B. schreibt: „Mir hat meine eigene Analyse, die mich in starkem Maße mit abgewehrten Aggressionen konfrontierte, geholfen, diese zu akzeptieren und sie nicht mehr in masochistische Aufopferung zu verwandeln oder durch eine Vorwurfshaltung abzuwehren. Die Idealisierung der Psychoanalyse und ihrer Ausbildung hat mich allerdings nicht von einengenden Über-Ich-Forderungen und von Herrschafts- und Unterwerfungsgebaren befreit, im Gegenteil, es ist mir erst im Laufe vieler Jahre mit Hilfe mühevollen und schmerzlichen Abschiednehmens bewußt geworden, wie sehr ich dadurch in meinem Denken und meiner Wahrnehmung der Innen- und Außenwelt eingeschränkt worden bin. Gerade die Mitarbeit in autoritären Institutionen ermöglicht ja das ‚Ausleben‘ aggressiver Impulse, da deren Bearbeitung erspart bleibt.“ Und was teilt Speier (1983) mit, wenn er von den vielen persönlichen Ängsten spricht, die durch die Pervertierung des psychoanalytischen Ausbildungsrahmens in ihm entstanden sind bzw. erzeugt wurden, eines Rahmens, in dem das offen gesprochene Wort, der nicht „gezinkte“ Kolloquiumsbericht für den Psychoanalytiker in Ausbildung zur Gefahr werden kann? Gerade diese persönlichen Mitteilungen der beiden Autoren sind ihnen in ihrem kollegialen Umfeld besonders verübelt worden, dabei spricht Speier stellvertretend für viele seiner Leidensgenossen, die den Weg des Schweigens eingeschlagen haben. Daß viele unzufrieden sind, ist bekannt; daß sie sich wehren, davon wissen wir nichts. In der Regel reagieren die Betroffenen ängstlich, halten sich bedeckt, als könnte ihnen große Gefahr drohen. Es fragt sich, ob Gefahr von außen oder von innen?

VIII/2. Es ist auffällig, daß die von Petri (1985) zitierten kritischen Beiträge zur analytischen Ausbildung bzw. Institution nicht persönlich gehalten sind, sondern gleichsam in wissenschaftlicher Verpackung publiziert wurden. Liegt darin nicht eine Distanzierung, als wären die Beteiligten nicht Beteiligte, sondern lediglich Beobachter eines von ihnen unabhängigen Schauspiels, bei dessen Inszenierung sie als von anderen beauftragte Statisten agieren, gar nicht als sie selbst, als „Täter" oder – milder ausgedrückt – als Handelnde? Das Sich-bedeckt-Halten ist ein beängstigendes Phänomen, wenn wir an die lautlose Beobachtung des Ausschlusses der jüdischen Analytiker aus ihrem Kollegenkreis in Deutschland im Jahre 1933 denken oder an die öffentliche Abstinenz, als vor nicht allzulanger Zeit in Argentinien Psychoanalytiker verfolgt und mit dem Tode bedroht wurden. Die hier angesprochene Problematik – darauf weist die letzte Bemerkung bereits hin – ist keine ausschließlich individuelle und läßt sich von der geschichtlichen Realität nicht trennen. Zu fragen bleibt nach den historisch-sozialpsychologischen Überlegungen, die diese Thematik zu verstehen helfen.

Bernfeld (1952/62) berichtete, daß die gesellschaftliche Anerkennung der Psychoanalyse mit ihrer Dogmatisierung einherging. Viele Analytiker waren seinerzeit nach den Jahren der Isolation überrascht über das rege Interesse, das plötzlich von außen an die Psychoanalyse herangetragen wurde. Sie hätten, berichtet Bernfeld, aber die Isolation lieber fortgesetzt – ein Phänomen, das wir auch heute noch beobachten können. Besonders Parin (1978) ging der Frage nach, „warum die Psychoanalytiker so ungern zu brennenden Zeitproblemen Stellung nehmen". In den entsprechenden Diskussionen über politisches Engagement und Psychoanalyse werden im allgemeinen Töne laut wie: Politisches Auftreten und der Beruf des Analytikers lassen sich nicht miteinander vereinbaren; politische Themen tragen im analytischen Prozeß lediglich zur Aufrechterhaltung der Abwehr bei. Aber wessen Abwehr ist gemeint? Eine Befragung von Kandidaten (vgl. Petri 1985) hat ergeben, daß sie immer dann auf die Thematisierung politischer Fragen in ihrer Analyse verzichten, wenn sie bei ihren (Lehr-)Analytikern keine Resonanz fanden. Ist es wirklich der Beruf des Analytikers

– also eine berufsspezifische Thematik –, der zum Schweigen anhält, oder gibt es andere Gründe?

Einen Erklärungsversuch – wohlgemerkt: einen – möchte ich hier unternehmen. Im Gegensatz zur Pionierzeit der Psychoanalyse rekrutierte sich das Feld der „psychoanalytic professionals" nicht mehr aus dem Bürgertum und der Gruppe gesellschaftskritisch-sozialistisch eingestellter Intellektueller, sondern aus dem Kleinbürgertum.[1] Leupold-Löwenthal (1986) hat in seinem „Handbuch der Psychoanalyse" die Lebensläufe ihrer Pioniere in groben Zügen zusammengestellt. Es fällt auf, daß überdurchschnittlich viele von ihnen aus dem – salopp umschrieben – Geld- und Hochschuladel ihrer Zeit stammen, ca. ein Viertel bis ein Fünftel kamen zwar aus „kleinen Verhältnissen", waren aber nicht in einer bodenständig-volkstümelnden Atmosphäre aufgewachsen, sondern stammten vorwiegend aus jüdischen Familien, deren Erwerbsquelle dem Genre der Kleingewerbetreibenden zuzuordnen sind, Familien, die nicht selten aus rassisch-religiösen Gründen von ihrer Umgebung ausgegrenzt wurden. Daß die Gruppe der heutigen Analytiker vorwiegend aus dem Kleinbürgertum stammt, ist deshalb nicht weiter verwunderlich, da die erste Gruppe – soziologisch betrachtet – kaum noch existiert. Wenn das aber so ist, dann stellt sich die Frage, ob die soziologische Verschiebung in der sozialen Zusammensetzung der Analytikergruppe nicht auch spezifische Folgen mit sich bringt. Fürstenau (1977, S. 162) merkt dazu ganz allgemein an: „Mit den übrigen Angehörigen des intellektuellen Kleinbürgertums teilt er [gemeint ist der Analytiker, d. Verf.] dessen Ängste und Befürchtungen, Verhaltensweisen und Wertorientierungen weitgehend." Welche Charakteristika fallen beim Kleinbürgertum aber besonders ins Auge? Bevor ich auf diese Frage ausführlicher eingehen werde, möchte ich zunächst kurz ein Merkmal dieser sozialen Gruppierung hervorheben, welches in der sozialpsychologischen Literatur immer wieder erwähnt wird, nämlich das des „autoritären Charakters". Horkheimer und Adorno (1950) widmeten diesem Phänomen eigens eine umfangreiche Studie. Bei dem Typus des autoritären Charakters spielen die Sehnsucht nach sozialem Aufstieg bei gleichzeitigen Abstiegsängsten eine große Rolle. Politisch bzw. überhaupt öffentlich in Erscheinung zu treten – es sei denn, in Massen –, also aufzufallen, wird in der Regel vermieden. Über die Identifikation mit dem Aggressor entsteht ein starker Konformitätszwang. Handeln bringt den Akteur in Gefahr – aus der sozial normierten Rolle zu fallen. Es besteht die Gefahr der Individualisierung, d. h. die Gefahr, daß der Kollektivschutz der Gruppe entfällt,[2] deshalb wird Handeln exkommuniziert, z. B. unisono mit dem Begriff „Agieren“ identifiziert bzw. verwechselt und ins Jenseits der Reflexionslosigkeit verbannt. Als soziales Phänomen bleibt eine gesellschaftlich ubiquitär vertretene Gruppe konformer, ängstlicher, passiver Zeitgenossen, für die die Möglichkeit nicht gruppenkonformer Entscheidungen hinsichtlich persönlicher Lebensfragen und eigener Aktivitäten sowie eine eigenständige Mitgestaltung des sozialen Umfeldes schon als umstürzlerisch, als Agieren, sozusagen als unbewußter Frevel gegenüber dem phantasierten Aggressor erscheint. Ich glaube, Major sprach in diesem Zusammenhang von der Bedeutung des Imaginären. Der Begriff würde jedenfalls gut passen, geht es doch um die Wirkung unbewußter Phantasien, die von den Mitgliedern eines Kollektivs geteilt werden.

Ich werde später noch ausführlicher auf das soziale Phänomen des Kleinbürgertums zu sprechen kommen. Zunächst jedoch zu uns selbst und unseren eigenen Denk- und Handlungshemmungen und den Möglichkeiten ihrer Veränderung.

a) Warum ist es z. B. kein Einzelphänomen, daß Analytiker – darauf weist Biermann (1988) hin – „besonders in den USA ... nach möglichst zügiger Erledigung der von den Instituten geforderten Lehranalyse und dem Abschluß der Ausbildung ... eine persönliche Analyse bei einer Person ihres Vertrauens“ beginnen – oder, wie Thomä und Kächele (1985, S. 334) es formulieren, im Anschluß an die offizielle Lehranalyse mit der „privaten“ Phase ihrer Analyse beginnen? Gilt der Satz Ferenczis (1988, S. 167) aus seiner Tagebucheintragung vom 3. Juni 1933 mit der Überschrift „Keine spezielle Lehranalyse“ unter Punkt 6: „Bester Analytiker ist geheilter Patient. Der sonstige Schüler muß erst krank, dann gesund und wissend gemacht werden“, dann stellt sich die Frage, was für eine Funktion die gesonderte Lehranalyse eigentlich erfüllt.

b) Warum haben wir die Lust am Lernen verloren? Haben wir nicht das Lernen und unsere Diskussionen mit dem „ewigen“ Blick auf unseren Aggressor satt? Wie kann Lernen Spaß machen, wenn der Mitlernende und der Mitdiskutierende immer nur Konkurrent und Gegner ist und wir alle trügerisch „Auserwählte“? Bernfeld (1952/62) hat sich seinerzeit mit dem Thema ausführlich beschäftigt. Könnte gleichberechtigtes Lernen auch über die eigenen Generationsgrenzen hinaus nicht für alle gewinnbringend sein?

c) Warum ist, wie Hornstra (1988) 1987 auf der Vernetzungstagung in Zürich schrieb, das Bedürfnis so groß, gleichsam symbiotisch einer

Organisation anzugehören, warum wählen wir damit, wie es sinngemäß bei ihm hieß, den Zustand des Lebendigbegrabenseins? Wenn Cremerius (1987) seinen Artikel mit dem Satz Paul Valérys abschließt: „Was nicht festgehalten wird, ist nichts, was festgehalten wird, ist tot", müßte doch das Gegenteil von festhalten loslassen und sich bewegen heißen. Von daher scheint es mir schon ein Fortschritt in Richtung auf Veränderung der psychoanalytischen Ausbildung und Institution, wenn diejenigen, die Lust und Interesse an Veränderungen haben, sich diese Lust nicht durch den kleinbürgerlichen Vorwurf, sie seien Agierer, Abweichler, „kirchlich" nicht abgesegnete „Wilde" etc., verleiden ließen. Wird der Ruf nach der Identität des Analytikers (vgl. Bulletin 152), also nach der Konservierung des Status quo, der Nichtveränderung heute nicht besonders laut erhoben? Zur Dialektik dessen, was dieser Ruf alles beinhaltet, schrieb Adorno (1966, S. 150): „Insgeheim ist Nichtidentität das Telos der Identifikation, das an ihr zu Rettende; der Fehler des traditionellen Denkens, daß es die Identität für sein Ziel hält. Die Kraft, die den Schein von Identität sprengt, ist das Denken selber: Die Anwendung seines ‚Das ist' erschüttert seine gleichwohl unabdingbare Form. Dialektisch ist Erkenntnis des Nichtidentischen auch darin, daß gerade sie, mehr und anders als Identitätsdenken, identifiziert. Sie will sagen, was etwas sei, während das Identitätsdenken sagt, worunter etwas fällt, wovon es Exemplar ist oder Repräsentant, *was es also nicht selbst ist*. Identitätsdenken entfernt sich von der Identität seines Gegenstandes um so weiter, je rücksichtsloser es ihm auf den Leib rückt" (Hervorhebungen d. Verf.). Dieses Identitätsdenken entfernt sich von der denkenden Vorwegnahme des noch nicht Gedachten.

Wenn Identität aber nicht selbst sein bedeutet, dann ist „Identität die Urform von Ideologie" (Adorno 1966, S. 149), und Ideologiekritik ist angesagt. Wie könnte, auf die Psychoanalyse bezogen, diese Ideologiekritik in ihren praktischen Implikationen aussehen? Als erstes sollte jeder „Ist-Zustand" der derzeitigen Analyse hinterfragt werden – auch das ist in der umfangreichen Literatur hinreichend geschehen. Cremerius (1987) wies darauf hin – und bezog sich dabei auf Autoren vor ihm (z. B. A. Freud, 1972a) –, daß es keine Regeln, keinen Standard in der derzeitigen Psychoanalyse gibt, die nicht mit guten Argumenten in Frage gestellt bzw. angezweifelt werden können, so z. B.: Lehranalyse versus private Analyse vor Beginn der Ausbildung; Dauer der Analyse; Stundenfrequenz; liegen oder sitzen; mitteilen der Gegenübertragung versus starres Deuten dessen, was vom Patienten kommt etc.

Eigentlich ist schon alles gedacht und gesagt. Warum handeln wir nicht? Was können wir praktisch tun? Ich meine, vieles anders und vor allem in eigener Regie! Man könnte die Ausbildungssituation z. B. im Gegensatz zur gemeinhin gültigen Praxis kollegial gestalten; alle wären gleichberechtigt Lernende, niemand hat aufgrund seines Vorwissens einen höheren oder niederen Status (im Sinne von Sozialprestige). Über Dinge, die alle betreffen, wird demokratisch entschieden. Das Ganze findet in überschaubarem Rahmen statt (kleine Ausbildungsgruppen), d. h. für jeden einzelnen überschaubar – soweit er/sie das will. Die Behandlungsempfehlungen bleiben Empfehlungen, werden nicht zu starren Vorschriften und können mit der Persönlichkeit des behandelnden Analytikers variieren – was sie „wild" ohnehin schon tun. Abkoppelung der Beschäftigung mit der Psychoanalyse vom ausschließlichen Heilbetrieb, d. h. Diversifikation der Interessen. Warum sollen der Zugang zu den Krankenkassen und die Entscheidungsbefugnis analysefremder Institutionen, wie die Ärztekammer es z. B. ist, darüber entscheiden, was Analyse ist und was nicht? Niemand wird Hungers sterben, wenn man es einmal anders probiert. Wichtig finde ich dabei – und ich greife Eriksons (1961, S. 116 ff.) Idee vom Generationenvertrag wieder auf –, daß die persönliche lebensnotwendige bzw. unvermeidbare Depression nicht abgewehrt wird durch einen auf die Institutionen und den Generationskonflikt verschobenen Kampf. Jeder von uns ist letztlich allein auf sich gestellt und muß die für ihn lebenswichtigen Entscheidungen in der Regel alleine treffen; darüber helfen keine Intrigen gegen Kollegen (wie in den psychoanalytischen Großvereinigungen und anderswo üblich), keine Hierarchien, keine noch so feindseligen „scharfen" Ausbildungskriterien und deren zwanghafte Überwachung hinweg und auch nicht das starre, folgenlose Rumnörgeln am Status quo der Psychoanalyse.

VIII/3. Wer in der Masse aufgehen will – und die großen psychoanalytischen Vereinigungen haben Massencharakter erreicht –, läuft Gefahr, in ihr unterzugehen. Und das scheint im Augenblick das zentrale Problem der psychoanalytischen Großorganisationen zu sein (vgl. Dahmer 1988, S. 13). Wenn diese „Gefahr aber so offensichtlich ist und offenbar auch von vielen gesehen wird – Literatur darüber gibt es reichlich –, warum fällt es dann so schwer, aktiv zu werden, zu handeln, sich bzw. die Sache, die einem am Herzen liegt, zu schützen? Zur Beantwortung dieser Frage komme ich auf das Thema Kleinbürgertum zurück. Mit ihm haben sich viele Sozialwissenschaftler, Politiker, Ökonomen, Schriftsteller beschäftigt. Wer kennt z. B. nicht den Roman „Der Untertan“ von Heinrich Mann? Ich möchte mich hier auf vier Autoren beschränken. Auf Marx und Engels, die die soziale Stellung des Kleinbürgertums aus Ökonomie und Geschichte ableiten, auf den französischen Sozialwissenschaftler Pierre Bourdieu – er ist Spezialist für „Die feinen Unterschiede“, so lautet der Titel eines seiner Werke, und kommt in der sozialen Deskription des Kleinbürgertums uns empfindlich nahe – und auf Erich Fromm – dem Vordenker in Sachen Psychoanalyse und Sozialwissenschaften, man könnte auch sagen: in Sachen einer psychoanalytischen Sozialpsychologie.

Marx und Engels haben immer wieder auf die besonderen Eigenheiten des Kleinbürgertums, besonders des deutschen, hingewiesen. Ja, sie hielten Deutschland für das Land der Spießer und Kleinbürger schlechthin (vgl. Engels, 1890, S. 81). Die Entstehung der Kleinbürgerschicht sahen sie historisch vor allem im Kontext der erfolglosen Bauernkriege. Dieses Thema wurde von der Frankfurter Schule aufgenommen und dort historisch erweitert: In Deutschland sind alle Revolutionen blutig niedergeschlagen worden – anders als in Frankreich z. B. –, mit dem Resultat, das es nie eine gesellschaftliche Legitimation von öffentlichem politischem Widerstand gegeben hat. Andersdenkende wurden und werden nach wie vor öffentlich ausgegrenzt bzw. Sanktionen ausgesetzt – erinnert sei an den Radikalenerlaß und die Berufsverbote. Welches sind aber nach Marx und Engels die typischen im Kleinbürgertum beobachtbaren Eigenschaften? Franke (1988, S. 100) hat in seinem erst kürzlich erschienenen Buch eine Zusammenfassung der über das Marxsche Œuvre verteilte Charakterisierung des „petit bourgeois“ gegeben: „Dem einfachen Charakter der kleinbürgerlichen Ökonomie entspricht eine unterentwickelte Fähigkeit zu politischer Differenzierung und Analyse, was in der Praxis die Kurzatmigkeit und Erfolglosigkeit politischer Aktivitäten zur Folge hat. Dies führt zu einem kleinbürgerlichen Politikrepertoire, das durch Stereotypie, Neigung zu Irrationalität und zu hierarchischen Mustern in der politischen Wahrnehmung und durch Feigheit, Wankelmütigkeit, Opportunismus und Egoismus auf der Handlungsebene gekennzeichnet ist“ – bis hin „zur Unfähigkeit zu jeder Initiative“ (Marx, zit. n. Franke, 1988, S. 88).

Diese Marxschen Beschreibungen tauchen im Grunde genommen bei allen Autoren aus den oben genannten „Überbau-Fraktionen“ wieder auf. Der Kleinbürger schaut demnach ängstlich und wie gelähmt auf die ihn zerreibenden gesellschaftlichen Kräfte, die er nicht begreift, sucht Rettung bei starken Führerfiguren, von denen er sich bereitwillig hinters Licht führen läßt. Neben den beschriebenen groben Klassifikationen sieht Bourdieu (1979, S. 531) noch folgende Besonderheiten des Kleinbürgertums in unserer Zeit: „... die im Ehrgeiz begründete Enge und Beschränktheit der Kleinbürger, der rigide Voluntarismus derer, die berufen, aber noch nicht auserwählt (sic!) sind und die im unaufhörlichen Lobgesang auf die Pflicht ihren Anspruch darauf begründen, eines Tages selber zu sein, *was man zu sein hat.* Verfeinert man indessen die Analyse, dann wird deutlich, daß dieses System von Einstellungen ebenso viele Spielarten kennt wie Möglichkeiten, zu einer mittleren Position in der Gesellschaftsstruktur zu gelangen, sich dort zu halten oder sie wieder zu verlassen, und daß diese Position selbst stagnieren, auf- oder absteigen kann." In diesem Mehr-Schichten-Modell des Kleinbürgertums, das Bourdieu in vielen Facetten sehr anschauungsreich beschreibt – er bezieht sich auf vorausgegangene umfangreiche Fragebogenerhebungen –, fallen auch all diejenigen, die qua Ausbildung in die modernen Handels- und Dienstleistungsberufe aufgestiegen sind. Dazu gehören last, but not least nach Bourdieu auch die Sexologen, Eheberater, Psychoanalytiker, Werbeagenten, die Spezialisten für Public Relation und ein besonderer Typ von „modern" denkendem Intellektuellen (auf unser Land bezogen: der junge aufgeschlossene Lehrertyp, der Hochschullehrer bzw. Wissenschaftler) mit Hang zum Psychologischen (vgl. dazu auch Bourdieu, 1975), zu gehobener Erziehung und das alles mit „grünem" Touch. Man sieht schon, Simplicius ist uns bis hierher gefolgt und meint wieder einmal uns. Wodurch zeichnen wir uns aus? Bourdieu (1979, S. 566) schreibt: „Die Angehörigen der neuen Kleinbourgeoisie, die aus den oberen Klassen stammen ... zeigen sich daher innerhalb der mittleren Klassen als die kulturell kompetentesten und nähern sich einem Präferenzsystem, das dem der Bourgeoisie sehr ähnlich sieht: Kunst der Fuge, Konzert für die linke Hand, Feuervogel, Die vier Jahreszeiten, Goya, Braque, Brueghel, Jacques Douai, Musée d'art moderne, Antiquitätenladen und Flohmarkt, harmonische, diskrete und kunstvoll gestaltete Einrichtung, geistvolle und feinfühlige, künstlerisch veranlagte, vornehme und kultivierte Freunde, ‚intellektuelle' Filme – Wer erschoß Salvatore G.?, Der Würgeengel, Der Prozeß – und, unter den komischen Streifen, Auf Freiers Füßen ...."

Bis zu dieser Moderne des „Untertans" sind zahlreiche Übergänge beschrieben worden; man denke an Musils „Mann ohne Eigenschaften", an Klaus Manns „Mephisto", an Ödön von Horvaths „Von Spießern, Kleinbürgern und Angestellten" und an Joseph Roths Roman „Das Spinnennetz", der kürzlich erst verfilmt wurde und von dem Matussek im Spiegel (Nr. 20, 1989, S. 239) meint, daß es sich vielleicht „gar" nicht um „einen historischen Film" handele, sondern um „einen prophetischen". Wie dem auch sei: Im Bourdieuschen Modell ist der Kleinbürger letztlich auch wieder der Konservative, der, auch wenn er sich noch so modern und aufgeschlossen gibt, nur im Rahmen sozialer Anpassung Änderungen zulassen kann.

Fromm (1932, S. 69, Fn. 25), der Mitautor der großen sozialpsychologischen Studie „Autorität und Familie", eines Vorläufers der späteren „Studien zum autoritären Charakter", hat das Kleinbürgertum mehr unter charakterpsychologischen Aspekten betrachtet. Er merkt an: „Auch die Analyse des heutigen Kleinbürgers ist eine wichtige Aufgabe. Besonders sei auf die Eigenart der spezifisch kleinbürgerlich-revolutionären Einstellung hingewiesen: Die für die anale Haltung überhaupt charakteristische Mischung von Verehrung der väterlichen Autorität, der Sehnsucht nach Disziplin, in merkwürdiger Einheit mit Rebellion. Die Rebellion geht nie gegen die Autorität des Vaters als solche; diese bleibt in ihren Fundamenten bei aller Trotzeinstellung unangetastet. Dazu kann die ambivalente Einstellung durch Spaltung des Objekts befriedigt werden: Die Autoritätsimpulse werden am starken Führer ausgelassen, die Rebellion an besonderen anderen Vaterfiguren." Zwar ist in diesem Modell schon ein Wunsch nach Veränderung erkennbar, aber „nur", wie wir schon hörten, „mit höchster obrigkeitlicher Bewilligung". Der Hinweis auf den analen Charakter zielt auf dessen Eigenheiten hin, so Fromm (1932, S. 65), „Liebe" durch „Sparen", „Sammeln", Besitz", „Pflichterfüllung" und „Ordentlichkeit" zu ersetzen, wie durch „Mitleidlosigkeit zum Mitmenschen". Und weiter stellt Fromm (1932, S. 53) fest: „Von besonderer Wichtigkeit ist die von Abraham betonte Tatsache, daß beim analen Charakter die Tendenz vorliegt, die Analfunktion als wichtigste produktive Tätigkeit und als der genitalen überlegene anzusehen."

Kleinbürgertum, Analcharakter, Primat der Analität über Sexualität und Liebe – wir steuern wieder direkt auf das Thema der psychoanalytischen Institution und ihrer rigiden Zwangsmechanismen zu. Oder sollten wir auch schon im Herzen ihrer Theorie angelangt sein, gewissermaßen an ihrem Lebensnerv? Man könnte sich ja fragen, warum die Triebtheorie in der heutigen Psychoanalyse so zu kurz kommt. Hat das etwas mit Fromms Vermutung zu tun, daß ursprünglich das Bürgertum und nach ihm das Kleinbürgertum die Analität als der Genitalität überlegen ansah bzw. ansieht? Mündet die aus sozialpsychologischer Sicht so verbreitete Analität in den beziehungslosen Stellungskampf in den Institutionen, in den Ausbildungsausschüssen, in die stetig wiederkehrende Klage, daß die Psychoanalyse so elend darniederliegt? Wieviel Genitalität brauchen wir, um im Besitzstandwahren nicht mehr unser größtes Glück zu sehen? Die Kirche hat die Sexualität jahrhundertelang bekämpft, da sie ihr größter Widersacher gegen ihre Besitz- und Machtansprüche war. Hat dieses Denken inzwischen auch die Psychoanalyse erreicht? Ich finde, die Psychoanalyse ist unerotisch geworden – oder war sie das vielleicht immer?[3]

VIII/4. An drei Beispielen möchte ich verdeutlichen, wo aus meiner Sicht die Nahtstellen zwischen dem sozialpsychologischen Point of view und dem analytischen Alltag bzw. dem analytischen Selbstverständnis liegen könnten. Als *erstes* bietet sich der Begriff der Gegenübertragung an. Er ist ein relativ moderner Begriff hinsichtlich seiner bewußten und technischen Handhabung im analytischen Prozeß. An ihm läßt sich zeigen, wie wichtig es ist, die gegenseitige Verschränkung von innerer und äußerer Realität zu erkennen, sowie den bedeutenden Umfang, mit dem Kultur, Geschichte und Politik bei der Bildung unserer inneren Strukturen beteiligt sind. Es geht um die Weltbilder, die gleichsam unerkannt wie selbstverständlich in den analytischen Prozeß eingehen. Zeigen läßt sich dies z. B. an der Geschichte des Deuteverhaltens in der Psychoanalyse, an dem geschichtlich unterschiedlichen Umgang mit der Abstinenz, an den Entideologisierungsversuchen hinsichtlich der Weiblichkeitsparadigmen in der psychoanalytischen Theorie und an den vom jeweiligen Zeitgeist, als der entsprechenden Sozialgeschichte, determinierten Wechsel in den Theoriekonzepten. „Modern" waren einmal bzw. werden wieder die Triebtheorie, Ich-Psychologie, Narzißmustheorie, Objektbeziehungstheorie, Melanie Kleins Ansatz usw. Folgt jetzt die Chip-Theorie, die Computeranalyse? Es drängt sich der Verdacht auf, als würde der herrschende Zeitgeist mit einer Repositivierung der psychoanalytischen Theorie einhergehen. Was man beobachten kann, zählt (baby-watching), was man zählen kann, gilt (Computerauswertung von Gesprächsverläufen im psychoanalytischen Behandlungsprozeß). Doch zurück zur Gegenübertragung. Läßt sie sich als ein geschichtliches Konzept fassen, also als ein Instrument, bei dem Aufklärung und Ideologisierung gleichermaßen zum Tragen kommen können?

Entstehen im Verlauf der Behandlung störende Affekte/Phantasien auf seiten des Analytikers, gilt es dies im gegebenen Fall als Gegenübertragung zu erkennen und zu analysieren, so daß der analytische Prozeß ohne diese als störend empfundenen Vorkommnisse progredieren kann. Daß die Analyse der Gegenübertragung in vielen Fällen für Patient *und* Analytiker heilsam sein kann, ist bekannt. Die Berücksichtigung der Gegenübertragung ist heutzutage aus den Analysen nicht mehr wegzudenken. Wie sieht es aber aus, wenn die Gegenübertragung unerkannt als ein ihr ähnliches Phänomen in Erscheinung tritt, gleichsam als eine Art Pseudogegenübertragung? Gemeint ist damit das Phänomen, das dann entsteht bzw. entstehen kann, wenn die enge Welt des Therapeuten auf die des Patienten trifft und zu als störend empfundenen Beunruhigungen führt, wenn der Kleinbürger auf den Weltbürger trifft. Sind diese Dinge dann noch mit dem Begriff Gegenübertragung beschreibbar, handhabbar, oder ist hier eine Nahtstelle, an der ideologieverdächtige Inhalte in den therapeutischen Prozeß mit einfließen können und dies auch öfter, als bedacht wird, tun? Manche Fallberichte scheinen mir in diesem Problem zu kulminieren. Um es auf die Kleinbürgerthematik zu beziehen: Wie sieht der analytische Verständigungsprozeß aus, wenn die eigene Welt des Kleinbürgers gleichsam als Pars pro toto, als Welt an sich verstanden wird, die jeweilige Gegenübertragung nicht weiter in ihrem historisch-biographischen und soziologischen Kontext analysiert wird, sondern mit dem individuellen Weltbild Ich-synton korreliert? Ich glaube, die hohe Sensibilität, mit der das Thema Nationalsozialismus in Deutschland in vielen Nachkriegsanalysen aus der Analyse herausgehalten wurde, gehört zu einer kritischen Diskussion des Begriffes Gegenübertragung und ebenso das von Petri (1985) erwähnte Phänomen, daß Kandidaten dann auf das Thema Politik verzichten, wenn sie keine Resonanz fanden und wenn Politik und Gesellschaftstheorie im Deutungsprozeß überhaupt als störend empfunden werden. Ich möchte an Parins (1989) Replik auf seine Kritiker erinnern. Er meint: „Es ist die Furcht vor Veränderung, die hinter allen Argumenten zu stehen scheint. ‚Furcht' ist nicht psychologisch gemeint, eher eine Einstellung, eine das Ganze charakterisierende Haltung, philosophy im amerikanischen Sprachgebrauch, die mich an die Haltung gut etablierter, gesicherter, aber auch ängstlicher an ihre Abhängigkeit gewöhnter Kleinbürger in unserem

Land [gemeint ist die Schweiz, d. Verf.] erinnert: Versucht nur jetzt nichts Neues! ..." Auch dies klingt, als hätten wir es bei unserer Abneigung gegen Neuerungen mit umfangreicheren Problemen zu tun und nicht nur mit der Zufälligkeit verschiedener Ansichten, einer unaufgelösten Übertragung oder gar einer scheinbar ungewollten Abhängigkeit in Institutionen.

Als *zweites* möchte ich das Petrische (1985) Substrat der zitierten Psychoanalysekritiker und ein Stück Charakterisierung narzißtisch gestörter Patienten gegenüberstellen, das von Rosenfeld stammt und auf das sich Hinz (1989) bezieht. Zunächst Hinz: „Rosenfeld wies darauf hin, daß in Analysen mit Patienten, die narzißtisch gestört sind, *omnipotente destruktive Mechanismen* vorherrschen können, die sich häufig in ‚Banden-Träumen' äußern. Das Bild, als Analytiker ‚mit einer *mächtigen Bande* zu tun' zu haben, ‚die von einem *Führer beherrscht* wird, welche alle Mitglieder daraufhin *kontrolliert,* daß sie sich gegenseitig dabei unterstützten, *die destruktive kriminelle Tätigkeit wirkungsvoller und energischer zu verrichten*' (Rosenfeld, 1971, S. 487), ist eine vorzügliche Illustration für die komplexen Verhältnisse, die in der Analyse früh gestörter Patienten auftreten können. Es handelt sich um ein komplex strukturiertes Introjekt, beispielsweise einen *Bandenchef (Diktator, Mafia-Boß, absolutistische Herrscherin),* der über einen *hochentwickelten Machtapparat* verfügt, dem *unzählige Agenten, graue Eminenzen, ein intriganter Hofstaat, käufliche Frauen, Schauspieler ...* unterworfen sind, die sämtlich auf ein Ziel eingeschworen sind: die Erhaltung und Vermehrung der absolutistischen Herrschaft" (Hervorhebungen d. Verf.). Die wichtigsten Stichworte der von Petri in kompakter Form referierten Kritik an der institutionalisierten Psychoanalyse sind: Ausbildungsinstitute sind *„Fortpflanzungsorgane der psychoanalytischen Bewegung"*, *„hierarchisch strukturiert"*, *Kaderschmieden für infantilisierte und angepaßte Musterschüler"*, die *„Unterwerfung erfolgt durch Gewalt, Einschüchterung, Disziplinierung, Zwang"*, die *„Institutionalisierung von Unfreiheit wird durch Initiationsriten, autoritäre Techniken, dogmatische Verkündigung"* gefördert, die den *„Gehorsam und eine Über-Ich-Impression"* der Kandidaten bewirken. Es herrschen *„Machtstrukturen"* einer *religiösen Glaubensgemeinschaft, einer Sekte* vor, die durch *Unaufrichtigkeit, Unehrlichkeit, Anspruch auf Unfehlbarkeit, Absolutheit sowie durch Intoleranz* gekennzeichnet ist und deren *Proselytenmacherei* einem *priesterlichen Moralismus* entspringt. Durch *Isolierung nach außen* kann das *Herrschaftsinstrument der Geheimhaltung* nach innen erhalten bleiben, wobei die *Herrschaftsverhältnisse* durch ein *elitäres Bewußtsein* gesichert werden" (Hervorhebungen d. Verf.).

Auch wenn die Texte nicht 100%ig deckungsgleich sind, läßt sich eine gewisse Ähnlichkeit unschwer erkennen. Folgt man den Kritikern, dann deckt sich die Realität der Ausbildungsinstitutionen mit der Phantasie narzißtisch Gestörter. Zur Frage wird, ob die Ausbildungsinstitutionen nach dieser Lesart nun narzißtisch gestört oder ob die narzißtisch Gestörten gleichsam die Ausbildungsinstitutionen sind.

Eine *dritte* Nahtstelle ist wohl die folgende. Es ist klar, daß man unter den genannten Bedingungen nicht gerne auffallen bzw. ungeschützt in Erscheinung treten will. Daß es im Betrieb Psychoanalyse nicht friedlich, geschweige denn freundlich zugeht, ist inzwischen auch hinlänglich bekannt, selbst wenn das, was von Kernberg, A. Freud, Wallerstein, Mitscherlich-Nielsen, Cremerius, Bernfeld gegen die institutionalisierte Psychoanalyse vorgetragen wurde, stark übertrieben sein sollte. Nur stellt sich die Frage, ob es nicht unsererseits ein Entgegenkommen gibt, das all die Mißstände mitträgt, zu deren Aufrechterhaltung beiträgt und vielleicht in dem geschilderten Kontext kleinbürgerlichen Vermeidungsverhaltens anzusiedeln ist. In meiner eigenen Analyse konnte ich folgendes Abwehrverhalten meinerseits kennenlernen, das wahrscheinlich in diesen Zusammenhang gehört. Immer wenn ich Ideen und theoretische Überlegungen hatte, die ich für formulierungs- und publikationswürdig hielt, suchte ich in einer Art Reaktionsbildung nach Vordenkern, die meine Gedanken vielleicht schon mal gedacht hatte, scheute mich davor, wie die Franzosen es wohl formulieren würden, im eigenen Namen mit meinen Gedanken in Erscheinung zu treten. Das ist eine unbefriedigende Angelegenheit, das geht so nicht, ist ein Widerspruch in sich. Entweder ich denke etwas Neues, dann bin ich mit meinem Namen dafür verantwortlich, dann entfällt aber auch der oben bereits erwähnte Brechtsche Kollektivschutz; oder ich denke etwas, was andere schon gedacht haben, dann ist die Originalität des Gedankens nicht mehr mit meinem Namen verbunden, ich brauchte mich dann aber nicht mehr – in diesem Modell weitergedacht – zu fürchten. Ich wäre kollektiv, mein Ich wäre, wie es bei Brecht überspitzt heißt, ausgelöscht. Viele Autoren von psychoanalytischen Artikeln neigen meines Erachtens dazu, ihre Arbeit mit umfangreichen Zitaten von Freud oder anderen honorigen Vertretern ihres Faches beginnen zu lassen oder anzureichern, ehe sie wagen, sachte auf ihre eigene Leistung hinzuweisen. Außenseiter werden übrigens sehr viel seltener bis gar nicht zitiert. Ich möchte dieses

Verhalten eine Art „Rückversicherungsprinzip" nennen. Bei mir gipfelte dieses Rückversicherungsprinzip in dem oft in der eigenen Analyse selbstironisch formulierten Wunsch, Revolutionär sein zu wollen, Neues zu wagen, aber mit einer Lebensversicherung. Die oben bereits zitierte Figur aus dem Simplizissimus, die da mitteilte: „Natürlich bin ich für Freiheit, aber nur unter hoher obrigkeitlicher Bewilligung", paßt gut in den schulisch normierten Alltag der organisierten Psychoanalyse; zu vermuten ist aber, daß mit dieser Mentalität weder Neuerungen in ihr gewünscht bzw. realisierbar sind, und es ist weiter zu vermuten, daß mit ihr die Psychoanalyse nie das Licht der Welt erblickt hätte. Diese Mentalität gilt es *praktisch* in uns abzuschaffen.

Schließen will ich mit einer Impression. Bei einem Ferienaufenthalt auf Bali wurde ich zufällig Zeuge einer Begegnung zwischen einem Privatmann und einer Amtsperson. Es ging um die Reparatur eines defekten Telefonanschlusses. In diesem Land, in dem ein Telefonanschluß schier unbezahlbar ist und Jahre auf sich warten läßt, wird dieser wie vieles andere nicht selten unter der Hand verscherbelt. So ist es z. B. auch üblich, ein Telefon, selbst dann, wenn man umzieht und am neuen Ort ein bereits installiertes vorfindet, weiterhin am alten Ort unter eigenem Namen „laufen" zu lassen, es aber gleichzeitig zu hohem Preis an den Nachbenutzer weiterzuverkaufen. So war es auch im vorliegenden Fall. Der Postangestellte kam, sah die Regelwidrigkeit und setzte die Miene eines preußischen Beamten auf. Ich war erstaunt. Dies in den Tropen? Der Mann wurde unnahbar, amtlich, polizeihaft, feindselig. Wie veränderte sich dieses Gesicht aber, als es ums Schmiergeld ging. Die Versteinerung löste sich und wich dem unterwürfigen, strukturlosen, ängstlichen, mit Lust am Unerlaubten legierten Gesicht. Die Maske der Strenge wich dem Gesicht der Korrumpierbarkeit. Erinnert uns das nicht an Petris Zitatensammlung hinsichtlich der psychoanalytischen Ausbildung? Ich frage mich manchmal, ob zwischen dieser „halboffiziellen" Dritte-Welt-Korruption und unserer teils moralischen, teils materiellen Korrumpierbarkeit wirklich so ein großer Unterschied besteht. Mir fiel die Anekdote aus den Ferien ein, weil ich diesen in Bali gesehenen Gesichtsausdruck der Korrumpierbarkeit sehr oft auch bei Ausbildungskandidaten und auf analytischen Kongressen meine beobachtet zu haben. Ist das Zufall? Nur meine persönliche Einbildung? Oder gibt es einen *manifesten* Zusammenhang. Ich bin mittlerweile von letzterem überzeugt. Kernberg (1984, S. 63) merkte lakonisch an: „Buchstäblich alle psychoanalytischen Institute sind gekennzeichnet von Idealisierungen und Verfolgungsphantasien … Idealisierung korrumpiert den Idealisierten", und er moniert dort selbst die „Liebedienerei gegenüber den ehrwürdigen Alten" (Kernberg 1984, S. 60).

Auch die Gruppen politisch engagierter Psychoanalytiker und Sozialwissenschaftler sind von diesem Verhalten nicht frei. So gibt es den Ausbildungskandidaten, der eine harmlose Unterschrift unter ein an sich als ehrenwert verstandenes Anliegen verweigert, weil er die weitere Ausbildung gefährdet sieht. Da gibt es den in der Verbandshierarchie noch „Außerordentlichen", der sich ähnlich verhält, weil er „Ordentlich" werden will. Da gibt es trotz sympathisierender Einstellung Solidarisierungshemmungen gegenüber denjenigen, die im eigenen Berufsverband zu Außenseitern gemacht werden, aus Furcht, selbst zum Außenseiter (gemacht) zu werden usw. Das Sich-bedeckt-Halten ist Standard geworden, nicht das Ansprechen, Öffentlichmachen und Aufdecken des aus dem öffentlichen Diskurs Abgedrängten.

Es geht um die tägliche Anpassungsbereitschaft, von der Arendt (1964, S. 22) in einem Gespräch mit Günter Gaus berichtete und von der sie so schmerzlich berührt wurde, als ihre nichtjüdischen Intellektuellenfreunde sich nach Hitlers Machtergreifung von heute auf morgen „gleichschalteten". Es geht um die Anpassungsbereitschaft in Angelegenheiten, bei denen Leib und Leben noch lange nicht gefährdet sind, bei denen es vielleicht noch nicht einmal um den Verzicht auf etwas Bequemlichkeit, Karriere, Geld usw. geht. Was soll die große Bekümmerung um die Opfer der Weltkatastrophen, die großen moralischen Aufwallungen an Gedenktagen und Gedenkfeiern, wenn der kleinste Schritt zum Nichtmitmachen, zur Nichtanpassung schon so sehr ängstigt, daß er verweigert wird? Angesichts dieser Tatsache machen die Schwemme der mit so vielen Selbstbeteuerungen angefüllten Artikel zum Thema „Psychoanalyse und Nationalsozialismus" und die zahlreichen Gedenkfeiern, der Kulturrummel zu Freuds 50. Todestag – es gibt kaum eine Tageszeitung, in der Freud nicht gewürdigt wird – mißtrauisch. Wenn die Psychoanalyse schon so populär geworden ist, wie es den Anschein hat, dann muß ein grundlegendes Mißverständnis oder ein mehr oder weniger gewolltes Hinweggehen über die Provokation ihrer essentiellen Erkenntniszusammenhänge vorliegen. Freud (1940, S. 142) wußte, wovon er sprach, als er prognostizierte: „Die Psychoanalyse hat wenig Aussicht, beliebt oder populär zu werden," und als er in der „Vorrede zur hebräischen Ausgabe der ‚Vorlesungen zur Einführung in die Psychoanalyse'" (Freud, 1934, S. 275) daran gemahnte: „Die Psychoanalyse bringt so viel Neues, darunter auch so viel, was althergebrachten Meinungen widerspricht und tiefwurzelnde Gefühle verletzt, daß sie zunächst Widerspruch hervorrufen muß." Widerspruchslosigkeit, Friedhofsruhe und Harmoniestreben, die heute oft beklagten Grundstimmungen in der psychoanalytischen Ausbildung, haben mit Freuds Psychoanalyse nichts mehr zu tun; sie erinnern eher schon an den simplizistischen Nonsens von der „Freiheit mit hoher obrigkeitlicher Bewilligung" – oder an den Schildbürger, der vor den nahenden Räubern seine Schatztruhe im See versenkt und, um die Stelle später wiederfinden zu können, eine Kerbe in sein Boot ritzt. Etwas Weltfremdes haftet dem Ganzen schon an, obwohl es gleichzeitig auf erschreckende Art normal ist. Über die Schildbürger haben wir lachen gelernt. Die psychoanalytische Ausbildung, ja, der Betrieb Psychoanalyse überhaupt ist dagegen heute ernster denn je.

Anmerkungen

1) Vgl. auch Leupold-Löwenthal (1981, S. 339 f.) und den Bericht von Brinkgreve (1987, S. 93) über die Anfänge der Psychoanalyse in den Niederlanden. Auch dort kam die Gruppe der ersten Psychoanalytiker, so Brinkgreve, aus dem Großbürgertum. Zwar kam Rothe (1987) in seinem Materialienband „Zur Erinnerung an Karl Landauer" zu einem anderen Schluß. Er berichtet, daß Landauer selbst aus dem Großbürgertum stammte, interpretiert jedoch Leupold-Löwenthals Untersuchung der sozialen Zusammensetzung der psychoanalytischen Gruppe in Wien in einer Weise, wie sie sich durch die von Leupold-Löwenthal erstellten Einzelbiographien nicht aufrechterhalten läßt (vgl. Leupold-Löwenthal, 1986, S. 38–163). Aus Leupold-Löwenthals Aussage „Die Mitglieder der frühen psychoanalytischen Gruppe in Wien entstammten *zum Teil* der unteren Mittelschicht" (ders. 1981, S. 339) macht Rothe (1987, S. 7) „... die *meist* dem Kleinbürgertum entstammen" (Hervorhebungen, d. Verf.).

2) In Brechts (1933) Gedicht „700 Intellektuelle beten einen Öltank an" heißt es dann auch „Löscht aus unser Ich / Macht uns kollektiv!". Liegt die Mitgliederzahl der psychoanalytischen Großgesellschaften nicht auch inzwischen in dieser Größenordnung? Dann allerdings hätte Brechts Gedicht höchste Aktualität. Auch Freud (1926, S. 273; zit. n. Kennel, 1984, S. 216) fiel das Kollektivschutzbedürfnis seiner psychoanalytischen Nachkommen auf. Er merkte an: „Wie ich Ihnen das Verhalten meiner Schüler erklären kann? Sicher weiß ich es nicht, ich denke, es würde die Macht des Standesbewußtseins sein. Sie haben eine andere Entwicklung gehabt als ich, fühlen sich noch unbehaglich in der Isolierung von den Kollegen, möchten gerne vollberechtigt von der Profession aufgenommen werden und sind

bereit, für diese Toleranz ein Opfer zu bringen, an einer Stelle, deren Lebenswichtigkeit ihnen nicht einleuchtet."

3) Dazu A. Freud (1976, S. 2796): „André Green beschreibt ein Unlustgefühl, das den heutigen Analytiker bei seiner Arbeit überfällt und, meiner Meinung nach, in vollstem Gegensatz zu der Befriedigung steht, die uns, als Analytiker der Frühzeit, bei unseren Behandlungen begleitet hat."

Literatur

Adorno, Th. W. (1966): Negative Dialektik. Frankfurt 1970

Arendt, H. (1964): Was bleibt? Es bleibt die Muttersprache. In: Gaus, G., Zur Person. Porträts in Frage und Antwort, 13, München

Bernfeld, S. (1952/1962): Psychoanalyse und Politik in Brasilien. Psyche 42, S. 997

Biermann, C. (1988): Der Wunsch nach dem Lehranalytiker. Vortrag vor dem Psychoanalytischen Arbeitskreis Bernfeld. DPV-Info

Bourdieu, P. (1975): L'invention de la vie d'artiste. Actes de la recherche en sciences, S. 67

Bourdieu, P. (1979): Die feinen Unterschiede. Kritik der gesellschaftlichen Urteilskraft. Frankfurt, 1984

Brecht, B. (1926–1933): 700 Intellektuelle beten einen öltank an. In: Ders. Gesammelte Werke 8, Gedichte I., S. 316, Frankfurt

Brinkgreve, C. (1987): Die Gründung der Psychoanalyse in den Niederlanden. In: Psychoanalytisches Seminar Zürich (ed), Between The Devil And The Deep Blue Sea. Psychoanalyse im Netz, 98, Freiburg

Bulletin 152 der Internationalen Psychoanalytischen Vereinigung.

Cremerius, J. (1986): Spurensicherung. Die „Psychoanalytische Bewegung" und das Elend der Psychoanalytischen Institution. Psyche 40, S. 1063

Cremerius, J. (1987): Wenn wir als Psychoanalytiker die psychoanalytische Ausbildung organisieren, müssen wir sie psychoanalytisch organisieren! Psyche 41, S. 1067

Dahmer, H. (1988): Psychoanalyse und Organisation. Werkblatt 5, S. 7

Engels, F. (1890): Antwort an Herrn Paul Ernst. In: MEW 22, S. 80–85

Erikson, E. H. (1961): Die menschliche Stärke und der Zyklus der Generationen. In: Ders. (1964), Einsicht und Verantwortung: Die Rolle des Ethischen in der Psychoanalyse, S. 95, Frankfurt 1971

Ferenczi, S. (1985): Ohne Sympathie keine Heilung. Das klinische Tagebuch von 1932. Frankfurt 1988

Franke, B. (1988): Die Kleinbürger. Begriff, Ideologie, Politik. Frankfurt, New York

Freud, A. (1972): Schwierigkeiten der Psychoanalyse in Vergangenheit und Gegenwart. Frankfurt

Freud, A. (1972a): Child analysis as a sub-speciality of psychoanalysis. Int. J. Psycho-Anal, S. 151

Freud, A. (1976): Wandlungen in psychoanalytischer Theorie und Praxis. In: Die Schriften der Anna Freud, Bd. X, S. 2795. Frankfurt, 1971-1980

Freud, S. (1912/13): Totem und Tabu. In: GW IX

Freud, S. (1926): Die Frage der Laienanalyse. GW XIV, S. 209-286

Freud, S. (1934): Vorrede zur hebräischen Ausgabe der „Vorlesungen zur Einführung in die Psychoanalyse. GW XVI, S. 274 f.

Freud, S. (1940): Some Elementary Lessons in Psycho-Analysis. GW XVII, S. 141-147

Fromm, E. (1932): Die psychoanalytische Charakterologie und ihre Bedeutung für die Sozialpsychologie. In: Ders. (1970), Analytische Sozialpsychologie und Gesellschaft. Frankfurt

Fürstenau, P. (1977): Über die politische Relevanz psychoanalytischer Praxis. In: Kutter, P. (ed), Psychoanalyse im Wandel, S. 148, Frankfurt

Gaddini, E. (1984): Veränderungen bei psychoanalytischen Patienten bis heute. In: Wallerstein R. S. (ed), Veränderungen bei Analytikern und in der analytischen Ausbildung. Schriftenreihe der Int. Psychoanal. Vereinigung, Bd 4, S. 6

Grunberger, B. (1980): Von der Analyse des Ödipus zum Ödipus des Analytikers. Psyche 36, S. 515, 1982

Heine, T. T. (1897): Nationalliberal. In: Reinoß, H. (ed), Simplicissimus. Bilder aus dem „Simplicissimus“, S. 49, Birsfelden-Basel

Hinz, H. (1989): Projektive Identifizierung und psychoanalytischer Dialog. Psyche 43, S. 609

Horkheimer, M., Adorno, Th. W. (1950): Der autoritäre Charakter. Bd. I u. II. Amsterdam 1968.

Hornstra, L. (1988): Psychoanalyse und soziales Engagement. Psyche 42, S. 724

Kennel, K. (1984): Überlegungen zur Frage der Laienanalyse. In: Lohmann, H. M. (ed), Die Psychoanalyse auf der Couch, S. 208, Frankfurt

Kernberg, O. (1984): Veränderungen in der Natur der psychoanalytischen Ausbildung, ihrer Struktur und ihrer Standards. In: Wallerstein, R. S. (ed), Veränderungen bei Analytikern in der analytischen Ausbildung. Schriftenreihe der Int. Psychoanal. Vereinigung, Bd 4, S. 59

Leupold-Löwenthal, H. (1981): Nachwort. In: Nunberg, H., Federn, E. (eds), Protokolle der Wiener Psychoanalytischen Vereinigung, Bd IV (1912–1918), S. 325, Frankfurt

Leupold-Löwenthal, H. (1986): Handbuch der Psychoanalyse. Wien

Loch, W. (1984): Veränderungen in der Lehranalyse und in unserer Erwartung an sie. In: Wallerstein, R. S. (ed), Veränderungen bei Analytikern und in der analytischen Ausbildung. Schriftenreihe der Int. Psychoanal. Vereinigung Bd 4, S. 36

Major, R. (1987): Die Psychoanalyse als Eigenname. In: Psychoanalytisches Seminar Zürich (ed), Between The Devil And The Deep Blue Sea, 224 Freiburg

Mitscherlich-Nielsen, M. (1986): Phantasie und Realität in psychoanalytischen Institutionen. Psyche 40, S. 1105

Pappenheim, E. (1989): Politik und Psychoanalyse in Wien vor 1938. Psyche 43, S. 120

Parin, P. (1978): Warum die Psychoanalytiker so ungern zu brennenden Zeitproblemen Stellung nehmen. Eine ethnologische Betrachtung. Psyche 32, S. 385

Parin, P. (1989): Zur Kritik der Gesellschaftskritik im Deutungsprozeß. Psyche 43, S. 97

Petri, H. (1985): Psychoanalytische Sozialisation – ein Weg zur Autonomie. Psyche 39, S. 481

Rothe, H. J. (1987): Zur Erinnerung an Karl Landauer, geb. am 12. 10.1887 in München, gest. am 27.1.1945 in Bergen-Belsen. Frankfurt (Materialien aus dem S. Freud-Institut Frankfurt, Nr. 4)

Speier, S. (1983): Gedanken zur Ausbildung oder Wie man Analytiker wird. In: Lohmann, H. M. (ed), Das Unbehagen in der Psychoanalyse, S. 104, Frankfurt

Thomä, H., Kächele, H. (1985): Lehrbuch der psychoanalytischen Therapie, Bd 1, Heidelberg

Wangh, M. (1989): Die genetischen Ursprünge der Meinungsverschiedenheiten zwischen Freud und Romain Rolland über religiöse Gefühle. Psyche 43, S. 40

Anmerkung IX

Laienanalyse: Das Unerwünschte erhält einen Namen.

Detlef Michaelis

Zuerst als Fremder, bald als Fremdenführer entdeckte ich das Urbild jeder Stadt.

Anders, 1948, S. 300

Etymologisch läßt sich nach Auskunft des Duden-Herkunftswörterbuches das Wort Laie auf „laikos" (Stammwort: laós) = Volk, Volksmenge, Kriegsvolk zurückführen und auf „leitós" = vom Volk gestaltet, öffentlich. *Laós* ist aber auch das Stammwort von Laios, Sohn des Labdakos, König von Theben und in dieser Funktion auch Vater des Ödipus. Die eher scherzhafte Assoziation, ob Laios damit etwa als Urtyp der modernen Laien gelten könne, denen in schicksalshafter Verstrickung mit ihrem Vorfahren gleiches Unglück vorbedacht sei wie ihm, nämlich das der Beseitigung durch den immer wiederkehrenden Ödipus, wurde für mich zum Anlaß, die einzelnen mythologischen Gestalten der griechischen und ägyptischen Sagenwelt noch einmal Revue passieren zu lassen, soweit sie Eingang in die Schriften der frühen psychoanalytischen Denker gefunden haben. Die „moderne" psychoanalytische Literatur scheint sich bis auf wenige Ausnahmen nur noch selten an die alten, tragischen, oft in schwere, schier unlösbare Konflikte verstrickten Figuren zu erinnern, die in verdichteter Form Menschheitskonflikte symbolisieren. In der feministischen Literatur tauchen „Iocastes Kinder", die „Antigone" oder „Kassandra" etc. vereinzelt auf, in der psychoanalytischen meist nur im Rahmen historischer Quellenforscher; was einstmals noch, wie Horkheimer und Adorno (1944, S. 25 ff.) es nannten, als „Schrecken" namentlich identifizierbar war, ist in der Moderne in den Theorien der suggerierten Konfliktlosigkeit verschwunden. Herr und Knecht werden zu scheinbar Gleichen in der Systemtheorie, der Gegensatz von Kapital und Arbeit verflüchtigt sich in den von Arbeit und Interaktion, König Ödipus hat angesichts des kleinen Bürgers Narziß kaum mehr eine

Chance. Lebenswichtige Erinnerungen drohen in Vergessenheit zu geraten, einstmals Neues wird täglich von Neuem überholt und muß sich fast schämen, jemals Anspruch auf Gültigkeit erhoben zu haben. Wer traut sich heute schon zuzugeben, daß ihm die klaren Behandlungsempfehlungen Freuds, seien sie nun durchgängig plausibel oder nicht, immer noch angenehmer sind als die technisch oft hochkomplizierten und fast nicht mehr verständlichen seiner Nachkommen und daß ihm die Theorie vom Todestrieb die Dinge der Welt weitergehend verstehen hilft als die der narzißtischen Wut und der reaktiven Destruktivität.

IX/1. Auch die Frage der Laienanalyse scheint mir ein solch doppeltes Thema zu sein, nämlich ein antikes und ein versiertes, welches den Spuren des Ursprünglichen folgt und das an den Verstrickungen des flachen Argumentationspragmatismus scheitert. Bevor ich beiden Richtungen verfolgen werde, will ich zunächst allerdings dem Modus des scheinbar unnützen Erinnerns folgen – unnütz, da aus heutiger Sicht alles so sehr nach Vergangenheit aussieht, was sich nicht in die tagespolitische Utilitarität einordnen läßt. Knapp 100 Jahre Wissenschaftsgeschichte lassen hinsichtlich des letztgenannten Gesichtspunktes hin und wieder den Geschmack von etwas unendlich Antiquiertem zurück. So mutet jedenfalls die folgende Textpassage von Grubrich-Simitis (1981, S. 22) aus dem Vorwort zu Bernfeld und Bernfeld-Cassirers „Bausteine der Freud-Biographie“ an: „Die letzte Arbeit (1962) ist posthum erschienen und enthält die Mitschrift eines Vortrags, den Bernfeld wenige Monate vor seinem Tode am Psychoanalytischen Institut in San Francisco hielt, nachdem er, der noch immer leidenschaftliche und begeisternde Lehrer, sich zuvor von seinen offiziellen Funktionen als Lehranalytiker zurückgezogen hatte. Er übte in diesem Vortrag radikale Kritik am durchorganisierten, nach seinem Dafürhalten von Versteinerung bedrohten psychoanalytischen Ausbildungssystem mit seinen rigiden Zulassungsbeschränkungen … Schon drei Jahre früher hatte er in dem wohl *utopischen Wunsch, Liberalität und schöpferische Lebendigkeit* der *psychoanalytischen Pionierzeit* zu bewahren, das Modell eines *‚freien‘ Ausbildungsinstituts* vorgeschlagen …, welches gegen die Gefahren der Bürokratisierung besser gefeit sein sollte als die bestehenden Institutionen“ (Hervorhebung d. Verf.).

Welchen Inhalt des vielsinnigen Begriffes „utopisch“ meint Grubrich-Simitis, wenn sie ihn mit den Begriffen „Liberalität“, „schöpferische Lebendigkeit“ und dem „Modell eines ‚freien‘ Ausbildungsinstituts“ in Verbindung bringt? Den Antiken, den mit Glück und – angesichts der sozialen Unzulänglichkeiten – mit der Vision von einer besseren Zukunft legierten? Den antiquierten, der den Wunsch nach Veränderung in die „alten Zeiten“ verweist, wo, wie im Märchen vom Froschkönig, Wünschen noch geholfen hat? Oder meint sie den resignierten des „modernen Menschen“ unserer Zeit, dem sowohl die zuvor nicht gekannte Bedrohung unserer existenziellen Lebensmöglichkeiten angst macht, wie auch die Vorstellung, dagegen etwas zu unternehmen? Meines Erachtens geht es um die Entscheidung zwischen Widerstand und Anpassung, zwischen der lebendigen Beunruhigung, die von intellektueller Neugier und Beweglichkeit ausgeht und – auf die Organisierung des psychoanalytischen Betriebs bezogen – um Dissidenz oder kleinkarierte Vereinsmeierei mit den Folgen des Rückzugs in die provinzielle Welt des ontologischen Denkens bei gleichzeitiger Ausgrenzung des Fremden, dessen, was nicht zum „mainstream“ gehört.

Mit ganz unterschiedlichen Gründen, Rationalisierungen und Verweisen wurde auch über eine lange Periode der psychoanalytischen Bewegung die Laienanalyse ausgegrenzt. Lehrte Freud sinngemäß, was verdrängt wird, kehrt wieder, dann ließe sich vielleicht auch die Vermutung äußern: Was *ausgegrenzt* wird, kehrt wieder. Diese Vermutung findet sich zur Zeit in der USA bestätigt, dem Land der Hardliner und Falken im Kampf gegen die Laienanalyse. Vor einem Rekurs auf die historische Kontroverse zwischen Befürwortern und Gegnern der Laienanalyse zunächst zu ihrer aktuellen Variante. Im 152. Bulletin der IPV berichtete der Präsident Wallerstein über ein gerichtliches Verfahren, das vier Laienpsychologen, denen der Zugang zur analytischen Ausbildung gemäß den Statuten der Amerikanischen Psychoanalytischen Vereinigung (APA) verwehrt wurde, gegen die APA und mit ihr gegen die IPV (Internationale Psychoanalytische Vereinigung) angestrengt haben. „Die Klage wurde,“ wie es im Bulletin (S. 18) heißt, „aufgrund der amerikanischen Kartellgesetze erhoben, die mit der Einschränkung der Wettbewerbsfähigkeit zu tun hat.“ Inzwischen ist die Lage die, so berichtet Wallerstein, daß die auf die APA und die IPV zukommenden Prozeßkosten bereits eine Höhe von einer halben Million Dollar erreicht haben und daß eine rasche Zunahme dieser Kosten erwartet wird – und dies vor dem Hintergrund, „daß in der überwiegenden Mehrheit der Gesellschaften und Institute, die der IPV angehören, ärztliche und nichtärztliche Bewerber absolut gleichberechtigt zur Ausbildung zugelassen werden" (ebd.). Die IPV muß demnach Kosten für einen Prozeß übernehmen, den die Mehrheit der in ihr zusammengeschlossenen europäischen und lateinamerikanischen Verbände ablehnen, da sie gegen die psychoanalytische Behandlung durch Nichtärzte nichts einzuwenden haben.

Die momentane Situation und die äußerst delikate Interessenkollision in der IPV sowie deren begründete Furcht vor einer Prozeßniederlage haben zu einer Aufweichung der harten amerikanischen Position geführt. Interessant sind dabei die Ergebnisse einer Befragung, mit der die Prozeßakzeptanz unter den amerikanischen Analytikern ermittelt werden sollte und damit deren Einstellung zur Laienanalyse. Nach Wallerstein (ebd., S. 19) scheint es bei der festgestellten Einstellungsänderung der befragten amerikanischen Analytiker doch letztlich um mehr zu gehen als nur um rein monetäre Aspekte: „Ein Sonderausschuß ... schlug eine Änderung innerhalb der Amerikanischen Vereinigung vor, zum ersten Mal Nicht-Ärzte auf andere als auf Forschungsbasis zur vollen Ausbildung in der klinischen Psychoanalyse zuzulassen. Darüber mußte dann in der Amerikanischen Vereinigung abgestimmt werden; die Amtsträger der Amerikanischen Vereinigung hofften, daß dieser Vorschlag angenommen würde, und wir, die wir die IPV repräsentieren, hofften natürlich erst recht, daß dies geschehen würde. Keiner von uns wagte anzunehmen, daß der Vorschlag mit großer Mehrheit angenommen würde, aber wir hofften, daß wenigstens eine Mehrheit der amerikanischen Mitglieder dafür stimmen würde. Zu unserer aller Überraschung stimmten die amerikanischen Mitglieder mit 68% zu 32% für eine Zulassung von Nicht-Ärzten. Daraufhin setzten die Amerikaner sofort ein Komitee, unter dem Vorsitz von Carl Davis, ein, um die Realisierung dieses Ergebnisses zu ermöglichen und die Institute in die Lage zu versetzen, mit der Ausbildung von nichtärztlichen Kandidaten in der klinischen Psychoanalyse zu beginnen, d. h., die Ausbildung nicht nur von Psychologen, *sondern von allen, die sich ausreichen qualifiziert fühlten, aufzunehmen.* Die Institute der Amerikanischen Vereinigung, die nicht daran interessiert sind, werden nicht dazu aufgefordert, aber diejenigen, die es wünschten, wären nun zur Ausbildung von Nicht-Ärzten berechtigt" (Hervorhebungen d. Verf.).

Inzwischen sind viele Institute auf das Angebot eingegangen und haben mit der Ausbildung von Nichtärzten begonnen. Warum diese Kehrtwendung nach den Jahren der rigiden Ausgrenzungsstrategie letztlich so leicht und unkompliziert über die Bühne ging, mag auch noch andere Gründe haben als die Furcht vor der drohenden Prozeßniederlage. Cremerius berichtet in einem persönlichen Gespräch von der allgemein schwierigen Lage der Psychoanalyse in den USA. Viele Ausbildungsinstitute litten an Nachwuchsmangel, es gäbe den absurden Fall, daß an einem Ausbildungsinstitut ca. 60 Lehranalytiker drei Ausbildungskandidaten gegenüberstünden. Dies ist sicher ein Extremfall, aber ein symptomatischer, den es zu erklären lohnt. Aufzuklären lohnt sich sicher auch die von Cremerius erwähnte Tatsache, daß Analytiker nach Abschluß ihrer Ausbildung an einem der anerkannten Institute (in den USA) zunehmend nicht mehr der APA beitreten. Anders als in den 60er Jahren hat die Psychoanalyse an Attraktivität verloren (May, 1977, S. 1248). Neben der zunehmenden Akzeptanz alternierender Therapieformen in einem Land, in dem anscheinend alles schnell, kurz und pragmatisch vonstatten gehen muß, kann gerade unter dem Ärztenachwuchs die biologisch-physiologisch ausgerichtete Psychiatrie einen großen Zulauf verzeichnen. Hier liegt für die Ärzte die wesentliche konkurrierende Alternative zur Psychoanalyse mit besseren und sichereren Verdienstmöglichkeiten.

Daß das Geld in der Etablierung von Wissenschaften eine nicht zu vernachlässigende Rolle spielt, ist unstrittig. Dieser Aspekt scheint auch immer wieder in der historischen Kontroverse um das Thema Laienanalyse eine Bedeutung gehabt zu haben. Erst kürzlich hat Bessermann-Vianna (1988) auf diesen Zusammenhang hingewiesen: „Genau Mitte des Jahres 1979, als sich die wirtschaftlichen Schwierigkeiten verschärften, mit einer allmählichen und kontinuierlichen Verarmung der Mittelklasse (der die große Mehrheit der Ärzte angehört), begann wieder die Diskussion über die Zulassung von Nicht-Medizinern." Sie weist zwar auch darauf hin, daß man den ökonomischen Faktor nicht allein für den entsprechenden veränderten Zulassungsmodus zur Ausbildung verantwortlich machen kann; sie spricht aber von der durch die wirtschaftliche Lage erschwerten Situation für die Ärzte, die teuren Lehranalysen zu bezahlen, und versucht die Gültigkeit dieses Faktors durch verschiedene begleitende Beobachtungen plausibel zu belegen. Am Beispiel USA und Brasilien, vielleicht auch am Beispiel der BRD läßt sich zeigen, daß die Gruppe der sogenannten Laienanalytiker so etwas wie den Status einer psychoanalytischen Reservearmee erhalten hat. Auf alle Fälle scheint der Verweis auf den konjunkturellen Zusammenhang und die jeweiligen nationalen Eigenheiten der psychoanalytischen Ausbildung bedenkenswert. Dazu mag ein weiteres Beispiel anregen. Im Bulletin der Europäischen Psychoanalytischen Konförderation schrieb Appy (1988): „Die Höhe der Kassenhonorare (zur Zeit mindestens DM 100,– je Sitzung) setzte Maßstäbe für die Ansprüchlichkeit der Psychotherapeuten (und vieler Analytiker). Honorarabsprachen, die auf die finanziellen Möglichkeiten von Patient und Therapeut abgestimmt waren, erschienen masochistisch. Lieber reduzierte man die Behandlungsfrequenz auf 2–3 Stunden, ‚weil der Patient 4–5 Wochenstunden nicht bezahlen könne bzw. wolle'. Hinweise auf die projektiven Anteile solcher Rechtfertigungen wurden als ‚Orthodoxie' abgetan. (Einzelne vertraten sogar die Ansicht, daß Analyse auch mit einer Wochenstunde möglich sei. Dafür wurden dann Höchstsätze von DM 150,– bis 300,– in Rechnung gestellt.) Psychotherapie drohte zu einem lukrativen Geschäft zu werden; nicht nur Hilfe für die ‚armen' Patienten, sondern auch Hilfe für die ‚armen' Therapeuten. Die Nachfrage nach psychotherapeutischer Ausbildung schnellte daher unverhältnismäßig in die Höhe."

IX/2. Die Aussage von Appy spricht für sich. Was heißt aber in diesem Zusammenhang „unverhältnismäßig"? Vielleicht gibt ein Blick in die Geschichte der kontroversen Diskussion zum Thema Laienanalyse Aufschluß. Freuds Standpunkt war klar. Er formulierte dies noch einmal 1928 in einem Brief an Ferenczi ein Jahr nach der umfangreichen Diskussion der Laienanalyse auf dem Innsbrucker Kongreß 1927: „Die innere Entwicklung der Psychoanalyse läuft überall meinen Absichten entgegen, von der Laienanalyse weg zur reinen medizinischen Spezialität, was ich als verhängnisvoll für die Zukunft der Analyse empfinde" (zit. n. Jones, 1984, S. 350). Im „Nachwort zur ‚Frage der Laienanalyse'" hatte Freud (1927, S. 288) bereits vor dieser Verengung gewarnt und nicht etwa die ärztliche Vorbildung zur Conditio sine qua non der analytischen Ausbildung erklärt, sondern für eine „besondere Ausbildung [plädiert, d. Verf.] ..., deren es zur Ausübung der Analyse bedarf". Als methodisches Argument dafür, warum die Psychoanalyse – auch wenn sie zu Heilzwecken angewendet wird – nicht auf den Bereich der „medizinischen Psychologie" beschränkt werden sollte oder als „Spezialfach der Medizin" eingefriedet werden dürfe, liefert er ein recht anschauliches Beispiel: „Man lasse sich durch die Möglichkeit ihrer Anwendung zu medizinischen Zwecken nicht irreführen, auch die Elektrizität und die Röntgenstrahlen haben Verwendung in der Medizin gefunden, aber die Wissenschaft von beiden ist doch die Physik" (Freud, 1927, S. 289).

Freuds Worte waren deshalb so deutlich und bildhaft, weil sie als Reaktion auf den gegen den nichtärztlichen Psychoanalytiker Theodor Reik angestrengten Prozeß formuliert wurden und auch diejenigen überzeugen sollten, die von der Psychoanalyse bis dahin keine Ahnung hatten. Der angeblich fiktive Gesprächspartner in Freuds Schrift „Die Frage der Laienanalyse" ist, wie wir wissen, der „Wiener Anatom Prof. Julius Tandler, damals sozialdemokratischer Stadtrat für das Gesundheitswesen" (Leupold-Löwenthal, 1984, S. 99), mit dem Freud auch tatsächlich in dieser Angelegenheit korrespondiert hat. Er konnte seinen halboffiziellen/offiziellen Gesprächspartner bzw. die entsprechenden Behörden nicht überzeugen. Der Prozeß gegen Reik wurde zwar eingestellt, da Reik keine konkreten Vergehen nachgewiesen werden konnten, aber das österreichische Gesetz gegen die Kurpfuscherei obsiegte, und so wurde auch in der Folgezeit dem Wiener Psychoanalytischen Ambulatorium, das dem Berliner Vorbild entsprach, untersagt, Laienanalytiker zu beschäftigen. Entsprechende Kontrollen wurden amtlicherseits durchgeführt, und Reik wurde 1925 die Ausübung einer analytischen Praxis untersagt (vgl. ebd. S. 97 ff.).

Der Ausschluß der Laienanalyse aus dem Gesamtkontext der Psychoanalyse geht im Falle Reik auf eine außeranalytische Instanz zurück. Auch das folgende Material zeigt, daß das Thema Laienanalyse eigentlich keines der Psychoanalyse selbst ist, sondern eines, das auf „Ansprüche der Gesellschaft, der Behörden des Gesetzgebers und der Berufsorganisation" (Leupold-Löwenthal, 1984, S. 98) zurückgeht, und man könnte ergänzen: auf die in Form von individuellen und kollektiven Vorurteilen basierenden Widerstände gegen die Psychoanalyse selbst. Es ist zu vermuten, daß diese Widerstände in den Reihen der analytisch ausgebildeten Propagandisten gegen die Laienanalyse ihre leidenschaftlichsten Fürsprecher hatten und immer noch haben (vgl. dazu Kennel, 1984, S. 209 ff.). Die ursprünglichen Widerstände gegen die Psychoanalyse im allgemeinen haben sich – in Anlehnung an den Abwehrmechanismus der Isolierung – gegen eines ihrer Elemente gerichtet und drohen inzwischen das Ganze auszuhöhlen. Mit dem Begriff Laienanalyse erhält das Unerwünschte lediglich einen Namen. Und was ohne dieses Unerwünschte übrig bleibt, droht zur Profession mit stark konventionellen Zügen zu verkommen. So schrieb Freud (1928, zit. n. Kennel, 1984, S. 217) in seinem Brief an Ferenczi: „Die letzte Maske des Widerstandes gegen die Analyse, die ärztlich-professionelle, ist die für die Zukunft gefährlichste", und wies in diesem Zusammenhang auf die Anpassungsbedürfnisse wie Isolationsängste seiner psychoanalytischen Nachkommen hin (vgl. Freud, 1926, S. 273).

Diese letzte Vermutung Freuds gilt besonders heute, wo allenthalben von analytischer Professionalisierung und Identität sowie von der beruflichen Besitzstandswahrung gesprochen wird. Eine der markanten Etappen auf dem Weg der inneren Emigration und Selbstbeschränkung der Psychoanalyse aufs handwerkliche und kaufmännische Handeln fand 1927 in Innsbruck statt. Vorausgegangen waren dem Innsbrucker Kongreß, der speziell der Frage der Laienanalyse gewidmet war, zahlreiche Diskussionen über Ausbildung, Ausbildungskontrolle und entsprechende Standardisierungsansprüche in den USA und Europa. Die amerikanischen Analytiker, die vorwiegend in Europa – auch bei Laienanalytikern – ausgebildet waren, bemängelten die Tendenz zur „wilden Analyse" in den USA, der sie mit Hilfe des amerikanischen Gesetzes gegen Kurpfuscherei zu Leibe rücken wollten. Den Europäern stellte sich dieses Problem nicht in dem Maße, da es bereits relativ viele qualifizierte Ausbildungsmöglichkeiten für Interessierte gab. Ihnen lag die Frage der hinreichenden Qualifikation und Vereinheitlichung der Ausbildung am Herzen. Die amerikanischen Beschränkungsvorschläge hielten sie für einen wissenschaftlichen Rückschritt. Leupold-Löwenthal (1982, S. 106) faßte die unterschiedlichen Positionen wie folgt zusammen: „25 Einzelpersonen und zwei Vereinigungen haben sich geäußert. Neun sprachen sich entschieden für die Laienanalyse aus, elf ebenso entschieden dagegen, sechs nahmen eine vermittelnde Position ein. Betrachtet man die Vorbildung der Autoren, so haben von 21 Ärzten immerhin elf sich gegen die Laienanalyse ausgesprochen, fünf dafür und fünf bedingt dafür. Von den fünf Nichtärzten kamen vier positive Äußerungen und eine vermittelnde. Die New York Psychoanalytic Society verfaßte ein kollektives, völlig ablehnendes Statement, die Ungarische Vereinigung sprach sich für die Laienanalyse aus. In dieser Diskussion finden sich besonders von seiten der ärztlichen Psychoanalytiker Feststellungen, die an Simplizität keine Wünsche offen lassen. So meint Felix Deutsch (1927): ‚Das Heilgeschäft ist eine ärztliche Sache. Das wäre der Weisheit letzter Schluß.' Das Wort Geschäft ist dabei offenbar durchaus wörtlich zu nehmen, denn kurz vorher heißt es: ‚Für Geld gesund machen darf nur der Arzt. Das steht im Gesetz.' Deutsch räumt ein, die didaktische Analyse könne als Ausnahme betrachtet werden, denn da wolle man erziehen und nicht heilen." Daß es ums Geschäft geht, beschreibt Leupold-Löwenthal (1984) noch an anderer Stelle. Mit dem Kommentar, daß „der von Freud angedeutete Konkurrenzneid der Ärzte ... gerecht gesehen werden müsse", zitiert er aus Jones Rezension von Freuds „Die Frage der Laienanalyse": „‚Wenn man bedenkt, daß viele Laienanalytiker, deren Ausbildung nur den vierten Teil der Lehrzeit eines ärztlichen Analytikers beansprucht und denen kein bestimmter Lebensstandard vorgeschrieben ist, wie den Ärzten (in manchen Städten muß ein Arzt in bestimmten teuern Vierteln praktizieren, oder er kann überhaupt darauf verzichten), bald das finanzielle Niveau der analytischen Arbeit herabdrücken würde.'" Leupold-Löwenthal (1984) folgert lakonisch: „(Vielleicht hätte die Britische Vereinigung die Laienmitglieder statuarisch verpflichten können, nur in der Harley Street zu praktizieren!)."

Insgesamt wiederholten die vorgebrachten Argumente gegen die Laienanalyse den einfachen Hinweis, daß der Heilberuf dem Arzt vorbehalten bleiben müsse und daß dies, da die Psychoanalyse vorwiegend Kranke heile, auch für sie gelte. Schilder (1927) plädierte z. B. dafür, daß der Laie „Hilfskraft des Arztes" bleiben müsse. Tiefer gingen die Begründungen nicht. Zwei Stellungnahmen ärztlicherseits gingen der Frage nach, wie es mit den diagnostischen Fähigkeiten von nichtärztlichen Psychoanalytikern aussehe, wenn sich zu ihnen z. B. Patienten mit entsprechenden Symptomen verirren. Nunberg (1927) bemerkte: „Der ärztliche Psychoanalytiker hingegen weiß nicht viel mit dem organisatorischen Leiden seines Patienten anzufangen. Verirrt sich ein organisch Kranker zufällig in meine Sprechstunde, so gerate ich in die größte Verlegenheit und trachte ihn so rasch als möglich abzuschieben." Obwohl Harnik (1927) kein Gegner der Laienanalyse war, sondern für eine gute ärztliche Vorbildung der Laienanalytiker plädierte, stellte er fest: „So glaube ich nicht, daß er [der Analytiker, d. Verf.] das Wissen um die verschiedenen Formen der Eingeweidewürmer und um die von denselben verursachten Symptome und Erscheinungen in seinen Analysen entbehren kann." Auch wenn das Motiv hinter Harniks Aussage, der Analytiker müsse befähigt sein, im komplizierten Geflecht von körperlichen und seelischen Leiden diagnostisch differenzieren zu können, verstehbar ist, mutet gerade dieses Beispiel recht befremdlich an, denn wie will der analytische Therapeut ohne körperlichen Nachweis zu dieser Unterscheidung fähig sein? Franz Alexander (1927) drehte in seinem Statement das Argument der Beweisführung über die ärztliche bzw. nichtärztliche Behandlungskompetenz um und stellte Gegenforderungen auf, die in ihrer methodischen Logik bestechen und an den eingefahrenen Vorurteilen des

Behandlungsalltags rütteln. Er gibt zu bedenken: „Die Nichtzulassung von psychoanalytisch ausgebildeten Laien erscheint unter den von Freud vorgeschlagenen Kautelen unbegründet. Mit demselben Recht müßte dem psychoanalytisch ungebildeten Arzt die Behandlung organischer Erkrankungen untersagt werden, weil er in Fällen, in denen der psychische Zustand des Kranken für sein Kranksein von ausschlaggebender Bedeutung ist – und solche Fälle sind nicht selten –, den Kranken auf die Notwendigkeit einer Psychotherapie nicht aufmerksam machen wird und so die Interessen des Patienten nicht in dem Maße wahrt, wie es heute schon möglich ist."

All die Diskussionsbeiträge behielten eher dokumentarischen Wert, als daß sie zu neuen Einsichten und Entscheidungen führten. Wahrscheinlich geben die meisten dieser Stellungnahmen Ansichten wieder, die weit verbreitet sind und denen nur allzuoft rationalisierende Begründungen übergestülpt werden. Meine persönliche Erfahrung läßt jedenfalls diesen Schluß zu. So tendiert nahezu jedes Gespräch in analytischen Kreisen – auch engagierten –, das zunächst mit irgendeinem inhaltlichen Problem begonnen hat, dazu in relativ kurzer Zeit zu Fragen der Kassenanträge, der Abrechnungsziffern, der Kassensätze und zu der Überlegung, ob man sich an diesen orientiert oder das Stundensalär eigenständig festlegt, überzugehen. Ich denke, auch das ist eher als Symptom einer größeren Misere zu betrachten, gleichsam als Pars pro toto.

Die amerikanischen Psychoanalytiker, die mit dem Austritt der IPV drohten, wenn ihre antilaienanalytische Position nicht geduldet würde, setzten sich mit ihren Interessen in Innsbruck durch und landeten außerdem einen Coup, der ihnen eine weitgehende Kontrolle der gesamten psychoanalytischen Tätigkeit in den USA ermöglichte. Sie setzten durch, daß ihr nationaler Verband unabhängig von der IPV nach eigenen Vorstellungen Entscheidungen hinsichtlich Ausbildung, Lehre und Forschung treffen dürfe, daß aber nur derjenige in den USA Mitglied der IPV werden könne, der zuvor bei einem der anerkannten APA-Institute seine Ausbildung absolviert hatte. Damit wurde die APA nicht nur zu einem enormen Kontrollorgan im eigenen Lande, sondern bald darauf außerdem – verursacht durch die Nazi-Herrschaft in Deutschland und in vielen Ländern Europas – zu einem dominierenden Organ in der IPV.[1]

IX/3. Zur Frage, welchen Beitrag die Laienanalytiker bzw. die nichtärztliche psychoanalytische Forschung zur Entstehung der psychoanalytischen Wissenschaft beigetragen hat, sei daran erinnert, daß auch die Diskussion um Psychoanalyse und NS-Zeit in der BRD zu großen Teilen von sogenannten Laien initiiert und geführt wurde. Aus „dem Innern der Psychoanalyse", von den sogenannten Nichtlaien kam viel Widerstand (vgl. den Briefwechsel „Psychoanalyse unter Hitler", 1985), den man heute nicht mehr so recht verstehen will (vgl. auch die Diskussion um den Hamburger Kongreß und die entsprechenden Veranstaltungen in der DPV). Dennoch wirkt die Art, wie heute mit dem Thema „Psychoanalyse und NS-Zeit" umgegangen wird, so, als wäre es durch die glatte institutionalisierte Handhabung bereits seiner kritischen Brisanz beraubt. Das Thema erregt keinen Anstoß mehr, trifft nicht mehr auf heftige Gegenreaktionen, es ist mit allseitigem Einverständnis zum Ausbildungsstoff geronnen und hat damit sein „unkontrolliertes" Erkenntnispotential eingebüßt. Droht dem Thema Laienanalyse nicht ein ähnliches Schicksal?

Warum erhält die Frage der Laienanalyse in der inneranalytischen Diskussion heute wieder solch eine außerordentliche Bedeutung? Warum wird sogar in der DPV/DPG wieder über sie verhandelt? Wurde sie doch erst 1976 von diesen ausgegrenzt (mit der bekannten Ausnahme der Psychologenlaien). Vermutlich sind es zwei Gründe. Einmal ist das, was außerhalb des ordnungsgemäßen psychoanalytischen Betriebes so unkontrolliert und frei herumgeistert, immer wieder für Unruhe sorgt und immer wieder gegen den in Leblosigkeit und Unaufrichtigkeit erstarrten analytischen Alltag ins Feld geführt wird, wieder einzufangen und zu befrieden, und zum anderen soll sein schöpferisches Potential wieder in den Dienst der ganzen Sache gestellt werden. Die Unmutsäußerungen, daß in der Psychoanalyse nichts mehr „los", ihr Betrieb innovationsarm und langweilig geworden sei, ist inzwischen allenthalben zu hören und war bereits in den 60er Jahren in den USA besonders stark (vgl. May 1977, S.1248). Die BRD hinkt – wie in vielen Dingen – lediglich hinterher.[2]

May (1977) hat auch die verschiedenen Verstrickungen beschrieben, in welche die Laienanalyse in den USA geraten war. Zwar hatte man mit dem Innsbrucker Beschluß gegen die analytische Behandlung durch Nichtärzte erfolgreich votiert und verfügte nun über die nationale Zugangskontrolle zur IPV, sah sich aber durch den Strom von aus Europa flüchtenden Analytikern mit den Folgen einer Resolution konfrontiert, die die IPV 1934 beschlossen hatte. Nach ihr konnten Psychoanalytiker, die aus politischen Gründen ihr Land verlassen mußten, direkt Mitglied der IPV werden. Diese Resolution galt jetzt also natürlich auch für die nichtärztlichen Analytiker, die Europa verlassen mußten und in die USA immigrierten. Die Reaktionen waren unterschiedlich. Einige der sog. Laienanalytiker wurden bei ihren Bemühungen um Mitgliedschaft in einer der lokalen Vereinigungen Schwierigkeiten in den Weg gelegt, so z. B. Kris, Bernfeld und Fenichel (May 1977, S.1239). Fenichel galt als Laienanalytiker wegen seines bloß europäischen Arztexamens, andere erhielten die Möglichkeit zur Gründung von Ausbildungsinstituten, wo sie als Lehranalytiker arbeiten konnten, so z. B. Hanns Sachs, der später sogar Professor für Psychoanalyse an der Harvard-Universität wurde. Unter dem starken Zustrom von intellektuell begabten und beruflich bereits erfolgreichen Analytikern aus Europa stellten sich nicht nur die bereits genannten organisationsbedingten Konflikte ein, sondern kam auch Leben in den bisher eher farblos gebliebenen amerikanischen Analysebetrieb. An den Dissidentenbewegungen lassen sich die regen kontroversen Debatten hinsichtlich psychoanalytischer Theorie und Praxis ablesen. Viele bekannte Namen, gerade auch von sogenannten Laienanalytikern, stehen dabei für neue und folgenreiche Theoriemodelle in der Weiterentwicklung der psychoanalytischen Theorie und Praxis. Namen wie Kris, Erikson, Sachs, Fromm, Bernfeld, Lindauer, Bettelheim, Reik, Rank gehören dazu. Zahlreiche amerikanische Analytiker haben bei ihnen ihre Ausbildung absolviert, und es wäre sicherlich interessant zu untersuchen, inwieweit sich die Ideen der Lehrenden und Lehranalytiker bei den von ihnen Ausgebildeten wiederfinden. Taucht nicht z. B. hinter Kohuts „Größen-Selbst“ und „idealisierter Elternimago“ Aichhorns aus seiner Arbeit mit verwahrlosten Jugendlichen entwikkelte Empfehlungen auf, daß man sich ihnen „als glorifizierte Kopie ihres gestörten Ich und Ich-Ideals“ anbieten muß (Leupold-Löwenthal 1986, S. 59)? Bei mir jedenfalls hat diese Ideennähe zwischen dem „alten“ Aichhorn und dem „modernen“ Kohut einen großen Eindruck hinterlassen. Aichhorn ist Kohuts Lehranalytiker gewesen.

Nicht nur in Amerika, sondern auch an anderen Orten haben Persönlichkeiten, die unter die Rubrik Laienanalytiker fallen, Bedeutendes zur Entwicklung der psychoanalytischen Theorie beigetragen. Da sind zu nennen: Anna Freud, Melanie Klein, Zullinger, der eben erwähnte Aichorn, Pfister, Lou Andreas-Salomé, Marie Bonaparte, Blos, Waelder, Géza Róheim, Rapaport, Roy Schafer, Igor Caruso usw. Ihre jeweilige Vorbildung ist so vielfältig wie das Betätigungsfeld der Psychoanalyse selbst. Hanns Sachs war Jurist und interessierte sich nicht nur für Psychoanalyse und Justiz, sondern auch für die Darstellung der Psychoanalyse im Film. Géza Róheim war Ethnologe und blieb auch nach seiner Lehranalyse weiterhin Leiter der ethnographischen Abteilung des Ungarischen Nationalmuseums. Kris war Kunsthistoriker und blieb bis 1938 Kustos am Kunsthistorischen Museum in Wien. Andreas-Salomé war Schriftstellerin, Rapaport Mathematiker und Experimentalphysiologe, andere waren Lehrer, Theologen, Historiker, Erzieher etc. (vgl. Leupold-Löwenthal, 1986). Die Namen und Berufe der bekannten nichtärztlichen Analytiker hier aufzuzählen ist schon Produkt der Ausgrenzungsstrategien seitens der etablierten Psychoanalyse, ist also künstlich und nicht eigentliches Thema der Analyse selbst, der ganzen ungeteilten Analyse. Im Gegenzug wären hier die zahlreichen hervorragenden Leistungen der ärztlichen Analytiker aufzuzählen. Es kann von daher nur um die ganze Analyse gehen. Mit ihrer wie auch immer gearteten Zergliederung droht der Zerfall und der Verlust ihres revolutionären Aufklärungspotentials. Eine moderne Variante des Widerstandes gegen sie macht sich meines Erachtens zur Zeit in dem Versuch bemerkbar, die Psychoanalyse in einzelne Bindestrichanalysen aufzuteilen und sie so für die pflegeleichte Handhabbarkeit im akademischen Bereich zu domestizieren. Da wird dann an eine Analyse für den einzelnen, für Gruppen, für psychosomatisch Kranke, für literarisch Interessierte, für Psychohistoriker, für psychoanalytische Sozialforscher etc. gedacht. Letztlich kann sich dann jeder aus ihr herausbrechen, was ihm behagt, und das andere weglassen (wie heute die Kulturkritik im großen und ganzen von den Klinikern weggelassen wird), und das immer mit der Begründung, von dem jeweils anderen nichts zu verstehen, nicht kompetent zu sein. Die schon einmal diskutierte Fachidiotie würde endgültig Einzug in die Psychoanalyse finden und sie selbst ad absurdum führen. Die jeweiligen psychoanalytischen Fraktionen könnten sich gegenseitig zu Laien erklären, Einzelaspekte der Psychoanalyse würden auf durch verschiedene Personengruppen repräsentierte Fachrichtungen aufgeteilt, aus dem Gesamt der Analyse externalisiert, und hörten auf, Bestandteil ihrer – der Vergleich sei erlaubt – Ich-/Selbst-Struktur zu sein. Spaltung wäre die logische Folge.

IX/4. Als Alternative möchte ich auf ein Beispiel zurückkommen, an dem die Bemühungen um die ungeteilte, die ursprüngliche Analyse beobachtet werden kann, und die Aufmerksamkeit auf das Psychoanalytische Seminar in der Quellenstraße in Zürich richten. Ich will damit kein Vorbild präsentieren. Mir geht es vielmehr darum, darauf hinzuweisen, daß es auch anders, ohne allzu große bürokratische Einengungen, gehen kann.

Die Ausbildung und Arbeitsweise am Seminar Quellenstraße hat zu vielen kontroversen Diskussionen geführt, sowohl was das Thema Laienanalyse als auch das Thema analytische Ausbildung betrifft. Auch in ihm selbst wird diese Frage immer wieder heftig diskutiert, letztlich mit der Problemstellung, ob man weiter den eigenen Weg oder den der Anpassung gehen soll, denn auch den Zürichern blieb und bleibt eine Auseinandersetzung mit der Schweizer Kassenregelung bzw. den dortigen Therapiegesetzen nicht erspart. Die SGP (Schweizerische Gesellschaft für Psychoanalyse) ist Mitglied der IPV, und zu ihr gehörten früher auch die Mitglieder des heutigen Quellenstraßen-Seminars. In der 68er-Studentenbewegung und der in ihr wiederholt aktualisierten Diskussion über die negativen Auswirkungen, die von der Institutionalisierung der Wissenschaft, also auch der der Psychoanalyse, ausgehen, entschlossen sich zahlreiche Ausbildungskandidaten oder – wie es seit Parins Intervention von 1973 (vgl. Kurz, 1987, S.13) heißt – Analytiker in Ausbildung, sich nach ihrer Ausbildung nicht mehr um die Mitgliedschaft in der SGP zu bewerben. Außerdem realisierten sie eine Forderung, die allenthalben in der Studentenbewegung erhoben wurde, nämlich daß die Lernenden an den Entscheidungsprozessen des Lehrbetriebs zu beteiligen sind. Die Seminarleitung ging seinerzeit in die Selbstverwaltung der Lernenden über. Die einzelnen Kontrollmodalitäten – also wer und mit welchem Auftrag und Entscheidungsrecht seitens der SGP in den entsprechenden Gremien vertreten sein mußte – kann hier nicht angeführt werden; dies ist eine eigene Geschichte für sich, in der im Tagesgeschäft von Macht- und Positionskämpfen beide Seiten, die Neuerer und die Wahrer des Alten, Terrain eroberten, wieder aufgeben mußten, um es aufs neue zurückzuerobern. Teilaspekte dieser Geschichte lassen sich im Journal des Seminars in der Ausgabe vom Dezember 1987 nachlesen, ausführlicher hat dies Kurz (1987) in einer gesonderten Expertise dargestellt. Mir geht es hier darum, auf die Besonderheiten des dortigen Ausbildungsbetriebes hinzuweisen und wie dort der Zugang zur Ausbildung und die Laienanalyse gehandhabt wird. Unter den dort vertretenen Berufsgruppen sind z. B. Geisteswissenschaftler, Mediziner, Lehrer, nichtakademische Psychologen, Heilpädagogen, Sozialfürsorger und Theologen vertreten. Dieses Verhältnis erinnert ein wenig an die

Ursprünge der Psychoanalyse, an ihre „Antike", wie sie in Wien, Berlin, Zürich, Budapest und anderenorts zu beobachten waren. Im Prinzip kann jeder Teilnehmer am Seminar werden und sich dort, wie es heißt, zum Analytiker ausbilden. Da die der Ausbildung vorgeschalteten Auswahlverfahren nichts darüber aussagen, ob sich jemand zum Beruf des Analytikers eignet oder nicht (vgl. dazu auch Cremerius, 1986,1987), hat man auf dieses verzichtet mit der Folge, daß derjenige, der Analytiker werden will, zunächst von sich aus eine Analyse beginnen muß und sich um deren Anerkennung als Lehranalyse dann bemühen kann, wenn der endgültige Entschluß zur analytischen Profession gereift ist. Überprüfen kann seinen Entschluß jeder sich Ausbildende in einer „study-group", einer festen Gruppe von „Gleichen unter Gleichen" und in Gesprächen mit erfahreneren Kollegen. Wie diese Situation im einzelnen aussieht, möchte ich hier nicht weiter verfolgen, sondern auf die Gründe eingehen, warum man in der Quellenstraße an diesem Modell festhält, auch wenn die Welt drumherum anders verfährt. Schneider hat im Journal vom Dezember 1988 ein paar Grundpositionen formuliert, in denen man unschwer den einen oder anderen Gedanken wiedererkennen kann, der von Anbeginn an in der historischen Diskussion über die Laienanalyse formuliert wurde. Sich auf Morgenthaler beziehend, der darauf hinwies, daß man „durch schulmäßig erworbene Kenntnisse Psychoanalyse nicht erlernen kann" und daß „anale Lernprozesse" von der Psychoanalyse wegführen (ebd., S. 76), weist Schneider darauf hin, daß das „Unbewußte vom Erkenntnisgegenstand zum Störfaktor" wird, wenn die Psychoanalyse verschult und ihr Wissen zum „Regelkanon" wird. Das Unbewußte hört dann auf, widerständiger Verbündeter des Erkennenden zu sein, es wird zum scheinbar Bekannten, Identischen, das sich im Prüfverfahren abfragen läßt. Die Wertschätzung der unbekannten bzw. unerkannten Anteile des Unbewußten droht verlustig zu gehen und die Essenz der Psychoanalyse an ihrer Institutionalisierung zu zerbrechen. Um dies so weit wie möglich zu verhindern, plädiert Schneider hinsichtlich der Ausbildung am Züricher Seminar für die Beibehaltung der „Diskussion unter Gleichen" und macht auf Foucaults Unterscheidung zwischen traditioneller und Disziplinarmacht aufmerksam, eine Unterscheidung, die für jeden, der das traditionelle analytische Ausbildungssystem durchlaufen hat oder noch durchläuft, gewiß von Bedeutung ist: „Die Prüfung kehrt die Ökonomie der Sichtbarkeit in der Machtausübung um. Die traditionelle Macht ist diejenige, die sich sehen läßt, die sich zeigt, die sich kundtut und die die Quelle ihrer Kraft gerade in der

Bewegung ihrer Äußerung findet. Jene aber, an denen sich die Macht entfaltet, bleiben im Dunkeln; sie empfangen nur soviel Licht von der Macht, wie diese ihnen zugesteht. Ganz anders die Disziplinarmacht: Sie setzt sich durch, indem sie sich unsichtbar macht, während sie den von ihr Unterworfenen die Sichtbarkeit aufzwingt. In der Disziplin sind es die Untertanen, die gesehen werden müssen, die im Scheinwerferlicht stehen, damit der Zugriff der Macht gesichert bleibt. Es ist gerade das ununterbrochene Gesehenwerden, das ständige Gesehenwerdenkönnen ... was das Disziplinarindividuum in seiner Unterwerfung festhält. Und das Examen ist die Technik, durch welche die Macht, anstatt ihre Mächtigkeit erstrahlen zu lassen und ihren Abglanz auf ihre Untertanen fallen zu lassen, diese in einem Objektivierungsmechanismus einfängt" (Foucault, 1976, S. 241, zit. n. Schneider, 1988).

Kommt diese Kritik nicht der heutigen Forderung entgegen, daß nicht nur die Analytiker in Ausbildung ihre Fallberichte öffentlich vorstellen sollen, sondern auch ihrer Lehrer, und daß alle Entscheidungen über das Wohl und Nichtwohl der Auszubildenden öffentlich diskutiert werden? Dann muß die weitere Frage gestellt werden, unter welchen Bedingungen dies möglich ist. Möglich ist dies höchstwahrscheinlich nur unter den Bedingungen eines herrschaftsfreien Diskurses. Dieser kommt aber im allgemeinen dort nicht zustande, wo die Institution über die Einhaltung der „wahren" Lehre wacht. Lyotard (1986, S. 60, zit. n. Schneider, 1988, S. 91) etwa schreibt: „Nun unterscheidet sich ... eine Institution immer dadurch von einer Diskussion, daß sie für die Annehmbarkeit der Aussagen in ihrem Rahmen zusätzliche Zwänge fordert. Diese wirken wie Filter auf die Kräfte des Diskurses, sie unterbrechen die möglichen Verbindungen der Kommunikationsnetze: Es gibt Dinge, die man nicht sagen darf."

Erkennbar wird, daß der Psychoanalyse viele Gefahren zu drohen scheinen, von ihrer Institutionalisierung, von ihren rigiden Ausbildungsmodi, von ihrer hierarchischen Wissensvermittlung usf. Die Laienanalyse ist nur ein Element unter vielen; in ihr scheinen sich aber meines Erachtens die angeführten Konflikte symbolisch zu verdichten. Auf die sogenannte Laienanalyse läßt sich so ziemlich alles Unkontrollierbare projizieren und – wenn möglich – auch mit ihr ausgrenzen.

Was aber wäre, wenn man zu der ursprünglichen Formulierung zurückkehrte: Laie im Sinne der Psychoanalyse ist jeder, ob Arzt oder Nichtarzt, bevor er die Psychoanalyse erlernt hat. Dann erwiesen sich die heutigen Ausgrenzungsstrategien als ein Scheinmanöver, mit dem es den unruhigen Geist der Psychoanalyse zu befrieden gilt; die Laien säßen nach der eben genannten Definition in Wirklichkeit im Zentrum der etablierten Psychoanalyse selbst – ihnen gälte es, die Psychoanalyse wieder näherzubringen, und dies geschieht nicht selten – auch das entbehrt nicht einer gewissen Komik – durch solche, die außerhalb des offiziellen Betriebs am Ganzen der Psychoanalyse festgehalten haben. „Sanfte Ankläger“ von außen werden zunehmend in die lokalen Vereinigungen zu Vorträgen gebeten, zur Anregung; Unbequemen wird die Gültigkeit ihrer Kritik entzogen mit dem Hinweis, daß sie keine Psychoanalytiker seien. Analytiker, die sich aus der Sicht ihrer beruflichen Clans „danebenbenommen“ haben, werden ebenfalls ausgegrenzt. Mitscherlich und Richter erklärt man schlichtweg zu Soziologen, man meint sie loswerden zu können, indem man sie auf diese Weise auch zu Laien erklärt. Das klingt alles lächerlich, ist aber tiefster Ernst. Und so möchte ich abschließend zu dem oben vorgestellten Motto von Günther Anders zurückkehren: „Zuerst als Fremder, bald als Fremdenführer entdeckte ich das Urbild jeder Stadt.“ Es deutet den Weg an, den man sich zum Unbewußten vorstellen kann, zum eigenen wie dem Fremden. Wenn alle zunächst Fremde sind, ehe sie zu Fremdenführern werden, dann verliert der Ausdruck Laienanalyse seinen Sinn, außer den der Abwehr natürlich, und wird zu dem, was er von Anbeginn war: ein Unding. Man hat dem Unerwünschten lediglich einen Namen gegeben.

Anmerkungen

1) Für die deutschen Analytiker bestand nach dem Krieg bekanntlich ein großer Nachholbedarf an aktuellem Wissen über Theorie und Praxis der Psychoanalyse und ein großes Anlehnungs-, ja, man kann auch sagen, Anpassungsbedürfnis an die „guten“ amerikanischen Kollegen. Welche psychischen Bedürfnisse und Abwehrwünsche eine Rolle spielten, ist an anderer Stelle – besonders zum Thema Psychoanalyse und Nationalsozialismus – bereits ausführlich dargestellt worden und hat an Aktualität nichts verloren.

2) Erinnert sei an den von Wallerstein (1984) herausgegebenen 4. Band der Schriftenreihe der Internationalen Psychoanalytischen Vereinigung und an die beiden Aufsätze von Cremerius (1986, 1987)

Literatur

Alexander, F. (1927): Diskussion der Laienanalyse. Int. Z. Psychoanal. 13, S. 216

Anders, G. (1948): Der gefangene Cid. In: Tagebücher und Gedichte. München 1985

Appy, G. (1988): Psychoanalyse und Staat. Abriss einer schleichenden Selbstentfremdung der Psychoanalyse in Westdeutschland. In: Bulletin der Europäischen Psychoanalytischen Konförderation 31, S. 165

Bessermann-Vianna, H. (1988): Psychoanalyse und Politik in Brasilien. Psyche 42, S. 997

Bulletin 152 der Internationalen Psychoanalytischen Vereinigung.

Cremerius, J. (1986): Spurensicherung. Die „Psychoanalytische Bewegung" und das Elend der psychoanalytischen Institution. Psyche 40, S. 1063

Cremerius, J. (1987): Wenn wir als Psychoanalytiker die psychoanalytische Ausbildung organisieren, müssen wir sie psychoanalytisch organisieren! Psyche 41, S. 1067

Duden. Das Herkunftswörterbuch. Eine Etymologie der deutschen Sprache. *Duden* Bd. 7. Bibliographisches Institut, Mannheim 1963)

Foucault, M. (1976): Überwachen und Strafen. Frankfurt

Freud, S. (1926): Die Frage der Laienanalyse. GW XIV, S. 207–296

Freud, S. (1927): Nachwort zur „Frage der Laienanalyse". GW XIV, S. 287

Grubrich-Simitis, I. (1981): Siegfried Bernfeld: Historiker der Psychoanalyse und Freud-Biograph. In: Bernfeld, S., Bernfeld-Cassirer, S., Bausteine der Freud-Biographik, S. 7, Frankfurt

Harnik, J. (1927): Diskussion der Laienanalyse. Int. Z. Psychoanal. 13, S. 310

Horkheimer, M., Adorno, Th. W. (1944): Dialektik der Aufklärung. Philosophische Fragmente. Amsterdam (Lichtenstein 1955)

Jones, K. (1984): Sigmund Freud. Leben und Werk, Bd. I–III. Frankfurt

Kennel, K. (1984): Überlegungen zur Frage der Laienanalyse. In: Lohmann, H. M. (ed), Die Psychoanalyse auf der Couch, S. 208, Frankfurt

Kurz, T. (1989): Die Geschichte des Psychoanalytischen Seminars Zürich. In: Journal, Sondernummer Dezember 1987. 10 Jahre Dissidenz, 6, Psychoanalytisches Seminar Zürich

Leupold-Löwenthal, H. (1984): Zur Geschichte der „Frage der Laien analyse". Psyche 38, S. 97
Leupold-Löwenthal, H. (1986): Handbuch der Psychoanalyse. Wien
Lyotard, J. F. (1986): Das postmoderne Wissen. Graz
May, U. (1977): Psychoanalyse in den USA. In: Eicke, D. (ed), Die Psychologie des 20. Jahrhunderts, Bd II, Freud und die Folgen (1), S. 1219, Zürich
Nunberg, H. (1927): Diskussion der Laienanalyse. Int. Z. Psychoanal. 13:
Psychoanalyse unter Hitler. Dokumentation einer Kontroverse. Hg. von der Redaktion der Zeitschrift Psyche. Frankfurt, 1984
Schilder, P. (1927): Diskussion der Laienanalyse. Int. Z. Psychoanal. 13, S. 212
Schneider, P. (1988): Die Schwierigkeiten der Psychoanalyse mit den Psychoanalytikern. Oder umgekehrt. In: Journal 19, S. 75 (Psychoanalytisches Seminar Zürich)
Wallerstein, R. S. (ed) (1984), Veränderungen bei Analytikern und in der Analytikerausbildung. Schriftenreihe der Internationalen Psychoanalytischen Vereinigung, Bd. 4

Anmerkung X

Sechs Thesen zur Einrichtung eines Ausbildungsganges für eine psychoanalytische Sozialpsychologie

Siegfried Zepf

> Der Unterrichtsplan für den Analytiker ist erst zu schaffen, er muß geisteswissenschaftlichen Stoff, psychologischen, kulturhistorischen, soziologischen ebenso umfassen wie anatomischen, biologischen und entwicklungsgeschichtlichen. ... Es ist bequem, gegen diesen Vorschlag einzuwenden, solche analytischen Hochschulen gebe es nicht, das sei eine Idealforderung. Jawohl, ein Ideal, aber eines, das realisiert werden kann und realisiert werden muß.
>
> *Freud, 1926b, S. 288 f.*

X/1. Gegenstand einer psychoanalytischen Sozialpsychologie ist das Verhältnis Individuum–Gesellschaft. Die psychoanalytische Sozialpsychologie ist diesem Verhältnis in gegenläufigen, aber ineinander verschränkten Fragerichtungen auf der Spur. Einmal unter der Frage nach der Art und Weise, in der in einer bestimmten Gesellschaft im Zuge subjektiver Bildungsprozesse in den Individuen historisch-spezifische unbewußte Inhalte, d. h. Lebensentwürfe, hergestellt werden, die vom gesellschaftlichen Konsens ausgeschlossen sind, und zum anderen unter der Frage, welche Rolle den gesellschaftlich produzierten, gleichwohl gesellschaftlich verpönten Lebensentwürfen bei der Herstellung gesellschaftlicher Kulturgüter – wie Kunst, Rechtsprechung, Religion, Familie, Polizei, Parteien, aber auch für die Indolenz gegenüber den Folterungen in mittel- und südamerikanischen Ländern, den medizinischen Experimenten an Geisteskranken und sozial Schwachen in den USA oder im Umgang mit gesellschaftlichen Minoritäten wie etwa Asylanten oder Gastarbeitern – zukommt und welche Funktion diese Kulturgüter im gesellschaftlichen Zusammenhang der Individuen haben. Wie die psychoanalytische Therapie, so ist auch die psychoanalytische Sozialpsychologie ein kritisches Verfahren. Die psychoanalytische Therapie ist eine therapeutische Kritik von Pseudonatur insofern, als in ihm die Individuen einem naturwüchsig, wiewohl gesellschaftlich hergestellten, sich etwa in Gestalt einer Neurose bewußtlos durchsetzenden Wiederholungszwang so weit entwunden und wieder zu Subjekten, zu Herren im eigenen individuellen Haus werden, wie dies heute möglich ist. Die psychoanalytische Sozialpsychologie ist eine Kritik an den kulturellen Verhältnissen insofern, als sie die kulturellen Verhältnisse am Leiden der in ihnen Lebenden bemißt, den unbewußten Funktionszusammenhang aufdeckt, der zwischen kulturellen Institutionen und den Individuen besteht und damit ihren pseudonatürlichen Schein abträgt, sie dadurch als menschliche Produkte unter bestimmten gesellschaftlichen Verhältnissen ausweist und in die Perspektive der Frage rückt, welchen gesellschaftlichen Interessen sie dienen und wie sie verändert werden können und müssen, damit das Leiden unter ihnen minimiert wird. Während in der psychoanalytischen Therapie das problematische Verhältnis von Individuum und Gesellschaft vom „Seelenende" her aufgegriffen wird und – zumindest der Möglichkeit nach – auch den zu Objekten gemachten Subjekten wieder zu jenem Subjektstatus verholfen werden kann, der unter den gegebenen gesellschaftlichen Verhältnissen bestenfalls möglich ist, kommt die psychoanalytische Sozialpsychologie vom gesellschaftlichen Ende her und visiert eine Veränderung der gesellschaftlichen Begrenzungen selbst an. Ihr Ziel ist weiter gesteckt als das der psychoanalytischen Therapie, denn Selbstbestimmung im eigenen Haus ist immer nur insoweit möglich, als sich auch das Zusammenleben in dem Land, auf dem dieses Haus steht, in kollektiver Selbstbestimmung organisiert.

X/2. Zur Durchführung dieser Aufgabe ist die Psychoanalyse im Kern auf eine interdisziplinäre Zusammenarbeit mit anderen Wissenschaften verwiesen, und zwar auf der Basis einer kritischen Gesellschaftstheorie. Interdisziplinarität meint dabei nicht eine wechselseitige und punktuelle Übernahme von Forschungsergebnissen, etwa von Theoriefiguren, die der psychoanalytischen therapeutischen Praxis entstammen, in soziologische Überlegungen zur Genese von Kulturgütern und von soziologischen Theoremen in psychoanalytische Überlegungen zur Entwicklung des Subjekts. Nicht Amalgamierung, sondern metatheoretische Vermittlung ist hier gefordert, und zwar nicht nur von Gesellschaftstheorie und psychoanalytischer, aus der Tandemsituation der psychoanalytischen Therapie gewonnenen Theorie subjektiver Bildungsprozesse, sondern ebenso eine Vermittlung mit einer freilich noch zu gewinnenden Kulturtheorie in Verbindung mit den anderen Wissenschaftsbereichen angehörenden Theorien. Diese psychoanalytische Kulturtheorie setzt die Anwendung des psychoanalytischen Verfahrens auf die Kulturgüter voraus. Freud (1926a, S. 283 f.) beschrieb das so: Als „Lehre vom seelischen Unbewußten" kann die Psychoanalyse „all den Wissenschaften unentbehrlich werden, die sich mit der Entstehungsgeschichte der menschlichen Kultur und ihrer großen Institutionen wie Kunst, Religion und Gesellschaftsordnung beschäftigen. Ich meine, sie hat diesen Wissenschaften schon bis jetzt ansehnliche Hilfe zur Lösung ihrer Probleme geleistet, aber dies sind nur kleine Beiträge im Vergleich zu dem, was sich erreichen ließe, wenn Kulturhistoriker, Religionspsychologen, Sprachforscher usw. sich dazu verstehen werden, *das ihnen zur Verfügung gestellte neue Forschungsmittel selbst zu handhaben*" (Hervorhebungen d. Verf.). Dieser Methodentransfer auf Kulturgüter legitimiert sich dadurch, daß auch in ihnen jene verpönten und deshalb unbewußt gewordenen Lebensentwürfe verborgen sind, denen sie sich verdanken und die sie selbst reproduzieren. Soll die Entwicklungslogik der Kulturgüter auf den psychoanalytischen Begriff gebracht werden, dann erfordert diese Übertragung des psychoanalytischen Erkenntnisverfahrens auf nichttherapeutische Aufgabengebiete eine – noch zu leistende – gründliche, an der Eigenlogik des zur Untersuchung anstehenden Praxisfeldes orientierten Umarbeitung der psychoanalytischen Untersuchungsmethode.

X/3. Wie immer auch diese Umarbeitungen aussehen mögen, eines wird in ihnen unverzichtbar bleiben – eine Eigenanalyse der Untersucher. „Wenn die Vertreter der verschiedenen Geisteswissenschaften die Psychoanalyse erlernen sollen", schrieb Freud (1926a, S. 284), „um deren Methoden und Gesichtspunkte auf ihr Material anzuwenden, so reicht es nicht aus, daß sie sich an die Ergebnisse halten, die in der analytischen Literatur niedergelegt sind. Sie werden die Analyse verstehen lernen müssen auf dem einzigen Weg, der dazu offen steht, indem sie sich selbst einer Analyse unterziehen. Zu den Neurotikern, die der Analyse bedürfen, käme so eine zweite Klasse von Personen hinzu, die die Analyse aus intellektuellen Motiven annehmen, die nebenbei erzielte Erhöhung ihrer Leistungsfähigkeit aber gewiß gerne begrüßen werden." Ohne die wieder ins Bewußtsein geholten abgewehrten Lebensentwürfe der eigenen Lebensgeschichte läßt sich jedenfalls das in den Kulturgütern verborgene Unbewußte im psychoanalytischen Verfahren nicht enthüllen, ist es doch zugleich Bedingung und Resultat des individuell Unbewußten. Gewiß sind in den Kulturgütern nicht die je individuellen, d. h. immer auch verschiedenen unbewußten Inhalte enthalten. Was sich in den Kulturgütern an Unbewußtem darstellt, ist das Moment, worin sich die unbewußt gewordenen Konfliktlagen der gesellschaftlichen Individuen bei aller Verschiedenheit identisch sind. Dieses gemeinsame Moment liegt in der Struktur der Konflikte, und diese Struktur wird unter Absehung von ihrer inhaltlich je individuell einmaligen Ausprägung in der je besonderen Form des Kulturguts zur Darstellung gebracht. Werden die Kulturgüter psychoanalytisch untersucht, dann werden diese in ihnen latent enthaltenen Konfliktstrukturen ermittelt im Zusammenspiel von „szenischem Verstehen“ (Lorenzer, 1970) und „Gegenübertragung“, d. h. unter Ausbeutung der gefühlshaften Reaktionen, die in den Untersuchern durch den Untersuchungsgegenstand hervorgerufen werden. Der Untersuchungsgegenstand evoziert in den Untersuchern in je individueller Ausprägung strukturanaloge Konfliktlagen. Sind diese dem Bewußtsein der Untersucher nicht, d. h. nur in Mystifikationen, zugänglich, dann ist eine systematische, der Neurose der Untersucher sich verdankende Verzerrung des Untersuchungsgegenstandes das Untersuchungsresultat.

X/4. Wenn es ferner um die Anpassung des psychoanalytischen Verfahrens an bestimmte Praxisfelder geht, dann ist es beim gegenwärtigen Erkenntnisstand unverzichtbar, daß eine Ausbildung in Richtung psychoanalytischer Sozialpsychologie nicht getrennt, sondern im Verbund mit der psychoanalytischen Ausbildung zum Therapeuten durchgeführt wird. Der Zusammenhang von psychoanalytischer Therapie und psychoanalytischer Sozialpsychologie gründet in der Sache. Auf diesen Gebieten erscheint das Verhältnis Individualität und Sozialität als Leiden, für eine Tätigkeit auf beiden Gebieten ist eine Kritik am Bestehenden Bedingung, die sich wechselseitig ergänzt und voraussetzt. So kann sich etwa die Psychoanalyse als therapeutische Kritik von Pseudonatur (Dahmer, 1980) nur auf der Basis einer Parteinahme gegen unzumutbare gesellschaftliche Zumutungen voll entfalten. Aber nicht nur aus prinzipiellen Erwägungen, sondern auch aus praktischen Gründen ist für eine einheitliche Ausbildung zum Nutzen beider zu plädieren. In der Auffassung Freuds (1926a, S. 281) überschneidet „die analytische Ausbildung ... den Kreis der ärztlichen Vorbereitung, schließt diesen aber nicht ein und wird nicht von ihm eingeschlossen. Wenn man, was heute noch phantastisch klingen mag, eine psychoanalytische Hochschule zu gründen hätten, so müßte an dieser vieles gelehrt werden, was auch die medizinische Fakultät lehrt: neben der Tiefenpsychologie, die immer das Hauptstück bleiben würde, eine Einführung in die Biologie, in möglichst großem Umfang die Kunde vom Sexualleben, eine Bekanntheit mit den Krankheitsbildern der Psychiatrie. Andererseits würde der analytische Unterricht auch Fächer umfassen, die dem Arzt fernliegen und mit denen er in seiner Tätigkeit nicht in Berührung kommt: Kulturgeschichte, Mythologie, Religionspsychologie und Literaturwissenschaft. *Ohne eine gute Orientierung auf diesen Gebieten steht der Analytiker einem großen Teil seines Materials verständnislos gegenüber*" (Hervorhebungen d. Verf.). So ist Freud (1926b, S. 295) denn auch der Ansicht, „daß wir ... die Mitarbeit von Personen, die in den Geisteswissenschaften vorgebildet sind, nie entbehren können". Der Nutzen liegt freilich nicht nur auf seiten der psychoanalytischen Therapie. Wenn eine psychoanalytische Sozialforschung an eine Umarbeitung des psychoanalytischen Verfahrens gebunden ist, dann setzt dies zwingend Kenntnisse dessen voraus, was zu verändern ist – nämlich Kenntnisse des psychoanalytischen Therapieverfahrens, und zwar nicht nur in theoretischer, sondern auch in praktischer Hinsicht. „Die Analyse," so heißt es (Freud, 1926b, S. 291), „hat kein anderes Material als die seelischen Vorgänge des Menschen, kann nur am Menschen studiert werden; infolge besonderer leicht begreiflicher Verhältnisse ist der neurotische Mensch weit lehrreicheres und zugänglicheres Material als der normale, und wenn man einem, der die Analyse erlernen und anwenden will, dies Material entzieht, hat man ihn um die gute Hälfte seiner Bildungsmöglichkeiten verkürzt." Ohne praktische Erfahrung in der psychoanalytischen Therapie stünde ein Kultur- oder Religionswissenschaftler einem Großteil seines Materials ebenso verständnislos gegenüber wie der psychoanalytische Therapeut „ohne eine gute Orientierung" auf den Gebieten der „Kulturgeschichte, Mythologie, Religionspsychologie und Literaturwissenschaft" seinem Material. Gewiß, Freud (1926b, S. 295) ist der Ansicht, „daß alle die Probleme, die sich auf die Zusammenhänge zwischen psychischen Phänomenen und ihren organischen, anatomischen und chemischen Grundlagen beziehen, nur von Personen, die beides studiert haben, also von ärztlichen Analytikern, in Angriff genommen werden können". Aber dies ist nur ein Teil des psychoanalytischen Problemkatalogs, so daß auch die Ausübung der psychoanalytischen Therapie nicht nur auf Ärzte zu beschränken ist. Im Gegenteil, Freud (1926a, S. 281) war der Ansicht, daß der Psychoanalytiker „die Hauptmasse dessen, was die medizinische Schule lehrt, für seine Zwecke nicht gebrauchen [kann, d. Verf.]. Sowohl die Kenntnis der Fußwurzelknochen, als auch die der Konstitution der Kohlenwasserstoffe, des Verlaufs der Hirnnervenfasern, alles, was die Medizin über bazilläre Krankheitserreger und deren Bekämpfung, über Serumreaktionen und Gewebeneubildungen an den Tag gebracht hat – alles gewiß an sich höchst schätzenswert –, ist für ihn doch völlig belanglos, geht ihn nichts an, hilft ihm weder direkt dazu, eine Neurose zu verstehen und zu heilen, noch trägt dieses Wissen zur Schärfung jener intellektuellen Fähigkeiten bei, an welche seine Tätigkeit die größten Anforderungen stellt". Und er fügt hinzu (a. a. O., S. 282): „Es ist ungerecht und unzweckmäßig, einen Menschen, der den anderen von der Pein einer Phobie oder einer Zwangsvorstellung befreien will, zum Umweg über das medizinische Studium zu zwingen." Im „Nachwort zur Frage der Laienanalyse" (1926b, S.288) wird diese Position bekräftigt: „Die sogenannte ärztliche Ausbildung erscheint mir als ein beschwerlicher Umweg zum analytischen Beruf, sie gibt dem Analytiker zwar vieles, was ihm unentbehrlich ist, lädt ihm aber außerdem zu viel auf, was er nie verwerten kann, und bringt die Gefahr mit sich, daß sein Interesse wie seine Denkweise von der Erfassung der psychischen Phänomene abgelenkt wird." Bedenkt man ferner, daß das komplizierte Verhältnis von psychoanalytischer Theorie, psychoanalytischer Methode und Erkenntnisgegenstand in den kasuistisch-technischen Fallseminaren zur Debatte gestellt wird, dann ist auch klar, daß der künftige psychoanalytische Sozialforscher auch daran teilzunehmen hat.

X/5. Wenn die Ausbildung nicht mit der Herstellung von Bindestrichwissenschaftlern enden soll, die zusätzlich zu ihrer hauptberuflichen Tätigkeit – etwa als Literatur-, Musik- oder Religionswissenschaftler – noch psychoanalytisch arbeiten, um die Befundlage auf ihren Fachgebieten psychoanalytisch anzureichern, sondern wenn in ihr Wissenschaftler anvisiert werden, die aufgrund ihrer voranalytischen beruflichen Qualifikationen in der Lage sein sollen, auf ihrem eigenen Terrain als *Psychoanalytiker* etwa literatur-, musik- oder religionswissenschaftlich zu arbeiten, dann würde man ferner diese Zielsetzung durch eine Aufgliederung der psychoanalytischen Ausbildung entsprechend den einzelnen Praxisfeldern von vornherein unterlaufen. Freuds (1933, S. 164 f.) Diktum gilt nicht nur für den Arzt, für den es formuliert wurde: „Die psychoanalytische Tätigkeit ist schwierig und anspruchsvoll, sie läßt sich nicht gut handhaben wie eine Brille, die man beim Lesen aufsetzt und fürs Spazierengehen ablegt. In der Regel hat die Psychoanalyse den Arzt entweder ganz oder gar nicht. Die Psychotherapeuten, die sich gelegentlich auch der Analyse bedienen, stehen nach meiner Kenntnis nicht auf sicherem analytischen Boden; sie haben nicht die ganze Analyse angenommen, sondern sie verwässert, vielleicht ‚entgiftet'; man kann sie nicht zu den Analytikern zählen." In der Ausbildung ist mithin eine konkrete psychoanalytische Identität her- und sicherzustellen, in der bei aller Verschiedenheit der Praxisfelder jene gemeinsamen Momente enthalten sind, welche die Psychoanalyse zu dem machen, was sie ist: die Wissenschaft vom Unbewußten.

X/6. Auch eine weitere Konsequenz ergibt sich zwangsläufig. Betrachtet man den Preis, den die Psychoanalyse für ihre gesellschaftliche Etablierung zu zahlen hatte (und auch zu zahlen bereit war), dann wäre man sicher schlecht beraten, wenn man eine staatliche Institutionalisierung der Ausbildung zum psychoanalytischen Sozialpsychologen anstreben würde. Man würde damit nur erreichen, daß der Motor, der die psychoanalytische Sozialpsychologie antreibt – die Kritik am Bestehenden – stillgestellt wird. Ich will damit nicht für ein Warten auf naturwüchsig aus dem psychoanalytischen Lager erwachsende „Virtuosen" plädieren. Eine Qualifikation als psychoanalytischer Therapeut qualifiziert nicht per se für eine wissenschaftliche psychoanalytische Sozialforschung auf welchem Gebiet auch immer. Diese Qualifikation muß erworben werden in einem Ausbildungsgang an einem Institut unter freier Trägerschaft, in der sich kritische Wissenschaftler aus unterschiedlichen Gebieten zusammenfinden und an dessen Ende nicht primär die Verdienstmöglichkeiten in den Einrichtungen einer Gesellschaft stehen, die Gegenstand der Kritik ist.

Literatur

Dahmer, H. (1980): Auf dem Weg zu einer analytischen Sozialpsychologie. In: Dahmer, H. (ed), Analytische Sozialpsychologie. Frankfurt, S. 663

Freud, S. (1926a): Die Frage der Laienanalyse. In: GW XIV, S. 209–286

Freud, S. (1926b): Nachwort zur Frage der „Laienanalyse". In: GW XIV, S. 287–296

Freud, S. (1933): Neue Folge der Vorlesungen zur Einführung in die Psycho analyse. In: GW XV

Lorenzer, A. (1970): Sprachzerstörung und Rekonstruktion. Frankfurt

Anmerkung XI

Psychoanalyse und Macht im „Dritten Reich“

Versuche, die historische Realität oder wenigstens einige (Rettungs-)Phantasien zu rekonstruieren[1]

Bernd Nitzschke

Kurz nach Hitlers Usurpation der Macht schrieb Freud in einem Brief an Marie Bonaparte: „Man darf nicht übersehen, daß Judenverfolgung und Einschränkung der geistigen Freiheit die einzigen Punkte des Hitler-Programms sind, die sich durchführen lassen. Alles übrige ist ja Phrase und Utopie ...“ (zit. n. Jones, 1962, III, S. 211). Ausgehend von dieser rechtzeitig getroffenen Feststellung Freuds, einer Einsicht, die nicht unbedingt das Handeln der für die Geschicke der Psychoanalyse während der fraglichen Jahre Verantwortlichen steuerte, bietet die Koinzidenz der Gedenktage 1989 Anlaß, über das Verhältnis von Geist und Macht erneut nachzudenken. 1989, das bedeutet: 50. Todestag Freuds (er starb wenige Wochen nach Beginn des Zweiten Weltkrieges, am 23. September 1939, im Exil), 50. Jahrestag des Überfalls der deutschen Truppen auf Polen, und schließlich 200jähriges Jubiläum der Französischen Revolution, der siegreichen Niederlage der „Aufklärung“. Es gilt, aus Anlaß des durch diese Gedenktage erzwungenen Rückblicks, den Blick für die Gegenwart zu schärfen – für die Dialektik von Macht und Ohnmacht, für die Widersprüche, in die sich der „Geist“ begibt, wenn er glaubt, mit der Macht paktieren, mit ihr Kompromisse schließen zu können.

Erinnerungen also, exemplarisch dargestellt an einem Stück Geschichte der Psychoanalyse, am mißlungenen Versuch, die Psychoanalyse im Reiche Hitlers zu „retten“: Trotz besserer Einsichten glaubten nämlich Freud, offizielle Vertreter der „Internationalen Psychoanalytischen Vereinigung“ (IPV) und deren Präsident, Ernest Jones, vor allem aber deutsche Psychoanalytiker daran, die Rettungsversuche könnten vielleicht doch Erfolg haben, lasse man die Psychoanalyse nur genügend deutlich als wert„freie“, als „weltanschauungs“neutrale Wissenschaft erscheinen. Wenn auch nicht um *jeden*, so doch – zumindest für einige Jahre – um einen sehr hohen Preis waren führende

Repräsentanten der Psychoanalyse bereit, sich und die neuen Machthaber glauben zu lassen, von der „reinen" Wissenschaft des Unbewußten drohten keine Gefahren für das neue Reich, weshalb dessen Machthaber doch gefälligst diese harmlose Wissenschaft zu tolerieren hätten. Also wurde manche Anstrengung unternommen, die Nationalsozialisten von der Unschuld der Psychoanalyse zu überzeugen, obgleich die Schuld der Nationalsozialisten, deren propagierte und dann auch realisierte Barbarei, von Anfang an ins analytische Auge stach.

Zeitweise wurden viele Psychoanalytiker wohl auch Opfer ihrer Selbsttäuschungen. Das gilt etwa im Falle der 1933 neu gewählten Vorstandsmitglieder der „Deutschen Psychoanalytischen Gesellschaft" (DPG), Felix Boehm und Carl Müller-Braunschweig, die ihren jüdischen Kollegen Max Eitingon mit Billigung Freuds vom Amt des Vorsitzenden abgelöst hatten. Vermeintlich der Psychoanalyse dienend, dienten sie tatsächlich dem nationalsozialistischen Regime, auf dessen Gehaltslisten sie nach Gründung des „Deutschen Instituts für psychologische Forschung und Psychotherapie" bis 1945 standen. Beide Statthalter der Psychoanalyse im Deutschen Reich legten allerdings Wert darauf, alle ihre Schritte – Konzessionen, die Schritt für Schritt zur Selbstpreisgabe der Psychoanalyse führten – mit den Vertretern der IPV, aber auch mit Freud (oder dessen Tochter Anna) abzusprechen. Dies geschah, soweit Kontakt zum Ausland möglich war, beziehungsweise bis 1938, bis zur Besetzung Österreichs und der darauf folgenden Emigration Freuds. Bis zu diesem Zeitpunkt wußte man sich im Bemühen, die Psychoanalyse im Deutschen Reich zu „retten", einig mit Freud und mit der IPV.

Ein genauer Blick auf die Geschichte der Psychoanalyse zwischen 1933 und 1945 enthüllt, wie ein versuchter Anpassungsprozeß angesichts realer äußerer Bedrohung durch die politische Macht zur inneren Deformierung führen mußte. Dieser Anpassungsprozeß zeigt zugleich, daß ein totalitäres Regime nicht von heute auf morgen zu etablieren ist. Denn ein solches Regime stützt sich von Anfang an nicht nur auf den Fanatismus seiner Anhänger, nicht nur auf den Durchsetzungswillen der Überzeugten, sondern eben auch auf die Kollaboration der Ängstlichen und der Verfügbaren. Dabei werden deren Anpasssungsschritte – ob sie nun auf Existenzerhaltung oder auf Zugewinn neuer Privilegien zielen – zunächst durchaus honoriert. Ist die Macht dann gefestigt, lassen sich solche geliehenen Privilegien widerrufen, und zwar um so leichter, je sicherer die neuen Strukturen dank der Mitarbeit der vermeintlichen Profiteure in der Zwischenzeit etabliert werden konnten.

Die Anpassungsbereitschaft der deutschen Psychoanalytiker schien sich zunächst auszuzahlen: Bis 1938 blieb die DPG als eigenständige Organisation erhalten. Nachdem ihre Mitglieder, soweit sie nicht emigriert waren, in den Prozeß der inneren Deformierung eingewilligt und nachdem die Mächtigen ihr Ziel erreicht hatten, löste sich die DPG auf. Als „Arbeitsgruppe A" existierten die verbliebenen deutschen Psychoanalytiker hernach im „Deutschen Institut für psychologische Forschung und Psychotherapie", dem sogenannten Berliner „Göring-Institut", weiter, in dem sie auch an kriegswichtigen Forschungsvorhaben beteiligt waren. Führende Vertreter des „Euthanasie"-Programms (d. h. des Programms zur vorsätzlichen und „wissenschaftlich" legitimierten Ermordung unterschiedlicher Patientengruppen) referierten schließlich als eingeladene Gäste an diesem Institut über die nationalsozialistische Rassenlehre.[2]

XI/1. Der im Falle der deutschen Psychoanalyse festzustellende äußere Anpassungs- und innere Deformationsprozeß verdeutlicht zugleich die in solchen Fällen typischerweise einsetzenden Kompensationsmechanismen: Während man sich real der Macht preisgibt, *phantasiert* man zum Ausgleich, sich selbst und das eigene Anliegen „gerettet" zu haben. Solche Rettungsphantasien verfälschen zwar die Realität, aber sie erschaffen zugleich eine neue Realität, mit deren Hilfe das eigene Verhalten gerechtfertigt werden kann. Und selbst später, wenn die Voraussetzungen sich wieder geändert haben, im konkreten Fall also nach dem Zusammenbruch des nationalsozialistischen Herrschaftssystems, können derartige Rettungsphantasien beibehalten werden. Sie dienen dann dem Zweck, das eigene Versagen als einen unumgänglichen Akt der Selbsterhaltung erscheinen zu lassen.

Als mit Beginn der 80er Jahre die Zeitschrift „Psyche" und vor allem deren verantwortlicher Redakteur, Helmut Dahmer[3], endlich den Versuch wagten, die verdrängte Geschichte der Psychoanalyse aus jener dunklen Zeit ans Licht der (zunächst nur fachinternen) Öffentlichkeit zu bringen, fielen die affektiv motivierten Reaktionen vieler Leser genau *so* aus, wie dies im Falle eines individuellen Patienten zu erwarten gewesen wäre, dessen im Dienste der Anpassung und Abwehr erfolgte Phantasien man jäh mit einer diesen Phantasien widersprechenden Wirklichkeit konfrontiert hätte: Ein Teil der deutschen Psychoanalytiker war unfähig zur Trauerarbeit, die dem Verlust einer Illusion und der darin eingebetteten Liebe zur „reinen" Wissenschaft hätte gelten können. Man ersetzte schweigende Betroffenheit durch Attacken gegen jene, die sich um Aufklärung eines dunklen Teils der Geschichte der Psychoanalyse bemüht hatten. Man bedrohte in getarnter Wortwahl die Zeitschrift „Psyche" mit der Kündigung des Abonnements. Man verglich – ganz und gar bösartig – Dahmer, der sich kritisch mit Versuchen auseinandergesetzt hatte, der totalitären Macht mit Hilfe von Anpassung zu widerstehen, mit dem Inquisitor und dem Chefideologen, also mit Vertretern totalitärer Macht. Und man hielt solche Vergleiche auch dann noch für zulässig, als Dahmer sich zu Recht dagegen verwahrt hatte. Der Hamburger Psychoanalytiker Ehebald zieh Dahmer der „Kakophonie" und bezeichnete ihn als „marxistischen McCarthy", der „jetzt nach Nazisündenböcken auf der Jagd" sei.[4]

Einer, der es gewagt hatte, dic psychoanalytische Gemeinschaft aus dem selbstgerechten Schlaf zu wecken, sah sich plötzlich einer Welle des Hasses ausgesetzt, die erst allmählich abebbte, um dem notwendigen Nachdenken Platz zu machen. Das Nachdenken der Vergangenheit förderte u. a. Phantasieprodukte zutage, die in den vorausgegangenen Jahrzehnten die Ruhe jener geschützt hatten, die meinten, mit einer früheren Spaltung der deutschen Psychoanalyse nach dem Ende des Hitler-Regimes sei bereits alles wieder ins Lot gebracht worden. Etwa die Behauptung, es habe bereits nach Hitlers Staatsputsch („Machtergreifung") im Jahre 1933 „verwegener Mut" dazu gehört, in wissenschaftlichen oder sonstigen Publikationen den Namen Freud zu erwähnen (so Ehebald in seinem gegen Dahmer gerichteteten Pamphlet), gehört zu dieser Kategorie von Phantasieprodukten. Tatsächlich gab es im „Dritten Reich" zumindest bis 1939, also bis zum Ausbruch des Krieges, die Möglichkeit, Freud in wissenschaftlichen Publikationen ausführlich zu zitieren und die psychoanalytische Terminologie und Konzeptbildung darzustellen. Als Beispiel hierfür steht eine Studie von Aloys Greither (1939), die auch die – durch große Teile der späteren psychoanalytischen Literatur geisternde – Behauptung widerlegt, es sei nach 1933 verboten gewesen, den Terminus „Ödipuskomplex" anders als allenfalls in diffamierender Absicht zu benutzen.[5]

In einem Entwurf für ein auf einem internationalen Kongreß für Psychotherapie zu haltendes Referat verwendet der Leiter des Berliner Instituts, M. H. Göring, ein Vetter des Reichsmarschalls, noch 1938 originär psychoanalytische Termini – wie „Unbewußtes"; „Fixierung"; „Deutung"; „Triebe"; „Übertragung"; „Übertragungsneurose". Und schließlich spricht Göring, der unmittelbare Vorgesetzte der im

„Reich" verbliebenen und praktizierenden Psychoanalytiker, in diesem Papier auch ganz offen von der „Psychoanalyse".[6] In einem Interview mit dem „Völkischen Beobachter" (vom 14.5.1939)[7] fragt sich Göring denn auch verwundert, wieso es überhaupt dazu kommen konnte, „daß die *Psychoanalyse*, die ein sehr modernes medizinisches Fach darstellt, *einst so zersetzend* gewirkt" haben konnte, während sie doch jetzt, nach geleisteter Anpassung, so läßt sich hinzusetzen, erfolgversprechend nutzbar sei.

In Görings Augen galt die Psychoanalyse inzwischen als einer der Grundbausteine einer „modernen", „deutschen" Psychotherapie. Die eigentlichen Gegner jedweder (also auch einer „deutschen") Psychotherapie waren hingegen traditionellerweise *Psychiater* – so auch während des „Dritten Reiches" (vgl. Cocks 1987, S. 31). Max de Crinis, Chefpsychiater der Berliner Charité, klagt denn auch noch im April 1944 über „das Reichsinstitut für psychologische Forschung und Psychotherapie", da dort „die jüdische Richtung der Freudschen Psychoanalyse nicht aufgegeben" worden sei (zit. n. Brecht et al. 1985, S. 172).

Hilfeleistungen bei der Etablierung einer „deutschen" Psychotherapie hatten Boehm und Müller-Braunschweig spätestens seit 1934 erbracht, damals zunächst in Gestalt einer „Denkschrift", deren Inhalte den offiziellen Vertretern der IPV, zumindest aber Jones, bekannt waren.[8] Jones selbst war später bei einem Treffen in Basel am 19. Juli 1936, kurz vor dem Internationalen Kongreß der Psychoanalytiker in Marienbad, ein unmittelbarer Gesprächspartner von M. H.Göring. Als Müller-Braunschweig, von den Wiener Analytikern gerufen, bei der Auflösung der dortigen Vereinigung im Jahre 1938 assistierte, wobei er eher ungeschickt als widerständig gegen die Macht agierte, kam er gar auf den Gedanken, eine „Deutsche Zeitschrift für Psychoanalyse, die auf dem Boden des III. Reiches steht", zu gründen,[9] ganz zu schweigen von seinen früheren Versuchen (Müller-Braunschweig, 1933), den Nationalsozialisten die Psychoanalyse schmackhaft zu machen.

Es ist viel darüber geschrieben worden, Müller-Braunschweig habe 1938 in Wien, nach dem Einmarsch der deutschen Truppen in Österreich, „Widerstand" geleistet und hätte am Berliner Institut infolgedessen Lehrverbot (einschließlich des Verbots, Lehranalysen durchzuführen[10]) erhalten. Eine solche Darstellung erscheint als tendenziös, denn alles, was sich anhand der veröffentlichten Dokumente erkennen läßt, ist: Müller-Braunschweig überging im Zusammenhang seiner

Beteiligung an der Liquidierung der „Wiener Psychoanalytischen Vereinigung“ bei manchen seiner Entscheidungen nationalsozialistische Kompetenzträger. Ziel der Aktionen war es, in Wien eine Dependance des Berliner Instituts zu etablieren; und tatsächlich wurde etwa auch der in Wien verbliebene Aichhorn später auswärtiges Mitglied des Berliner Instituts. Müller-Braunschweig handelte in Wien zunächst einmal vor allem selbstherrlich, als er meinte, aufgrund seiner Beziehungen zu Göring mehr Rückendeckung zu besitzen, als er tatsächlich hatte. Er überschätzte die Einflußmöglichkeiten dieses Vetters des Reichsmarschalls, der als Psychotherapeut dem Berliner Institut vorstand und seinerzeit bei Leonhard Seif, dem einstigen Begründer des Münchner Psychoanalytischen Instituts[11], eine psychotherapeutische Ausbildung absolviert hatte. Als schließlich ein Brief Müller-Braunschweigs, der an Anna Freud adressiert war, der Gestapo in die Hände fiel, in dem sich Müller-Braunschweig etwas zu „menschlich“, Anna Freuds Schicksal bedauernd, geäußert hatte, war seine Wiener Mission beendet.

Seine künftigen Einflußmöglichkeiten am Berliner Institut litten unter seinem ungeschickten Wiener Taktieren zwar etwas, aber er blieb dennoch weiterhin am „Deutschen Institut für psychologische Forschung und Psychotherapie“ zuständig für die Abteilung „Lehrmittel/Lehrpläne“[12], eine Aufgabe, die man gewiß keinem Mann anvertraut hätte, den man als Gegner der Nationalsozialisten verdächtigt oder gar als solchen erkannt hätte. Einem solchen unter dem Verdacht der Gegnerschaft stehenden Wissenschaftler hätte man es im August 1939 (also kurz vor Beginn des Zweiten Weltkrieges und etwa 1½ Jahre nach den Wiener Ereignissen) wohl auch nicht gestattet, öffentlich (in der „Berliner illustrierten Nachtausgabe“ vom 21. 8. 1939 – vgl. Brecht et al. 1985, S. 162) Stellung zur Frage nach der Hysterie zu nehmen. Dabei wurde Müller-Braunschweig von der Redaktion ausdrücklich als ein *Repräsentant* des „Deutschen Instituts für psychologische Forschung und Psychotherapie“ vorgestellt, als ein Mann, „der sich seit drei Jahrzehnten um die Probleme der psychologisch behandelbaren Erkrankungen bemüht“.

Die Geschicke der „deutschen“ Psychoanalyse während des „Dritten Reiches“ wurden, soweit anhand der verfügbaren Dokumente erkenntlich, von Müller-Braunschweig und Felix Boehm *gemeinsam* – und bis 1938 in Übereinstimmung mit der IPV, mit Jones, mit Anna Freud und insofern auch mit Freud selbst – gelenkt. Müller-Braunschweig wurde nach dem Ende des Zweiten Weltkrieges zunächst wieder Vorsitzender der neubegründeten „Deutschen Psychoanalytischen Gesellschaft" (DPG) und – nach deren Spaltung – 1950 Vorsitzender der „Deutschen Psychoanalytischen Vereinigung" (DPV), einer von der IPV anerkannten Zweigvereinigung, deren Mitglieder sich während der Aufbauphase der Bundesrepublik Mühe gaben, *ihre* Tradition und Abstammung von der vorausgegangenen Geschichte abzuspalten. Der zweite Lenker der Geschicke der Psychoanalyse während des „Dritten Reiches", Felix Boehm, wurde nach der Spaltung der neue Vorsitzende der DPG. Beide also blieben ihrem Hang zur Führung auch nach dem Ende des Hitler-Regimes treu, so als hätten sie keinen Grund gehabt und als brauchten sie keine Zeit, erst einmal über *Verführung* nachzudenken, bevor sie sich wieder zur Führung berufen fühlten (oder berufen ließen).

XI/2. Wie bekannt, erreichte die DPG nach 1945 nicht mehr den Status einer Zweigvereinigung der IPV. Die damit zum Ausdruck gebrachte Spaltung der deutschen Psychoanalyse hatte aber nur sehr wenig mit einer wahrhaften Aufarbeitung der Vergangenheit zu tun. Ähnlich wie im Falle der deutschen Spaltung – sie jährte sich 1989 zum 40. Mal, womit dieses Jahr der Gedenktage noch um ein weiteres bemerkenswertes „Jubiläum" anzureichern ist (40. Jahrestag der Gründung der beiden deutschen Teilstaaten) – hatte man versäumt, Schuld gemeinsam zu tragen. Statt dessen begann nach 1945, zunächst zwischen zwei Fraktionen innerhalb der DPG, später (nach der Spaltung) zwischen den beiden Gesellschaften (DPV/DPG) ein kalter Krieg um die „wahre" Psychoanalyse. Die Fronten in diesem Kampf hatten allerdings mit den tatsächlichen Verhältnissen am früheren „Göring-Institut" weniger zu tun, als die nunmehr einsetzenden ideologisch verbrämten Versuche vortäuschten, die jeweils eigene Position zu rechtfertigen.

Als Sündenbock hatten Vertreter der IPV Schultz-Hencke ausgewählt. Dieser frühe Kritiker klassischer Freudscher Positionen hatte allerdings am „Göring-Institut" erst sehr spät eine Rolle gespielt und war mit der administrativen Selbstverstümmelung der deutschen Psychoanalyse weit weniger befaßt gewesen als manche jener, die nunmehr in ihm den Hauptfeind erblickten. Bereits vor 1933 hatte Schultz-Hencke am „Berliner Psychoanalytischen Institut" wegen seiner offen formulierten Kritik an Freud zeitweise Lehrverbot erhalten. Er trat u. a. gegen die Freudsche Metapsychologie an, eine ablehnende Haltung, die in den der IPV zugehörigen Gesellschaften *heute* im grundsätzlichen Sinne nicht nur oft geteilt wird, sondern inzwischen vermutlich bereits als Mehrheitsposition gelten kann.

In den Jahren vor und nach der Spaltung der deutschen Psychoanalyse wurden die theoretischen Differenzen zwischen Schultz-Hencke und der damaligen für die IPV koalitionsfähigen Gruppe um Müller-Braunschweig mit verfälschten Erinnerungen an das Verhalten der deutschen Psychoanalytiker während der NS-Zeit vermengt. Plötzlich sah es so aus, als sei Schultz-Hencke der eigentliche Profiteur des Ausverkaufs der Psychoanalyse während der Hitler-Zeit gewesen, womöglich gar der Hauptdrahtzieher für die in jener Zeit geleistete administrative Selbstverstümmelung der deutschen Psychoanalyse. Führende Vertreter der DPV bemühten sich, in bisweilen infamer Weise, auch noch später darum, Schultz-Hencke als einen – gewollt oder ungewollt – in besonderer Nähe zur nationalsozialistischen Ideologie stehenden Autor erscheinen zu lassen. Noch in den 60er Jahren gab es Publikationen, die beides – Schultz-Henckes theoretische Differenzen mit Freud und seine Haltung während des „Dritten Reiches" – in polemischer Absicht zu verbinden suchten.[13] Weil auch diese Sichtweise einer nachträglichen Schuldzuweisung und der Konstruktion selbstentlastender Phantasien diente, sei in diesem Zusammenhang, als Kontrast und als Verweis auf historische Realität, ein Urteil von Jones in einem Brief an Anna Freud aus dem Jahre 1935 erwähnt: Dort heißt es über Müller-Braunschweig, dieser sei „definitiv antisemitisch" und versuche, die Psychoanalyse mit dem quasitheologischen Konzept der nationalsozialistischen Ideologie in Übereinstimmung zu bringen. Boehm sei, so schreibt Jones weiter, „sicher nicht" antisemitisch. Und im selben Brief an Anna Freud heißt es über Schultz-Hencke, dieser stehe, „überraschend genug, oft auf der richtigen Seite", also auf der Seite jener, die sich der Vereinnahmung durch die Nationalsozialisten zu widersetzen suchten. Die Überraschung liegt hier ganz auf seiten von Jones, denn Schultz-Hencke als ein bereits vor der Hitler-Diktatur bekannter Abtrünniger von manchen Freudschen Lehrsätzen hätte ja nun eigentlich, wenn die Vorurteile und Klischees gestimmt hätten, als ein offener Anhänger der Nationalsozialisten auftreten müssen.

Schultz-Hencke war wie andere – in mancher Hinsicht eher weniger als andere, die später über ihn urteilen sollten – in die deutsche, das heißt in die nationalsozialistische Vergangenheit verstrickt. Doch es gibt Beispiele, die zeigen, daß er sich zumindest nicht opportunistisch verhielt. Als etwa im Mai 1933 Boehm und Müller-Braunschweig den Vorstand der DPG im Sinne der neuen Machthaber zu „arisieren" versuchten, stimmten fünfzehn Mitglieder gegen diesen Vorschlag. Zwölf Gegenstimmen kamen von Mitgliedern, die später emigrieren mußten (weil sie Juden waren). Unter den verbleibenden drei Gegenstimmen befand sich die von Schultz-Hencke. Er gehört somit zu den wenigen „Ariern", die sich dem ersten Schritt zur Selbstverstümmelung der DPG widersetzten.[15] Käte Dräger, eine Psychoanalytikerin, die zeitweise eine kommunistische Position vertrat, bescheinigte Schultz-Hencke noch nach 1945: „Seiner politischen Gesinnung nach war er kein Nationalsozialist und er besaß persönlichen Mut" (1984, S. 50) – eine Bemerkung, die sich auf Schultz-Henckes verschiedentlich bei Sitzungen am „Göring-Institut" offen geäußerte Feststellung beziehen dürfte, er bekenne sich *nicht* zum Nationalsozialismus (vgl. Baumeyer, 1971, S. 217).

Faßt man die bisher exemplarisch angeführten Einzelpunkte zur Geschichte der Psychoanalyse während der Zeit zwischen 1933 und 1938 zusammen, die weiter ergänzt werden könnten, so läßt sich die oft geäußerte, plakativ formulierte These vom „Verbot" der Psychoanalyse im „Dritten Reich" nicht mehr umstandslos halten. Es ist zwar richtig, daß Freuds Schriften der öffentlichen Bücherverbrennung zum Opfer fielen und daß der Psychoanalytische Verlag in Leipzig und in Wien (1941), schließlich auch die eigenständigen psychoanalytischen Organisationen in Berlin und Wien aufgelöst worden sind. Aber auch die der nationalsozialistischen Ideologie teilweise verfallenen (oder mit ihr enger verbundenen) Jungianer[16] mußten schließlich, 1941, ihre Organisation auflösen. Zurück blieb eine „deutsche" Psychotherapie, in die wesentliche Elemente der Psychoanalyse integriert worden waren – und zwar unter Beteiligung der im Deutschen Reich verbliebenen Psychoanalytiker selbst. Diese konnten sich im Hinblick auf ihre Anpassungs- und Integrationspolitik bis mindestens 1938 der Rückendeckung führender Vertreter der IPV sicher sein. Um diese These zu belegen, sind einige weitere Zusammenhänge darzustellen.

XI/3. Im März 1933 hatte Freud in einem Brief an Eitingon, den damaligen Vorsitzenden der DPG, für den Fall von dessen durch die Zeitumstände erzwungenen Rücktritt für ein Fortbestehen des Berliner Psychoanalytischen Instituts plädiert. Eitingon besaß weder die deutsche Staatsbürgerschaft, noch war er „Arier“. Also bestand wenig Aussicht, ihn in einer Führungsposition der DPG halten zu können. Eine in diesem Brief zum Ausdruck gebrachte Hauptsorge Freuds bezog sich allerdings nicht auf die politischen Verhältnisse, sondern auf „innere Gegner“ der Psychoanalyse. Schultz-Hencke wurde namentlich genannt. Als möglicher neuer Vorsitzender – anstelle des Juden Eitingon – wird von Freud der „Arier“ Boehm ins Auge gefaßt.[17] Der kommt dann auch im März 1933 nach Wien zu Freud. In einem späteren Bericht über diese Zusammenkunft teilt Boehm mit: „Vor dem Fortgehen sprach Freud zwei Wünsche für die Leitung der Gesellschaft aus; erstens: Schultz-Hencke dürfe nie in den Vorstand unserer Gesellschaft gewählt werden. Ich gab mein Wort, daß ich niemals mit Schultz-Hencke in einem Vorstande zusammen sitzen würde. Und zweitens: ‚Befreien Sie mich von Reich‘.“[18]

Beide Wünsche Freuds gingen in Erfüllung. Schultz-Hencke spielte in der Führungsetage der „deutschen“ Psychoanalyse keine Rolle und wurde, in später Erfüllung des Wortes Freuds, auch nach 1945 nicht mehr in die IPV aufgenommen. Der als entschiedener Gegner der Nationalsozialisten bekannte Wilhelm Reich wurde durch ein Komplott aus der IPV ausgegrenzt, deren offizielle Vertreter sich, soweit mir bekannt, auch nach 1945 niemals zu einer Entschuldigung für dieses Vorgehen gezwungen sahen. Die Schritte, die gegen Reich in die Wege geleitet wurden, sahen im einzelnen so aus: Eitingon und Simmel, selbst spätere Opfer der eingeleiteten „Säuberungspolitik“, traten kurz nach der nationalsozialistischen Machtergreifung gegen den Kommunisten Reich an. Eitingon ließ, wie es im Bericht von Boehm heißt, Reich mitteilen, er solle die Räume des Berliner Instituts nicht mehr betreten, „damit, falls er verhaftet werden würde, dies nicht in unseren Räumen geschehen könne“.[19] Später im Jahr 1933, als Reich bereits im Ausland weilte, wurde – auf einen Antrag Simmels, dem im Prinzip auch Eitingon zustimmte – Reich von der Mitgliederliste des „Berliner Psychoanalytischen Instituts“ gestrichen.[20] Dazu heißt es in einem ungezeichneten, aber sicher von Reich selbst verfaßten Beitrag in der „Zeitschrift für Politische Psychologie und Sexualökonomie“, man habe Reich beim Kongreß 1934 in Luzern (er war dort anwesend) inoffiziell mitgeteilt, „daß der frühere Vorsitzende der Internationalen Psychoanalytischen Vereinigung und des Internationalen Lehrausschusses Max Eitingon schon *vor einem Jahr* in einer *geheimen* Vorstandssitzung den Ausschluß Reichs aus der deutschen Vereinigung und damit auch aus der internationalen durchgesetzt hatte. Von diesem

Beschluß hatte bis zum Kongreß niemand etwas erfahren" (1935, S. 56). Im selben Bericht wird dargestellt, daß Reich kurz vor Kongreßbeginn erfuhr, er werde „im Interesse unserer psychoanalytischen Sache in Deutschland" (so der Wortlaut eines Schreibens an Reich – zit. n. 1935, S. 55) in das offizielle Mitgliederverzeichnis der IPV nicht mehr aufgenommen. Er möge dafür doch Verständnis haben. Reich protestierte in einem Brief an Anna Freud sofort scharf gegen dieses Ansinnen. Daraufhin erhielt er von ihr die Antwort, sie wisse von nichts und könne sich die Sache auch nicht erklären. Reichs Ausschluß aus der IPV erfolgte dann doch, „laut der Erklärung der Zentralsekräterin der I.P.V, Frl. Anna Freud", wegen der „Konsequenzen", die Reich aus der „Vereinigung von Wissenschaft und Politik" zog (1935, S. 58). Das heißt: Man warf Reich sein konsequentes politisches Verhalten als Gegner der Nationalsozialisten vor, das er u. a. auch durch Berufung auf psychoanalytische Lehrsätze begründet hatte. Dies erschien als ein Verstoß gegen das Gebot, als Analytiker „wertfrei", „weltanschauungs"neutral zu urteilen und zu handeln. Man berief sich auf derlei Glauben an die „Reinheit" der eigenen Wissenschaft, ohne zu bemerken, wie sehr man selbst *politisch* handelte, wenn man versuchte, die Psychoanalyse als „reine" Wissenschaft vom politischen Handeln abzugrenzen. Durch die 1934 beim „VIII. Internationalen Psychoanalytischen Kongress" in Luzern vollzogene Trennung von Reich, durch die man sich den nationalsozialistischen Machthabern zu empfehlen suchte, glaubte man, mit Hilfe eines Bauernopfers (Reich) könne der König (die Psychoanalyse im Deutschen Reich) gerettet werden. Über den Irrtum belehrte der Fortgang der Geschichte.

Was als Rettungsversuch gedacht war, nahm immer deutlichere Formen der Selbstzerstörung an. Ende November 1935 kommt der Präsident der IPV, Jones, nach Berlin und assistiert beim „freiwilligen" Austritt der jüdischen Mitglieder der DPG. Er gibt in einem Brief an Anna Freud (vgl. Anm. 14) zwar an, zunächst gegen diesen Austritt argumentiert zu haben, telegraphiert dann aber, bereits wieder nach London zurückgekehrt, am 4. Dezember 1935 an die Jüdin Therese Benedek: „Rate dringend freiwilligen Austritt."[21] Eva Rosenfeld kommentiert diese Form der „Freiwilligkeit" sarkastisch: Sie entspreche der Tatsache, „sich selbst freiwillig hinrichten" zu müssen.[22] Erich Fromm, bereits im Exil, erhält neben anderen Emigranten von Müller-Braunschweig die Aufforderung, Kredite zurückzuzahlen, mit denen die DPG die Ausbildung der damaligen Kandidaten unterstützt hatte. Entrüstet antwortete Fromm, er denke nicht daran, seine „Schulden" zu begleichen, da es ihm „unglaublich" erscheine, daß Müller-Braunschweig es wage, bei ihm Geld einzutreiben, „ohne mich auch nur darüber zu informieren", ob die jüdischen Mitglieder, wie ein „Gerücht" besage, aus der DPG ausgeschlossen worden seien.[23] Hilfesuchend und zwecks Unterstützung bei der Eintreibung der „Schulden" wendet sich Müller-Braunschweig daraufhin an Jones,[24] dem (bzw. der IPV) er die „Schulden" abtritt, damit sie besser eingetrieben werden können, wodurch wiederum noch ausstehende Zahlungen der DPG an die IPV verrechnet werden könnten.[25] Jones schreibt, Müller-Braunschweig unterstützend, an Fromm: Der freiwillige Beschluß der in Deutschland wohnenden jüdischen Mitglieder, aus der DPG auszutreten, sei doch „in jedermanns Interesse" gefaßt worden.[26] Das heißt wohl, er diente einem einzigen Zweck, nämlich der vermeintlichen „Rettung" der Psychoanalyse in Hitler-Deutschland.

1935 wird Edith Jacobsohn wegen Verbindungen zu einer sozialdemokratischen Widerstandsgruppe in Berlin verhaftet, der einer ihrer Patienten angehört hatte. In diesem Zusammenhang ist Anne Buchholtz eine der wenigen, die in der IPV offen Alarm schlagen. Sie verfaßt einen privaten Aufruf an die internationalen Psychoanalytiker, in dem es heißt: „Die Berliner Gruppe hat sich unter Leitung von Boehm und Müller-Braunschweig gleichgeschaltet und identifiziert sich somit mit dem Nationalsozialismus ..."[27] Die norwegische Psychoanalytikerin Nic Hoel schreibt kurz nach der Verhaftung Edith Jacobsohns an Jones. Sie sei in Wien gewesen und habe dort mit Anna Freud gesprochen. Anna Freud habe ihr mitgeteilt, Edith Jacobsohn habe durch ihr Widerstandsverhalten und durch ihr politisches Engagement leichtfertig Gefahren für den Weiterbestand der Psychoanalyse in Deutschland heraufbeschworen.[28]

In diesem Zusammenhang ist es wichtig, auf die inneren Beziehungen zu verweisen, die zwischen der Verhaftung Edith Jacobsohns (am 24.10.1935) einerseits und der entscheidenden Sitzung der DPG (am 1.12.1935) andererseits bestehen, auf der der „freiwillige" Austritt der jüdischen Mitglieder gefordert und durchgesetzt worden war. Man *wollte* die eigene Weiterexistenz als Organisation – als eine von den Nationalsozialisten tolerierte Organisation – um den Preis einer Abspaltung des Jüdischen, des politisch Gefährlichen, des derzeit Unerwünschten, des Anrüchigen und des Verdächtigen. Man wurde „normal", indem man sich vom zeitbedingt definierten „Unnormalen" abtrennte.[29]

In Folge der Verhaftung Edith Jacobsohns wird am Stammsitz der Psychoanalyse in Wien – also unter Beteiligung und mit Wissen von

Freud – nun auch ganz offiziell beschlossen, was bisher (z. B. im Falle Reichs) ohnehin schon propagiert worden war: ein politisches Abstinenzgebot. Marie Langer, eine sozialistisch engagierte Psychoanalytikerin, berichtete später, man habe „den Beschluß, daß Analytikern jede illegale politische Betätigung wie auch die Behandlung politisch engagierter Patienten verboten war", gefaßt. „Als Grund wurde die Rettung der Psychoanalyse, der ‚Vereinigung' und ihrer Mitglieder angegeben" (1971, S. 39 f.).

All dies entspricht dem offiziellen Standpunkt, der von der IPV während der ersten Jahre der nationalsozialistischen Herrschaft eingenommen worden ist. Im Bericht des Zentralvorstandes der IPV beim Kongreß in Luzern 1934 (auf dem Reich aus der IPV ausgegrenzt wurde), von Jones *in Anwesenheit* von Anna Freud und Max Eitingon verlesen, heißt es: „Bei jeder Diskussion sollte vor allem die eine Überlegung von überragender Bedeutung sein, wie man die Möglichkeit psychoanalytischer Arbeit für die Mitglieder der Deutschen Vereinigung möglichst günstig gestalten kann ..." (1935, S. 134). Im selben Bericht, der ein Jahr später in der „Internationalen Zeitschrift für Psychoanalyse" publiziert wurde und demnach der gesamten Fachöffentlichkeit zur Verfügung stand, wird das Verhalten der DPG, bzw. das Verhalten Böhms, des Vorsitzenden der DPG, ausdrücklich verteidigt.[30] Sterba, 1938 einer der wenigen „arischen" Analytiker in Wien, deshalb von Jones für eine besondere Aufgabe vorgesehen, hatte sich nach der Okkupation Österreichs geweigert, in Wien zu bleiben, um dort, wie von Jones erwartet, eine ähnliche Rolle zu spielen, wie sie von Boehm und Müller-Braunschweig in Berlin übernommen worden war. Für diesen Akt des Widerstandes sei er von Jones, dem Präsidenten der IPV, ausdrücklich getadelt worden, teilte Sterba später mit.[31] Ihr eigenes Einverständnis mit der durch Boehm und Müller-Braunschweig personifizierten Anpassungsstrategie vergessend, wurde Sterba hingegen nach dem Ende der Hitler-Diktatur von Anna Freud für die Weigerung, in Wien die Rolle zu übernehmen, „die Felix Boehm in Berlin gespielt hat", ausdrücklich gelobt.[32] Diese Formulierung verdeckt gnädig einen Teil der historischen Wahrheit, gelingt es mit Hilfe solcher Worte doch, Müller-Braunschweigs einstige Mitbeteiligung an der Berliner Kompromißbildung, also an der zwecks „Rettung" der Psychoanalyse betriebenen Zerstörung derselben, geflissentlich zu übersehen.

XI/4. Die Geschichtsklitterung macht Sinn. Müller-Braunschweig fällt nämlich nach 1945 beim alten Spiel, die Psychoanalyse zu „retten", eine neue Rolle zu. Daher ist er jetzt auch aus der Schußlinie zu nehmen. Man zeichnet von ihm nunmehr das Bild des reuigen Sünders, der seine Verfehlungen in depressiven Stimmungen und wiederaufgenommener Lehranalyse abbüßt; und man läßt, wie in der Bemerkung Anna Freuds gegenüber Sterba, seine Mitbeteiligung so weit wie möglich aus dem kollektiven Gedächtnis verschwinden. Die neuen Frontlinien verlaufen wieder so wie einst, wie vor 1933. Im Grunde handelt es sich also um die alten Frontlinien. Es geht dabei nicht um die Aufarbeitung der zwölf verhängnisvollen Jahre und der während dieser Zeit verantwortlich mitbetriebenen verhängnisvollen Politik; vielmehr geht es erneut um die noch immer anstehende Ausschaltung der „inneren Gegner", von denen Freud in seinem Brief an Eitingon seinerzeit (1933) schon gesprochen hatte.[33] Der Kampf richtet sich also, wie schon vor 1933, gegen Schultz-Hencke und dessen Anhänger.

Es geht mir an dieser Stelle nicht darum, die *inhaltlichen* Gründe zu diskutieren, die zur *wissenschaftlichen* Kritik der Positionen Schultz-Henckes herausforderten. Es geht mir an dieser Stelle vielmehr darum, die Art und Weise der Kritik zu unterziehen, in der die Konflikte mit Schultz-Hencke und seiner Gruppe in der Nachkriegszeit „erledigt" worden sind. Bei den damaligen Auseinandersetzungen gewann Müller-Braunschweig, durch dessen persönliche Antipathien gegenüber Schultz-Hencke die Konflikte noch eine besondere Note erhielten, abermals eine Schlüsselposition. Trotz der oft bekundeten Zerknirschung wegen der ihn nunmehr belastenden Ereignisse zwischen 1933 und 1945 hatte Müller-Braunschweig nach dem Zusammenbruch des Reiches und jedweder „deutscher" Psychotherapie sofort wieder die nötige Kraft gefunden, der neubegründeten DPG abermals als Vorsitzender zu dienen. In dieser Rolle blieb er seinen Charaktereigenschaften treu. Hatte er zwischen 1933 und (mindestens) 1938 bereitwillig die von Wien und von der IPV mitgetragene Anpassungspolitik praktiziert, so begann er nun den geforderten Kampf gegen einige der alten Weggenossen. Dabei bediente er sich ähnlicher Mittel, wie er und andere sie benutzt hatten, als es etwa um die Ausschaltung Wilhelm Reichs oder um den „freiwilligen" Rücktritt der jüdischen Mitglieder aus der DPG gegangen war, nämlich konspirativer und/oder erpresserischer Mittel. Als Vorsitzender der DPG griff er zunächst in die Auseinandersetzung um theoretische Fragen und um das Problem ein, inwieweit verschiedene tiefenpsychologische Schulen (Freud, Jung,

Adler) unter einem gemeinsamen Institutsdach zusammenarbeiten und miteinander diskutieren sollten. Schultz-Hencke gehörte zu jenen, die meinten, eine solche Zusammenarbeit könne, wie zuvor am „Göring-Institut", auch hinfort stattfinden, wenn nunmehr auch auf freiwilliger und nicht mehr auf erzwungener Basis. Insbesondere könnten seine eigene Gruppe und die Gruppe um Müller-Braunschweig, die eher traditionell freudianische Positionen vertrat, unter einem gemeinsamen Institutsdach leben. Als deutlich wurde, daß sich die Mehrheit der DPG-Mitglieder dieser Ansicht anschloß (ohne deshalb notwendig die theoretischen Auffassungen Schultz-Henckes mitzuvertreten), und als die Mehrheit sich weigerte, der mehr oder weniger informellen Aufforderung der IPV nachzukommen, die Gruppe um Schultz-Hencke aus der DPG auszuschließen, begann Müller-Braunschweig aktiv zu werden. Als Vorsitzender der Gesellschaft ermittelte er hinter dem Rücken eines Großteils der Mitglieder seiner Gesellschaft die Erfolgsaussichten, mit einer neuen Gesellschaft in die IPV aufgenommen zu werden. Anfang 1950 hatte er zwar in einem Brief an den IPV-Präsidenten noch die Ansicht vertreten, die Meinungsverschiedenheiten mit der Gruppe um Schultz-Hencke ließen sich vielleicht doch intern lösen, eine Spaltung wäre also zu vermeiden. Durch ein Antwortschreiben offensichtlich eines Besseren belehrt, wechselte er dann seine Meinung binnen Wochen.[34] Im Frühsommer 1950 ließ er seine neue Gruppe heimlich registrieren, und als er sich der IPV-Anerkennung gänzlich sicher war, informierte er als Nochvorsitzender der DPG die größtenteils bisher ahnungslosen Mitglieder seiner Nochorganisation darüber, daß er aus der DPG auszutreten und in der DPV weiter zu präsidieren gedenke.

Als die Niederlage der Nationalsozialisten feststand, begann man in Deutschland also keineswegs mit dem Versuch, das Geschehene zu verstehen, um daraus zu lernen, wie denn Widerstand oder verweigerte Anpassung gegenüber der äußeren Realität im Dienste des Ichs aussehen könnten. Der kurze Abriß der Geschichte der deutschen Psychoanalyse während der Herrschaft des Nationalsozialismus und kurz nach dem Ende des „Dritten Reichs" verdeutlicht vielmehr, wie schwer es unter bestimmten Bedingungen offenbar ist, der Bedrohung und der Verlockung durch die Macht zu widerstehen. Man begann nach 1945 (in diesem Punkte der übrigen Gesellschaft nicht unähnlich) hektisch, Institute und Organisationen zu rekonstruieren, und versuchte, so rasch wie möglich an „Altem" anzuknüpfen, ohne aus dem zwischenzeitlich eingetretenen „Neuen" selbstkritische Lehren gezogen zu haben. Auf praktischer Ebene begnügte man sich mit einer „Spaltung", die es ermöglichte, Schuld zu delegieren, und wesentlich dem Zweck diente, die Konstruktion von Selbstrechtfertigungs- und Rettungsphantasien weiterzubetreiben. Hatten die „deutschen" Psychoanalytiker während des „Dritten Reiches" die Psychoanalyse mit tatkräftiger Unterstützung von Jones und anderen „gerettet", so traten nun, in Gestalt der Gruppe um Müller-Braunschweig, abermals „Retter" der Psychoanalyse auf, die sich während der folgenden drei Jahrzehnte der Illusion überlassen konnten, das nationalsozialistische Erbe sei bei der Konkurrenzgruppe (in der DPG) besser als bei ihnen selbst aufgehoben.

Während der Zeit der Diktatur ging man Kompromisse mit der Macht ein und glaubte doch, gerade dadurch die eigene Identität sichern zu können. Was als Anpassung an die äußere Realität gedacht war, verkam zur Deformation der inneren Strukturen. Ein Schulbeispiel für die Dialektik von „Innen" und „Außen", die alle Annahmen widerlegt, man könne das „Gute" im Inneren bewahren, wenn man mit dem „Schlechten" draußen zweifelhafte Kompromisse schließt. Für die Ichpsychologie und das Anpassungsproblem ergeben sich aufgrund dieses Schulbeispiels aus der Geschichte der Psychoanalyse ganz neue, sehr bedenkenswerte Fragestellungen. Die Geschichte der Psychoanalyse während des „Dritten Reiches" belegt demnach beispielhaft, daß es keine Konzessionen an pervertierte Herrschaft geben darf, will man nicht selbst demjenigen ähnlich werden, dessen man sich durch fatale Kompromisse scheinbar zu erwehren sucht.

Obgleich also Freud den Charakter der nationalsozialistischen Ideologie von Anfang an klar erkannt hatte, erlagen er und ein großer Teil der deutschen und der internationalen Psychoanalytiker doch der Illusion, mit der pervertierten Macht ließe sich verhandeln. Solche Verhandlungen führten aber letztlich nur zur Selbstpreisgabe. Was dem Deutschen Frauenbund möglich war – sich selbst aufzulösen, um nicht unter nationalsozialistische Herrschaft zu geraten –, hätte der „Deutschen Psychoanalytischen Gesellschaft" 1933 vielleicht auch gelingen können, wäre man sich der Dialektik von äußerer und innerer Realität nur ein wenig mehr bewußt gewesen. Das hätte allerdings ein anderes Selbstverständnis vorausgesetzt: Sich selbst nicht nur als Fachvertreter einer „reinen" Wissenschaft vom „Inneren", sondern auch als politisch Handelnde zu begreifen, die dem gesellschaftlichen Ganzen nicht entkommen, ob sie sich nun aktiv oder passiv, widerständlerisch oder anpassungsbereit verhalten.

Anmerkungen

1) Eine erste, wesentlich kürzere Fassung dieses Beitrags ist unter dem Titel „Psychoanalyse und Macht: ein schwieriges Verhältnis" in der Zeitschrift *Psychologie heute* (10/1989, S. 63–68) erschienen. Bei der redaktionellen Bearbeitung entstanden seinerzeit einige Fehler, die in der nunmehr vorliegenden Fassung behoben worden sind.

2) In dem 1942 von Müller-Braunschweig verfaßten „Memorandum über den Aufbau des theoretischen Lehrganges" am Berliner „Göring-Institut" heißt es: „Was die Behandlung der Erb- und Rassenfragen betrifft, so wollen wir daran erinnern, daß wir zu diesem Thema mehrfach sachkundige Dozenten, die aus Forschungskreisen außerhalb des Instituts stammten, zu uns eingeladen haben" (nach Teilfaksimile des „Memorandums" in Brecht et al. 1985, S. 149). Einer der „sachkundigen Dozenten" war Herbert Linden, der als Hauptverantwortlicher des „Euthanasie"-Programms 1945 Selbstmord beging.

3) Vgl. vor allem Brainin, Kaminer (1982), Dahmer (1983); Dahmer, Rosenkötter (1983); Lohmann, Rosenkötter (1982, 1983).

4) Vgl. die von der Redaktion der Zeitschrift „Psyche" herausgegebene Dokumentation (1984), die als Faksimile die brieflichen Reaktionen verschiedener Psychoanalytiker auf die in der „Psyche" veröffentlichten Publikationen zum Thema Psychoanalyse im Nationalsozialismus enthält. In diesen Stellungnahmen wird vor allem Dahmer angegriffen, da er zum einen die inkriminierten Publikationen als verantwortlicher Redakteur zugelassen, sich zum anderen als Autor an der Debatte selbst beteiligt hatte. Vgl. auch den von der „Psyche"-Redaktion publizierten „Nachtrag zur DPV-Dokumentation zum Briefwechsel Ehebald/Dahmer" (1984); und ergänzend: Arbeitsgruppe S. Bernfeld (1987).

5) Vgl. zum Beispiel: „... so mußte der Ödipuskomplex unter einem Synonym figurieren" (Jones, 1962, III, S. 224). Entsprechend: „...‚Ödipus', dessen begriffliche Form nach 1933 aus Berlin und Deutschland verschwinden mußte..."; Psychoanalytiker „durften nicht mehr vom Ödipuskomplex sprechen" (Thomä 1963/64, S. 62). Mindestens bis zum Oktober 1939 waren „Ödipus" und „dessen begriffliche Form" *noch nicht* „aus Berlin" verschwunden, wie der Titel eines von Frau Spangenberg am 20. 10. 1939 vor der „Arbeitsgruppe A" am Berliner Institut gehaltenen Vortrags beweist: „Analyse eines 17jährigen mit Entwicklungshemmung und agierendem Ödipus" (nach Faksimile des „Berichts über die wissenschaftliche Tätigkeit vom Oktober 1939 bis März 1942" aus dem „Deutschen Institut für psychologische Forschung und Psychotherapie", abgedruckt in Brecht et al. 1985, S. 169). Auch plakative Formulierungen, wonach die „psychoanalytische Literatur" im Deutschen Reich verboten gewesen sei (Lockot, 1988, S. 219), treffen nur einen Teil der Wahrheit (nämlich ein drei Jahre nach der „Machtergreifung" erlassenes Verkaufsverbot für das Reich, während jedoch der Psychoanalytische Verlag von Leipzig aus seine Bestände auch *nach* 1936 ins *Ausland*

weiterverkaufen durfte.). Der andere Teil der Wahrheit, der mit solch plakativen Formulierungen unterschlagen wird, betrifft den weiteren wissenschaftlichen Umgang mit psychoanalytischer Literatur; noch nach dem übertritt der DPG in das 1936 gegründete „Göring-Institut“ konnten selbst Neuerscheinungen, wie etwa Anna Freuds „Das Ich und die Abwehrmechanismen“ (1936), bei DPG-Sitzungen (das genannte Buch am 20. 4. 1937) diskutiert werden (vgl. Baumeyer 1971, S. 211). Und Fritz Riemann hätte als Mitglied der DPG wohl kaum 1937 von der „Britischen Psychoanalytischen Gesellschaft“ einen Preis für eine der besten klinisch-psychoanalytischen Arbeiten erhalten, wenn es ihm verboten gewesen wäre, nach 1933 noch psychoanalytische Fachliteratur zu benutzen und entsprechend zu publizieren. Gerade im Hinblick auf die Geschichte der Psychoanalyse im „Dritten Reich“ sind vereinfachende Sichtweisen besonders schädlich, da sie den Blick auf die vielfältigen Möglichkeiten versperren, falsche Kompromisse zu schließen (bzw. solchen Kompromißbildungen im möglichen Wiederholungsfalle rechtzeitig zu widerstehen). Die Psychoanalyse wurde im „Dritten Reich“ weder eigentlich „verboten“ noch tatsächlich „gerettet“, vielmehr läßt sich die Situation realistischerweise wohl am besten so umschreiben: Den „Psychotherapeuten und Psychoanalytikern im Nationalsozialismus war die Sicherung der beruflichen Kontinuität ... bei ... erheblichen moralischen Kapitulationen gegenüber den politischen Zielsetzungen der nationalsozialistischen Machthaber“ (Cocks, 1987, S. 31) das Wichtigste, wodurch eine zwischen Anpassung und Widerstand schwankende Haltung zustande kam, die in jedem individuellen Fall eine sehr persönliche Note trug, mal mehr zur einen, mal mehr zur anderen Seite ausschlagend. Das *offene* Bekenntnis zum Nationalsozialismus war bei den Mitgliedern des „Göring-Instituts“ eher selten. Einer der wenigen, die sich auf Institutsgruppenfotos gern in Nazi-Uniform präsentierten, war der Erfinder der sanften Methode des autogenen Trainings, I. H. Schultz, der sich in einem Beitrag für das *Zentralblatt für Psychotherapie* (1940) auch ganz offen als informierter Anhänger der „Vernichtung von lebensunwertem Leben“ zu erkennen gab (zit. n. Lockot, 1985, S. 221).

6) Vgl. Faksimile dieses Entwurfs von M. H. Göring in Brecht et al. (1985, S. 144).

7) Vgl. Faksimile in Brecht et al. (1985, S. 141 – an dieser Stelle ohne Datum abgedruckt).

8) Am 13. August 1934 erhält Jones von Müller-Braunschweig einen „Bericht“, in dem die bis dahin wichtigen politischen Entscheidungen der deutschen Zweigvereinigung dokumentiert werden. Über die von Boehm und Müller-Braunschweig verfaßte „Denkschrift“ vom 14. Januar 1934 heißt es in diesem „Bericht“, die deutschen Psychoanalytiker hätten sich aktiv an den Diskussionen um die Gründung einer „Reichsfachschaft für Psychotherapie“ sowie einer künftigen „Ausbildungsstätte für Psychotherapeuten“ (das spätere „Göring-Institut“ wurde zu einer solchen Stätte) beteiligt. Das heißt: Bereits nach einem knappen Jahr „Hitler“ drängen die deutschen Psychoanalytiker unter Führung von Boehm und Müller-Braunschweig und mit Wissen von Jones auf jenem Weg voran, der schließlich bei der Auflösung ihrer (selbständigen) Institutionen und Organisationen enden

sollte. Vgl. auch den Faksimileauszug zu Müller-Braunschweig: „Nationalsozialistische Idee und Psychoanalyse“ von 1935. Dort heißt es: „Die deutschen Psychoanalytiker wünschen sich, daß ihnen die nationalsozialistische Regierung wohlwollend eine fruchtbare Fortsetzung ihrer wissenschaftlichen und therapeutischen Arbeit sichern möge. Sie wünschen sich das umso mehr, als seit dem nationalsozialistischen Regime für die Deutsche Psychoanalytische Gesellschaft in ganz anderem Umfang die Voraussetzungen dafür geschaffen waren, der Gesellschaft ein wirklich deutsches Gesicht geben zu können... Dem Ziel, eine ‚deutsche Psychotherapie‘ zu schaffen...“, gelte es nunmehr, unter aktiver Beteiligung der Psychoanalytiker, noch erheblich näherzukommen (zit. n. Brecht et al. 1985, S. 167). – Etwa gleichzeitig mit dem erwähnten Bericht Müller-Braunschweigs erhielt Jones auch von Boehm einen Bericht (vom 21. Aug. 1934). Diesem Bericht ging eine Korrespondenz zwischen Jones und Boehm voraus (vgl. Anm. 30).

9) Brief an Franz Wirz vom 1. April 1938 (zit. n. Brecht et al. 1985, S. 134); Wirz gehörte zum Stab von Rudolf Heß und war für Hochschulpolitik verantwortlich.

10) Der Sohn von M. H. Göring, Ernst Göring, absolvierte noch nach diesem Verbot am Berliner Institut bei Müller-Braunschweig eine Analyse (1939/40), die nur deshalb nicht „Lehr“analyse genannt wurde, weil Ernst Göring seine „Lehr“-analyse (bei Seif in München) bereits hinter sich hatte (vgl. Lockot, 1985, S. 227). Nach dem Kriege kam es zwischen dem Analytiker (Müller-Braunschweig) und dem Analysanden (Ernst Göring) noch zu einer weiteren denkwürdigen Begegnung, die Lockot (1985, S. 125) schildert. Danach weigerte sich Müller-Braunschweig, seinem ehemaligen Analysanden zu bestätigen, daß dieser ihn mehrfach kurz nach Kriegsende besucht und ihm dabei auch Lebensmittel mitgebracht hatte. Dieses Zeugnis hätte indirekt Auskunft über den damaligen Aufenthaltsort Ernst Görings geben können, somit einen gegen ihn bestehenden, für ihn u. U. lebensgefährlichen Verdacht entkräften können, in der fraglichen Zeit, anstatt Müller-Braunschweig besucht zu haben, aus französischer Kriegsgefangenschaft entflohen zu sein.

11) Leonhard Seif (1866–1950) war als Teilnehmer des „II. Internationalen Kongresses für Psychoanalyse“ 1910 in Nürnberg eines der Gründungsmitglieder der IPV. 1911 wurde er Obmann der Münchner psychoanalytischen Gruppe. Nach den Angaben in einer Lebensskizze, die aus Anlaß seines 75. Geburtstages verfaßt worden ist (vgl. *Zentralblatt für Psychotherapie,* 12, 1940, 321), trennte sich Seif bereits 1913 wieder von Freud. Er sympathisierte zu Beginn der 20er Jahre mit Adlerschen Anschauungen, nahm aber auch davon um 1930 wieder Abstand. Sieht man vom rüden Ton ab, so kann man Seif wohl am besten mit Hilfe einer Charakterisierung kennzeichnen, die von Freud stammt, der am 9. Mai 1920 an Lou Andreas-Salomé schreibt: „Was Sie von Seif gehört haben, beruht ... auf Wahrheit. Der Rüpel hat sich selbständig gemacht, ist *Seifianer* geworden“ (Freud, Andreas-Salomé [2]1980, S. 111). Aus diesem Grunde erscheint es auch als gewagt, mit Lockot (1985, S. 80) zu behaupten, M. H. Göring habe bei Seif eine „Adleria-

nisch ausgerichtete Lehranalyse" absolviert, da zu wenig bekannt ist, wie die Behandlungstechnik des „Seifianers" Seif nun tatsächlich aussah.

12) Vgl. den Faksimileabdruck einer von Müller-Braunschweig unterzeichneten Dozentenmitteilung für die Kollegen am Berliner Institut vom 4. September 1944 (in Brecht et al., 1985, S. 161). Unterlagen über Stellenplan/Gehaltsliste an diesem Institut, aus denen Müller-Braunschweigs Funktion als Abteilungsleiter lange nach den Wiener Ereignissen hervorgeht, finden sich außerdem bei Baumeyer (1971, S. 218).

13) Gemeint ist hier insbesondere die Arbeit von Thomä, in der es einleitend heißt, ab 1933 hätten „Autoren wie Boehm und Müller-Braunschweig, die in Berlin geblieben waren, ... Freuds Ansichten nicht mehr öffentlich vertreten" können. „Die psychoanalytische Terminologie war verpönt" (1963/64, S. 45). Derartigen Behauptungen stehen Tatsachen entgegen wie beispielsweise Müller-Braunschweigs 1936 erfolgte Publikation über „Die erste Objektbesetzung des Mädchens in ihrer Bedeutung für Penisneid und Weiblichkeit" in der „Internationalen Zeitschrift für Psychoanalyse", deren Text einem *öffentlichen* Vortrag folgt, gehalten am 16. Februar 1935 in Berlin anläßlich des fünfzehnjährigen Bestehens des „Berliner Psychoanalytischen Instituts". – Thomä setzt in seiner Arbeit sodann die folgenden Aussagen in eine inhaltliche Beziehung zueinander: 1. „die Vertreibung der führenden Psychoanalytiker aus Deutschland und Österreich" (vgl. dazu im Haupttext den von mir geschilderten Widerstand Schultz-Henckes gegen die „Arisierungs"bemühungen in der DPG 1933); 2. „das offizielle Verbot der Psychoanalyse" im Deutschen Reich (wann immer es „offiziell" ausgesprochen worden sein mag); 3. die Tatsache, daß Schultz-Hencke im Deutschen Reich „in seiner Lehrfreiheit nicht behindert war". Auf diese Weise kommt zwischen Schultz-Hencke „als Lehrer" und der „Zerstörung der Psychoanalyse in Deutschland nach 1933" eine Verbindung zustande, wenn Thomä auch die verbale Einschränkung hinzufügt, Schultz-Hencke sei für seine „Begünstigung" durch die Zeitumstände nicht direkt verantwortlich zu machen (1963/64, S. 46). Dennoch wird durch derlei rhetorische Figuren der Kontrahent moralisch erledigt, noch bevor die eigentliche inhaltliche Auseinandersetzung mit den wissenschaftlichen Positionen beginnt, die er vertritt, und von denen Thomä nachweisen will, daß sie mit den Positionen der DPV/IPV nicht vereinbar waren, weshalb die Spaltung der deutschen Psychoanalyse nach 1945 letztlich gerechtfertigt gewesen sei. Es fällt Thomä in den 60er Jahren auch nicht allzu schwer, bei Schultz-Hencke „Tendenzen zu erkennen, die ... zur Ablehnung der Libidotheorie und der Metapsychologie" führten (1963/64, S. 52). Man muß jedoch hinzufügen, daß sich solche Tendenzen in einem späteren Lehrbuch von Thomä und Kächele vollends durchgesetzt haben, wenn solche Tendenzen nunmehr ihr Ziel, die restlose Liquidierung der Freudschen Metapsychologie, auch nicht unter Berufung auf Schultz-Hencke, sondern mit Hilfe des Zitierens einer Reihe namhafter *amerikanischer* Psychoanalytiker erreichen. In diesem Lehrbuch liest man zum Beispiel über die „pseudowissenschaftlichen metapsychologischen Erklärungen" Freuds (1985, S. 25), über den „Mischmasch der Metapsychologie" Freuds (1985, S. 29) oder über den „Tod

der Metapsychologie“ (1985, S. 369). Zur weitergehenden Kritik an dieser Antimetapsychologie Thomäs und Kächeles und zur historischen Einordnung ihres Standpunktes vgl. Nitzschke (1990). Eine besondere Ironie der Geschichte liegt schließlich in der Tatsache, daß Kritik (Becker u. Becker, 1989) – unter Verweis auf einen inhaltlich sehr fragwürdigen Beitrag Schultz-Henckes (1934) über die „Tüchtigkeit“ als psychoanalytisches Behandlungsziel – sich *heute* gerade gegen jene richtet, die instrumentell „Tüchtigkeit“ herzustellen versuchen, ohne kritisch auf die gesellschaftliche Realität zu achten, der diese Art der Funktionalität zugute käme. Obgleich Thomä und Kächele von Becker und Becker nicht *offen* beim Namen genannt werden, zeigt doch die Argumentation, daß sie (u. a.) gemeint sein könnten.

14) Alle Angaben (hier von mir übersetzt) sind einem Brief von Jones (2. Dezember 1935) an Anna Freud entnommen, der kurz nach der entscheidenden Sitzung der DPG geschrieben worden ist, in deren Folge es zum „freiwilligen“ Rücktritt der jüdischen DPG-Mitglieder kam. Vgl. Faksimile in Brecht et al. (1985, S. 114 f.).

15) Nach Bericht von Boehm (vom 21. August 1934), Faksimileabdruck in Brecht et al. (1985, S. 99–109); die entsprechenden Angaben: S. 101.

16) Auch unter den Anhängern C. G. Jungs gab es natürlich große Differenzen, was die Einstellung dem Nationalsozialismus gegenüber anbelangt. In diesem Zusammenhang sollte auch nicht vergessen werden, daß John Rittmeister, der als aktiver Widerstandskämpfer am 13. Mai 1943 in Berlin-Plötzensee unter dem Fallbeil nationalsozialistischer Henker starb, kein Freudianer im engeren Sinne war. Ursprünglich ein Schüler C. G. Jungs, wandte er sich von der Jungschen Psychologie wieder ab (vgl. Rittmeister, 1982 – ein Beitrag, in dem zugleich mehrfach Freud kritisiert wird). Als Rittmeister 1937 aus der Schweiz nach Berlin kam, wurde er von M. H. Göring aber offenbar doch noch als Jungianer wahrgenommen (vgl. Baumeyer, 1971) und als solcher zum Leiter der Poliklinik des Berliner Instituts ernannt. Rittmeister publizierte noch 1940 in dem von Hermanns als „gleichgeschaltet“ (1984, S. 142) apostrophierten *Zentralblatt für Psychotherapie*. Interessant ist in diesem Zusammenhang auch, daß – Hermanns (1984, S. 139) zufolge – Rittmeister 1938 mit einer *psychoanalytische Ausbildung* am „Deutschen Institut für psychologische Forschung und Psychotherapie“ beginnen konnte, während in anderen Argumentationszusammenhängen das Berliner Institut oft als ein Hort des Verrats an der Psychoanalyse erscheint. Offenbar kann dieses Institut immer dann *etwas anders* wahrgenommen werden, wenn es gilt, für die *eigene* Geschichte einen der wenigen *aktiven* Widerstandskämpfer unter den damaligen Psychotherapeuten zu reklamieren.

17) Das Fatale – eigentlich das Skandalöse – dieses Briefes von Freud an Eitingon (vom 21. März 1933) liegt darin, daß der Ausschluß des Berliner Institutes aus der IPV nur für den Fall empfohlen wird, „daß innere Gegner wie Schultz-Hencke sich des Instituts bemächtigen“, während für den Fall einer durch die äußeren Gegner, die Nationalsozialisten, erzwungenen Umbesetzung des Vorstandes Eitingon eine

Schließung des Berliner Psychoanalytischen Instituts *ausdrücklich untersagt* wird. Für den letzteren Fall teilt Freud Eitingon mit, er habe zugunsten von Boehm auf den Vorsitz zu verzichten. Vgl. Brieftext in Brecht et al. (1985, S. 94).

18) Vgl. Bericht Boehms (vom 21. Aug. 1934) in Brecht et al. (1985, S. 101).

19) Vgl. Bericht Boehms (vom 21. Aug. 1934) in Brecht et al. (1985, S. 99).

20) In fataler Nähe zur nationalsozialistischen Sprache redet Boehm in diesem Zusammenhang von einer „Reinigungsaktion". Vgl. den Bericht von Boehm (vom 21. Aug. 1934) in Brecht et al. (1985, S. 103). Aus dem Text geht allerdings nicht eindeutig hervor, ob Boehm die Metapher „Reinigungsaktion" von Eitingon übernommen hat oder ob darin seine eigene Sprachwahl zum Ausdruck kommt.

21) Vgl. Bericht von Boehm (vom 4. Dezember 1935) in Brecht et al. (1985, S. 116–127); die entsprechende Angabe: S. 127.

22) Vgl. Bericht Boehms (vom 4. Dez. 1935) in Brecht et al. (1985, S. 127).

23) Der Sinn des Brieftextes läßt erkennen, daß Fromm, sollte sich „dieses Gerücht" (des Ausschlusses der jüdischen DPG-Mitglieder) bewahrheiten, nicht bereit wäre, das ausstehende Geld zurückzuzahlen. Vgl. Faksimile des Briefes von Fromm (vom 11. März 1936) an Müller-Braunschweig in Brecht et al. (1985, S. 128).

24) „Eine Reihe von Kandidaten hat dieser Rückzahlungspflicht prompt und restlos genügt, eine große Reihe aber, und zwar ausschließlich fast jüdische Kandidaten, die sich im Ausland befinden, haben bis jetzt ihre Schulden an den Stipendienfonds trotz mehrfacher Erinnerungen nicht zurückzuzahlen begonnen. Es scheint ..., daß weitgehend ein Ressentiment gegen die nunmehr ausschließlich aus Nichtjuden bestehende Deutsche Psychoanalytische Gesellschaft an der Unwilligkeit zu zahlen beteiligt ist", schreibt Müller-Braunschweig am 29. Dez. 1936 an Jones. Vgl. Faksimileabdruck in Brecht et al. (1985, S. 69).

25) „... hatten wir den Entschluß gefaßt, Ihnen, als dem Präsidenten, die ganze Forderung in Höhe von RM 27,632,50 abzutreten." Der auf den Pfennig berechnete Betrag bezeichnet die Schuld der jüdischen Emigranten insgesamt. „Wir wissen gewiß, daß Sie die Summe im Interesse der Förderung der psychoanalytischen Wissenschaft verwenden würden und wollten Ihnen daher die freie Verfügung über die gesamte Summe überlassen, bis auf die Mitgliedsbeiträge, die wir (d. h. die DPG – B. N.) der Internationalen Vereinigung seit Jahren schulden und die wir durch die Abtretung mitbegleichen wollten", teilt Müller-Braunschweig Jones am 29. Dez. 1936 mit. Vgl. Brecht et al. (1985, S. 69).

26) Übersetzung durch mich; vgl. Faksimile des Briefes von Jones an Fromm vom 25. März 1936 in Brecht et al. (1985, S. 128).

27) Vgl. Faksimile des Briefes von Anne Buchholtz in Brecht et al. (1985, S. 111).

28) Vgl. Faksimile des Briefes von Nic Hoel (vom 4. 1. 1936; der Briefkopf trägt

ein falsches Datum: 4. 1. 1935, zurückgehend auf einen beim Jahreswechsel nicht seltenen Irrtum). Nic Hoel war seit 1934 Mitglied der DPG und konnte als Norwegerin ungehindert reisen. Abdruck des Briefes in Brecht et al. (1985, S. 113). Im Brief heißt es u. a., nach Auffassung von Anna Freud habe Edith Jacobsohn die *psychoanalytische Bewegung* in Gefahr gebracht ("had put the analytical movement in danger")! Edith Jacobsohn saß in Gestapo-Haft, war in höchster Gefahr für Leib und Leben, Anna Freud aber machte sich Sorgen um die psychoanalytische Bewegung! Weiter heißt es: Anna Freud „meant that Edith had been treacherous against Boehm as she had not told him that she had the patient [durch den Edith Jacobsohn in Kontakt zur Widerstandsgruppe gekommen war – B. N.] and did let them meet in her house".

29) Bei dieser DPG-Sitzung wurde auch die Frage eines Austritts der DPG aus der IPV diskutiert. Jones war ausdrücklich gegen einen solchen Austritt und konnte sich mit dieser Meinung auch durchsetzen. In der Diskussion hatte Schultz-Hencke den Standpunkt vertreten, ein Austritt aus der IPV käme einem indirekten Schuldbekenntnis gleich, da man damit zu erkennen gebe, man habe bisher einer falschen (jüdischen) Vereinigung angehört. Unter Berufung auf diese Argumentation von Schultz-Hencke versuchte Jones, auch den Ausschluß der jüdischen Mitglieder aus der DPG zu verhindern, da man in einem entsprechenden Beschluß ebenfalls ein indirektes Schuldbekenntnis erkennen könnte (nämlich: bisher die „falschen" Mitglieder gehabt zu haben). Jones konnte sich jedoch mit der von Schultz-Hencke im Punkt Austritt aus der IPV vertretenen und jetzt von Jones analog für den Punkt Austritt der jüdischen DPG-Mitglieder übernommenen Argumentation nicht mehr durchsetzen, zumal Schultz-Hencke 1935 auch zu jenen gehörte, die für den Austritt der jüdischen Mitglieder aus der DPG plädierten.

30) Nachdem sich Jones über die schwierigen Umstände, die im Deutschen Reich herrschten, sorgenvoll geäußert hat, zählt er vor dem internationalen psychoanalytischen Establishment die Namen derjenigen auf, die inzwischen Deutschland verlassen mußten. „Die bloße Erwähnung dieser Namen genügt, um zu zeigen, welchen Verlust die Deutsche Gesellschaft erlitten hat" (1935, S. 134). Aber: Man wird „auch bemerken, daß die Weggewanderten nur zum geringsten Teil deutscher Nationalität und in günstigeren Tagen selbst in Deutschland eingewandert waren; deutscher Nationalität waren, wie ich glaube, nur drei von den eben erwähnten vierzehn hervorragenden Namen" (1935, S. 135). Dieser Text ist, *man muß das ausdrücklich betonen,* in der „Internationalen Zeitschrift für Psychoanalyse" *abgedruckt* worden. Sodann geht Jones auf die gegenwärtigen Schwierigkeiten für die Psychoanalyse im Deutschen Reich ein: „Sonst wird in Deutschland noch immer Psychoanalyse ausgeübt, und die psychoanalytische Arbeit hat selbst in diesen verworrenen Zeiten keine Unterbrechung erlitten. Nichtsdestoweniger ist die Haltung der Zurückgebliebenen Gegenstand einer zuweilen recht scharfen Kritik gewesen, die sich vor allem um die Person des gegenwärtigen Vorsitzenden, Dr. Boehm, konzentriert. Man hat ohne Zweifel das Recht, verschiedener Ansicht darüber zu sein, ob einzelne von Dr. Boehm unternommene Schritte angebracht waren; der Wert solcher Meinungen hängt aber davon ab, ob der, der sie ausspricht,

die zugrunde liegenden Tatsachen wirklich kennt." Und nun, mit ausdrücklichem Hinweis auf die Mitwisserschaft Freuds in Wien, würdigt Jones, in seiner ebenso ausdrücklich formulierten Eigenschaft als Präsident der IPV, noch einmal gesondert die *Verdienste* von Boehm: „Ich habe einige sehr scharfe Meinungen gehört, die in Unkenntnis dieser Tatsachen geäußert wurden, was an sich schon ein Beweis dafür ist, daß irrationale Faktoren am Werke sind. Ich möchte nur hinzufügen, daß Dr. Boehm zuerst persönlich bei Prof. Freud im April 1933 vorsprach, um kritischen Zusammenstößen, zu denen es später tatsächlich kam, vorzubeugen; er benutzte auch schon sehr früh die Gelegenheit, mir als dem Präsidenten einen wahrheitsgetreuen Bericht von allem Geschehenen gelegentlich von persönlichen Besprechungen zu geben, die ich mit ihm und anderen Kollegen im Oktober desselben Jahres [1933 – B. N.] in Holland hatte. Ich habe Anlaß zu hoffen, daß die Dienste, die Dr. Boehm der Psychoanalyse geleistet hat, jede zeitweilige Kritik, der er ausgesetzt sein mag, überdauern wird" (1935, S. 135). – Die Arbeit der deutschen Gruppe erheischt also, nach Meinung von Jones, Anerkennung. Hingegen gibt es bedauerlicherweise Gründe, auf andere Gefahren hinzuweisen: In der Zwischenzeit hat sich nämlich in Skandinavien (Wilhelm Reich befindet sich dort in der Emigration!) eine „Gruppe" mehr oder weniger wilder Analytiker gebildet, deren „Tätigkeit" eine „Gefährdung der Arbeit der wirklichen Psychoanalytiker bedeutet" (1935, S. 139). So der offizielle Standpunkt, der als ein indirekter Beitrag zum Thema „Dialektik von Wildnis und Normalität" gewürdigt werden mag. – Der beim Luzerner Kongreß gehaltenen Rede von Jones zugunsten von Boehm war eine Korrespondenz zwischen beiden vorausgegangen. Am 28. Juli 1934 hatte Jones „strictly confidential" angedeutet, auf dem bevorstehenden Kongreß werde es wahrscheinlich zur Agitation gewisser Kreise, „especially ... exils from Germany", gegen Boehm und gegen die DPG kommen. Daher sei es notwendig, daß Boehm ihm rechtzeitig Argumente zukommen lasse (woraufhin dann auch der Bericht Boehms entstand), mit deren Hilfe es Jones gelingen könnte, die erwarteten Anfeindungen abzufangen. „You will know that I myself regard these emotions and ultra-Jewish attitude very unsympathetically ..." (Faksimile in Brecht et al., 1985, S. 68). In der von Jones gehaltenen Eröffnungsansprache war das Kongreßpublikum noch einmal ausdrücklich vor jeder politischen Betätigung im Namen der Psychoanalyse (oder eines sich als solcher zu erkennen gebenden Psychoanalytikers) gewarnt worden. Bei dieser Gelegenheit gelang Jones auch eine bemerkenswerte Definition des richtigen und des verkehrten Psychoanalytikers: „Es fehlt unter uns nicht an Zeichen der Ungeduld mit unseren sozialen Bedingungen und an Bestrebungen, zu ihrem Wechsel beizutragen. Es folgt aus dem eben Gesagten, daß jeder, der solchen Impulsen nachgibt, im selben Grad als Analytiker verliert. Und der Versuch, eigene soziale Ideen im Namen der Psychoanalyse zu verbreiten, heißt ihre wahre Natur fälschen, ist ein Mißbrauch der Psychoanalyse, den ich entschieden rügen und zurückweisen möchte" (1935, S. 114). Immerhin hatte sich Felix Boehm 1934 als Thema für seinen Kongreßvortrag ein, wie es scheint, passendes Thema ausgesucht: „Zur Entwicklung des Schamgefühls". Aus nicht weiter ersichtlichen Gründen mußte Boehm zum Zwecke der Ergründung dieses leider eher seltenen Gefühls den Umweg zu den „Kamerunern“ antreten. Jones hatte es hingegen leichter, als er seine Ansichten zu untermauern trachtete. Er mußte nur bis nach Wien verweisen: „Der Meister unserer Schule, der, wie wohl bekannt, von starken humanitären Wünschen für die Verbesserung des menschlichen Lebens bewegt ist, hat es trotzdem immer verstanden, diese streng getrennt von seiner wissenschaftlichen Arbeit zu halten, die deshalb nie in ihrer Reinheit gelitten hat. In dieser Hinsicht wie in so vielem anderen hat er uns ein Beispiel gegeben, dem nachzueifern wir gut täten“ (1935, S. 114). Boehm gab sich redlich Mühe, dem Wiener Vorbild nachzueifern. Er kontaktierte Freud in Wien immer wieder, um späteren Vorwürfen durch rechtzeitige Abstimmungen zu entgehen; zuletzt hielt sich Boehm im Januar 1937 bei Freud in Wien auf. Vgl. Boehm (1956, S. 180); entsprechend: Jones (1962, III, S. 224); unter Berufung auf Boehm (1978), bei dem sich (S. 304) ein Druckfehler findet, der aber rasch wieder aufgehoben wird (S. 305), geben Lockot (1985, S. 116) und Lohmann, Rosenkötter (1984, S. 62, Anm. 4) für das letzte Treffen zwischen Boehm und Freud fälschlich Januar 1938 an. – Angesichts der referierten Einzelheiten aus dem Jahre 1934 (vor allem im Zusammenhang mit dem Luzerner Kongreß) ist es bemerkenswert, was davon im Gedächtnis von Jones, bzw. in dessen Charakterisierung des Jahres 1934 in seiner späteren Freud-Biographie überleben durfte/konnte: „Dieses Jahr brachte die Flucht der noch gebliebenen Analytiker aus Deutschland und die ‚Liquidierung‘ der Psychoanalyse im Deutschen Reich, eine der wenigen Taten, die Hitler vollständig gelungen sind“ (Jones, 1962, III, S. 222). Muß man noch einmal betonen, daß „ein“ Hitler nichts hätte ausrichten können, ohne die vielen Windbeutel, denen er, neben seinen *bewußten* Anhängern, die Macht zu verdanken hatte, mit der er dann andere zerstören konnte?

31) Als Sterba nach seiner Emigration Jones um Hilfe bat, erhielt er zur Antwort: „You will be the last one, who will get any assistance of the International Association because you should have stayed in Vienna as a memory of psychoanalysis for a happier future“ (briefliche Mitteilung von Sterba am 5. 4. 1976 an Huber – vgl. Huber, 1977, S. 186, Anm. 16).

32) Dieses Zitat, von Huber (1977, S. 52) gebracht, geht auf eine persönliche Mitteilung Sterbas (vom 5.4.1976) an Huber zurück (vgl. 1977, S. 186, Anm. 1). Bei der Würdigung dieses Zitats muß man wohl auch die Erinnerungsmöglichkeiten Sterbas (zu einem Zeitpunkt, zu dem Anna Freud noch lebte) mitberücksichtigen.

33) Womit eben *nicht* die äußeren Gegner, die Nationalsozialisten, gemeint waren. Eine entsprechende Unterscheidung zwischen inneren und äußeren Gegnern der Psychoanalyse traf indirekt auch der Luzerner Kongreß von 1934. Die äußeren Gegner, die Nationalsozialisten, wurden durch eine Anpassungsstrategie in Schach gehalten (wie man meinte); die inneren Gegner, in diesem Falle Wilhelm Reich, wurden gnadenlos ausgegrenzt.

34) Müller-Braunschweig schrieb noch am 27. März 1950 an den damaligen Vorsitzenden der IPV, Bartemeier: „Vorerst ist die Gesamthaltung der DPG durch

Schultz-Hencke und seine Anhänger ... nicht gefährdet. Das zeigt bereits das erwähnte Zahlenverhältnis 1: 9. Sollte, *was zur Zeit nicht zu befürchten ist* [Herv. B. N.], der Einfluß Schultz-Henckes auf die übrigen Mitglieder der Gesellschaft wachsen und eine größere Anzahl von ihnen von den eigentlichen Aufgaben einer psychoanalytischen Gesellschaft ablenken, so würde immer noch ein solcher Mißstand radikal überwunden werden können, indem die der psychoanalytischen Aufgabe Treugebliebenen sich von der jetzt bestehenden Gesellschaft lösten und eine neue Gesellschaft gründeten" (zit. n. Baumeyer, 1971, S. 227). Man muß diesen Text genau lesen: Noch im März 1950 kommt Müller-Braunschweig beim Abzählen der Anhänger Schultz-Henckes in der DPG auf ein Neuntel der Gesamtmitgliederzahl. Nur ein paar Wochen später hatte er seine, im zitierten Brief geäußerte Meinung, bei künftig stärkerer Gefährdung die Gesellschaft, der er angehörte, spalten zu wollen, in die Tat umgesetzt: Im Juni 1950 beantragte er eine Lizenz für die Gründung der DPV; im Oktober 1950 trat er als Vorsitzender der DPG zurück, nachdem er sich der Anerkennung der neuen Gesellschaft durch die IPV sicher war (vgl. Brief von Bartemeier an Müller-Braunschweig vom 22.9.1950 – Faksimile in Brecht et al., 1985, S. 201). Baumeyer (1971) kann sich diese rasche Zunahme des Gefährdungsgefühls Müller-Braunschweigs nicht recht erklären. Es ist anzunehmen, eine Erklärung wäre zu finden, wenn dereinst ein *nach dem 27.3.1950 verfaßtes Antwortschreiben Bartemeiers an Müller-Braunschweig* gefunden werden sollte. Immerhin wußte Müller-Braunschweig den DPG-Mitgliedern unter dem Datum vom 19.1.1950 bereits vielsagend anzudeuten: „Es wurde mir vom bisherigen und jetzigen Vorstand der IPV deutlich zum Ausdruck gebracht, daß diese Zweifel und Unsicherheiten [im Hinblick auf die Wiederaufnahme der DPG in die IPV – B. N.] weitgehend beseitigt werden würden, wenn unsere Distanzierung von den nichtpsychoanalytischen Gruppen unzweideutiger in Erscheinung trete und insbes. Sch.(ultz)-H.(encke) nicht mehr zu unseren Mitgliedern zählte" (Faksimile in Brecht et al. 1985, S. 189). – Beim „XVI. Internationalen Kongreß für Psychoanalyse", 1949 in Zürich, war die wiederbegründete DPG nur „vorläufig" in die IPV aufgenommen worden. Beim „XVII. Internationalen Kongreß für Psychoanalyse", 1951 in Amsterdam, wurde die DPV als Zweigvereinigung der IPV anerkannt. Abermals verhalf eine Trennung dem Guten, dem Wahren und dem Schönen dazu, sich dort zu versammeln, wo man es haben wollte (wo man selbst war), während alles Unerwünschte für längere Zeit ins Abseits (wo die „anderen" waren) geriet. Manche hofften, diese Zeit könnte ewig dauern, und waren entsprechend erbost, als sie mit Beginn der 80er Jahre abrupt zu Ende ging.

Literatur

Arbeitsgruppe S. Bernfeld (Kennel, Michaelis, Rehberger, Rosenkötter, Schäfer) (1987): Die Erinnerung an „Rettung" oder „Liquidierung" der Psychoanalyse im Nationalsozialismus. Reaktionen deutscher Psychoanalytiker heute. Diskussion. In: Psychoanalytisches Seminar Zürich (Hg.): Between the Devil and the Deep Blue Sea, Freiburg i. Br., S. 125–159

Baumeyer, F. (1971): Zur Geschichte der Psychoanalyse in Deutschland. 60 Jahre Deutsche Psychoanalytische Gesellschaft. Ztschr. Psychosom. Med. Psychoan. 17, S. 203–240

Becker, H., u. Becker, S.: Gegenrede. Psychoanalyse und Politikabstinenz – Zwischen hohem Anspruch und ernüchternder Wirklichkeit. Franfurter Rundschau, 10.10.1989

Bericht des Zentralvorstandes (1935) (der I.P.V., verlesen von E. Jones am 29.8.1934 beim XIII. Intern. Psa. Kongreß in Luzern); Korrespondenzbl. der I.P.V. Int. Ztschr. Psa. 21, S. 132–139

Bericht über den XIII. Internationalen Psychoanalytischen Kongreß (1935) – Eröffung des Kongresses (Ansprache des Präsidenten, E. Jones); Korrespondenzbl. der I.P.V. Int. Z. Psa. 21, S. 112–115

Boehm, F. (1956): Meine Begegnung mit Freud. Der Psychologe (Sonderheft) 8 (5–6), S. 176–181

Boehm, F. (1978): Bericht über die Ereignisse von 1933 bis zum Amsterdamer Kongreß im August 1951. In: Ders.: Schriften zur Psychoanalyse (hg. von der DPG), München, S. 301–310

Brainin, E., u. Kaminer, I. J. (1982): Psychoanalyse und Nationalsozialismus. Psyche 36, S. 989–1012

Brecht, K. et al. (eds.) (1985): „Hier geht das Leben auf eine sehr merkwürdige Weise weiter ..." Zur Geschichte der Psychoanalyse in Deutschland, Hamburg

Cocks, G. (1987): Psychoanalyse und Psychotherapie im Dritten Reich. In: Rudolf, G. et al. (Hg.): Psychoanalyse der Gegenwart. Göttingen, S. 30–43

Dahmer, H. (1983): Kapitulation vor der „Weltanschauung". Zu einem Aufsatz von Carl Müller-Braunschweig aus dem Herbst 1933. Psyche 37, S. 1116–1135

Dahmer, H., u. Rosenkötter, L. (1983): Jasager und Weißwäscher. Psyche 37, S. 1146–1153

Dräger, K. (1971): Bemerkungen zu den Zeitumständen und dem Schicksal der Psychoanalyse und der Psychotherapie in Deutschland zwischen 1933 und 1949. Psyche 25, S. 255–268

Freud, A. (1936): Das Ich und die Abwehrmechanismen, Wien

Freud, S., u. Andreas-Salomé, L. ([2]1980): Briefwechsel (hg. von E. Pfeiffer), Frankurt/M. (Fischer)

Greither, A. (1939): Selbstmord und Erziehung. Eine kulturphilosophische, psychologische und pädagogische Studie, Leipzig

Hermanns, L. M. (1982): John F. Rittmeister und C. G. Jung. Psyche 36, S. 1022–1031

Huber, W. (1977): Psychoanalyse in Österreich seit 1933, Wien, Salzburg

Jones, E.: 1935 (s. Bericht über XIII. Int. Psa. Kongreß 1935).

Jones, E. (1962): Sigmund Freud – Leben und Werk, Bd. III, Bern

Langer, M. (1971): Psychoanalyse – in wessen Dienst ? Neues Forum, Heft 213, S. 39–42

Lockot, R. (1985): Erinnern und Durcharbeiten. Zur Geschichte der Psychoanalyse und Psychotherapie im Nationalsozialismus, Frankfurt/M.

Lockot, R. (1988): Wiederholen oder Neubeginn: Skizzen zur Geschichte der „Deutschen Psychoanalytischen Gesellschaft" von 1945–1950. Jb. Psa. 22, S. 218–235

Lohmann, H.-M. (Hg.) (1984): Psychoanalyse und Nationalsozialismus. Beiträge zur Bearbeitung eines unbewältigten Traumas, Frankfurt/M.

Lohmann, H.-M., u. Rosenkötter, L. (1982): Psychoanalyse in Hitlerdeutschland. Wie war es wirklich? Psyche 36, S. 961–988

Lohmann, H.-M., u. Rosenkötter, L. (1983): Nachtrag zu unserem Beitrag „Psychoanalyse in Hitlerdeutschland". Psyche 37, S. 1107–1115

Müller-Braunschweig, C.: Psychoanalyse und Weltanschauung. Reichswart, 22.10.1933

Müller-Braunschweig, C. (1936): Die erste Objektbesetzung des Mädchens in ihrer Bedeutung für Penisneid und Weiblichkeit, Int. Z. Psa. 12, S. 137–176

Nitzschke, B. (1990): Anmerkungen zum Diskurs über die „Sexualität" in zeitgenössischen psychoanalytischen Entwürfen. Texte 10, 1990, (im Druck – und im vorliegenden Band, S. 155–190)

Psyche-Redaktion (ed.) (1984): Psychoanalyse unter Hitler – Dokumentation einer Kontroverse, Frankfurt/M. (broschiert)

Psyche-Redaktion (ed.) (1984): Nachtrag zur DPV-Dokumentation zum Briefwechsel Ehebald/Dahmer, Frankfurt/M. (broschiert)

Reich, W.: 1935 (s. Zeitschrift für Politische Psychologie und Sexualökonomie 1935)

Rittmeister, J. F. (1940): Der augenblickliche Stand der Poliklinik und ihre künftigen Aufgaben. Zentralbl. Psychother. 12, S. 88–96

Rittmeister, J. F. (1982): Voraussetzungen und Konsequenzen der Jungschen Archetypenlehre. Psyche 36, S. 1032–1044

Schultz, I. H. (1940): Vorschlag eines Diagnose-Schemas. Zentralbl. Psychother. 12, S. 97–161

Schultz-Hencke, H. (1934): Die Tüchtigkeit als psychotherapeutisches Ziel. Zentralbl. Psychother. 7, S. 84–97

Thomä, H. (1963/64): Die Neo-Psychoanalyse Schultz-Henckes. Eine historische und kritische Betrachtung. Psyche 17, S. 44–79 u. 83–128.

Thomä, H., u. Kächele, H. (1985): Lehrbuch der psychoanalytischen Therapie, Bd. 1., Berlin, Heidelberg, New York

Zeitschrift für Politische Psychologie und Sexualökonomie (1935): Sex-Pol-Bewegung. Der Ausschluß Wilhelm Reichs aus der Internationalen Psychoanalytischen Vereinigung. Ztschr. Polit. Psych. Sex.ök. 2, S. 54–61

Zentralblatt für Psychotherapie (1940): Aktuelles. Dr. Leonhard Seif, geboren 15.1.1866. Zentralbl. Psychother. 12, S. 321–322

Anmerkung XII

Die Angst vor dem Zivilisationsbruch in uns – Gibt es eine Psychoanalyse ohne Vergangenheit?

Sammy Speier

Obwohl sich seit der Entdeckung des Unbewußten in unserer Zeit Entscheidendes geändert hat, versucht die internationale Psychoanalyse verzweifelt, die klassische Analyse als Therapiemethode, aber auch als Methode zur Interpretation gesellschaftlicher Prozesse allein anzuwenden. Freud selbst – würde er heute noch leben – wäre mit aller Wahrscheinlichkeit sicherlich nicht so ein verzweifelter Freud-Dogmatiker wie die meisten der heute lebenden und praktizierenden Analytiker. Das Festhalten an Dogmen kommt meines Erachtens aus der Angst, tiefe Brüche in uns selbst zu entdecken, Zweifel zu entdecken an dem, was wir als Psychoanalytiker tun und wie wir es tun, obwohl doch genau die Zweifel und Selbstzweifel immanenter Bestandteil der psychoanalytischen Methode sind. Statt dessen wird Freud wie eine Bibel gepredigt – wie ich meine, im Versuch, einer zerstörten Welt in uns und um uns herum auszuweichen, einer zerstörerisch-selbstzerstörerischen Welt, die zwar uns alle beunruhigt, wir aber mit dieser Beunruhigung doch sehr verschieden umgehen.

Die internationale Psychoanalyse schlägt gerne eine Brücke rückwärts über die Jahre 1933–1945 hinweg und versucht aus Angst vor dem, was in diesen Jahren geschah und die Entwicklung der internationalen Psychoanalyse nachhaltig bestimmte, an eine scheinbar – oder nicht scheinbar – noch heile Welt vor dieser Zeit anzuknüpfen. Seit dem Holocaust aber ist die Welt nicht mehr heil, und auch noch so viele Beschwörungsformeln und -versuche können sie nicht wieder heil werden lassen.

Zum erstenmal in der Geschichte der Menschheit hat eine Bevölkerungsgruppe beschlossen, eine andere Bevölkerungsgruppe vom Erdball verschwinden zu lassen. Sie begann dieses Vorhaben systematisch vor den Augen des Rests der Welt zu verwirklichen. Allein 1,5 Millionen Kinder sind durch die Deutschen in dieser Zeit umgebracht worden. Die katholische Kirche, d. h. insbesondere Rom, aber auch die protestantische Kirche, die vorgab und bis heute vorgibt, für die Menschlichkeit, für das „Liebe deinen Nächsten wie dich selbst" einzutreten, haben entweder stumm zugeschaut oder aktiv mitgemacht und auch noch nach Kriegsende Nazis versteckt und ihnen zur Flucht verholfen. Angesichts der Ermordung der vielen Kinder frage ich, wo in dieser Zeit Gott war, falls es einen gibt.

Zweifel habe ich auch an der wohl als Beschwörungsformel weiter hochgehaltenen Fahne der Kultur- und Sublimierungstheorie, den Garanten für das Sekundärprozeßhafte. Die Deutschen waren doch vor dieser Zeit – und fassadenhaft auch danach – ein Kulturvolk mit Bach, Beethoven, Goethe, Schiller usw ... Ebenso die Italiener – mit ihrem Mussolini – und die Schweizer, die „nur" keine Juden in ihr Land ließen und „nur" das „J" in den Pässen der Juden „erfanden", und die Spanier mit ihrem Franco. Die Welt ist doch heil geblieben. Heil für Majoritäten? Ich glaube das nicht mehr. Vielmehr habe ich den Eindruck, daß hier kräftig verleugnet wird, daß man sich in einem Majoritätsgefühl – das einen an eine Unsterblichkeitsphantasie glauben macht – vor lauter Angst wiegt, genau hinzuschauen, was damals geschah und was seitdem die Menschheit beunruhigt und – damit einhergehend – wie die Psychoanalyse hätte sich entwickeln müssen.

Viele Deutsche meiner Generation nehmen – irrationalerweise – erleichtert zur Kenntnis, daß die Welt bei dieser systematischen Judenvernichtung zugeschaut hat. Es kann aber nur beunruhigen, daß kein Volk – Bulgarien und Dänemark sind die einzige Ausnahme (für mich ein Grund zur Hoffnung) – eingegriffen hat, Widerstand gegen diesen Vernichtungsfeldzug geleistet hat. So haben die Alliierten von 1942 bis zum Kriegsende nicht erlaubt, die Schienen der Bahn nach Auschwitz zu bombardieren. Das muß auch heute noch beunruhigen, denn die USA, einer dieser Alliierten, hat unverändert wesentlichen Einfluß auf die Weltpolitik und damit auch auf unser Schicksal. Ich will damit sagen, daß durch den Holocaust nicht nur das Vertrauen der Juden erschüttert wurde; erschüttert wurde vielmehr das Urvertrauen aller in die Welt. Dazu sagt Amery (1966, S. 107): „Ganz Deutschland, was sage ich – die ganze Welt nickte zu dem Unternehmen mit dem Kopfe, wenn auch da und dort mit einem gewissen oberflächlichen Bedauern." Und weiter (Amery, 1966, S. 116): „Ohne Weltvertrauen stehe ich als Jude fremd und allein gegen meine Umgebung, und was ich tun kann, ist nur die Einrichtung in der Fremdheit."

Inwiefern hat das etwas mit uns als Psychoanalytiker zu tun? Freud war Jude, hat aus einem Vergänglichkeitsgefühl und aus einer Ausgrenzungssituation heraus gelebt und gearbeitet.[1] Einfühlung, Loyalität und Solidarität mit Außenseitern der Gesellschaft (z. B. Patienten), mit Minoritäten und Unterdrückten ergaben sich meines Erachtens daraus von selbst. Die Psychoanalyse, vor allem die internationale, ist schicksalhaft mit der Verfolgungs- und Vernichtungsgeschichte des jüdischen Volkes verwoben. Es ist mir nicht bekannt, daß das je diskutiert worden ist. Entscheidend ist, daß die Psychoanalyse aus einer Verfolgungssituation heraus entstanden ist und daß die systematische Verfolgung der Juden später viele Psychoanalytiker, um zu überleben, gezwungen hat, aus dem Kulturraum auszuwandern, in dem die Psychoanalyse entstanden ist. Andere wurden umgebracht, und die, welche zurückgeblieben sind, die Nichtjuden, die „Arier“ – angeblich, um die Psychoanalyse zu retten, ihr Überleben zu sichern –, haben die Psychoanalyse, zumindest ihre kritische Fassung, damals zu Grabe getragen. Und auch daran wird bis heute nicht gerührt: Hier gibt es einen riesigen Riß in der Geschichte der Psychoanalyse, einen Bruch, der dem gesamten Zivilisationsbruch durch diese Zeit und nach dieser Zeit entspricht. Man baut aber – wie oben gesagt – eine Brücke rückwärts über diesen Riß. Gleichwohl spürt man immer wieder, daß viele Aussagen Freuds heute nicht mehr greifen, und hofft wohl, daß sich die Lücke, ohne genau hinzusehen, durch bloße ritualisierte Vorkehrungen wieder schließt. Ich denke, auch die Vernetzungstagungen von dem Bernfeld-Kreis ähnlichen Gruppierungen sind Ergebnis, und Folge dieser Vernichtungszeit, geboren aus der Hoffnung, wieder an das Gute anzuknüpfen, der Phantasie, das Gute in einem guten und gesunden Wir-Gefühl wieder zu entdecken.

Für einen Juden ist dieses internationale Wir-Solidaritätsgefühl nach dieser Massenmordgeschichte in der NS-Zeit freilich Hohn und Spott. Als Sehnsucht mag dieses Wir-Gefühl sicherlich vorhanden sein, aber schaut man genau hin, wie die Welt mit dieser Geschichte umgegangen ist und umgeht, dann ist es schon Hohn und Spott, von einem Wir-Gefühl nur zu träumen. Mir persönlich ist dieses Wir-Gefühl durch die Massenbewegung der NS-Zeit gleichzeitig ein unheimliches, beängstigendes, beunruhigendes Gefühl geworden. Es ist immer mit der Drohung verbunden, das Individuelle, das Querdenkende, das Eigene der Bewegung zuliebe aufzugeben. Genau dieses Querdenken gehörte früher zur Psychoanalyse, und genau das ist es, was mit der Gleichschaltung in Deutschland zu Grabe getragen worden ist. Der

Wunsch nach einem Wir-Gefühl ist bei der Deutschen Psychoanalytischen Vereinigung, aber auch bei der internationalen Psychoanalytischen Vereinigung zu beobachten. Ich denke aber, es bedarf auch eines genaueren Hinsehens in den anderen Ländern, die Führerfiguren wie Mussolini oder Franco in dieser Zeit und nach dieser Zeit hatten. Genauer: Angesichts einer Welt, die in uns selbst immer wieder als leer erscheint, bedarf es der Beschäftigung mit der Frage, wieweit diese Führerfiguren als Ideale verinnerlicht worden sind bzw. weiterhin gesucht werden. Die Verwechslung von Vorbild und Führer dürfte wohl als Repräsentanz in uns vorhanden sein und müßte – auch in uns selbst – erforscht werden. Auf der anderen Seite der Skala gibt es ein Einsamkeits- und – damit einhergehend – ein depressives Gefühl, das nach einem Wir-Gefühl sich sehnen läßt.

Das Problem unserer Generation – am deutlichsten in der BRD zu beobachten – ist, keine Vorbilder zu haben. Wir sind eine Generation, die international mit bewußter oder unbewußter Vernichtungsangst aufgewachsen ist, die aber oft heute noch zu irgendeiner Art von Majorität gehört, sei es eine christliche, sei es eine nationale Majorität etwa gegenüber Gastarbeitern, Sinti und Roma, Juden usw. – und die dadurch der Phantasie erlegen ist, der Phantasie eines Wir-Gefühls, eines Majoritätsgefühls, das zum Überleben ausreichen soll. Meines Erachtens ist dies eine Fluchtphantasie, eine Flucht vor dem, was in Auschwitz menschenmöglich geworden ist. Es gibt nun mal nicht eine Atombombe, die Majoritäten von Minoritäten unterscheidet.

Mir scheint denn auch, daß insbesondere in der Bundesrepublik Deutschland – und dort auch in der Friedensbewegung und bei „Analytiker gegen Atom" – der Kampf gegen die Zerstörung und Selbstzerstörung in dieser Welt nicht durch ein Vergänglichkeitsgefühl, durch das Nichtwissen, was der Morgen bringt, angetrieben wird, sondern daß dieser Kampf aus einer unbewußten oder bewußten drohenden Begrenzung von Allmachts- und Grenzenlosigkeitsphantasien und dem damit einhergehenden bedrohten Unvergänglichkeitsgefühl resultiert. Ob auch die Psychoanalyse eine Psychoanalyse für Überlegene, für Majoritäten, gar eine christliche, antijudaistische Psychoanalyse geworden ist?

Das für uns alle Beunruhigende ist die Tatsache, daß die systematische Judenvernichtung ohne äußere oder innere Strafe für den Mörder blieb. Es laufen noch Zigtausende reale Mörder in der Bundesrepublik frei herum, die nie vor Gericht gestellt worden sind. Im Gegenteil, aus der Massenmordgeschichte entstand noch ein Profit: Ein Arbeitslosenvolk mit einer immens hohen Inflationsrate ist heute mit der und durch die Mordgeschichte eines der reichsten Völker der Welt geworden – ob sich Morden lohnt? Ob diese Tatsache nicht bewußt oder unbewußt für die Menschen anderer Länder eine Faszination darstellt, ein unbewußtes Motiv zur Massenvernichtung? Ich vermute und fürchte, ja. Der Umgang mit diesem Tatbestand ist innerpsychisch und – damit einhergehend – in realer Auseinandersetzung äußerst schwierig. So habe ich z. B. in meiner Analyse gelernt, nicht zu spalten, habe begreifen wollen und müssen, daß nicht alle Juden, auch ich nicht, gut und alle Deutschen schlecht, böse sind. Die Gefahr dabei war und ist – wie überhaupt für die psychoanalytische Methode, so wie sie im Augenblick häufig praktiziert wird –, daß vor lauter Introspektion das Böse draußen, das real existiert, übersehen wird. Was vor allem für uns Analytiker beunruhigend sein müßte, ist, daß das innere Gericht, das Über-Ich, kurios und beängstigend – gelinde gesagt – mit dieser Geschichte verwoben ist: Die Mörder schlafen gut, die überlebenden Opfer und ihre Kinder schlafen schlecht. Aber auch hier – wohl um eigene Schuld, aber auch Angst abzuwehren – werden ständig die Überlebenden der Konzentrationslager und deren Kinder und Kindeskinder psychoanalytisch untersucht, zu Patienten gemacht, als psychisch Kranke schlechthin betrachtet, statt sich mit der Krankheit derer zu beschäftigen, die diese Konzentrationslagerwelt in ihren Köpfen erfunden, sie gebaut, „betrieben" oder „nur" geduldet haben. Dazu nochmals Amery (1966, S. 117): „Noch einmal muß ich mir die Frage stellen, die ich flüchtig schon aufwarf in meiner Analyse des Ressentiments: Bin ich vielleicht psychisch krank und laboriere ich nicht an einem unheilbaren Leiden, nur an Hysterie? Die Frage ist bloß rhetorisch. Die Antwort habe ich mir längst und in voller Bündigkeit erteilt. Ich weiß, was mich bedrängt, es ist keine Neurose, sondern die genau reflektierte Realität. Es waren keine hysterischen Halluzinationen, als ich das ‚Verrecke!' hörte und im Vorbeigehen vernahm, wie die Leute meinten, es müsse doch wohl eine verdächtige Bewandtnis haben mit den Juden, denn andernfalls würde man kaum so streng mit ihnen verfahren. ‚Man verhaftete sie, so müssen sie eben etwas angestellt haben', sagte eine ordentliche sozialdemokratische Arbeiterfrau in Wien. ‚Wie grausam, was man da anstellt mit den Juden, mais enfin …', spekulierte ein human und patriotisch gesinnter Mann in Brüssel. Ich muß wohl zu dem Ergebnis kommen, daß nicht ich gestört bin oder gestört war, sondern daß die Neurose auf seiten des geschichtlichen Geschehens liegt. Die anderen sind die Irren, und ratlos stehe ich zwischen ihnen herum, ein Vollsinniger, der sich einer Führung durch eine psychiatrische Klinik anschloß und plötzlich Ärzte und Wärter aus den Augen verlor. Doch hatte das Urteil der Irren über mich, da es doch jeden Augenblick exekutiert werden kann, volle Verbindlichkeit, und meine eigene Geistesklarheit ist ganz irrelevant."

Wie bereits erwähnt, hat vor allem die katholische Kirche dieser Zeit versagt, und die Sublimierungskulturtheorie kann auch nicht mehr als Garant für Zukunft, für das Menschliche im Menschen in Anspruch genommen werden. Seit der Shoa-Holocaust-Realität bestehen – nie so richtig ausdiskutierte – erhebliche Zweifel, ob diese Theorien Freuds überhaupt greifen. Vor allem in Auschwitz wurden Säuglinge, Kinder, Frauen, Menschen ohne irgendeine „Wenn-Dann-Logik" umgebracht, zu Lampenschirmen, Seife usw. verarbeitet. Es wurde hier eine Realität geschaffen, die nicht vorstellbar und auch nicht verbalisierbar ist, eine Realität jenseits der menschlichen Phantasie. Mit und durch Auschwitz kippte etwas Entscheidendes um, nämlich das Realitätsprinzip. Soll sie noch die Wahrheit finden, dann folgt daraus, daß eine den Bruch, die Verunsicherung nicht verleugnende Psychoanalyse sich nicht nur auf das Unbewußte kaprizieren kann, sondern sich auch mit der Realität draußen beschäftigen muß, die häufig zerstörerischer ist als unsere extremsten Phantasien. Es sollte demzufolge auch in Analysen wiederholt versucht werden, sich der Realität anzunähern und nicht die Couch, die Zentrierung auf das Unbewußte, zu benutzen, um sich der durch Auschwitz geschaffenen neuen unerträglichen Realität mit Hilfe der klassischen Analyse zu entziehen.[2]

„Es gehört zum Mechanismus der Herrschaft, die Erkenntnis des Leidens, das sie produziert, zu verbieten, und ein gerader Weg führt vom Evangelium der Lebensfreude zur Errichtung von Menschenschlachthäusern so weit hinten in Polen, daß jeder der eigenen Volksgenossen sich einreden kann, er höre die Schmerzensschreie nicht. Das ist das Schema der ungestörten Genußfähigkeit. Triumphierend darf die Psychoanalyse dem, der es beim Namen nennt, bestätigen, er habe halt einen Ödipuskomplex" (Adorno, 1944, S. 75). Das vor über 40 Jahren Niedergeschriebene gilt noch heute. Um sich gegen die Realität von Auschwitz zu schützen beschäftigt sich die bundesrepublikanische wie auch die internationale Psychoanalyse lieber mit ödipalen Phantasien, mit Mordphantasien als mit der Realität, z. B. mit der Ermordung jüdischer Analytiker, bloß weil sie Juden waren. Man will sich auch nicht mit der Beerdigungsveranstaltung der kritischen Psychoanalyse, mit der Gleichschaltung beschäftigen. Man geht genußfähig seinem

Alltag weiter nach, als ob nichts geschehen wäre. Hier handelt es sich um ein reales Mordgeschehen bzw. – falls sie gerettet wurden – um Analytiker, die dafür dankbar waren und sich zwangsläufig nicht mehr quer zur Gesellschaft stellen konnten, die sie gerettet hat (Jacoby 1983). Ich fürchte, daß damit die Psychoanalyse als eine kritische Methode zu Grabe getragen worden ist. Auch hier – und nicht allein an Freud vor dieser Zeit – müssen wir, wollen wir eine Zukunft aufbauen, anknüpfen.

Angesichts der gegenwärtigen Realität ist die Frage, ob es eine Psychoanalyse ohne Vergangenheit gibt, nur eine rhetorische Floskel. Es gibt sie. In der Bundesrepublik steckt sie gänzlich hinter der Fassade der dogmatischen Abstinenzregel. Was diese Ärzte, Analytiker, Menschen in der Nazi-Zeit real getan haben bzw. nicht getan haben, ist nie so recht hinterfragt worden. Im Gegenteil, die Methode, die vorgibt, sich mit der Vergangenheit, mit Lebensläufen zu beschäftigen, ist zugleich diejenige, die nicht wagt, ihre eigene Vergangenheit, ihre eigene reale – nicht die phantasierte – Vergangenheit anzuschauen. So gibt es schon Bücher über Richter, Ärzte usw. in der Nazi-Zeit, keines aber über persönliche Lebensläufe von deutschen Psychoanalytikern in dieser Zeit. Selbst im Bernfeld-Kreis stößt dieses Vorhaben auf systematischen Widerstand, sicher aus der Angst, die Fassade, in der wir leben, in der wir leben gelernt haben und leben können, könnte zusammenbrechen und man würde dann ohne Vorbilder leer dastehen. Ich glaube, daß man sich als Analytiker in der BRD klammheimlich aus der Täter-Zuschauer-Raushalter-Rolle bzw. dem realen Handeln herausgemogelt hat in eine Opfer-Außenseiter-Verfolgten-Scheinidentität hinein, ohne daß sich dabei freilich der wahre Charakter dieser Analytiker geändert hätte. So stellt sich die Frage, ob ehemalige SA- und SS-Leute „einfach so“ Psychoanalytiker werden konnten?!

Nach all dem, was geschehen ist, was Realität wurde, ist die Verleugnung ein notwendiger Abwehrmechanismus für den Alltag geworden. Das Fernsehen leistet dieser Verleugnung Vorschub. Täglich mit Sex, Gewalt und Tod frei Haus berieselt, werden Gewalt und Tod zu einer bloßen „Glotzenrealität“. Diese „Glotzenrealität“ generalisiert sich, so daß ich auch dann, wenn ich die „Dokumentarfilme“ mit den Leichenbergen von Auschwitz sehe, das Gefühl habe, das ist nicht die Wirklichkeit, das ist nur Zelluloid. Es ist nicht möglich, sich ständig mit dem, was in Auschwitz passierte, zu beschäftigen. Menschen, die das tun, laufen Gefahr, psychotisch zu werden, in die Psychiatrie eingewiesen zu werden, ein Verhalten, das die Umkehr des Realitätsprinzips zeigt. Also muß man, um sich zu vergnügen, zu befriedigen, zu lesen usw., in der Lage sein, vor dem, was Auschwitz materialisiert und symbolisiert, die Augen zu schließen. Gleichwohl aber müssen wir in unserer Gratwanderungswelt *(borderline world)*, in der wir alle leben, den Blick dem Menschenmöglichen öffnen, um zu verhindern, daß diese Welt vollends untergeht. Für einen allein ist das unmöglich. Um überleben zu können, brauchen wir dafür horizontale, vielfältige Identifikationsmöglichkeiten, um dadurch die gebrochene und zerstörte vertikale Identifikationslinie – die zu den Eltern – zu ersetzen. Die horizontale Identifikationslinie kann und soll freilich nicht um den Preis einer Selbstaufgabe entstehen. Das Querdenken, das Riskieren, das Querstehen auch unter uns ist notwendiger Bestandteil kritischer Psychoanalyse, wenn nicht von Psychoanalyse überhaupt. Ich fürchte aber, daß die Psychoanalyse in ihrer Phantasie, aber auch in ihrer momentanen Durchführbarkeit, eine Psychoanalyse von Majoritäten, von Menschen mit einer Unvergänglichkeitsphantasie geworden ist, einer Majorität, die in der BRD mitgemordet, vernichtet und damit auch sich selbst vernichtet hat und jetzt verzweifelt versucht, die klassische Analyse wiederzubeleben, die es nicht mehr gibt. Auch das Schtetl gibt es nicht mehr. Man liest in der BRD gerne Bücher über die Zeit, in der es das Schtetl noch gab, um die zerstörte Welt, die durch die Deutschen entstanden ist, in uns und um uns herum zu verleugnen. So hält man auch verzweifelt an den Anfängen Freudschen Denkens fest, um dieser Zerstörung in uns, dem Bruch in uns, der Unzulänglichkeit der klassischen psychoanalytischen Methode, auszuweichen. In meinen Ohren klingt das wie eine Gebetsmühle.

Durch den Holocaust sind alle menschliche Werte, ist das Prinzip Hoffnung nicht nur in Frage gestellt, sondern zerstört worden. Wenn wir gemeinsam nach einem Raster suchen, an dem wir uns festhalten und orientieren können, dann kommen wir an dieser Tatsache nicht vorbei. Persien hat zur Jagd auf Rushdie aufgerufen, und die Welt ist entsetzt. Hitler und die Deutschen haben zur Jagd auf alle Juden dieser Erdkugel aufgerufen, und sechs Millionen Juden sind vor den Augen einer im wesentlichen davon unberührten Welt umgebracht worden. Die Wahrheit dieser Realität ist alleine nicht auszuhalten. Sieht man sie sich an, dann wird man freilich entweder alleingelassen, zum Kranken definiert oder gar als Aufklärer ausgeschlossen und verfolgt.

Ich glaube, daß wir auch auf unserer Vernetzungstagung keinen wirklich gemeinsamen Ort finden konnten, wir, die wir etablierte, Upper-class-Linke sind und zu einer Majorität gehören. Zwar ist unsere

Zugehörigkeit zu dieser Majorität eine gebrochene. Aus Angst vor dem beschriebenen Vergänglichkeitsgefühl werden wir aber im verzweifelten Kampf gegen diesen Bruch der Borniertheit unserer Scheinidentität erliegen.

Anmerkungen

1) Was ein Jude, das Judentum, der Judaismus sei, hat Freud (1926, S. 52) für sich einmal so zu beantworten versucht: „Ein nationales Hochgefühl habe ich, wenn ich dazu neigte, mich zu unterdrücken bemüht, als unheilvoll und ungerecht, erschreckt durch die warnenden Beispiele der Völker, unter denen wir Juden leben. ... Und dazu kam bald die Einsicht, daß ich nur meiner jüdischen Natur die Eigenschaften verdanke, die mir auf meinem schwierigen Lebensweg unerläßlich geworden waren: Weil ich Jude war, fand ich mich frei von vielen Vorurteilen, die andere im Gebrauch ihres Intellektes beschränkten; als Jude war ich darauf vorbereitet, in die Opposition zu gehen und auf das Einvernehmen mit der ‚kompakten Majorität' zu verzichten."

2) So berichtet Janet Malcolm (1983, S. 51) von einem Treffen mit etwa 30 Analytikern vom Western New England Institute, auf dem sie u. a. sagte: „‚Also hören Sie mal, meine Damen und Herren, glauben Sie wirklich, daß zwischen der Phantasie und einer Realität kein Unterschied besteht?' Ihre Antwort: ‚Nun ja, wissen Sie, Freud hat das sehr klar gesagt. Es läßt sich keine wesentliche Unterscheidung machen. Letzten Endes kommt es nicht darauf an, ob etwas Phantasie oder Realität ist.' Daraufhin frage ich: ‚Wie steht es z. B. mit Auschwitz? Sie wollen mir doch sicher nicht erzählen, daß es auf die Realität von Auschwitz nicht ankommt daß es lediglich darauf ankommt, wie die Leute es erleben? Sie wollen mir doch nicht erzählen, daß es verschiedene Weisen gibt, Auschwitz zu erleben, oder?' Und sie sagten: ‚Doch, genau das wollen wir.' Dann sagte Sam Ritvo, ein wirklich anständiger, freundlicher mitfühlender Mann: ‚Lassen Sie mich eine Geschichte erzählen. Ich hatte einen Patienten, der mit 15 Jahren aus Auschwitz herauskam; während seiner Analyse sagte er zu mir: ‚Auschwitz hat einen Mann aus mir gemacht.' Es herrschte Schweigen, und ich glaubte, alle seien vollkommen entsetzt. Ich glaubte, sie würden hierin einen eindeutigen Fall von Verdrängung erkennen, nämlich, daß der Patient so redete, weil er dem, was ihm passiert war, nicht ins Auge sehen konnte. Aber diese Reaktion blieb aus. Alle Anwesenden waren sich einig, daß Auschwitz einen Mann aus diesem Patienten gemacht hatte. Ich fühlte mich zum Heulen, ich fühlte, daß dies nicht der richtige Umgang für mich war. Und die meisten dieser Leute waren Juden."

Literatur

Adorno, Th. W. (1944): Aufforderung zum Tanz, in: Minima moralia, S. 73–75, Frankfurt 1985
Amery, J. (1966): Jenseits von Schuld und Sühne. Frankfurt 1988
Freud, S. (1926): Ansprache an die Mitglieder des Vereins B'nai B'rith. GW XVII, S. 49–53
Jacoby, R. (1985): Die Verdrängung der Psychoanalyse oder der Triumph des Konformismus, Frankfurt
Malcolm, J. (1983): Vater, lieber Vater, Frankfurt

Zum Verhältnis von Individuum und Gesellschaft – oder: Dialektik und Sozialisation.

Siegfried Zepf und Sebastian Hartmann

> Bisher haben wir hauptsächlich nur die eine Seite der menschlichen Tätigkeit, die *Bearbeitung der Natur* durch den Menschen betrachtet. Die andere Seite, die *Bearbeitung der Menschen* durch *die Menschen* ...
>
> *Marx u. Engels, MEW 3, S. 36*

Mit seiner Arbeit „Psychoanalyse und Sozialisationstheorie" unternimmt Gerhardt (1977) den Versuch, die Theorie der Interaktionsformen Lorenzers einer systematischen Kritik zu unterziehen. Seine Auseinandersetzung wird insbesondere unter der Frage geführt, wie Lorenzer mit der „inneren Natur" des Menschen umgeht. Sie führt Gerhardt zu dem Schluß, daß in der Theorie der Interaktionsformen die Dialektik von Individuum und Gesellschaft nicht angemessen zur Geltung gebracht wird. Seine Kritik ist ihm deshalb zugleich Ansporn für die Entwicklung eines eigenen Sozialisationskonzeptes, welches beansprucht, diese Dialektik voll einzulösen.

Zumindest ihrem Anspruch nach muß die Grundposition Gerhardts als historisch-materialistische gelesen werden. Da auch die Sozialisationstheorie Lorenzers explizit diese Position für sich beansprucht, wird zwangsläufig zur Frage, welcher Konzeption dieses auszeichnende Etikett wirklich zukommt. Beide diagnostizieren implizit oder explizit im umfassenden Rahmen des wissenschaftlichen Sozialismus das auch im vorangestellten Zitat Offengelassene als einen objektiven Mangel: Es fehlt eine materialistische Theorie des Subjekts, welche die Herstellung und Bearbeitung der Menschen durch die Menschen aufklärt. Beide suchen diese Lücke im Namen des wissenschaftlichen Sozialismus zu schließen, wobei allerdings die Resultate sehr verschieden ausfallen. Da davon auszugehen ist, daß es sich bei der Kontroverse nicht lediglich um einen Niederschlag bloß persönlicher Auffassungsunterschiede handelt, sondern daß darin vielmehr die objektiven Widersprüchlichkeiten des wissenschaftlichen Sozialismus in der BRD zum Ausdruck kommen, ist eine Antwort auf diese Frage in der Tat von einiger Relevanz. Die Kontroverse fordert dazu auf, im Interesse der gemeinsamen Sache die darin aufscheinenden Probleme zu klären, gleichgültig, bei wem die Probleme auch immer liegen mögen.

Unser Untersuchungsverfahren nimmt dabei folgende Überlegung zum Ausgangspunkt: Wenn, wie Lenin (LW 38, S. 340; s. a. LW 38, S. 316) schreibt, „die Dialektik der bürgerlichen Gesellschaft bei Marx ... nur ein spezieller Fall der Dialektik“ ist, dann ist auch die Dialektik von Individuum und Gesellschaft als ein spezieller Fall der Dialektik anzusehen. Zur Leitfrage wird dann, wie in den Konzeptionen Gerhardts und Lorenzers wirklich mit der materialistischen Dialektik umgegangen wird. Hält man nämlich mit Marx und Engels (MEW 20, S. 132) dafür, daß die Dialektik die „Wissenschaft von den allgemeinen Bewegungs- und Entwicklungsgesetzen der Natur, der Menschengesellschaft und des Denkens ist, dann müssen auch die Kategorien der dialektischen Logik in jeweils besonderer Form in einer kritischen Auseinandersetzung, die in ihrem Selbstverständnis vom Terrain des historischen Materialismus aus operiert, als auch in einer Sozialisationstheorie enthalten sein, die sich ebenfalls auf diesem Terrain angesiedelt wissen möchte. Die allgemeinen Kategorien und die Grundgesetze der Dialektik (Negation der Negation, Umschlagen von Quantität in Qualität, Einheit und Kampf der Gegensätze) sind ja keinesfalls in sich selbst gründende, letzte Prinzipien des Weltgeschehens. Sie sind vielmehr, wie Holzkamp (1974) richtig bemerkt, „*durch Abstraktion gewonnene* allgemeinste Kennzeichnungen der vorantreibenden Kräfte historischer Prozesse, denen eben *als Abstraktionen* keine selbständige Wirklichkeit zukommen kann, sondern die ... *als generelle Charakteristika immer wieder anderer historisch bestimmter, konkreter Bewegungsmomente* der historischen Progression erscheinen.“ Die Dialektik ist dem Gegenstand nicht äußerlich, sondern innerlich. Deshalb können auch die Kategorien der dialektischen Logik als „Leitfaden beim historischen Studium“ (Engels, MEW 37, S. 411) der Wirklichkeit dienen. Sie sagen uns, wonach zu suchen ist, aber nicht, was wir finden werden (vgl. Seve, 1972, S. 272–280).

Wenn Marx (MEW 23, S. 623) vom Widerspruch als der „Springquelle aller Dialektik“ spricht und Lenin (LW 38, S. 214) „Die Dialektik ... kurz als die Lehre von der Einheit der Gegensätze bestimmt“, dann wird insbesondere die Kategorie des dialektischen Widerspruchs als zentraler Prüfstein zu gelten haben, an dem wir zunächst Gerhardts eigene Vorstellungen von Sozialisation – hier gewinnt sein Verständnis der materialistischen Dialektik am deutlichsten Kontur – abarbeiten wollen.

Eine knappe Darstellung des Gerhardtschen Sozialisationskonzeptes ist demnach vorauszuschicken. Um die Frage beantworten zu können, ob und wenn ja, inwieweit die Gerhardtschen Einwände berechtigt sind, wird danach zu prüfen sein, ob und wie sich die Kategorien der dialektischen Logik in der Theorie der Interaktionsformen durchsetzen.

Bevor wir in die Untersuchung eintreten, eine Vorbemerkung: Gewiß gibt es hinsichtlich der materialistischen Dialektik einen generellen Diskussionsstand. Ihn zu übernehmen und etwa in einem abstrakten Referat voranzustellen, ist freilich nicht unproblematisch. Kontroverse Positionen sind unverkennbar, und ihre kritische Reflexion überstiege zweifelsohne das Ziel unserer Arbeit, die ja nicht als ein philosophischer Beitrag zur materialistischen Dialektik verstanden werden will, sondern die beabsichtigt, in die Auseinandersetzung um eine materialistische Theorie des Subjekts einzugreifen. Wir werden allerdings unser Verständnis der materialistischen Dialektik nicht abstrakt voraussetzen, sondern wenigstens so weit aus einem ihrer unstrittigen Anwendungsgebiete profilieren, daß die philosophischen Inhalte der verwendeten Kategorien als Abstraktionsprodukte materialistisch legitimiert und für den Leser nachvollziehbar sind. Die politische Ökonomie wird also zur Grundlage genommen. Daß daneben auch die Äußerungen von Marx und Engels zur Dialektik zu Rate gezogen werden, ist selbstverständlich.

I. Zur dialektischen Logik im Sozialisationskonzept Gerhardts

Gerhardt (1977, S. 84) eröffnet seine Vorstellungen von Sozialisation mit einem Anspruch: „Das Vermittlungsverhältnis von Natürlichkeit und Gesellschaftlichkeit der menschlichen Verhaltensinhalte, das Lorenzer wiederholt als ein dialektisches Verhältnis problematisiert, wird in dieser Weise vitalistisch unterlaufen; vielleicht stellt sich eine Beschreibung dieses dialektischen Verhältnisses in Begriffen, die der kybernetischen Analyse von Systembeziehungen entlehnt ist, als angemessener heraus ..." Diesen Anspruch einzulösen versucht sein Sozialisationskonzept.

I/1. Die Natürlichkeit menschlicher Verhaltensinhalte wird auf eine noch unbearbeitete innere Natur des Kleinkindes zurückgeführt, deren Dynamik von der Zielgerichtetheit biologisch-organismischer Abläufe und Aktivitäten, welche einen Zustand der Homöostase herbeiführen und aufrechterhalten sollen, bestimmt ist. Von dieser Zielgerichtetheit biologischer Systeme wird die zielintentionale Struktur menschlicher Handlungssysteme, das strukturelle Pendant der Gesellschaftlichkeit im menschlichen Verhalten, qualitativ unterschieden. Während zielgerichtetes Verhalten Selbstzweck ist, setzen zielintentionale Handlungen voraus, „daß der Handelnde eine Vorstellung davon hat, durch welches Tun eine bestimmte Wirkung oder Folge herbeigeführt werden kann, und daß der Handelnde diese bestimmte Wirkung oder Folge tatsächlich auch herbeizuführen intendiert" (Gerhardt, 1977, S. 82). Handeln wird verstanden als zweckmäßige Tätigkeit, die charakteristisch ist für instrumentelles und symbolisches Handeln. Instrumentelles Handeln setzt dabei ein Wissen über die Gesetzmäßigkeiten von Naturabläufen voraus, in die eingegriffen werden soll, während symbolisches Handeln als Prämisse Vorstellungen über die Intentionen und Motivationen der anderen Person erfordert, in deren Handlungsdimension sich die gewünschte Handlungsfolge einstellen soll. Erworben wird dieses zielintentionale Handeln in zweierlei Verfahren:

a) Im Umgang mit den in den Gegenständen materialisierten Gebrauchswerten als dem Resultat gesellschaftlicher Arbeitsprozesse: „Indem das Kind lernt, mit diesen Gegenständen zu hantieren oder umzugehen, assimiliert es Verhaltenspläne und eignet sich auf der Grundlage dieser Strukturen Bedeutungen zunächst durchwegs im konkreten Bereich der Körperbewegungen an. ... im Symbol, das als Bedeutung des Gegenstandes die entsprechenden motorischen Handlungen für das Kind repräsentiert, wird lediglich eine weitere Abstraktion von der konkretistischen Gestalt eines bestimmten Gegenstandes vorgenommen, die auf der Linie der Abstraktionen liegt, die das Kind bei seiner Assimilation von motorischen Plänen bereits im Zuge der Übung seiner Geschicklichkeit durchführt" (Gerhardt, 1977, S. 71).

b) Via einer Internalisierung mütterlicher Handlungsstrukturen. Dadurch werden dem Kind neben kognitiven auch voluntative, motivationale Zusammenhänge mit den entsprechenden Handlungen verfügbar. „In der Regel erwirbt das Kind die Motivation zu einer Handlung, wenn es sich die Mittel zur Durchführung der Handlung in praktischen Tätigkeiten angeeignet hat“ (Gerhardt, 1977, S. 74).

Das Verhältnis zwischen zielgerichtetem Verhalten und zielintentionalem Handeln wird als das zweier getrennter Systeme angesehen, die über ein Feedback miteinander gekoppelt sind. Hergestellt wird dieses Verhältnis in der Primärsozialisation. Die kindlichen Körperzustände und Reaktionen stehen zunächst als primäres System in Wechselwirkung mit der Mutter, die bereits über einen sekundären Apparat von Handlungsmustern verfügt. Um Zwecke intendieren und ihr Verhalten als bedeutungsvoll erleben zu können, ist sie deshalb gehalten, den kindlichen Signalen eine fiktive Intention zu unterstellen. Das äußere Zusammenspiel von primärem, kindlichem und sekundärem, mütterlichem System wird im Zuge der Entwicklung eines eigenen kindlichen Ich-Systems über die Internalisierung mütterlicher Handlungsstrukturen zu einer inneren Wechselwirkung zwischen biologisch determinierten Anteilen und solchen, die historisch-gesellschaftlich erzeugt sind. „Die gekennzeichnete Wechselwirkung zwischen dem primären System ... und dem sekundären System ... geht in die Organisation der kindlichen Persönlichkeit ein, ohne daß das Verhältnis dieser beiden Systeme den Charakter einer Rückkopplung verliert oder transzendiert“ (Gerhardt, 1977, S. 87).

Für Gerhardt ist dies der zentrale Punkt. Im Unterschied zu Lorenzer reichen die Triebimpulse des primären Systems inhaltlich nicht in die erworbenen Handlungs- und Erlebnisstrukturen hinein. „Es gibt keine Handlungsintentionen, die in diesem primären System genuin entstünden und im sekundären System der praktischen Ich-Tätigkeiten die intentionale Struktur der Handlungen begründeten ...“ (Gerhardt, 1977, S. 88). Der Einfluß der Triebimpulse auf das sekundäre System ist strikt funktionaler Art. Triebimpulse begrenzen zunächst im Zusammenspiel mit der Mutter die Auswahl der Handlungsmodalitäten und vermögen später nach Maßgabe der Bewältigung von Triebspannungen auf die vom Ich-System intendierten Handlungsformen befördernd, hemmend oder blockierend einzuwirken (Gerhardt, 1977, S. 88). Da das primäre System nicht nach unterscheidbaren voluntativen und kognitiven Strukturen gegliedert ist, kann das Ich-System nicht auf das Es-System einwirken. Es vermag allenfalls die Signale aus dem Es in der Weise als bedeutungsvoll für sich zu interpretieren, wie eine Mutter die Signale des Kleinkindes interpretiert, als ob sie Mitteilungen für sie wären (Gerhardt, 1977, S. 89).

Im Konfliktfall werden nicht Triebe abgewehrt; das Ich gibt vielmehr aktiv Teile derjenigen angeeigneten Handlungsstrukturen preis, an die die verpönten Triebimpulse des Es über ein Feedback gekoppelt sind. Erstere sinken dann zu „quasi-kausalen Auslösemechanismen" (Gerhardt, 1977, S. 90) im funktionalen System der Trieberfüllung herab. Die Konflikte selbst werden gesellschaftlich erzeugt, und zwar durch den Warencharakter der kapitalistischen Gesellschaft, in welcher die abstrakte, Tauschwert produzierende Arbeit die Strukturen der konkreten, an Gebrauchswertantizipationen ausgerichteten Arbeit beherrscht. Deshalb lassen sich „Die Handlungsintentionen, die auf ihre Orientierung an Gebrauschswertcharakteren nicht verzichten können, ... subjektiv wie objektiv nicht zu einem eigenständigen System von Erfahrung integrieren, weil sie überhaupt nur über eine Funktionalität im gesellschaftlichen System der Wertabstraktionen organisiert werden" (Gerhardt, 1977, S. 93). Der gesellschaftliche Widerspruch wird für das Individuum konkret im Verhältnis von primärer zu sekundärer Sozialisation: „Aufgrund der besonderen gesellschaftlichen Stellung der Familie eignet sich das Kind im Zuge der Primärsozialisation die ersten Handlungsstrukturen in der privaten Sphäre des ‚persönlichen Lebens' an; es richtet seine Handlungen, Intentionen und Symbole an den Gebrauchswertantizipationen und den konkreten Gegenstandsbedeutungen aus .... In die sich bildende kindliche Erfahrungsstruktur kann das Kind die von der gesellschaftlichen Realabstraktion determinierten Verhaltensmuster nicht konsistent integrieren .... Die infantilen Erfahrungen im familialen Bannkreis der konkreten Abhängigkeitsverhältnisse lassen sich in die entfremdeten Erfahrungen des Erwachsenen nicht einarbeiten und gewinnen eine suggestive Macht im insgesamt ambivalenten und der Synthese nicht fähigen Erfahrungshorizont der Individuen" (Gerhardt, 1977, S. 94 f.).

I/2. Betrachtet man nun das Gerhardtsche Sozialisationskonzept aus der Perspektive einer materialistischen Dialektik, so stellt es sich wie folgt dar. Wenn das Verhältnis von Natürlichkeit und Gesellschaftlichkeit im menschlichen Verhalten als ein dialektisches ausgemacht ist, dann muß es notwendig ein widersprüchliches Verhältnis sein. Das strukturelle Pendant dieses Widerspruchs ist dann im Individuum das Verhältnis zwischen „natürlichem" Es und den Handlungs- und Erlebnisstrukturen eines historisch-gesellschaftlich formierten Ich-Systems. Die Form, in der dieser Widerspruch für Gerhardt existiert, ist der

Feed-back zwischen dem Es und Ich bzw. deren entwicklungsgeschichtlichen Substraten, dem primären und sekundären System: „Der Zustand des primären Systems kann als notwendige Bedingung für eine Änderung im sekundären System erscheinen, deren Wirkung innerhalb des sekundären Systems über eine Rückkopplung zum primären System in diesem als ein Signal auftritt, das zu einer notwendigen Bedingung für eine erneute Systemänderung werden kann“ (Gerhardt, 1977, S. 84 f.). Dabei handelt es sich um die Rückkopplung zwischen zwei Systemen, die aufgrund ihrer völlig unterschiedlichen funktionalen Organisation in solchem Maße voneinander abgegrenzt sind, daß sie einander inhaltlich nicht durchdringen können. So reichen „die Triebimpulse ... nicht in die Handlungs- und Erlebnisstrukturen des Ich-Systems inhaltlich hinein“ (Gerhardt, 1977, S. 87).

Man hat folglich von einem nur äußeren Zusammenhang auszugehen, von einer nur funktionalen Beziehung. Äußerlich ist dieser Zusammenhang in dem Sinne, daß in den jeweils gegenübergestellten Systemen spezifisch miteinander korrelierte und korrespondierende Anteile in Beziehung zueinander stehen, die aufgrund ihrer differenten Struktur eines Vermittlers, einer „Nachricht“ (Gerhardt, 1977, S. 86) bedürfen. Die Signale aus dem primären System müssen bei Gerhardt die voluntativen und kognitiven „Prämissen der mütterlichen Handlungen affizieren können“ (Gerhardt, 1977, S. 86), die Signale aus dem Es „an den kognitiven Strukturen des Ich-Systems ansetzen“ (Gerhardt, 1977, S. 89). In diesen Formulierungen reflektiert sich noch einmal die inhaltliche Isoliertheit der Systeme voneinander, deren Signale immer nur von außen am jeweils anderen System „ansetzen“, gleichsam dessen nach außen gerichtete Rezeptoren „affizieren“ können, von denen sie dann gewissermaßen dechiffriert, aus der „Signal-Sprache“ (Gerhardt, 1977, S. 89) des fremden Systems entschlüsselt werden. Die „Mutter muß die funktionalen Reize, die sie als Signale empfängt, erst als ‚Mitteilungen‘ interpretieren, um darauf handelnd reagieren zu können“ (Gerhardt, 1977, S. 86).

Wie nun läßt sich solch eine Beziehung, in welcher die Beziehungspartner in bestimmter Weise aneinander *gekoppelt* sind, sich aber aufgrund ihrer völlig unterschiedlichen Struktur inhaltlich nicht durchdringen, mit dem Marxschen Verständnis des dialektischen Widerspruchs vereinbaren? Wie am Beispiel der Beziehung von relativer Wertform und Äquivalentform leicht zu zeigen ist, wird mit diesem Begriff immerhin ein Verhältnis gefaßt, in welchem sich die Gegensätze nicht nur polar ausschließen, sondern sich zugleich auch bedingen, einander in ihrer Struktur inhaltlich durchdringen, d. h. nicht in einem äußeren, mittelbaren, sondern in einem inneren und unmittelbaren Zusammenhang stehen.

Dieser Beziehung liegt der warenimmanente Widerspruch von Gebrauchswert und Wert zugrunde, dessen einfachste Existenzform der Widerspruch zwischen zwei unterschiedlichen Waren ist, die sich zufällig gegenübertreten: „Das einfachste Wertverhältnis ist offenbar das Wertverhältnis einer Ware zu einer einzigen verschiedenartigen Ware, gleichgültig welcher" (Marx, MEW 23, S. 62). Dabei existiert die Ware, deren Wert ausgedrückt werden soll, als Gebrauchswert oder in der relativen Wertform, während die andere Ware, worin sich der Wert darstellt, Wert ist oder Äquivalent. „Relative Wertform und Äquivalentform sind zueinander gehörige, sich wechselseitig bedingende, unzertrennliche Momente, aber zugleich einander ausschließende oder entgegengesetzte Extreme, d. h. Pole desselben Wertausdrucks; sie verteilen sich stets auf die verschiedenen Waren, die der Wertausdruck aufeinander bezieht" (Marx, MEW 23, S. 63). Am Rock-Leinwand-Beispiel erläutert Marx (MEW, 23, S. 63 f.), worin das „einander Ausschließende" besteht, wobei er zu folgendem Schluß kommt: „Dieselbe Ware kann also in demselben Wertausdruck nicht gleichzeitig in beiden Formen auftreten. Diese schließen sich vielmehr polarisch aus. Ob eine Ware sich nun in relativer Wertform befindet oder in der entgegengesetzten Äquivalentform, hängt ausschließlich ab von ihrer jedesmaligen Stelle im Wertausdruck, d. h. davon, ob sie die Ware ist, deren Wert, oder aber die Ware, worin Wert ausgedrückt wird." Auf der anderen Seite bedingen Wertform und Äquivalentform einander, sind sich gegenseitig notwendige Existenzbedingungen. Nur indem sich ein Warenkörper auf einen anderen als Äquivalent bezieht, kann er seinen Wert ausdrücken. 20 Ellen Leinwand = 20 Ellen Leinwand ist unsinnig. „Im Wertverhältnis, worin der Rock das Äquivalent der Leinwand bildet, gilt also die Rockform als Wertform. Der Wert der Ware Leinwand wird daher ausgedrückt im Körper der Ware Rock, der Wert einer Ware im Gebrauchswert der anderen" (Marx, MEW 23, S. 66).
Das Äquivalent offenbart in dieser Beziehung seinerseits Wert: „Indem eine Ware A (die Leinwand) ihren Wert im Gebrauchswert einer verschiedenartigen Ware B (dem Rock) ausdrückt, drückt sie letzterer selbst eine eigentümliche Wertform auf, die des Äquivalents" (Marx, MEW 23, S. 70). Der Rock wird somit auf seine Wertqualität reduziert, die sich im Rockkörper, im Gebrauchswert darstellt. Die konkrete Arbeit des Rockschneiders wird zur Existenzform ihres Gegenteils, abstrakt menschlicher Arbeit: „Es ist also eine zweite Eigentümlichkeit der Äquivalentform, daß konkrete Arbeit zur Erscheinungsform ihres Gegenteils, abstrakt menschlicher Arbeit wird" (Marx, MEW 23, S. 73). Das, worin beide Waren einander gleich sind, existiert im Moment ihrer Verschiedenartigkeit, der Wert bzw. abstrakt menschliche Arbeit, die sowohl im Rock als auch in der Leinwand enthalten ist, findet in der Naturalform des Rockes ihre Darstellungsform; kurz: Das Identische der Waren existiert in ihrem Unterschied.

Auf seiten der Wertform ergibt sich ein genau reziprokes Bild: Der Leinwandweber, dem die Rockform als Äquivalent für seine Leinwand gilt, produziert über den Eigenbedarf an Leinwand hinaus nur noch für den Austausch. Seine Ware ist ihm also nur insofern von Nutzen, als sie Träger von Wert und damit gegen Waren austauschbar ist, deren der Leinwandweber bedarf. Als Gebrauchswert seiner Leinwand gilt ihm hier ausschließlich deren Tauschwert, d. h., der Gebrauchswert existiert im Wert seiner Ware. „Seine Ware hat für ihn keinen unmittelbaren Gebrauchswert. Sonst führte er sie nicht zu Markt. Sie hat Gebrauchswert, Träger von Tauschwert und so Tauschmittel zu sein" (Marx, MEW 23, S. 100). Der Unterschied der Waren existiert hier also in ihrer Identität.

Identität im Unterschied und Unterschied in der Identität sind mithin die konkrete Existenzform, in der sich die Pole des warenimmanenten Widerspruchs, Gebrauchswert und Wert, durchdringen.

Sieht man in dem Verhältnis relative Wertform – Äquivalentform einen dialektischen Widerspruch, dann ist offensichtlich, daß das Gerhardtsche Verständnis dieser Kategorie sich nicht nur vom Marxschen unterscheidet, sondern diesem geradezu widerspricht. Indem Gerhardt den Unterschied zwischen biologischem Triebsystem und gesellschaftlich vermitteltem Handlungssystem in den Begriffen „Zielintentionalität" und „Zielgerichtetheit" so zuspitzt, daß jede strukturelle Übereinstimmung verschwindet, wird die Voraussetzung für eine Durchdringung beider Systeme von vornherein ausgeschlossen. Zwischen ihnen besteht kein innerer Zusammenhang. Freilich wird ein innerer Zusammenhang beider Systeme von Gerhardt auch gar nicht unterstellt. Vielmehr verweist er ausdrücklich auf ihren qualitativen Unterschied: „Zwischen diesen Bedürfnissen [nach körperlicher und triebdynamischer Homöostase, d. Verf.] und den die sekundären Systeme kennzeichnenden Handlungsstrukturen besteht ein qualitativer Unterschied" (Gerhardt, 1977, S. 88).

Somit ist ein innerer Widerspruch, der ja immer ein Widerspruch innerhalb einer Qualität (Rosental, 1973, S. 193) ist, explizit ausgeschlossen. Ob sich jedoch durch die Betonung einer qualitativen Differenz das Verhältnis von Es und Ich doch noch, etwa in Gestalt eines äußeren Widerspruchs, auf historisch-materialistisches Gebiet ziehen läßt, ist zumindest fraglich, zumal Gerhardt damit auf eine völlige Abgrenzung beider Systeme voneinander Bezug nimmt. Denn auch bei einem äußeren Widerspruch durchdringen sich beide Seiten. Ein kurzes Beispiel mag dies erläutern: das Verhältnis von Natur und Gesellschaft (vgl. Rosental, 1970, S. 193; Kröber, 1970, S. 1166).

Obwohl die Gesellschaft die Natur, die Natur jedoch nicht die Gesellschaft voraussetzt, obwohl sie verschiedene Qualitäten, verschiedene Wesen sind – die soziale Existenzform der Materie befindet sich auf einer höheren Entwicklungsstufe als ihre natürliche Existenzform –, obwohl sie also in ihrem Wesen verschiedenen Gesetzmäßigkeiten unterliegen, sind sie im Unterschied identisch. Identisch deshalb, weil die Gesellschaft als Entwicklungsresultat der inneren Widersprüche der Natur die natürlichen Gesetze dialektisch negiert hat und sie somit in ihren sozialen Gesetzen enthalten muß. Beide Seiten durchdringen sich im Prozeß der gesellschaftlichen Bearbeitung der Natur: „Es ist sonnenklar, daß der Mensch durch seine Tätigkeit die Formen der Naturstoffe in einer ihm nützlichen Weise verändert. Die Form des Holzes z. B. wird verändert, wenn man aus ihm einen Tisch macht. Nichtsdestoweniger bleibt der Tisch Holz, ein ordinäres sinnliches Ding" (Marx, MEW 23, S. 85). Abstrahiert man vom Warencharakter der Arbeitsprodukte, dann hat der bearbeitete Gegenstand zwei Qualitäten, seine natürliche, stoffliche Qualität und eine soziale Qualität, die ihm der Mensch durch die Formveränderung verleiht und die ihn zum Gebrauchswert macht. Sie bestimmt seine Differentia specifica (diesen Stück Holz ist ein Tisch). Die soziale Qualität existiert in der Natur als deren qualitative Spezifik, die in dieser Spezifik existiert (der Tisch ist aus Holz).

Ist für den inneren Widerspruch das im Unterschied existierende Identische wesentlich, so liegt das Wesentliche beim äußeren Widerspruch auf Seiten des Unterschieds im Identischen. Während es sich beim inneren Widerspruch um einen Widerspruch in einem Wesen handelt, liegt der äußere Widerspruch zwischen zwei Wesen. Wie besonders Rosental (1973, S. 194) zeigt, differieren innere und äußere Widersprüche jedoch nicht hinsichtlich des Beziehungsmodus ihrer Elemente, sondern nur bezüglich des Grades, in dem sich ihre Elemente durchdringen. „Als Seiten und Momente, die verschiedene Wesen darstellen, sind die Seiten des äußeren Widerspruchs weniger elastisch und beweglich als die Seiten des inneren Widerspruchs, sie befinden sich nicht im Zustand einer solchen gegenseitigen Durchdringung und wechselseitigen Verwandlung." Für Gerhardt hingegen besteht keinerlei Durchdringung der Elemente. Das Identische ist suspendiert, die Unterschiede sind absolut gesetzt.

Das Identische im Unterschied ist nicht nur eliminiert, es ist ihm darüber hinaus Gegenstand der Kritik. So merkt er Lorenzer gegenüber an: „Es können nach seiner Auffassung Triebimpulse direkt in subjektive Erlebnisinhalte eingehen ..., weil von vornherein die funktionale Zielgerichtetheit ... mit der intentionalen Dynamik sozialer Handlungssysteme identifiziert wird. In der Begrifflichkeit des theoretischen Konzepts verschwindet der Strukturunterschied von Intentionalität und funktionaler Zielgerichtetheit …" (Gerhardt, 1977, S. 83).

Während Lorenzer die Identität zwischen organismischer Ausgangslage und gesellschaftlich erzeugten Handlungsstrukturen als eine konkrete, d. h. dialektische begreift, gibt es für Gerhardt nur ein Entweder-Oder von Identität und Unterschied, ein Verständnis, das Marx (MEW 26.3, S. 84) schon bei dem Vulgärökonomen Mills scharf kritisierte: „Wo das ökonomische Verhältnis – also auch die Kategorien, die es ausdrücken – Gegensätze einschließt, Widerspruch und eben die Einheit von Widersprüchen ist, hebt er das Moment der Einheit der Gegensätze hervor und leugnet die Gegensätze. Er macht die Einheit von Gegensätzen zur unmittelbaren Identität dieser Gegensätze."

Auch die Gerhardtsche Fragestellung, was natürlich und was gesellschaftlich bestimmt sei am menschlichen Verhalten, gibt seine dualistische Konzeption preis; ist doch diese Frage nur evident unter der Annahme voneinander isolierter Es- und Ich-Strukturen. In diesem Dualismus aber verkommt ein angeblich dialektisches Verhältnis zwischen Natürlichkeit und Gesellschaftlichkeit im menschlichen Verhalten zu einer eher beiläufigen, zufälligen und nicht notwendigen Beziehung. Gerhardt (1977, S. 833) rekapituliert so auf seine Weise die „trinitarische Formel" einiger Vulgärökonomen, deren Elemente (Kapital, Boden, Arbeit) sich zueinander verhalten „wie Notariatsgebühren, rote Rüben und Musik" (Marx, MEW 25, S. 822).

I/3. Gerhardt beläßt es freilich nicht bei der bloßen Konstruktion einer solchen „Rübendialektik". Sein Widerspruchsverständnis kommt erst dort zur vollen Entfaltung, wo er, im Zuge der Auseinandersetzung mit Lorenzer gegen eine historische-materialistische Position, eindeutig Stellung bezieht. So verwirft Gerhardt (1977, S. 84) die Ansicht, „daß der Zielgerichtetheit von organismischer Aktivität im Falle des menschlichen Verhaltens und Erlebens bereits die Potenz zu zielintentionaler, zweckmäßiger Tätigkeit von Natur aus eignet" als biologistisch und kritisiert die Lorenzersche Bestimmung der biologischen Interaktionsform, da unter dieser Kategorie „bereits … alle Momente zur Entfaltung symbolischer Interaktionen restlos supponiert sind …".

Die Dialektik von Möglichkeit und Wirklichkeit ist damit außer Kraft gesetzt. Für Marx und Lenin, die dieser Dialektik konkret Rechnung trugen, war es selbstverständlich, daß in der Ausgangskategorie einer logisch-historischen Analyse, hier also in der Kategorie der biologischen Interaktionsform, die Entwicklungsresultate der Möglichkeit nach enthalten sein müssen. So beinhaltet für Marx (MEW 31, S. 306; s. a. MEW 23, S. 12, S. 97) „die *einfachste Warenform* ... das *ganze Geheimnis* ..., in nuce, *aller bürgerlichen Formen des Arbeitsprodukts* ....“ und Lenin (LW 38, S. 168 f.) notierte, daß „die einfache Wertform ... schon in unentwickelter Form alle Hauptwidersprüche des Kapitalismus in sich einschließt ...“, allerdings nicht im Sinne eines logischen Präformismus, sondern in Form von Potentialitäten, die unter bestimmten Voraussetzungen Wirklichkeit werden können.

Wie Möglichkeiten wirklich werden, zeigt Marx in der logisch-historischen Analyse der Ware: Die Verdopplung der Ware in Ware und Geld im dialektischen Zusammenspiel mit den gesellschaftlichen Verhältnissen begreift Marx als historische Konkretion der warenimmanenten Möglichkeiten. In diesem Zusammenhang schreibt er: „Die historische Ausweitung und Vertiefung des Austausches entwickelt den in der Warennatur schlummernden Gegensatz von Gebrauchswert und Wert. Das Bedürfnis, diesen Gegensatz für den Verkehr äußerlich darzustellen, treibt zu einer selbständigen Form des Warenwerts und ruht und rastet nicht,bis sie endgültig erzielt ist durch die Verdopplung der Ware in Ware und Geld“ (Marx MEW 23, S. 102). Die warenimmanente Möglichkeit, sich in Ware und Geld zu verdoppeln, ist allerdings kein der Ware von außen eingepflanztes Abstraktum, durch das ihr geschichtlicher Werdegang schon *ab origine* vorbestimmt wäre, sondern sie existiert in der Wirklichkeit derjenigen Entwicklungsstufe, in welcher der Gegensatz von Gebrauchswert und Wert noch schlummerte, und dort ist sie Voraussetzung für die Entstehung von Geld. Daß sich gerade diese Potenz entfaltet, unterliegt bestimmten Produktionsverhältnissen, in denen die Waren hergestellt werden. Erst infolge einer historischen Ausweitung des Austausches kommt es zu einer selbständigen Form des Warenwerts. Die Realisierung einer bestimmten Möglichkeit im Insgesamt der Ausgangsform, die Fixierung des Werts in der Geldform ist Ausdruck einer durch die gesellschaftlichen Verhältnisse gegebenen „Notwendigkeit“ (Holzkamp, 1974). „Die Notwendigkeit dieser Form entwickelt sich mit der wachsenden Zahl und Mannigfaltigkeit der in den Austauschprozeß eintretenden Waren“ (Marx, MEW 23, S. 103), die gleichsam in Kontamination mit den gegenstandgebundenen Voraussetzungen, wiederum selbst Resultat geschichtlicher Entwicklung, die spezifische Differenz des Gegenstandes erzwingt. Jede spezifische Form, in der sich der Widerspruch zwischen Wert und Gebrauchswert konkret bewegt, ist eine gewordene Form, ist das Resultat der Entwicklung dieses Widerspruchs in einer früheren, ebenso besonderen Form und zugleich Keim der Entwicklung einer neuen, besonderen Form. Geld, als historisch bestimmte Lösungsform dieses Widerspruchs, ist das Resultat der vorausgegangenen Wertform, in der der Widerspruch zwischen Wert und Gebrauchswert existierte und zugleich erste Erscheinungsform des Kapitals (Marx, Grundrisse, S. 364). Nicht die Selbstentwicklung eines abstrakt-allgemeinen Wesens führt zu bestimmten Erscheinungsformen. Das Wesen ist selbst konkret und entwickelt sich im Konkreten, schreitet von besonderer Form zu besonderen Form, denen dann zwar der Widerspruch zwischen Wert und Gebrauchswert allgemein ist, die jedoch nicht in einem abstrakt-allgemeinen Widerspruch ihren gemeinsamen Ursprung haben. Diese besondere Form sind das Entwicklungsresultat warenimmanenter Möglichkeiten, von denen bestimmte, unter dem Druck des gesellschaftlichen Ganzen verwirklicht werden.

Dieses materialistische Verständnis der Dialektik von Möglichkeit und Wirklichkeit liegt nun, wie noch gezeigt werden wird, der Sozialisationstheorie Lorenzers zugrunde, so daß Gerhardt mit seiner Anmerkung quasi durch Lorenzer hindurch die philosophische Position des dialektischen und historischen Materialismus selbst zum Gegenstand einer Kritik wird. Wie seine Vorstellungen über die Bildung kindlicher Handlungsstrukturen zeigen, unterläuft Gerhardt diese Dialektik konsequent. Die kindlichen Handlungsstrukturen werden hergestellt im Umgang mit gesellschaftlich erzeugten Gebrauchswerten und über eine Internalisierung mütterlicher Handlungsstrukturen. Dieser Bildungsprozeß verläuft jedoch nicht in *inhaltlicher* Auseinandersetzung mit dem kindlichen Organismus, sondern parallel zu dessen innerer Natur. Nicht die Ausdifferenzierung des primären Systems der Triebimpulse in Verwirklichung seiner Möglichkeiten ist für Gerhardt das Prinzip der Primärsozialisation. Das primäre System bestimmt nur die Modi der zu internalisierenden Handlungsstrukturen, wählt selektiv unter den angebotenen Interaktionen diejenige aus, die den Forderungen der Körperbedürfnisse entsprechen: „Die Triebschicksale strukturieren den Es-Bereich, aber sie haben in Ansehung des Ich-Systems nur die Funktion, die Auswahl der Modi zu begrenzen, die das Kind für seine assimilierten Handlungsmuster treffen kann" (Gerhardt, 1977, S. 90).

Daß Triebschicksale, d. h. entwickelte Triebe, den Es-Bereich strukturieren, ist schlicht eine Behauptung, die durch das Gerhardtsche Konzept keineswegs legitimiert ist. In historisch-materialistischer Perspektive kann sich ein Triebschicksal nur vollziehen im dialektischen Zusammenspiel von innerer Natur und Gesellschaft, welches freilich bei Gerhardt nicht mehr stattfindet. Es und Ich sind inhaltlich strikt getrennt, das Ich selbst ist Spiegelbild der vom Es ausgewählten Behandlungsstrukturen. Dies wird deutlich an einem Beispiel, das Gerhardt selbst gibt. Bei der Darstellung, wie sich das Kind durch den Umgang mit den Gegenständen die darin vergegenständlichten Handlungspläne aneignet, schreibt Gerhardt (1977, S. 73): „Wenn das Kind ... aufgrund der Koordination bestimmter Bewegungsabläufe eines Tages die Handhabungen beherrschen kann, die der Funktion eines Löffels ‚adäquat' sind, so hat es nicht nur das Muster für die Gegenstandsbedeutung des Löffels, sondern in der Regel auch die Motivation oder Intention, die Nahrungsaufnahme in der Form einer Handlung mit dem Löffel vorzunehmen, durch die gleiche kindliche Aneignungstätigkeit erworben."

Implizit sagt Gerhardt, daß Hunger nicht nur objektiv, sondern auch subjektiv bereits als bestimmtes kindliches Bedürfnis existiert, bevor die Handlungsstruktur, das Umgehen mit dem Löffel, erlernt worden ist. Als vorausgesetztes Abstraktum findet der Hunger hier im „adäquaten" Umgang mit dem Löffel seine Ausdrucks*form,* er wird für das Kind nicht erst zu Hunger durch die Interaktion mit dem Löffel. Legt man nämlich die Annahme Gerhardts zugrunde, daß es zwischen dem organischen System und dem Apparat der Handlungs- und Erlebnisstrukturen keine inhaltliche Durchdringung gibt, so kann sich auch auf seiten des biologischen Systems ein Bedürfnis wie Hunger nicht erst im Zuge der Aneignung gewisser Handlungsstrukturen als ein konkret bestimmtes Bedürfnis aus einem unspezifischen, diffus-allgemeinen physiologischen Körperbedarf herausprofilieren; aufgrund der inhaltlichen Abgeschlossenheit der Systeme muß vielmehr von vornherein in Konglomerat von bestimmten Bedürfnisinhalten im organismischen System existieren. Daß Gerhardt denn auch von einer bereits inhaltlich qualifizierten Triebstruktur ausgeht, wird an mehreren Stellen seines Konzeptes deutlich (Gerhardt, 1977, S. 15, S. 18, S. 28, S. 38 f., S. 80, S. 89, S. 100 f.). Im Kontext seines Konzeptes ist das Löffelbeispiel etwa so zu interpretieren: Das schon präformierte Bedürfnis „Hunger" heftet sich über eine funktionale Rückkopplung an einen ihm korrespondierenden, seine Befriedigung garantierenden Handlungsplan, der in den gesellschaftlich erzeugten Gebrauchswerten, z. B. dem Löffel, vergegenständlicht ist. Im Umgang mit dem Löffel eignet sich das Kind dann dessen Handlungsplan in Form eines Geflechts kognitiver und voluntativer Erfahrungen an, wobei letztere zu Strukturen innerhalb des sekundären Ich-Systems werden, an die das Bedürfnis „Hunger" angekoppelt ist.

Insofern als bei Gerhardt organismisches System und gesellschaftlich erzeugtes System von Handlungsstrukturen inhaltlich voneinander abgeschlossen sind und sich folglich auch nicht in- und auseinander entwickeln können, die innere Natur des Menschen im Zuge der

Primärsozialisation nicht bearbeitet und schon gar nicht dialektisch aufgehoben wird, vielmehr schon als ein entwickeltes System von abstrakten Bestimmungen präformiert ist und bleibt, bedarf es keiner in der inneren Natur schlummernden Möglichkeiten, die in Auseinandersetzung mit der historisch-gesellschaftlichen Realität in Form von Sozialisation, also Vergesellschaftung zur Verwirklichung fortschreiten.

Daß durch die Leugnung der Dialektik von Möglichkeit und Wirklichkeit auch die menschliche Phylogenese in ganz neuem Lichte zu sehen ist, scheint Gerhardt klar. Wenn nämlich der „Zielgerichtetheit von organismischer Aktivität" nicht bereits die Potenz zu „zielintentionaler zweckmäßiger Tätigkeit" innewohnt, wenn in den natürlichen Voraussetzungen die Gesellschaftlichkeit nicht bereits der Möglichkeit nach enthalten ist, dann gilt für die menschliche Phylogenese zwingend, daß Natur und Gesellschaft zwei voneinander isolierte, gleichsam vorgeschichtlich formierte Systeme sind. Gerhardt (1977, S. 69) stimmt dieser Annahme zu, wenn er schreibt: „Demgegenüber zeigt Marx, daß sich ein wie immer geartetes System gesellschaftlicher Produktion bereits entfaltet haben muß, ehe menschliche Arbeit als zweckmäßige Tätigkeit im Unterschied zum instinktgesicherten Verhalten des Tieres historisch erscheinen kann." Das heißt im Klartext, daß Produktivkräfte und Produktionsverhältnisse schon vorhanden sein müssen, ehe die Menschen vermenschlicht werden. Die Vermenschlichung vollzieht sich ja über Handlungsstrukturen, die bei Gerhardt als zweckmäßige Tätigkeit letztlich nur im Umgang mit gesellschaftlich erzeugten Gegenstandsbedeutungen erworben werden können. Gerhardt ist somit gezwungen, der Menschwerdung eine präexistente gesellschaftliche Struktur vorauszusetzen, die in einer Art Urzeugung die Gegenstandsbedeutungen bereits geboren hat.

Für diese Auffassung der Phylogenese ist freilich Gerhardt alleine verantwortlich. Sie unter dem Namen des historischen Materialismus vorzutragen, ist, gelinde gesagt, ein Etikettenschwindel. In der „Deutschen Ideologie", auf die Gerhardt im obigen Zitat rekurriert, findet sich kein derartiger Wenn-Dann-Mechanismus. Dort heißt es u. a.: „Man kann die Menschen durch das Bewußtsein, durch die Religion, durch was man sonst will, von den Tieren unterscheiden. Sie selbst fangen an, sich von den Tieren zu unterscheiden, sobald sie anfangen, ihre Lebensmittel *zu produzieren,* ein Schritt, der durch ihre körperliche Organisation bedingt ist. Indem die Menschen ihre Lebensmittel produzieren, produzieren sie indirekt ihr materielles Leben selbst"

(Marx u. Engels, MEW 3, S. 21). Die zweckmäßige Tätigkeit, durch die sich der Mensch vom Tier unterscheidet, bedarf keinerlei abstrakter Voraussetzungen. Die zweckmäßige Tätigkeit der Produktion ist sowohl Bedingung für die Entstehung eines gesellschaftlichen Systems wie auch dessen ständiges Resultat. Die folgende Textstelle ist unmißverständlich: „Die Bedingungen, unter denen die Individuen ... miteinander verkehren, sind zu ihrer Individualität gehörige Bedingungen, nichts Äußerliches für sie, Bedingungen, unter denen diese bestimmten, unter bestimmten Verhältnissen existierenden Individuen allein ihr materielles Leben und was damit zusammenhängt produzieren können, sind also die Bedingungen ihrer Selbstbetätigung und werden von dieser Selbstbetätigung produziert" (Marx u. Engels, MEW 3, S. 459). In einer Randbemerkung verweist Marx explizit darauf, daß hier die Produktion der Verkehrsformen selbst gemeint ist.[1]

I/4. Der strikte Parallelismus von Natur und Gesellschaft wird von Gerhardt konsequent durchgehalten und vor allem in seiner Bestimmung des menschlichen Wesens reproduziert. In Auseinandersetzung mit der Lorenzerschen Interpretation der 6. Feuerbach-These notiert Gerhardt (1977, S. 67): „Abgesehen davon, daß das menschliche Wesen im Sinne der Marxschen Aussage eben nicht von den gesellschaftlichen Verhältnissen bestimmt wird, sondern durch sie selber dargestellt wird, mit ihnen als dem vergegenständlichten, dem einzelnen Individuum gegenüberstehenden Wesen des Menschen identisch gesetzt ist, übersieht Lorenzer, daß das menschliche Wesen aufgrund seiner gattungsspezifischen Form eines gegenständlichen Ensembles objektiver gesellschaftlicher Beziehungen nicht im einzelnen Individuum aufgerichtet werden kann, weder als ein vorausgesetztes Abstraktum, noch als ein abstrakter Niederschlag von Interaktionsmustern. Für das Individuum liegt das menschliche Wesen ‚außermittig' in der von den Menschen produzierten gegenständlichen Welt ... und besteht überhaupt nicht in Subjektqualitäten, die als Niederschlag im Individuum zu allererst individuelle Subjektivität konstituieren, sondern setzt seinerseits Subjekte voraus, die in individuellen Prozessen der Aneignung und Verarbeitung der gesellschaftlichen Anforderungen an diesem gegenständlichen Wesen historisch bestimmte Formen der Subjektivität und Individualität ausbilden." Das menschliche Wesen ist mithin ein gattungsspezifisches und es ist nicht gleichzusetzen mit den gesellschaftlichen Verhältnissen. Daß sie einander nicht identisch sind, unterstreicht Gerhardt, wenn er das menschliche Wesen als ein vorgegenständliches ausmacht. Ein Verhältnis kann, so Marx (Grundrisse, S. 61) „nur durch Abstraktion eine besondere Verkörperung erhalten, selbst wieder individualisiert werden ...", d. h. zum selbständigen Gegenstand werden. Das menschliche Wesen ist somit als ein abstraktes identifiziert, welches sich in „der von den Menschen produzierten gegenständlichen Welt" darstellt.

Es hat nun in der Tat den Anschein, als könne Gerhardt seine Auffassung vom menschlichen Wesen durch eine ganze Zitatenreihe als historisch-materialistisch legitimieren. Zwei davon wollen wir anführen: „In der gewöhnlichen, materiellen Industrie ... haben wir unter der Form sinnlicher, nützlicher Gegenstände, unter der Form der Entfremdung, die vergegenständlichten Wesenskräfte des Menschen vor uns" (Marx, MEW, Erg. Bd. I, S. 542 f.). „Die Betrachtung der *Teilung der Arbeit* und des *Austausches* sind von höchstem Interesse, weil sie die *sinnfällig entäußerten* Ausdrücke der menschlichen *Tätigkeit* und *Wesenskraft* als einer *gattungsmäßigen* Tätigkeit und Wesenskraft sind" (Marx, MEW, Erg. Bd. I, S. 561).

Wie bei Gerhardt wird hier das menschliche Wesen unter der Form eines Gattungswesens gefaßt, das in den sich historisch entwickelnden gesellschaftlichen Verhältnissen seine jeweilige objektive Manifestation besitzt. Trotzdem aber ist dies eine Legitimation auf falscher Grundlage. Insbesondere Lucien Seve (1972, S. 64 ff.) hat darauf hingewiesen, das menschliche Wesen hier noch nicht als konkretes, sondern als ein abstraktes und Gattungswesen gefaßt wird. Die materialistische Umstülpung wird erst nach 1844 mit den Feuerbach-Thesen vollzogen, die im entschiedenen Urteil von Engels (MEW 21, S. 264) qualifiziert werden als „das erste Dokument, worin der geniale Keim der neuen Weltanschauung niedergelegt ist". Die 6. Feuerbach-These steht hier zentral: „... das menschliche Wesen ist kein dem einzelnen Individuum innewohnendes Abstraktum. In seiner Wirklichkeit ist es das ensemble der gesellschaftlichen Verhältnisse" (Marx, MEW 3, S. 6). Das menschliche Wesen stellt sich als Abstraktum weder im Menschen noch in den gesellschaftlichen Verhältnissen dar. Ein abstraktes und allgemeines Wesen verfällt explizit der Kritik (Marx, Grundrisse, S. 620; Marx, MEW 23, S. 128). Es wird hier eindeutig konkret: Das menschliche Wesen *ist* das Ensemble der gesellschaftlichen Verhältnisse.

Würde Gerhardt mit der Betonung der „außermittigen" Existenz des menschlichen Wesens darauf Bezug nehmen, daß Erscheinung und

Wesen nicht zusammenfallen, dann wäre er wenigstens damit in Übereinstimmung mit Marx und Engels (vgl.z. B. Marx, MEW 25, S. 825; Marx, MEW 32, S. 553; Engels, MEW 39, S. 433). Für ihn ist jedoch das Subjekt nicht eine Erscheinungsform des konkreten, historisch-bestimmten gesellschaftlichen Wesens des Menschen. Es ist nicht einmal die Erscheinungsform des sich in den gesellschaftlichen Verhältnissen bloß darstellenden abstrakten menschlichen Wesens. Seinem abstrakten Wesen korrespondiert auf seiten des Individuums ein vorausgesetztes Subjekt, welches in Auseinandersetzung mit den gesellschaftlichen Verhältnissen bloß historisch bestimmte *Formen* der Subjektivität und Individualität ausbilden kann. Da es vorausgesetzt ist, kann sich folglich das menschliche Individuum als Subjekt nicht mehr in der jeweiligen sozialen Realität konstituieren. Seine Bestimmung als Subjekt muß also jenseits der Realität liegen, offensichtlich bei einem abstrakten Naturwesen, das dann in Gestalt der Menschen angeborene Bedürfnisse und Trieben in Erscheinung tritt.

Wir haben es also mit zwei Wesen zu tun, dem abstrakten gesellschaftlichen und dem ebenso abstrakten „natürlichen" Wesen des Menschen, die sich in der gesellschaftlichen Wirklichkeit in voneinander verschiedenen Formen darstellen. Dort treten ihre Erscheinungsformen in eine Beziehung zueinander, welche jedoch die Erscheinungsform des abstrakten Naturwesens so beläßt, wie sie es schon bei ihrem Eintritt in diese Beziehung war. Gerhardt (1977, S. 92) ist da ganz eindeutig: „Unter dem Gesichtspunkt der Assimilation von Handlungsstrukturen und Handlungsintentionen steht die Ontogenese der Individuen insgesamt unter historischen Bedingungen der Gesellschaft. Im Zuge der individuellen Aneignungstätigkeit wird das Individuum wesentlich durch gesellschaftliche Bestimmungen konkretisiert. Es verwirklicht sich als gesellschaftliches Wesen im Laufe der Sozialisationsprozesse, indem es seine subjektiven Aktivitäten an die in den Gegenstandsbedeutungen gesellschaftlich erarbeiteten Verhältnisse akkommodiert und diese subjektiv verarbeitet." Das primäre System der Triebe, die innere Natur des Menschen, von Gerhardt als Es ausgemacht, wird von den historischen Bedingungen der Gesellschaft in der Sozialisation nicht eingeholt. Das Es bleibt, was es war: die Erscheinungsform eines abstrakten Naturwesens. Verändert wird der Mensch nur durch die Assimilation von Handlungsstrukturen, die sich im Zuge einer Veränderung der Erscheinungsform des gesellschaftlichen Wesens des Menschen veränderten. Anders ausgedrückt und als Fazit: Das konkrete, in bestimmten gesellschaftlichen Verhältnissen existierende menschliche Subjekt verkommt zu einer Erscheinungsform der Erscheinungsform seines abstrakten gesellschaftlichen Wesens.

Selbst wenn man gutwillig ist, die Gerhardtschen Überlegungen lassen sich auch beim besten Willen nicht mehr auf die Basis einer, wenn auch eigentümlichen Marx-Interpretation stellen. Seine Konzeption impliziert vielmehr eine dezidierte Marx-Kritik. Als Folge einer dualistischen statt dialektischen Beziehung zwischen der inneren Natur des Menschen und den gesellschaftlichen Verhältnissen, wird die Marxsche These, daß der Mensch in Bearbeitung der äußeren Natur auch zugleich seine eigene Natur verändert (Marx, MEW 23, S. 192), ebenso liquidiert wie die 6. Feuerbach-These.

I/5. Zwar kann man den Verfall der materialistischen Dialektik zur Gerhardtschen Dichotomie als Folge einer sehr fragwürdigen Lesart der 6. Feuerbach-These erklären oder umgekehrt als deren Ursache. Zumindest aber hat es sich bis hierher gezeigt, daß Gerhardts auf dem Kopf stehende Marx-Rezeption System hat. Dessen logische Geschlossenheit läßt sich bis hin zur Diskussion über die „gesellschaftliche Realabstraktion" nachweisen, deren Verständnis allemal eine Scheidewand bildet zwischen historischem Materialismus und einem so oder so gearteten Vulgärmarxismus. Wie Gerhardt die gesellschaftliche Realabstraktion versteht, wird in seiner Auseinandersetzung um den grundsätzlichen Modus, in dem eine kritische Theorie des Subjekts zu konzipieren ist, deutlich. Er sieht zu Recht, daß der Marxsche Begriff der Charaktermaske (Marx, MEW 23, S. 100), die im gesellschaftlich-ökonomischen Prozeß erzeugten Individualitätsformen, das konkrete Individuum nur auf einen abstrakten Begriff bringt. Daraus ergibt sich für Gerhardt allerdings nicht die Notwendigkeit einer konkreten Vermittlung von Individuum und gesellschaftlichen Individualitätsformen. Für ihn können beide nur abstrakt zueinander in Beziehung gesetzt werden, „dann nämlich, wenn die Abstraktheit der Vermittlungsformen auf der entfalteten gesellschaftlichen Form der Gleichgültigkeit ... gegenüber den konkreten individuellen Belangen beruht" (Gerhardt, 1977, S. 8). Dabei ist ihm die nur abstrakte Vermittelbarkeit beider kein Mangel der Theorie, sondern „die Folge des Widerspruchs innerhalb des gesellschaftlichen Reproduktionsprozesses, den die Theorie erst zu Bewußtsein bringt. Denn diese begriffliche Abstraktheit der Individualitätsformen stellt zugleich auch die angemessene Form der Kritik ... des Reproduktionsprozesses ... dar ..." (Gerhardt, 1977, S. 8.). Augenscheinlich reflektiert der Begriff der Realabstraktion für Gerhardt den Zustand, daß sich der Zusammenhang zwischen Individuum und gesellschaftlichen Verhältnissen konkret aufgelöst hat, nurmehr abstrakt existiert. Denn wenn er meint, die begriffliche Abstraktheit sei schon die angemessene Form der Kritik, so ist davon auszugehen, daß die Analyse einer konkreten Beziehung zwischen Individuum und gesellschaftlichen Verhältnissen nicht notwendig ist, eben deshalb, weil solch eine Beziehung nicht mehr existiert.

Folgt man der Gerhardtschen Argumentationslinie, dann wäre es auch die „angemessene Form der Kritik" z. B. des Warenfetischismus oder anderer entfremdeter ökonomischer Erscheinungen, wenn man auf theoretischer Ebene feststellen würde, daß sich diese Erscheinungen aufgrund der gesellschaftlichen Realabstraktion auch nur noch abstrakt mit den gesellschaftlichen Verhältnissen der Personen vermitteln lassen. Marx freilich beläßt es nicht bei der bloßen Konstruktion von unabhängigen Erscheinungen. Für ihn gilt einerseits: „Der Widerspruch ... muß noch immanenter gefaßt werden, als bloß die gleichgültige, scheinbar unabhängige Erscheinung der einzelnen Momente des Prozesses ..." (Marx, Grundrisse, S. 318; vgl. a. Marx, MEW 25, S. 324). Andererseits aber ist das Wesen, die innere wirkliche Bewegung, ist der innere Widerspruch bis hin zu den Erscheinungsformen zu verfolgen. So schreibt Marx am Ende der „Kapitals" über die Erscheinungsformen des Kapitalismus: „Die unbegreifliche Form, die wir an der Oberfläche vorfinden und von der wir in der Analyse daher ausgingen, finden wir wieder als das Resultat des Prozesses, worin nach und nach die Gestalt des Kapitals immer entfremdeter und beziehungsloser auf sein inneres Wesen wird" (Marx, MEW 26.3, S. 458; vgl. Marx, MEW 13, S. 72; MEW 32, S. 553; MEW 26.1, S. 59; MEW 26.2, S. 146). Die unter kapitalistischen Produktionsverhältnissen auftretenden Erscheinungsformen nimmt Marx nicht für das Wesen der Sache selbst. Er erklärt sie vielmehr aus der Einheit der Gegensätze, aus der Form, in welcher ihr innerer Widerspruch existiert und welche das ihnen immanente Wesen bestimmt So entspringt ihm „Der mystische Charakter ... des Arbeitsprodukts, sobald es Warenform annimmt ... aus dieser Form selbst" (Marx, MEW 23, S. 85 f.).

Der Warenfetischismus, in dem die gesellschaftliche Realabstraktion ja gründet, ist eine objektiv notwendige Erscheinung des sich entwickelnden Widerspruchs zwischen Gebrauchswert und Wert im Wesen der Ware und damit letztlich eine notwendige Erscheinungsform der Entwicklung des inneren Widerspruchs in der dialektischen Einheit von Produktivkräften und Produktionsverhältnissen.[2] Bei Marx werden dementsprechend sich darstellende Gegensätze als notwendige Erscheinungsform monistisch aus dem konkreten und sich entwickelnden inneren Widerspruch ihres Wesens begriffen. Aus der Sicht des historischen Materialismus ist demnach auch die Verselbständigung von konkretem Individuum und gesellschaftlichen Verhältnissen als Erscheinungsform der Entwicklung des in sich widersprüchlichen gesellschaftlichen Wesens auf den Begriff zu bringen, d. h. letztlich als Erscheinungsform des konkreten Standes der Dialektik von Produktivkräften und Produktionsverhältnissen.

Für die Theorie gilt demnach, im Aufsteigen vom Abstrakten zum Konkreten zu zeigen, *wie* sich der innere Widerspruch im Wesen unter Wahrung seiner Einheit in Erscheinungsformen entwickelt, welche durch die gesellschaftliche Realabstraktion vom konkreten Individuum gekennzeichnet sind. Gerhardt hingegen nimmt mit seinem Verständnis der Realabstraktion die Erscheinung für das Wesen der Sache selbst und kündigt damit die Dialektik von Individuum und gesellschaftlichen Verhältnissen auf. Die Trennung ist absolut. Bei Marx jedoch sind auch unter der Bedingung der gesellschaftlichen Realabstraktion die gesellschaftlichen Verhältnisse Voraussetzung und Produkt der Lebenstätigkeit konkreter Individuen. „Die Bedingungen, unter denen die Individuen ... miteinander verkehren, sind zu ihrer Individualität gehörige Bedingungen, nichts Äußerliches für sie, Bedingungen, unter denen diese bestimmten, unter bestimmten Verhältnissen existierenden Individuen allein materielles Leben und was damit zusammenhängt produzieren können, sind also die Bedingungen ihrer Selbstbetätigung und werden von dieser Selbstbetätigung produziert" (Marx u. Engels, MEW 3, S. 71 f., vgl. a. S. 423; Marx, MEW 27, S. 459). Mit der Gerhardtschen Trennung werden die Produzenten der Produktionsverhältnisse so von ihnen isoliert, daß sie diese Verhältnisse als wirkliche, als konkrete Individuen gar nicht mehr herstellen, sondern nur mehr als abstrakte Individuen reproduzieren können. Die beiden widersprüchlichen Seiten der dialektischen Einheit von Individuum und Gesellschaft durchdringen sich nicht mehr. Wenn bei Marx das konkrete Individuum als „Hauptproduktivkraft" (Marx, Grundrisse, S. 325; vgl.a. Marx, MEW 26.2, S. 372; Marx, MEW 26.2, S. 111) gilt, dann existieren für Gerhardt unter der Bedingung der gesellschaftlichen Realabstraktion auch die Produktivkräfte nicht mehr in den Produktionsverhältnissen und die Produktionsverhältnisse nicht mehr in den Produktivkräften. Beide stehen untereinander in jener „aparten Wechselwirkung", die Marx bereits am „wahren" Sozialisten R. Matthäi kritisiert hat.

Indem Gerhardt die Erscheinung für das Wesen der Sache selbst nimmt, fällt er genau dem trügerischen Schein der durch den Warenfetischismus erzeugten Verkehrung zum Opfer. Wenn er auf einer nur abstrakten Vermittelbarkeit von Individuum und Gesellschaft insistiert, übersieht er die in einer logisch-historischen Analyse aufzuschließende Entwicklungsgeschichte der gesellschaftlichen Gleichgültigkeit gegenüber individuellen Belangen. Nur solch eine Analyse würde im Stande sein, das wesentliche Verhältnis aufzudecken, das von der gesellschaftlichen Gleichgültigkeit verhüllt wird, diese nicht nur historisch erzeugt hat, sondern sie auch Tag für Tag reproduziert.

Gerhardts positivistische, marxistischem Verständnis geradezu kontradiktorische Lesart der gesellschaftlichen Realabstraktion setzt sich konsequent in der Darstellung des Transfers objektiver in subjektive Widersprüche durch. Zu Recht beschreibt er den Bildungsprozeß menschlicher Handlungs- und Erlebnisstrukturen als ein Vorgang, der unter dem Diktat antagonistischer gesellschaftlicher Widersprüche notwendig in sich gebrochen ist. Den Widerspruch zwischen konkreter und abstrakter Arbeit liest Gerhardt (1977, S. 95) allerdings als Widerspruch zwischen primärer und sekundärer Sozialisation, wobei erstere als gebrauchswertorientiert „im familialen Bannkreis der konkreten Abhängigkeitsverhältnisse" einer tauschwertbestimmten, auf Wertabstraktionen gründenden Sekundärsozialisation mit Nachdruck gegenübergestellt ist. In diesem Zusammenhang stellt sich „die ‚Zerstörung der Identität der während des Lebensprozesses erworbenen Erfahrung' … konkret als Aufspaltung und Polarisierung von Lebenszyklen dar, die disparat und gegeneinander widersprüchliche Erfahrungszyklen organisiert" (Gerhardt, 1977, S. 95; s. a. S. 104). Wie solch eine Polarisierung erfolgt, macht Gerhardt (1977, S. 95) deutlich, wenn er Negt zitiert: „Jeder dieser Erfahrungszyklen ist gegen den anderen abgetrennt." Was nichts anderes heiß, als daß gebrauchswert- und tauschwertbestimmte Sozialisation einander nicht mehr durchdringen. Damit aber ist das Eintreten des einzelnen in den konkreten historischen Rahmen einer kapitalistisch strukturierten Gesellschaft bis hin zum Beginn der Sekundärsozialisation aufgeschoben; auf Wertabstraktionen gründende Realität ist aus dem Bereich der Primärsozialisation verbannt, sie muß dem Individuum beim Eintritt in die Sekundärsozialisation gleichsam übergestülpt werden. Gerhardt bleibt gegenüber dem entscheidenden Umstand blind, daß innerhalb einer auf dem Widerspruch von Gebrauchswert und Wert basierenden gesellschaftlichen Struktur jeder Gegenstand schon diesen Widerspruch enthält, daß alle Gebrauchscharaktere immer schon von abstrakter Wertgegenständlichkeit durchdrungen sind und durch diese gebrochen werden. Wenn der Widerspruch auf seiten der objektiven Verhältnisse ein dialektischer ist, kann er sich im Individuum nicht in Form eines „Wenn-Dann-Schematismus" darstellen. Er muß *innerhalb* der Primär- wie auch der Sekundärsozialisation, selbstverständlich in jeweils besonderer Form, durchgehend existieren. Wenn auch die Primärsozialisation durchweg im Banne persönlicher Abhängigkeitsverhältnisse stattfindet, in der vorwiegend der konkrete Umgang mit Personen und Dingen erlernt wird, so ist dieser Bereich nur scheinbar von der gesellschaftlichen Realität des Warenfetischismus abgekoppelt; in Wirklichkeit ist dieser konkretistische Umgang bereits von abstrakter Wertgegenständlichkeit durchdrungen. In diesem Sinne enthüllt sich der Gegensatz zwischen Primär- und Sekundärsozialisation, gebrauchswert- versus tauschwertorientiert als bloße Erscheinungsform eines beiden Seiten immanenten Widerspruchs. Man kann also nur dann davon ausgehen, daß die beiden „Erfahrungszyklen" gegeneinander abgeriegelt sind, wenn man die Erscheinung für das Wesen der Sache selbst nimmt, denn die Kontinuität der Erfahrung ergibt sich aus der Kontinuität des objektiv zugrundeliegenden Widerspruchs zwischen Gebrauchswert und Wert.

Gerhardt präzisiert hier die in seinem Begriff der Realabstraktion vollzogene Trennung von Individuum und Gesellschaft als Riß zwischen dem Bereich des persönlichen Lebens und dem der gesellschaftlichen Produktion. Der an Lorenzer gerichtete Vorwurf ist offensichtlich gegen sich selbst gerichtet: „Der Widerspruch zwischen konkreter Sinnlichkeit der Arbeit und allgemeinem Sinnzusammenhang der Wertgegenständlichkeit, die als ein objektiver Widersinn der Gesellschaft entsteht, wird von Lorenzer als ein äußerlicher Gegensatz von Individuum und Gesellschaft dingfest gemacht" (Gerhardt, 1977, S. 9 f.).

II. Die Theorie der Interaktionsformen

Es ist offensichtlich, daß sich mit dem Gerhardtschen Verständnis dessen, was Dialektik ist, keine Sozialisationstheorie wird entwerfen lassen, die historisch-materialistischen Ansprüchen genügen kann. Mit einiger Gewißheit kann deshalb schon hier angenommen werden, daß auch in seiner Kritik die Theorie der Interaktionsformen – und damit auch die darin konzipierte Dialektik des Sozialisationsprozesses – an jenem Verständnis gemessen werden wird, welches sich in seinem eigenen Sozialisationskonzept darstellte und das sich wesentlich von der philosophischen Position des dialektischen und historischen Materialismus unterscheidet. Bevor wir uns mit den Gerhardtschen Einwänden auseinandersetzen können, haben wir uns deshalb zunächst Klarheit darüber zu verschaffen, wie in der Sozialisationstheorie Lorenzers wirklich mit der materialistischen Dialektik umgegangen wird.

II/1. Um zu verhindern, daß der Gegenstand durch die eigene Rezeption verfälscht wiedergegeben wird, werden wir nach Gerhardt auch Lorenzer bei der Darstellung seiner Sozialisationstheorie selbst ausführlich in Zitaten zu Worte kommen lassen, in denen die Grundmomente erläutert sind. Zunächst die „Einigungssituation in der Mutter-Kind-Dyade": „Die Einigungssituation in der Mutter-Kind-Dyade ist am Anfangspunkt eines eigenständigen organismischen Systems des Embryonen – sagen wir im 4. oder 5. Monat – unter die Lupe zu nehmen. Was dort geschieht, ist in hochstilisierter Weise als beginnendes Zusammenspiel zwischen embryonal-organismischer Reizentladung und organismischer Reaktion der Mutter zu begreifen. Der Reiz, der vom Kind ausgeht, erzwingt eine Reaktion des mütterlichen Organismus. Im Reiz äußert sich die Spannung des embryonalen Organismus entsprechend seiner biologischen Lage. Die biologische Lage *dieses* Embryonen ist dabei gewiß nicht geschichtsunabhängig; auch die Biologie des Kindes ist ein ‚Produkt der Weltgeschichte' .... Die Verwobenheit erster und zweiter Natur liegt hier schon vor, aber für die subjektive Bildung ist insofern ein Neubeginn gesetzt, als die besondere biologische Konstellation dieses Embryonen sich hier zum *real-partikularisierten besonderen System* in statu nascendi zusammengeschlossen hat. Und: In diesem natürlichen System kommt die innere Natur des Menschen als der nicht weiter hintergehbare Pol der Dialektik zwischen Mensch und Natur ... konkret in ein neues Spiel. Die Auseinandersetzung nimmt als praktisch-dialektischer Prozeß ihren Lauf. Der wesentliche Kern des Prozesses in dieser Sicht ist, daß die Äußerungen des kindlichen Organismus vom ersten Augenblick an ihre *gesellschaftliche Formbestimmung* erhalten. Reiz und Reaktion bedingen sich gegenseitig, stellen sich auf eine gemeinsame Form mit gemeinsamem Inhalt ein – der *‚bestimmten Interaktionsform'*. Die Einstellung determiniert den nächsten Schritt und alle folgenden; in konsekutiver Vermittlung der voneinander abhängigen, aufeinander bezogenen Pole ‚Reiz' und ‚Reaktion' stellt sich die ‚bestimmte Interaktionsform' ein. Verschiebungen im embryonalen Organismus (entsprechend seiner Reifung) und veränderte Reaktionen des mütterlichen Organismus (entsprechend der vielschichtigen mütterlichen Art zu reagieren) bringen veränderte, d. h. jeweils neue „bestimmte Interaktionsformen" hervor. Alle diese bestimmten Interaktionsformen geraten von vornherein in einen systematischen Zusammenhang; beim Kind infolge seiner organismischen Konsistenz, bei der Mutter dank des Umstandes, daß sie bereits ein mehr oder minder einheitliches *Subjekt* ist.

Dieser letztere Sachverhalt bedarf genauerer Betrachtung. Hier liegt der Kernpunkt für Sozialisation. Keine der blind-organismischen Reaktionen der Mutter ist außergesellschaftlich und ungeschichtlich. Wenn wir die Mutter als Subjekt bezeichnen, so ist deren Subjektivität immer schon innerhalb der Dialektik von Individuum und Gesellschaft zu denken. Die Mutter selbst hat die im Problemfeld der primären Sozialisation anzuvisierende Konstitution des Subjekts durchlaufen. Auch bei ihr war die praktisch-dialektisch verlaufende Subjektbildung das Resultat von Entwicklungsschritten eines Menschen in einer historisch-bestimmten Situation. Denn die Mütter – die Mutter des Kindes und die Mutter der Mutter – sind im vollen Umfang als Sozialisationsagenturen anzusehen. Aber nicht die primäre Sozialisation allein, sondern auch die auf sie folgenden Sozialisationsetappen determinieren die mütterlichen Reaktionsweisen. Diese sind, wie wir scharf zu beachten haben, die entscheidende Quelle der Beeinflussung. ... Über die realen Gruppierungen befindet sich die Mutter im Bezugsrahmen einer realen Klasse innerhalb gesamtgesellschaftlicher Prozesse. Weil die Realität der gesamtgesellschaftlichen Prozesse aber als Auseinandersetzung des Menschen mit äußerer Natur unter konkreten Produktionsweisen zu begreifen ist, ergibt sich: Die bestimmten Interaktionsformen sind von Anfang an Ausdruck der objektiven Lage; die Mutter vermittelt sie als Teil des gesellschaftlichen Gesamtarbeiters. ... Diese Vermittlung geschieht als praktisch-dialektische Auseinandersetzung mit der inneren Natur des Kindes, die in die Produktion der bestimmten Interaktionsformen eingeht. Im allerersten Ansatz ‚produziert' die Mutter die bestimmte Interaktionsform. ... In dem Maß, in dem bestimmte Interaktionsformen produziert werden, entstehen subjektive

Strukturen, bildet sich das kindliche Subjekt, das mit dem Subjekt ‚Mutter' zusammen die bestimmten Interaktionsformen herstellt; ja, Mutter und Kind zusammen bilden das für die Reproduktion der menschlichen Art entscheidende Subjekt. ... Volle ‚Inter-Subjektivität' im Sinne zweier einander gegenüberstehender Subjekte *kann* sich erst gegen Ende der primären Sozialisation, also Jahre nach dem hier anvisierten ersten intrauterinen Zeitpunkt der Einigungssituation, einstellen. Und umgekehrt: Nur am Anfang kann die Mutter das alleinige Subjekt der formbestimmenden Konstitutionsvorgänge sein. Für die ‚Zwischenzeit' aber ist die Mutter-Kind-Dyade das Subjekt, das die gesellschaftliche Formbestimmung leistet. Ihr Produkt ist die bestimmte Interaktionsform, wobei die Pole dieser praktisch-dialektischen Auseinandersetzung im Zuge subjektiver Konstitution ‚innere Natur' (des Kindes) einerseits und – da die Handlungen der Mutter als Teil der gesellschaftlichen Praxis anzusehen sind – ‚äußere Natur' andererseits sind. Halten wir vorläufig fest:

1. In die bestimmte Interaktionsform geht die kindliche Natur, vermittelt an gesellschaftliche Praxis, und mithin gesellschaftliche Praxis von allem Anfang an ein. 2. Die erste bestimmende Agentur dieses praktisch-dialektischen Prozesses ist die Mutter-Kind-Dyade. 3. Die bestimmte Interaktionsform ist als Niederschlag realen Interagierens, als Reiz-Reaktions-Kombination die Grundlage der subjektiven Struktur des Kindes. Form und Inhalt der subjektiven Strukturen werden in diesem konkreten ‚Produktionsprozeß' hergestellt. 4. Das Produkt spiegelt zwangsläufig die Produktionsweise wider. Weil die Produktion von Interaktionsformen innerhalb des Spannungsbogens gesellschaftlicher Arbeit anzunehmen ist, fügen sich die bestimmten Interaktionsformen insgesamt zu einer geschichtlich-bestimmten Struktur zusammen. Spannungen innerhalb der Struktur verdanken sich nicht nur der Widerständigkeit der Natur, nicht nur der Zufälligkeit der zeitlichen Erscheinung innerhalb des Zusammenspiels, sie werden vielmehr systematisch eingebracht aufgrund der gesellschaftlichen Widersprüchlichkeit der Produktionsweise. Der Begriff ‚Einigungssituation' darf selbstverständlich nicht harmonistisch mißverstanden werden. Er soll von vornherein berücksichtigen, daß Praxis nie utopisch-ideal und Einigung niemals ungeschichtlich-verklärt aus dem Rahmen der, die Sprachlichkeit der handelnden Subjekte beeinflussenden, sozialen Deformation herausfällt. ... *Das konkrete ‚Es' ist als reale Triebpotenz ein Komplex hergestellter Interaktionsformen.* Wirksame Natur ist im Individuum immer schon strukturiert in be-

stimmten Interaktionsformen, in denen das Nichtidentische mit Gesellschaft in der körperlichen Ausgangslage steckt. Nur im Zusammenhang mit den real eingeübten Interaktionsformen entwickelt sich das Organismisch-Bewußtlose des ‚systematischen Unbewußten'. Da Interaktionsformen ihr Formbestimmung immer im praktisch-dialektischen Prozeß der Sozialisation erhalten, ist der Trieb selbst geschichtlich" (Lorenzer, 1974, S. 116–120).

Subjektivierung wird von Anfang an als das Resultat der im Sozialisationsprozeß produzierten Interaktionsformen ausgewiesen. Ausgangsbasis ist die intrauterine Einheit von Mutter und Kind – ein unbegrenztes biologisches Kontinuum, in welchem Bedarf und Bedarfsstillung in einem kontinuierlichen, homöostatischen Gleichgewicht gehalten werden. Mit der räumlichen Trennung bei der Geburt wird diese ursprüngliche Einheit aufgehoben. Ein „Kind, das durch die Kette von Störungen, und d. h. Versagungen unmittelbarer Bedürfnisbefriedigung aus dem leidlosen Zustand bedürfnisloser Einheit von Bedarf und Erfüllung herausgetrieben wurde, erwirbt als Ersatz neue Befriedigungsformen in der Wechselbeziehung [mit der Mutter, d. Verf.], deren Entfaltung erst allmählich das Gegenüber von Ich und Nicht-Ich preisgibt" (Lorenzer, 1972, S. 44). Die kontinuierliche Bedarfsstillung wird ersetzt durch die eingeübte Praxis der Befriedigungs-, d. h. Interaktionsformen. Produziert sind diese Interaktionsformen insofern, als auch sie als Einigungssituationen zwischen kindlichem Körperbedarf und mütterlichen Interaktionsangeboten vorgestellt werden.

Zentraler Punkt ist, daß das Neugeborene nicht als verdinglicht, d. h. mit ahistorischen Bedürfnissen, mit präformierten Inhalten ausgestattet, gedacht wird. Die Subjektivität des menschlichen Individuums konstituiert sich *ab ovo* neu als Niederschlag realer, körperbestimmter Interaktion. Intrauterin wird im kindlichen Organismus im biologischen Zusammenspiel mit dem mütterlichen ein jeweils bestimmter, konkret-einmaliger Körperbedarf hergestellt, der sich in den postnatalen Interaktionen in bestimmte imperative und triebhafte Bedürfnisse ausdifferenziert. Sowohl auf biologischer wie auf psychologischer Ebene erwächst die Subjektivität des Individuums jeweils aus dessen realer Lebenspraxis, und zwar als konkret strukturierte Lebensaktivität „in der Zeit". Die konkrete Einmaligkeit des Individuums verdankt sich bereits in den ersten Ansätzen dem System engrammatisch fixierter Interaktionsformen zwischen Mutter und Kind, dessen spezifisches System in der Dialektik von Interaktionsangebot und Einigung gründet. Indem jede „querlaufende“ Interaktion auf seiten des Kindes zu einer ansteigenden Strukturierung führt, wird eine Einigung auf die folgenden Interaktionsangebote von der bereits strukturierten Lebensaktivität mitbestimmt.

Daß der kindliche Organismus vom ersten Augenblick an, also bereits intrauterin, eine gesellschaftliche Formbestimmung erfährt, wird einsichtig, wenn man den Prozeß der Formfindung auf der Ebene der Interaktionsengramme in einer Weise präzisiert, wie wir es an anderer Stelle getan haben (Zepf 1976, S. 55–58). Um kurz zu rekapitulieren: Lorenzer versteht unter einem Interaktionsengramm das somatische, zentralnervöse Substrat einer Interaktionsform (Lorenzer, 1972, S. 105 f.). Postnatal sind diese neurophysiologischen Bausteine subjektiver Strukturbildung zu lesen als bedingt-reflektorische Zusammenschaltungen von bestimmten Elementen, von bestimmten intero- und exterozeptiven Reizen und motorischen Impulsen, von bestimmten unbedingt-reflektorisch ablaufenden Körperprozessen also, die das somatische Substrat dieser Reize und Impulse abgeben. Durch die mütterlichen Interaktionsangebote werden aus der Fülle unbedingt-reflektorischer Körperprozesse bestimmte Prozesse dadurch ausgesondert, daß sie in eine bestimmte Beziehung zueinander gebracht werden, in eine bedingt-reflektorische Zusammenschaltung, die engrammatisch fixiert wird. Mit dieser Bestimmung läßt sich das Interaktionsengramm identifizieren mit dem funktionellen System Anochins (1967), das in der Lebenspraxis entsteht und in welchem die notwendigen Bedingungen eines bestimmten Interagierens gespeichert sind. Diese inneren Modelle entstehen in einem aktiven Findungsprozeß aus verschiedenen hypothetischen Modellen, in welchen zunächst versuchsweise verschiedene situative Informationen, Perzepte aus dem Körperinnern und aus der Umwelt, zusammengeschaltet werden. Unter Kontrolle der Lebenspraxis, der Referenz der damit erzielbaren Effekte, wird dann zunehmend jene bedingt-reflektorische Verbindung herausabstrahiert, in der diejenigen Informationen gespeichert sind, die für ein bestimmtes Interagieren unabdingbar, d. h. wesentlich, sind.

Das Interaktionsengramm ist somit zu verstehen als das Resultat einer stufenweisen Bildung von Invarianzen, in deren Verlauf aus der Fülle situativer Reize diejenigen herausabstrahiert und in engrammatischer Zusammenschaltung fixiert werden, die es bei einem bestimmten Interagieren notwendig zu berücksichtigen gilt. Lückenlos ist dieses Resultat bestimmt durch die individuelle Lebenspraxis und damit letztlich durch die sozialen Gesetze, die für diese Lebenspraxis verantwortlich sind. D. h. nichts anderes, als daß im Prozeß der Sozialisation die innere Natur des Individuums durch seine äußere, soziale Natur dialektisch negiert wird. Die biologischen Gesetze, welche sowohl für den Menschen als auch für das Tier Gültigkeit besitzen, werden damit natürlich nicht außer Kraft gesetzt. Was sich jedoch durch die soziale Existenz des Menschen ändert, ist ihre Form.[3] Mit einer vom Tier qualitativ unterschiedenen Lebenstätigkeit kommen im Menschen die allgemeinen biologischen Gesetze auch entsprechend seiner Differentia specifica, entsprechend den spezifischen Gesetzen seiner Lebenstätigkeit zum Ausdruck. Genau dieser Sachverhalt wird in der Begrifflichkeit der Theorie der Interaktionsformen konkret. Die innere Natur des Menschen, das Zusammenspiel seiner Körperprozesse, gewinnt im Prozeß der Herstellung bestimmter Interaktionsformen eine konkret-einmalige lebensgeschichtlich bestimmte Struktur. Der engrammatische Niederschlag dieser Interaktionsformen im Individuum erweist sich als das zentrale Strukturmoment, welches die Gesetzmäßigkeiten animalischer Funktionsabläufe dialektisch negiert. Im menschlichen Individuum wird ihr Zusammenspiel geregelt durch die spezifischen Gesetze seiner sozialen Existenz, welche die Zusammenschaltungen seiner Körperprozesse bestimmen.

Dies gilt von Anfang an. Die mütterliche Biologie, mit der sich der kindliche Organismus intrauterin auseinanderzusetzen hat, ist ja immer schon in Interaktionsengrammen strukturierte Biologie. Schon die Genese der unbedingt-reflektorischen Körperprozesse, die Entwicklung des biologischen Bedarfs des kindlichen Organismus, ist damit sozial bestimmt. Das Gesellschaftliche steckt hier in der mütterlichen Biologie und wird über den Reiz-Reaktion-Zusammenhang in den sich einstellenden biologischen Interaktionsformen an das Kind vermittelt.

Verfolgt man den bisher dargestellten Sozialisationsprozeß unter der Kategorie des dialektischen Widerspruchs, dann wird deutlich, daß sich innerhalb der organismischen Einheit der Mutter aus einer Identität zwei Systeme entwickeln, die sich zunehmend voneinander unterscheiden und zu den beiden Seiten eines Widerspruches werden.[4] Beide Seiten setzen sich nicht nur wechselseitig voraus. Sie durchdringen sich darüber hinaus in dem Sinne, daß sich der kindliche Organismus in Abhängigkeit von der mütterlichen Reaktionslage entwickelt und daß dessen Entwicklung wiederum zu Veränderungen des mütterlichen Organismus führt. Der kindliche Organismus stellt sich so im mütterlichen, der mütterliche Organismus im kindlichen dar. Das kindliche System negiert in der Entwicklung seine ihm äußeren Bedingungen, bewahrt sie in sich auf, während umgekehrt in den Veränderungen des mütterlichen Organismus das sich entwickelnde kindliche System negiert und aufbewahrt wird. Das heißt nichts anderes, als daß sich der Widerspruch beider, sich setzender und negierender Seiten konkret in den biologischen Interaktionsformen bewegt, sich dort löst und entwickelt. Die Entwicklung des kindlichen Organismus wie auch die Veränderungen des mütterlichen Systems werden so zum Entwicklungsresultat ihres Widerspruchs. An einem bestimmten Punkt der Widerspruchsentwicklung wird die bisherige Form seiner Existenz gesprengt. Die biologischen Interaktionsformen haben die Voraussetzung für Interaktionsformen von neuer Qualität geschaffen, die mit der räumlichen Trennung beider Systeme im Geburtsakt ihre Voraussetzung dialektisch negieren. Quantitative Veränderungen haben zu einem qualitativen Sprung, zu einer neuen Qualität geführt, zu sozialen Interaktionsformen, die als Möglichkeit im kindlichen System angelegt waren und die in der Entwicklung, insofern bestimmte Entwicklungen eingelöst wurden, Wirklichkeit werden. Ganz im Sinne einer dialektischen Negation ist auch hier im Negierten das Negierende als Möglichkeit vorhanden und im Negierenden das Negierte in aufgehobener, qualitativ neuer Form enthalten. Wie Ware und Geld als historische Voraussetzungen des Kapitals den Kapitalismus der Möglichkeit nach enthalten und mit dem Aufkommen des Kapitalismus dialektisch negiert und zu einer seiner Folgen, seiner Existenzweisen werden,[5] so wird auch die innere Natur des Menschen als Voraussetzung seiner gesellschaftlichen Existenz durch seine gesellschaftliche Existenz dialektisch negiert und zu ihrem Produkt.

Indem die Theorie der Interaktionsformen zeigen kann, *wie* im Sozialisationsprozeß die biologische Natur des Menschen dialektisch negiert und zu einer Existenzweise seiner gesellschaftlichen Natur wird, konkretisiert sie die marxistische Auffassung vom Menschen. Für Marx ist bekanntlich „das Dasein des Menschen das Resultat eines früheren Prozesses, den das organische Leben durchlaufen hat. Erst auf einem gewissen Punkt wird es Mensch. Aber den Menschen einmal gesetzt, ist er, als beständige Voraussetzung der Menschengeschichte, ebenso ihr beständiges Produkt und Resultat, und er ist *Voraussetzung* nur als ein eignes Produkt und Resultat“ (Marx, Grundrisse, S. 364, vgl. a. S. 189; ferner: Marx, MEW 26. 3. S. 18).

Freilich ist mit den postnatal sich einstellenden und sich im Individuum niederschlagenden Interaktionsformen die qualitative Entwicklung nicht abgeschlossen. Diese vorsprachlichen und von Lorenzer als „protosymbolisch“ bezeichneten Interaktionsformen entwikkeln sich weiter zu „symbolischen“. Unter dem Stichwort „Einführungssituation von Sprache“ beschreibt Lorenzer diese Entwicklung als zweites Grundelement seines Konzepts, welches die je individuelle Lebenspraxis zugleich in die Perspektive der Bewußtseinsbildung rückt: „Ganz im Sinn der sprachtheoretischen Einsicht ist die das Bewußtsein kennzeichnende Spannung zwischen Subjekt- und Objektwelt erst mit der Einführung von Sprache als bewußter Wirklichkeitserfahrung anzunehmen. Die Sprache schafft die Selbsterfahrung und die darauf bezogene Gegenstandswelt. Gleichwohl bringt die Sprache beides nicht von außen (aus einem Korpus platonischer Ideen) ein. Sprachformen und Sprachinhalte werden dem Individuum nicht übergestülpt, sondern dialektisch vermittelt. Ein unerläßlicher Vermittlungsschritt ist der Aufbau der – zunächst bewußtlosen, aber nicht unabhängig von den Sprachspielen der Gesellschaft zu denkenden – Interaktionsformen. Der Sprachaufbau ist in diesem Rahmen ein Prozeß, der in der Ontogenese des einzelnen in folgender Weise sich vollzieht: 1. Ein Wort, z. B. ‚Mama‘, wird von einer bestimmten Person dem Kind vorgesprochen. 2. Die ‚spracheinführende Person‘ zeigt ... dabei auf einen Gegenstand, der nun freilich kein für sich stehendes Objekt ist (Objekte werden ja erst von der Sprache gebildet), sondern als aktuelle, bestimmt-geformte Interaktionsfigur, die gegenwärtige Interaktion zwischen den beiden Partnern der Spracheinführung ausmacht. Die bestimmte Interaktionsform erhält einen Namen. 3. Der Sprachaufbau gründet so auf der Pragmatik des Zeigens-auf, der Semantik der Verbindung von Wort (im Rahmen der gegebenen Sprache) und bestimmter Interaktionsform (im Rahmen der hergestellten Interaktionsstruktur). Der Aufbau der Syntax muß danach als Resultat des Zusammenspiels von Sprachstruktur und Interaktionsstruktur in realer Interaktion angesehen werden. Das elaborierte Gefüge der Sprache bleibt irreal, bis es realisiert wird in dialektischer Schrittfolge innerhalb realen Interagierens. Die Objektivität der Sprache wird geschichtlich konkret im je einzelnen Sozialisationsprozeß. – ... die inhaltliche Konkretheit der bestimmten Interaktionsform [wird] in Sprache eingeholt. Als benannte, also ‚prädizierte bestimmte Interaktionsform‘ wird diese zur *‚symbolischen Interaktionsform‘*, wird sie zur Grundeinheit des semantischen Gefüges der Sprache. Die das kindliche Verhalten ausmachende ‚bestimmte Interaktionsform‘ wird als ‚symbolische Interaktionsform‘ zur Grundlage des Bewußtseins. Das zentralnervöse Substrat der bestimmten Interaktionsform ist eine eingespielte Bewegungsformel mit sensorischen und motorischen Anteilen. Bei der Bildung der ‚symbolischen Interaktionsform' wird dazu ein *Lautkomplex* (wiederum mit sensorischen und motorischen Anteilen in anderen kortikalen und subkortikalen Gehirnpartien) hinzugefügt. Die Verbindung der Komplexe erlaubt die Beweglichkeit des Stellvertreters füreinander, was es wiederum möglich macht, Handlungen im Denken als einem ‚Probehandeln' ersatzweise durchzuspielen. Die Lautkomplexe systematisieren, dem Gefüge der Sprache entsprechend, die Interaktionsformen innerhalb der gebildeten Interaktionsstruktur" (Lorenzer, 1974, S. 120–122).

Präzisiert wird die Entwicklung symbolischer Interaktionsformen mit den Konzepten der „Prädikation" und „Regulation", welche die Bildung ihrer Extensionen erläutern (Lorenzer, 1972, S. 56–82). Prädikation meint das Zuordnen eines Prädikators, eines gesprochenen Wortes, zu einer Interaktionsform, respektive das Zuordnen eines Lautengramms zu einem Interaktionsengramm. Regulation kennzeichnet das sprachliche Grundvermögen, welches erlaubt, bereits bestimmten Interaktionsformen zugesprochene Prädikatoren anderen Interaktionsformen abzusprechen. Die Folge ist eine entsprechend abgrenzende Aufgliederung der Interaktionsformen. Die Bildung der Intension, welche für das Symbol als Mittel des Probehandelns, des Denkens, ebenso charakteristisch ist wie die der Extension, erweist sich als ein Prozeß von sich wechselseitig bedingenden Abstraktionen, in welchen das Identische, das Gegenüber dem Wechsel der Interaktionsformen Invariante in den eingeführten Prädikatoren „auf den Begriff" gebracht wird. An anderer Stelle wurde dieser Prozeß detailliert erläutert (Zepf, 1976, S. 76–91). Um zu zeigen, daß in der Theorie der Interaktionsformen die Bildung individuellen Bewußtseins, das ja mit dem Erwerb von Sprache zu identifizieren ist, voll und ganz aus den Bedingungen der individuellen Lebenspraxis resultiert, wollen wir diesen Prozeß nochmals und wenigstens in aller Kürze skizzieren.

Prädikation und Regulation kennzeichnen einen Vorgang, in dem bestimmte und voneinander verschiedene Zusammenschaltungen von Elementen, d. h. von bestimmten sensorischen Perzepten und motorischen Impulsen, unter die eingeführten Prädikatoren subsumiert werden. Im Zuge eines Vergleichs werden nun aus diesen verschiedenen Zusammenschaltungen diejenigen Elemente herausabstrahiert und in den Prädikatoren „auf den Begriff" gebracht, hinsichtlich derer sie identisch sind. Da sich Identisches nur in Polarität zum Verschiedenen bestimmen läßt, sind diese analytischen Abstraktionen notwendig an synthetische Konkretionen gebunden. Die analytische Abstraktion eines identischen Elements aus verschiedenen Zusammenschaltungen mit anderen Elementen ist nur möglich, wenn in einem dazu gegenläufigen Prozeß die Verschiedenheit des identischen Elements, wenn die verschiedenen Zusammenschaltungen, in denen das identische Element existiert, bereits als besondere Exemplare, als Konkretionen anderer Abstraktionen ausgewiesen werden können.

Verdeutlicht man sich diese komplexe Sachlage am Beispiel der Intensionsbildung von „Mama", dann ergibt sich folgendes Bild. Mit der Einführung des Prädikators „Mama" werden im Laufe der Zeit verschiedene Interaktionsformen bezeichnet, in denen das Mama-Objekt für das Kind konkret existiert. Damit nun Mama als das Identische dieser verschiedenen, sagen wir lieben, warm-befriedigenden und bösen, kalt-frustierenden Interaktionsformen herausabstrahiert werden kann, müssen bereits eine Reihe von Abstraktionen vorliegen, so z. B. die Abstraktionen „lieb" und „böse". Die Verschiedenheit der Erscheinungsformen von Mama, die Nichtidentität von warm-befriedigenden und kalt-frustrierenden Interaktionsformen, könnte sonst nicht bewußt erfaßt werden. Um diese Bedingung für die Mama-Abstraktion einzulösen, müssen also „lieb" und „böse" nicht nur in verschiedenen Interaktionsformen interagiert worden sein, ihre Verschiedenheit muß vielmehr auch erkannt werden können, d. h. als „Fall" bestimmter anderer Abstraktionen auszumachen sein. Ihr Abstraktionsprozeß setzt also ebenfalls bereits vollzogene Abstraktionen voraus, die wiederum weitere Abstraktionen als Bedingung benötigen.

Von hier aus dürfte einsichtig sein, daß diese Abstraktionsprozesse zweierlei voraussetzen: ein entfaltetes Interaktionsspiel[6] und die Einführung vielfältiger Prädikatoren. Erst diese quantitativen Veränderungen schaffen die Bedingungen für den qualitativen Sprung, in dem die Möglichkeit zu symbolischen Interaktionsformen im Individuum Wirklichkeit werden kann und ihre vorsprachlichen Voraussetzungen dialektisch negiert werden können.

Betrachtet man die Entwicklung der Interaktionsformen unter systemtheoretischem Aspekt, dann wird nicht nur die Dialektik von Quantität und Qualität, sondern auch die von Form und Inhalt konkret faßbar. Wir sagten, daß in einem Interaktionsengramm diejenigen Elemente zusammengeschaltet sind, die für ein bestimmtes Interagieren wesentlich wurden. Nun ist es zweifelsohne so, daß sich für die ersten postnatalen Interaktionen nur wenige Elemente als wesentlich erweisen. Dem Kind wird beispielsweise beim Auftreten seiner ersten, noch undifferenzierten Körperspannungen die mütterliche Brust in relativ gleichartigen Situationen angeboten. Das Kind wird dabei aus dem Bettchen auf den Arm genommen, in bestimmter Weise berührt, gestreichelt etc. An die Brust gelegt, saugt es und fällt danach wieder in den Schlafzustand zurück. Subjektiv wesentlich in den verschiedenen Situationen, in denen dieses Interagieren stattfindet, werden nun situative Elemente, die sich für dieses bestimmte Interagieren, für die Befriedigung dieses qualifizierten Bedürfnisses als unabdingbar erweisen. Dies bedeutet, daß beispielsweise die dabei realisierten Hautkontakte oder bestimmte motorische Abläufe zunächst nicht engrammatisch registriert werden. Zwar sind diese Hautkontakte und motorischen Abläufe verschiedenen Situationen allgemein, sie sind jedoch nicht *subjektiv* wesentlich geworden. Um den antizipierten Effekt des Saugens zu erzielen, müssen diese situativen Elemente noch nicht notwendig berücksichtigt werden. Das Engramm dieses „fütternden" Interagierens wird also zunächst relativ undifferenziert ausfallen, d. h. aus nur wenigen Elementen bestehen.

Eine Differenzierung dieses Engramms, eine Zunahme von Elementen wird jedoch zwangsläufig mit der Herstellung weiterer Interaktionsengramme erfolgen. Ein neues mütterliches Interaktionsangebot heißt ja u. a., daß die bisherige formgerechte Antwort auf ein bereits hergestelltes Interaktionsbedürfnis ausbleibt. Statt das Kind aus dem Bettchen auf den Arm und an die Brust zu nehmen, wird es beispielsweise wiederholt auf den Rücken gelegt und beim Wechseln der Windeln gestreichelt etc. Diese „streichelnde, windelnwechselnde" Antwort wird nun freilich das „fütternde" Interaktionsengramm ebenso problematisieren, wie umgekehrt die „fütternde" Antwort das „streichelnde, windelnwechselnde" Interaktionsengramm in Frage stellt. Wird am jeweiligen Effekt festgehalten, dann werden die daraus resultierenden Frustrationserlebnisse notwendig zu einer Differenzierung der entsprechenden Interaktionsengramme führen müssen. Die Bedingungen für „füttern" und „streicheln, Windeln wechseln" werden in wechselseitiger Abgrenzung zunehmend spezifiziert werden. Die problematisierenden, nicht formgerechten Antworten werden also dazu führen, daß die Interaktionsengramme um zusätzliche Informationen, um bestimmte situative Elemente angereichert werden. Für eine bestimmte Interaktionsform werden so um so mehr situative Elemente wesentlich werden, je mehr sich das Interaktionsspiel insgesamt entfaltet.

Unter systemtheoretischem Aspekt können die einzelnen Interaktionsformen als Teilsysteme des gesamten Systems an Interaktionsformen angesehen werden. Mit Kröber und Warnke (1970, S. 308–371) können dann die Elemente der Interaktionsformen als Inhalt und die Struktur ihrer Beziehung als ihre Form identifiziert werden. Es gilt dann: Die quantitative Zunahme von Elementen des Gesamtsystems, von Interaktionsformen also, ist mit einer quantitativen Zunahme von Elementen der einzelnen Teilsysteme, der einzelnen Interaktionsformen, verbunden. Da die Art und Menge der Kopplungen der Elemente, mithin ihre Beziehungsstrukturen, von der Art und Menge der vorhandenen Elemente abhängig sind, bestimmt der Inhalt die Form. Die Form wiederum bestimmt den Inhalt in dem Sinn, daß die aus der quantitativen Zunahme resultierenden Strukturveränderungen zu einer qualitativen Spezifizierung, zu einer Besonderung der Interaktionsformen und ihrer Elemente führen. Die symbolischen Interaktionsformen sind in dieser Hinsicht Produkt der Widerspruchsentwicklung von Inhalt und Form. An einem Punkt der Entwicklung überschreitet die Zunahme von Elementen einen bestimmten Schwellenwert und führt zu einer qualitativen Veränderung der Struktur des Gesamtsystems. Ausgehend von einer quantitativen inhaltlichen Zunahme, entwickelt sich auch hier nicht nur die Form, sondern ebenso auch die Einheit von Inhalt und Form.

Nicht nur die dialektischen Kategorien, sondern auch die Marxschen Einsichten in den Erkenntnisprozeß haben für die Entwicklung symbolischer Interaktionsformen volle Gültigkeit. In der „Einleitung zur Kritik der Politischen Ökonomie" heißt es: „Die Gleichgültigkeit gegen eine bestimmte Art der Arbeit setzt eine sehr entwickelte Totalität wirklicher Arbeitsarten voraus, von denen keine mehr die alles beherrschende ist. So entstehen die allgemeinsten Abstraktionen überhaupt nur bei der reichsten konkreten Entwicklung, wo eines vielem gemeinsam erscheint … Dann hört es auf, nur in besonderer Form gedacht werden zu können" (Marx, MEW 13, S. 635). Lokalisiert dieser Passus die Bedingungen für die analytische Abstraktion in der Mannigfaltigkeit konkreter Praxis, so nimmt die folgende Textstelle die synthetische Konkretion vorweg: „Das Konkrete ist konkret, weil es die Zusammenfassung vieler Bestimmungen ist, also Einheit des Mannigfaltigen. Im Denken erscheint es daher als Prozeß der Zusammenfassung, als Resultat, nicht als Ausgangspunkt, obgleich es der wirkliche Ausgangspunkt und daher auch der Ausgangspunkt der Anschauung und Vorstellung ist. Im ersten Weg wurde die volle Vorstellung zu abstrakter Bestimmung verflüchtigt, im zweiten Weg führen die abstrakten Bestimmungen zur Reproduktion des Konkreten im Wege des Denkens" (Marx, MEW 13, S. 632).

Die Erkenntnisbewegung vom sinnlich Konkreten über das Abstrakte zum Konkreten im Denken ist nicht zu verstehen als eine bloße Aneinanderreihung einzelner Abstraktionen. Vielmehr handelt es sich dabei um ihre Synthese in einer Weise, daß den inneren, wirklichen Zusammenhängen des Gegenstandes entsprochen wird. Die ideelle Reproduktion des Konkreten als ein symbolisches Gedankenkonkretum – als Einheit des Mannigfaltigen – vermittelt sich – ganz wie in der Marxschen Kapitalismusanalyse (vgl. Rosental, 1972) – über eine synthetische Tätigkeit, in der die Vielfalt einzelner, analytisch herausgearbeiteter Abstraktionen zueinander in Beziehung gesetzt werden. Wie bei Marx handelt es sich auch hier nicht um ein Nacheinander von Analyse und Synthese, sondern um ihre dialektische Durchdringung: Die Analyse realisiert sich mittels einer Synthese, die sich wiederum über eine Analyse verwirklicht (vgl. Rosental, 1072, S. 30, S. 36 f.)

Betrachtet man die symbolischen Interaktionsformen auf entwickeltem Niveau, dann wird einsichtig, daß damit eine Identität von Gegensätzen geschaffen wird: Einzelnes wird Allgemeines und Allgemeines einzelnes. Einerseits steht ein Prädikator in Beziehung zu einer Vielzahl einzelner Interaktionsformen und bringt ihre abstrakte Identität, ihr Allgemeines auf den Begriff: das einzelne ist Allgemeines. Andererseits steht eine Interaktionsform in Beziehung zu vielfältigen einzelnen Prädikatoren: das Allgemeine ist einzelnes.[7] Genau dieser Sachverhalt ist in der folgenden Formulierung Lorenzers enthalten. Bei entwickelten symbolischen Interaktionsformen wird „die Interaktion … zur gegliederten Szene, die als sprachlich begriffene Szene mit anderen sprachlich begriffenen Szenen in vielfach gesichertem Symbolgefüge verbunden ist. Die biologische Grundlage dieses Symbolgefüges ist in den engrammatisch fixierten Querverbindungen zwischen den Lautengrammen zu suchen. Bei entwickeltem Symbolsystem gründet das Einzelsymbol mithin stets in den Querverbindungen LE-IE wie auch in den Komplexen LE (LE-IE), wobei „das System bedeutungsvoller Lautengramme an keiner Stelle unabhängig von realer Interaktionserfahrung steht …“ (Lorenzer, 1972, S. 112, S. 114).

Indem diese Verbindungen dem Subjekt erlauben, seine individuelle Lebensgeschichte und damit sich selbst als ein synthetisches Gedankenkonkretum zu reproduzieren, wird auch die Negation der ursprünglichen Einheit von Mutter und Kind negiert. Die symbolischen Interaktionsformen negieren die Generation dieser biologischen Einheit, die mit dem Geburtsakt stattfand. Das Subjekt reproduziert sie mittels symbolischer Interaktionsformen auf qualitativ höherer Stufe als bewußte Einheit, als konkrete Identität. Es ist mit der Mutter hinsichtlich bestimmter Seiten identisch und hinsichtlich bestimmter anderer Seiten von ihr verschieden. Symbolische Interaktionsformen ermöglichen dem Subjekt, sich selbst, seine Objektbeziehungen wie auch die Objekte in ihrer konkreten Identität als jeweilige Einheiten des Mannigfaltigen zu erfassen und sie so gegeneinander abzugrenzen. Sie versetzen das Subjekt in die Lage, von sich selbst und seinen Objektbeziehungen zu abstrahieren, die Objekte in ihren objektiven Gegenstandsbedeutungen zu erfassen, sich selbst in eine bewußte Beziehung zu ihnen zu setzen und entsprechend den objektiven Gesetzen, denen sie unterliegen, zu handeln.[8] Entstanden in der Lebenspraxis, sind die symbolischen Interaktionsformen Voraussetzung und Resultat jener menschlichen Praxis, die selbst den „schlechtesten Baumeister" noch vor der „besten Biene" unterscheidet: nämlich „daß er die Zelle in seinem Kopf gebaut hat, bevor er sie in Wachs baut" (Marx, MEW 23, S. 193). Sie eröffnen den Weg zur Freiheit, indem sie Handeln aus Einsicht in die objektiven Notwendigkeiten ermöglichen.

Von einem idealistischen Verständnis menschlicher Tätigkeit kann hier gewiß nicht die Rede sein. Dieser Vorwurf Gerhardts (1977, S. 61, s. a. S. 23) resultiert vielmehr aus seiner Unfähigkeit, die dialektische, lebenspraktisch bestimmte Entwicklung symbolischer Interaktionsformen als das begreifen zu können, was sie ist. Freilich richtet Gerhardt noch eine ganze Reihe weiterer Argumente gegen die Theorie der Interaktionsformen. Wir wollen nun die wesentlichen bündeln und unserer Darstellung entgegenhalten.

II/2. Gerhardt moniert, daß diese Sozialisationstheorie vitalistische Implikationen habe, da sie dem Menschen von Natur aus eine zweckmäßige Tätigkeit unterstellen würde (1977, S. 84, S. 867, S. 99). Objektive, als Gebrauchswertantizipationen hergestellte Gegenstandsbeleuchtungen würden keine Rolle mehr spielen, die Gegenstandswelt würde als bloße Projektionsfläche infantiler Triebwünsche in Erscheinung treten (1977, S. 30, S. 38, S. 55 f., S. 74 f., S. 77). Die Interaktion sei ferner auf bloß zwischenmenschliche Interaktion reduziert (1977, S. 35, S. 42, S. 57, S. 74). Außerdem bliebe es offen, wie die Triebe inhaltlich in die Symbole eingehen (1977, S. 307). Kritisiert wird ferner, „daß der Aufbau von Schaltungssystemen unter Lautengrammen genauso wie die Aufgliederung der Sprachsymbole als völlig abgelöst von der Entwicklung der Handlungs- und Interaktionstrukturen dargestellt wird" (1977, S. 77). Die beiden letzten Einwände lassen sich zweifelsohne allein durch eine genaue Textrezeption entkräften. Unsere Darstellung hat gezeigt, wie die Triebe inhaltlich in die Symbole eingehen und daß im Gegenteil der Aufbau von Schaltungssystemen unter Lautengrammen wie auch die Aufgliederung der Sprachsymbole bestimmt ist von den Interaktionsstrukturen der individuellen Lebenspraxis. Die Unklarheiten, die für Gerhardt in der Verbindung von Trieb und Symbol vorhanden sind, wie auch der Vorwurf des Vitalismus, werden verständlich, wenn man den Triebbegriff Lorenzers mit demjenigen Gerhardts vertauscht, den dieser auch Lorenzer unterstellt (Gerhardt, 1977, S. 16, S. 30, S. 100 f.). So zitiert Gerhardt (1977, S. 29) u. a. eine Textstelle Lorenzers, wo von der Notwendigkeit die Rede ist, das vergesellschaftete Es von dem nichtvergesellschafteten zu unterscheiden (Lorenzer, 1971, S. 50). Mit der Betonung eines nicht-vergesellschafteten Es nimmt zweifelsohne auch Lorenzer Bezug auf eine bereits von Natur aus vorhandene, inhaltlich wie auch immer, aber doch schon qualifizierte Bedürfnisstruktur, auf welche sich auch der Triebbegriff Gerhardts eindeutig bezieht (Gerhardt, 1977, S. 15, S. 18, S. 28, S. 38 f., S. 80, S. 89, S. 100d). Würde diese Identität der Triebbegriffe beider tatsächlich bestehen, dann wären diese Einwände Gerhardts ohne Zweifel berechtigt. Freilich, und dies ist mit allem Nachdruck zu unterstreichen, diese Identität besteht nicht. Die Lorenzersche Annahme eines nichtvergesellschafteten Es ist – *falsch*. In den Schriften Lorenzers, die diesem Text von 1971 folgten, wird, wenn auch nicht explizit, so doch implizit unmißverständlich deutlich, daß die Dichotomisierung des Es in ein vergesellschaftetes und in ein nichtvergesellschaftetes eine Unterscheidung war, die sich mit einer materialistischen Sozialisationstheorie nicht verträgt. 1974 wird eindeutig formuliert: *„Das konkrete ‚Es' ist als reale Triebpotenz ein Komplex hergestellter Interaktionsformen.* Wirksame Natur ist im Individuum immer schon strukturiert in bestimmten Interaktionsformen ... Da Interaktionsformen ihre Formbestimmung immer im praktisch-dialektischen Prozeß der Sozialisation erhalten, ist der Trieb selbst geschichtlich" (Lorenzer, 1974, S. 120).

Daß Gerhardt seinen eigenen Triebbegriff Lorenzer unterstellt, wird auch aus seiner Bemerkung ersichtlich, daß Lorenzer nur deshalb die Dialektik von Individuum und Gesellschaft im Subjektbegriff entfalten könne, weil die gesellschaftlich immanenten Widersprüche im einzelnen Individuum als Konflikt zwischen Physis und Psyche existieren würden (Gerhardt, 1977, S. 14). Würde Lorenzer allerdings die gesellschaftlichen Widersprüche im Subjekt dort verorten, wo Gerhardt sie lokalisiert, dann stünde es schlecht um seinen historisch-materialistischen Anspruch. Analog dem zu Recht von Dahmer (1972, S. 80 ff.) kritisierten Reichschen Biologismus würden nämlich damit die gesellschaftlichen Widersprüche im Subjekt reduziert werden auf einen Widerspruch zwischen einer sozialisierten Psyche und einer ahistorischen inneren Natur, bestenfalls noch auf einen Widerspruch zwischen Phylo- und Ontogenese. Ebensowenig wie die gesellschaftlichen Widersprüche im Verhälntnis zwischen einem gattungsgeschichtlichen früheren und dem aktuellen Entwicklungsstand einer Gesellschaftsformation existieren, ebensowenig können auch die gesellschaftlichen Widersprüche im Subjekt als Widersprüche zwischen einer phylogenetisch früheren und seiner aktuellen Existenz begriffen werden. Innere und soziale Natur wären dadurch nicht mehr in einem inneren Widerspruch dialektisch vermittelt, sondern auseinanderdividiert und in eine bloß äußere Beziehung gesetzt. Die aktuellen gesellschaftlichen Widersprüche hätten dann nurmehr einen modifizierenden Einfluß auf die Entwicklung der inneren Natur des Menschen, die damit zwangsläufig den Status eines eigenständigen Wesens erhalten würde. Wenn der Widerspruch nicht, wie z. B. bei Gerhardt, in toto eleminiert werden soll, dann wäre er damit allenfalls noch als ein äußerer dingfest zu machen, als ein Widerspruch zwischen zwei qualitativ verschiedenen Wesen, dem „natürlichen" und dem gesellschaftlichen menschlichen Wesen. Da sich bei einem Widerspruch zweier Wesen die beiden Seiten des Widerspruchs nicht mehr wechselseitig voraussetzen (vgl. Konstantinow et al., 1965, S. 244), wäre man allerdings dadurch auch zugleich zu der Annahme gezwungen, daß entweder die Individuen ohne Gesellschaft oder die Gesellschaft ohne Individuen existieren kann.

Daß diese Annahme ganz und gar unsinnig wäre, ist evident. Individuum und Gesellschaft setzen sich wechselseitig voraus.[9] Sie befinden sich demnach auch in einem Widerspruch, der dem analog sein muß, der die Ware als Ware bestimmt.[10] Individuum und Gesellschaft befinden sich in einem inneren Widerspruch, der dem einheitlichen Wesen des Menschen zugrunde liegt. Wie bei dem warenimmanenten Widerspruch müssen sich deshalb auch hier die beiden gegensätzlichen Pole auf qualitativ gleicher Höhe befinden, auf der Höhe der sozialen Existenzform des Menschen, sich wechselseitig bedingen und durchdringen: Einerseits existieren die Individuen in den gesellschaftlichen Verhältnissen, andererseits existieren die gesellschaftlichen Verhältnisse in den Individuen. Daß in diesem dialektischen inneren Widerspruch die Verhältnisse das Bestimmende sind, daran kann nach dem Wortlaut der 6. Feuerbach-These kein Zweifel bestehen: Das menschliche Wesen ist in seiner Wirklichkeit das Ensemble der gesellschaftlichen Verhältnisse. Wenn auch nach einem Wort Lenins (LW 38, S. 142) „Wesen" und „Gesetz" Begriffe gleicher Potenz sind, dann identifiziert die 6. Feuerbach-These das menschliche Wesen mit dem bestimmenden Gesetz der gesellschaftlichen Entwicklung, mit dem konkreten Stand der Dialektik von Produktivkräften und Produktionsverhältnissen.[11] In unserem Zusammenhang heißt dies: Als Subjekt ist das konkrete Individuum zu begreifen als Existenzform seines gesellschaftlichen und in sich widersprüchlichen Wesens, als Existenzform der konkreten Produktionsweise.

Soll die Einsicht, welche die 6. Feuerbach-These vermittelt, unverkürzt Geltung behalten, dann kann die Existenzweise gesellschaftlicher Widersprüche im Subjekt keinesfalls gedacht werden als Widerspruch zwischen dem im Sozialisationsprozeß hergestellten Subjekt und dessen innerer Natur. Vielmehr ist davon auszugehen, daß das gesellschaftliche Wesen das menschliche Individuum in Widersprüche zu sich selbst setzt, in Widersprüche, die sich ausschließlich einer widersprüchlichen Sozialisation verdanken können. Unter dem Titel „systematische Brechung kindlicher Praxis" ist dieser Sachverhalt als 3. Grundelement in der Theorie der Interaktionsformen eingezeichnet: „Die systematische Brechung ... betrifft die Zentralerfahrung der Psychoanalyse, gewonnen an der Neurosenanalyse. In den Begriffen der Theorie der Interaktionsformen stellt sich diese Brechung folgendermaßen dar: An bevorzugter Stelle des Bildungsgangs geraten Interaktionsformen, auf der Stufe der ödipalen Problematik etwa, in einen offenen Widerspruch zu anderen wichtigen Teilen im Gesamt symbolgeregelten Interagierens. ... Wenn der kleine Junge das ausgeformte Verhältnis zur Mutter als Liebesspiel präsentiert, kollidiert diese Interaktion mit anderen wichtigen Interaktionsformen, die sich als Interaktionsangebote durchsetzen wollen. Mehr noch, der kleine Junge erfährt in der Realität des Interagierens Abweisungen zumal dort, wo die symbolischen Interaktionsformen in ihrem vollen Sinn zum Vorschein kommen. Gerade die Bewußtheit, d. h. das eindeutig zum richtigen Namen sich verhaltende Interagieren, wird verpönt. Die Entwicklung läuft von selbst in die Sackgasse ihrer vollen Entfaltung. Handelt es sich ... um eine wesentliche und nicht beiläufig abzuschüttelnde Interaktionsform, so wird der Konflikt unabweisbar. Weder kann die

Interaktionsform aufgegeben werden, noch läßt sie sich als das, was sie sein muß – dem Reifungsprozeß entsprechend –, nämlich als ‚symbolische Interaktionsform', durchhalten. Die Abwehr des Konflikts dreht den Gang um eine Runde zurück. Die symbolische Interaktionsform wird desymbolisiert, die Interaktionsform verliert ihren Prädikator. ... Die eingeübte Interaktionsform bleibt bestehen, sie wird zum *Klischee*, das sprachlich exkommuniziert ist. Das Klischee verliert dabei alle die Vorteile, die der bestimmten Interaktionsform mit der Prädikation zufallen: Die relative Situationsunabhängigkeit verschwindet; der Reflexion entzogen, wird der alte Situationszwang wieder hergestellt. Aufgrund situativer Reize kommt es zum unweigerlichen Einrasten eines Reiz-Reaktionszirkels im Wiederholungszwang. – Die sprachliche Lücke über den abgesunkenen Klischees bleibt keinesfalls offen. Der Konsistenzzwang der verbliebenen symbolischen Interaktionsformen setzt sich über die ausgeschlossenen Klischees hinweg durch. Eine Decke von Rationalisierungen macht den Ausfall unkenntlich. Abwehrsymptome dichten ebenso ab, wie sie in ‚Kompromißbildungen' der virulenten Wirksamkeit des Verdrängten Rechnung tragen müssen. – Im voll ausgeprägten Fall finden sich aber auch in der Sprache Spuren der desymbolisierten Interaktionsformen. Abgetrennt von der unterdrückten symbolischen Interaktionsform lassen sich isolierte Repräsentanzen auf der vorher schon erwähnten Ebene der emotional leeren Zeichen finden. Ja, bei der Bildung des Zwangscharakters dominiert eben diese Zeichenbildung. Die Selbst- wie Objektrepräsentanzen werden zu schablonenhaft-isolierten, ‚vergegenständlichten' Ichanteilen. Die dazugehörigen Interaktionsformen sind – etwa in der Zwangsneurose – unbewußt-virulente Faktoren des Agierens. Die beiden kontrastierenden Bilder der Hysterie und Zwangsneurose sind gleichsam die typischen Gemälde dieses je unterschiedlich verlaufenden, im entscheidenden Kern aber beide Male auf ‚Desymbolisierung symbolischer Interaktionsformen im Konflikt' zurückgehenden Deformationsprozesses. Isolierte, von emotional leeren Zeichen gebildete Sprachfiguren einerseits und desymbolisierte bestimmte Interaktionsformen, d. h. Klischees, andererseits sind die Ergebnisse der systematischen Brechung ..." (Lorenzer, 1974, S. 123–125).

Grundlegendes Moment der Brechung kindlicher Praxis in neurotogener Sozialisation ist ein antagonistischer Widerspruch zwischen dem geforderten aktuellen Interagieren – dem aktuellen Interaktionsangebot – und den konsistent in Sprache eingefädelten Interaktionsformen. Dieser Widerspruch wird „gelöst“, indem die eine Seite des Widerspruchs, die bisher eingeübte und jetzt in Opposition zu der bewußten mütterlichen Handlungsstrategie geratene Interaktionsform via einer Desymbolisierung aus der Sprache, aus dem Bewußtsein exkommuniziert wird. Die Einigung auf die neu angebotene Interaktionsform, auf die andere Seite des Widerspruchs, wird erzwungen, und zwar auf Kosten der dazu kontradiktorischen.

Wie schon der Begriff der „Kompromißbildungen“ anzudeuten vermag, durchdringen sich freilich auch die subjektiven Existenzformen der beiden Seiten objektiver Widersprüche. Exemplarisch läßt sich diese Durchdringung verdeutlichen anhand einer klassischen Krankheitsgeschichte, die auch von Lorenzer benutzt wird: der Pferdephobie des kleinen Hans. Im Gefolge eines Konflikts wird hier eine bestimmte Beziehungslage von Hans und seinem Vater, eine bestimmte Interaktionsform, dem Insgesamt der unter „Vater“ gefaßten symbolischen Interaktionsformen, ausgegliedert. Durch den Verlust seines Sprachsymbols entzieht sich von nun an der verpönte Zusammenhang der bewußten Reflexion. Zum Klischee geworden, wird die desymbolisierte Interaktionsform jenen symbolischen Interaktionsformen hinzuaddiert, die das bisherige Beziehungsgefüge von Hans und Pferd kennzeichneten. Die verpönte Interaktionsform wird von nun an mit dem Pferd interagiert. In das bewußt verfügbare Symbol „Pferd“ wurde ein unbewußter Bedeutungsanteil – die verpönte Interaktionsform – aufgenommen, der früher als bewußte Bedeutung dem Symbol „Vater“ angehört hat. Die verpönte Interaktionsform wurde zwar desymbolisiert, aber gleichsam hinter dem Rücken des Subjekts unter falschem Namen wieder in dessen Symbolsystem eingebracht. Das Wort „Pferd“ verweist nun auf ein Konglomerat symbolischer und desymbolisierter Interaktionsformen, wobei freilich auf die desymbolisierten nurmehr „falsch“ reflektiert werden kann. Anders formuliert: Ehemals bewußte symbolische Interaktionsformen existieren als unbewußte, die – desymbolisiert – unter falschem Namen als bewußte weiterexistieren. Keinen Zweifel läßt Lorenzer daran, daß sich die Systematik der Brechung kindlicher Praxis im Sozialisationsprozeß objektiven gesellschaftlichen Widersprüchen verdankt: „Gerade die Blindheit klischeebestimmten Verhaltens beim Kind und – vorangehend – bei der Mutter weist ... ausdrücklich darauf hin, wie sich hier über die Köpfe der Subjekte hinweg objektive Strukturen durchsetzen: als unbegriffene Widersprüche in Interaktionsformen ...“ (Lorenzer, 1972, S. 141).

Wie dieser Aufriß dokumentiert, setzen in der Theorie der Interaktionsformen die gesellschaftlichen Widersprüche das Subjekt keineswegs in Widerspruch zu seiner inneren Natur. Die innere Natur wird vielmehr zur Schaltstelle der Brechung objektiver Strukturen der Interaktion in den Subjekten. Die Brechung verdankt sich den objektiven Interaktionsstrukturen selbst, dem widersprüchlichen Verhältnis der Interaktionsformen zueinander, in dem sich das in sich widersprüchliche gesellschaftliche Wesen, der konkrete Stand der Dialektik von Produktionskräften und Produktionsverhältnissen manifestiert. „Brechung" ist nicht Ausdruck des Triebes, sondern wird über Triebaktivität realisiert.

Natürlich kann nicht angenommen werden, daß eine durch antagonistische Widersprüche gekennzeichnete Praxis erst dann zu subjektiven Konsequenzen führt, wenn das Subjekt bereits über symbolische Interaktionsformen verfügt. Psychoseproduzierende wie auch psychosomatogene Subjektivierungsprozesse machen nachdrücklich darauf aufmerksam, daß antagonistische Widersprüche bereits auf vorsprachlicher Ebene die sich bildende subjektive Struktur beschädigen, und zwar in dem Sinne, daß sie die Bildung symbolischer Interaktionsformen entschieden behindern (Zepf, 1976, S. 98–104). D. h., während in neurotogener Sozialisation die dialektische Negation bestimmter Interaktionsformen rückgängig gemacht wird, verunmöglichen psychoseproduzierende und psychosomatogene Subjektivierungsprozesse die dialektische Negation der vorsprachlichen Interaktionsformen. Indem diese Interaktionsformen nicht mehr dialektisch negiert werden können, gehen so der subjektiven Struktur bestimmte Negationsparameter verloren. Die Entwicklung dieser Parameter, dieser Interaktionsformen kann sich nurmehr im Unwesentlichen abspielen.[12] Als „Narbe" bleiben sie in der subjektiven Struktur enthalten.

Auch die Vorwürfe, daß Gegenstände nur als Projektionsflächen infantiler Triebwünsche in Erscheinung treten und daß der Interaktionsbegriff nur auf intersubjektive Interaktion Bezug nimmt, lassen sich mühelos entkräften. Um den Differenzierungsprozeß der Interaktionsformen zu erläutern, benutzt Lorenzer das Garnrollenbeispiel Freuds. Der Sachverhalt ist hinlänglich bekannt: Freuds Enkel spielt in Abwesenheit der Mutter ihr Weggehen und ihr Wiederkommen mit einer an einem Bindfaden befestigten Holzspule durch. Markanter Punkt der Analyse Lorenzers ist der folgende: „Das Verschwinden der Mutter frustriert Interaktionsbedürfnisse des Kindes. ... Erfolgte die Einübung einer Interaktionsform in einer Sequenz befriedigenden

Interagierens, so tritt unvermeidlicherweise bei einer enttäuschenden, d. h. einem nicht formgerechten ‚Antworten' der Mutter (z. B. wenn sie nicht anwesend ist bei einer Stimulierung von Körperbedürfnissen), eine Versagung ein ... weil sich eine bestimmte Interaktionsform eingespielt hat, wird eine motorische Aktivität des Kindes, die sich situationsverändernd dem Interaktionskomplex beigesellt, als Interaktionsform sich bewähren mit dem Ergebnis, daß sie aus sich heraus den Prozeß von Wiederholung und Generalisierung in Gang setzt. An Freuds Garnrollenbeispiel ist dies ablesbar. Das Kind hat die Interaktionsform variiert und findet zumindest vorläufig seine reale Befriedigung. ... Daß die Befriedigung im Falle der Garnrolle ihre Begrenzung hat – das selbst ins Spiel gebrachte Ersatzobjekt ist z. B. unfähig, Hunger zu stillen –, führt zu neuen Versagungen. Die *primär* wie die *sekundär daraus folgende Frustration* aber werden zu weiteren Differenzierungen Anlaß geben" (Lorenzer, 1972, S. 95).

Im entfalteten Kontext heißt dies, daß im Umgang mit der Garnrolle verfügbare, d. h. registrierte, weil bereits wesentliche Elemente abgestimmter Interaktionsformen in eine neue Form integriert werden, mit der zwar nicht der gewünschte, jedoch ein anderer Effekt erzielt werden kann. Die Spezifität dieser neuen wie auch der früheren Interaktionsformen wird dadurch in differenzierender Abgrenzung zunehmend herausgearbeitet. Aufgrund seines bisherigen Systems von Interaktionsformen hat der Enkel Freuds eine der Möglichkeiten wirklich werden lassen, die in der Holzspule enthalten sind. Die sich neu einstellende Interaktionsform ist somit ebenso bestimmt durch seine individuelle Lebensgeschichte wie durch die Holzspule selbst. Freilich ist diese „Holzspulen"-Interaktionsform für den Enkel Freuds noch keine Interaktion mit der Holzspule, sondern eine mit der Mutter. In diesem Sinne ist die Holzspule eine Projektionsfläche eines infantilen Triebwunsches, jedoch keines „Natürlichen", sondern eines in der bisherigen Sozialisation hergestellten. Da aber in dieser zunächst noch „mütterlichen" Interaktionsform die formgerechte mütterliche Antwort ausbleibt, werden im weiteren Verlauf Mutter und Holzspule wechselseitig ein- und voneinander abgegrenzt, wobei allerdings erst auf der Höhe symbolischer Interaktionsformen die entsprechenden Interaktionen als „Fall" von Mutter respektive von Holzspule ausgewiesen werden können.

Wir wollen diesen Sachverhalt mit einem weiteren Beispiel verdeutlichen: Im Umgang mit der Mutter lernt das Kind mit einem Löffel zu essen. Zweifelsohne ist hier die sich ausbildende Interaktionsform durch die gesellschaftlich hergestellten und im Löffel als Möglichkeiten vorhandenen Gebrauchswertantizipationen bestimmt, die hier Wirklichkeit werden. In Verwirklichung dieser Gebrauchswertantizipationen wird im Kinde auf eine bestimmte Art und Weise körperliche Spannung beseitigt, die nun gerade dadurch inhaltlich qualifiziert wird. Während allerdings bei Gerhardt in diesem Beispiel sich ein abstrakter „Hunger" in diesen Interaktionsformen konkretisiert, der Hunger sozusagen „hinter" den Interaktionsformen sitzt (1977, S. 73), existiert bei Lorenzer kein derartiges Abstraktum. Hier tritt kein abstrakter Hunger in einer bestimmten Interaktionsform in Erscheinung, sondern hier wird „Hunger" als ein spezifisches Bedürfnis in dieser Interaktionsform erst hergestellt. In Verwirklichung möglicher Gebrauchswertantizipationen wird der objektive, physiologische Körperbedarf zu wirklichen, subjektiv „bestimmten" Bedürfnissen. Die Abstraktionen „Hunger" und „Löffel" können erst mit der Entwicklung symbolischer Interaktionsformen gebildet werden, dann nämlich, wenn mit „Löffel" in verschiedenen Interaktionsformen umgegangen wurde, respektive wenn „Hunger" in verschiedenen Interaktionsformen hergestellt und befriedigt wurde.

Dieses Beispiel macht zugleich deutlich, daß in der Theorie der Interaktionsformen die Produktion bis in die physiologische Struktur des Menschen hineinragt.[13] Marx formulierte dies in den „Grundrissen" so: "... Hunger, der sich durch gekochtes, mit Gabeln und Messer gegeßnes Fleisch befriedigt, ist ein anderer Hunger als der rohes Fleisch mit Hilfe von Hand, Nagel und Zahn verschlingt. Nicht nur der Gegenstand der Konsumption, sondern auch die Weise der Konsumption wird daher durch die Produktion produziert, nicht nur objektiv, sondern auch subjektiv" (Marx, Grundrisse, S. 13).

Wir wollen nun abschließend noch zwei weitere Einwände Gerhardts bedenken, die sich ebenfalls gegen zentrale Elemente der Theorie der Interaktionsformen richten. In Ansehung der Primärsozialisation als ein Produktionsprozeß, in welchem analog zur gesellschaftlichen Güterproduktion die Subjektivität des kindlichen Individuums ebenfalls produziert wird, und zwar im vollen Sinne dieses Wortes, identifiziert Lorenzer Interaktion mit Arbeit und die Mutter-Kind-Dyade mit dem Produzenten des kindlichen Subjekts (Lorenzer, 1974, S. 233–248). Diesen Gleichsetzungen hält Gerhardt zwei Argumente entgegen: Erstens, daß in der Lorenzerschen Fassung Arbeit und Interaktion bloß auf abstrakter Ebene zueinander in Beziehung gesetzt werden, somit eine Vermittlung bloß suggeriert würde (Gerhardt,

1977, S. 57–62) und daß am Ende offen bleibt, „ob nun nach Lorenzer der Arbeitsprozeß in Analogie zur Sozialisation oder umgekehrt Sozialisationsprozesse in Analogie zur Arbeit wirklich gedacht werden sollen" (Gerhardt, 1977, S. 61). Das zweite Argument ist, daß die Identifizierung der Mutter-Kind-Dyade mit dem Subjekt dieses Produktionsprozesses zu Widersprüchen in der Theorie selbst führen würde. Damit sei nämlich dem kindlichen Individuum von Anfang an bereits eine Subjektivität unterstellt, die von der Theorie jedoch nur als Produkt dieses Produktionsprozesses zugelassen ist (Gerhardt, 1977, S. 46–48, S. 63–66).

Auf den ersten Blick scheinen diese Einwände nicht unberechtigt. Arbeit und Interaktion werden in der Tat auf der Höhe einer „verständigen" Abstraktion zueinander in Beziehung gesetzt, und die Auffassung, daß die Mutter-Kind-Dyade als das Subjekt, als Produzent kindlicher Subjektivität zu gelten hat, scheint ebenfalls zu jenem logischen Widerspruch zu führen, auf den Gerhardt aufmerksam gemacht hat. Die Gerhardtschen Einwände verlieren freilich ihr ganzes Gewicht, wenn man den von ihm kritisierten Sachverhalt abermals in der Perspektive einer materialistischen Dialektik verfolgt. Würde Gerhardt abstrakte und konkrete Identität zu unterscheiden wissen, dann wäre ihm gewiß auch einsichtig, daß mit der abstrakten Identifizierung von Interaktion und Arbeit keinesfalls Arbeit als Bearbeitung äußerer Natur und Arbeit als Bearbeitung innerer Natur gleichgesetzt werden. Die abstrakte Identität von Arbeit und Interaktion ist vielmehr eine erkenntnislogische Voraussetzung für die Bestimmung ihrer konkreten Identität, die immer eine Identität im Verschiedenen ist. Ihre Identität besteht darin, daß sowohl in der gesellschaftlichen Güterproduktion wie auch in der gesellschaftlichen Produktion der Subjekte Waren produziert werden. Die Verschiedenheit beider Bereiche, ihre Differentia specifica, gründet im Unterschied der zu bearbeitenden Gegenstände und der Arbeitsprodukte, die in ihrem Bearbeitungsprozeß produziert werden. Waren, in Bearbeitung äußerer Natur hergestellt, haben keine Bedürfnisse.[14] Sie haben ferner kein Bewußtsein, und sie sind keine Subjekte, die zugleich gesellschaftlich bestimmt wie auch selbst gesellschaftsbestimmend sind. Genau diese Unterschiede legitimieren dazu, von einer „‚bereichseigenen' Logik" (Lorenzer, 1974, S. 225) des Produktionsprozesses der gesellschaftlichen Subjekte zu sprechen, die freilich in strikter Abhängigkeit von der objektiven Logik der gesellschaftlichen Güterproduktion zu denken ist und die es eben in dieser Anhängigkeit in einer Sozialisationstheorie zu durchschauen gilt.

Aus diesem Unterschied zur gesellschaftlichen Güterproduktion resultiert, daß in der Primärsozialisation, daß in diesem Produktionsprozeß Produzent, Produktionsmittel und Produkt eine Einheit bilden: „Wir haben nicht nur die Einheit von Produzent und Produktionsmittel, sondern auch von Produzent, Produktionsmittel und Produkt zu behaupten ....“(Lorenzer, 1974, S. 248).[15] Die Gleichsetzung von Interaktionen und Produktionsmittel ist für Gerhardt akzeptabel: Das Subjekt ist Niederschlag der Interaktionsformen, auf die hin Einigung erzielt wurde. Für ihn besteht dann aber ein Widerspruch darin, daß die Interaktionsformen selbst als ein Produkt angesehen werden. Wenn man nämlich die Interaktionsformen als ein Produkt der Einigung von Mutter und Kind ansieht, so Gerhardt, dann setzt diese Denkfigur der produzierten Produktionsmittel bereits zwei Subjekte voraus, obwohl das kindliche Individuum als Subjekt erst als Produkt der Produktionsmittel auftreten kann.

Der von Gerhardt diagnostizierte Widerspruch ist freilich kein logischer, sondern ein dialektischer. Als real partikularisierte innere Natur kommt dem kindlichen Organismus von Anfang an eine bestimmte Individualität zu, die eine ebenso bestimmte Fülle von Interaktionsformen ermöglicht. Andere allerdings verbietet sie, wenn als Produkt das Subjekt entstehen soll. Wenn z. B. die Mutter dem Kind die Atemwege verschließt oder – etwa wegen einer Stoffwechselstörung – den Embryo nicht ausreichend mit Sauerstoff versorgen kann, dann ist der Tod des Kindes die fatale Folge. Der kindliche Organismus definiert die jeweils möglichen Interaktionsformen, die Mutter bestimmt, welche der möglichen Interaktionsformen Wirklichkeit werden. Die wirklichen Interaktionsformen sind also von Anfang an auch vom kindlichen Individuum insofern bestimmt, als seine Möglichkeiten die wirklichen Interaktionsformen negativ eingrenzen. Mit der ansteigenden Strukturierung des kindlichen Organismus werden dann in dialektischer Schrittfolge „bestimmte“ andere Möglichkeiten ausgeschlossen und durch die Verwirklichung bestimmter Möglichkeiten zugleich die notwendigen Bedingungen für die Verwirklichung weiterer im kindlichen Organismus liegender Möglichkeiten hergestellt. Abstrakte Möglichkeiten werden im Zuge der Entwicklung zu konkreten Möglichkeiten.[16] Insofern ist es also auch völlig korrekt, wenn Lorenzer (1974, S. 116) die innere Natur des kindlichen Individuums als den nicht weiter hintergehbaren Pol der Dialektik von Individuum und Gesellschaft bezeichnet.

Schluß

Im Konspekt der sozialisationstheoretischen Überlegungen und kritischen Einwände Gerhardts ist kaum zu übersehen, daß die Dialektik als „Wissenschaft von den allgemeinen Bewegungs- und Entwicklungsgesetzen der Natur, der Menschengesellschaft und des Denkens" (Engels, MEW 20, S. 132; s. a. S. 12, sowie Engels, MEW 20, S. 481) in dem Maße seinem kritischen Blick verborgen bleibt, wie sie auch aus seinem Sozialismuskonzept ausgeblendet ist. Offensichtlich verdankt sich die sehr eigentümliche Dialektik Gerhardts, die in geringfügiger Abwandlung des Präfix besser als eine „Duolektik" zu bezeichnen wäre, der Annahme einer für den Sozialisationsprozeß besonderen und von der Dialektik der politischen Ökonomie qualitativ verschiedenen dialektischen Logik. Gerhardt selbst leistet dieser Interpretation Vorschub, wenn er die Dialektik des „Kapitals" als eine „spezifische" versteht (Gerhardt, 1977, S. 10). Für Lenin allerdings ist die Dialektik der bürgerlichen Gesellschaft keine spezielle Dialektik, sondern ein spezieller Fall der Dialektik (s. S. 1). Marx selbst sah im „Kapital" die erste Anwendung der dialektischen Methode auf die politische Ökonomie.[17] „Speziell" ist die Kapitalismusanalyse nur insofern, als es in Verfolgung der „eigentümlichen Logik des eigentümlichen Gegenstandes" (Marx, MEW 1, S. 296) galt, die Dialektik nicht abstrakt, sondern konkret auszutragen. Die allgemeinen dialektischen Bewegungsgesetze existieren in der Auffassung von Marx und Engels deshalb allerdings nicht nur im besonderen Gegenstand des „Kapitals". Sie existieren vielmehr in jeweils besonderer Form in der konkreten Einmaligkeit sämtlicher Gegenstände, deren besondere oder spezielle konkrete Logik in einer Untersuchung auf ihrer Grundlage zu entfalten ist.[18] Die „Duolektik" Gerhardts freilich basiert nicht auf dieser Grundlage. Wenn die Widerspruchsdialektik suspendiert, die dialektische Beziehung von Möglichkeit und Wirklichkeit aufgelöst ist – insbesondere hier zeigt Gerhardt Flagge –, so ist allemal die dialektische Logik insgesamt außer Kraft gesetzt; Gerhardt hat die allgemeinen Bewegungsgesetze materialistischer Dialektik (Negation der Negation, Umschlag der Quantität in Qualität etc.) in seiner parallelistischen Konzeption von Anfang an preisgegeben. Sein Astigmatismus, der seine Marx-Konzeption in bestimmter Weise, gleichsam in Abhängigkeit von einem definierten Brechungskoeffizienten, systematisch verzerrt, liegt auf erkenntnistheoretischer Ebene. Erst die Ausklammerung

Marxscher Dialektik aus dem Sozialisationskonzept, die Annahme zweier voneinander isolierter Anteile im Subjekt, natürlich und gesellschaftlich bestimmte, macht die Konzeption zweier menschlicher Wesen erforderlich. Daß diese Wesen abstrakte sein müssen, liegt auf der Hand. Natürliches Es und gesellschaftliches Ich können sich nämlich infolge ihrer inhaltlichen Isolation nur nach ihnen vorgegebenen, abstrakten Plänen entwickeln, die der Natur respektive den gesellschaftlichen Verhältnissen von allem Anfang an innewohnen. Die angeborenen Triebstrukturen bezeichnen nur die Erscheinungsform des „natürlichen“ Wesens des Menschen, die in den gesellschaftlichen Verhältnissen, der Erscheinungsform seines Wesens, hergestellte und diese abbildende Ich-Struktur verkommt zur Erscheinungsform der Erscheinungsform des gesellschaftlichen Wesens. Die Art des Spiegelbildes, das Individuum als konkretes Subjekt, wird dann bestimmt durch dessen innere und ahistorische Natur. Der natürliche Zufall, das Unwesentliche wird so verantwortlich gemacht für die konkrete Einmaligkeit des Subjekts, d. h., das Subjekt degeneriert zu einer unwesentlichen Konstitutionsvarianten seiner allgemeinen, in den gesellschaftlichen Verhältnissen existierenden Grundform. Diese Implikationen bringt Gerhardt in der Kontroverse um die 6. Feuerbach-These unmißverständlich auf den Begriff.

Vor dem Hintergrund von Gerhardts sozialisationstheoriespezifischer „Dialektik“ läßt sich auch sein Verständnis der gesellschaftlichen Realabstraktion umstandslos nachzeichnen. Genauso wie die „Duolektik“ dort ein objektiv dialektisches, d. h. eben auch ein durchdringendes Verhältnis von Natur und Gesellschaft theoretisch ausschließt, zerreißt sie hier den wesentlichen dialektischen Zusammenhang, der der gesellschaftlichen Realabstraktion zugrunde liegt. Gerhardt rekurriert nur noch bis auf deren Erscheinung, wo sich die Beziehungspartner scheinbar nicht mehr durchdringen. Auf dieser Ebene stellen sich die gesellschaftlichen Widersprüche als absoluter Gegensatz zwischen Individuum und Gesellschaft dar, zwischen dem auf konkreten Abhängigkeitsverhältnissen basierenden Bereich des persönlichen Lebens und einer gesellschaftlichen Realität, an deren prinzipieller Gleichgültigkeit gegenüber individuellen Belangen die persönliche Entfaltung scheitert. Indem Gerhardt diese Erscheinung für das Wesen der Sache selbst nimmt, bescheinigt er dem Kapitalismus eine historische Novität, gleichsam einen Salto mortale der Geschichte: Die Individuen existieren nicht mehr in den gesellschaftlichen Verhältnissen, die Verhältnisse nicht mehr in den Individuen. Das von Marx gegen

„Bruno Bauer und Konsorten“ gerichtete Argument könnte zweifelsohne auch an Gerhardt adressiert sein: „Die Geschichte wird ... zu einer aparten Person, einem metaphysischen Subjekt ...“ (Marx und Engels, MEW 2, S. 83).

Man könnte sich damit begnügen, das Gerhardtsche Konzept negativ auszugrenzen. Daß die Gerhardtsche Kritik an Lorenzer gleichzeitig eine dezidierte Marx-Kritik darstellt, zwingt freilich dazu, den philosophiegeschichtlichen Standort, dem sich diese Kritik verschrieben hat, wenigstens anzupeilen. Dessen Koordinaten lassen sich unschwer bestimmen, wenn man das Gerhardtsche Verständnis des menschlichen Wesens als Kompaß benützt. Bei ihm ist das menschliche Wesen nicht historisch-spezifisch, sondern gattungsspezifisch, also Gattungswesen und ahistorisch. Man könnte deshalb zunächst vermuten, daß Gerhardt hinter den Feuerbach-Thesen zurückbleibt und auf jene noch spekulative Auffassung des menschlichen Wesens zurückfällt, welches in den „Ökonomisch-philosophischen Manuskripten“ und in der „Heiligen Familie“ zum Vorschein kommt. Der nähere Blick zeigt allerdings, daß man mit dieser Ortsbestimmung weder der Position von Marx und Engels vor 1844 noch der heutigen Position Gerhardts gerecht würde. Für beide Positionen ist zwar das menschliche Wesen ein Abstraktum. Während es sich bei Marx und Engels eindeutig auf der Seite des Menschen befand (s. S. 20), ist es für Gerhardt dem Menschen „außermittig“. Gegen diese außermittige Existenz des menschlichen Wesens ist gerade der folgende Passus gerichtet, der den „Ökonomisch-philosophischen Manuskripten“ entnommen ist: „Es ist vor allem zu vermeiden, die ‚Gesellschaft‘ wieder als Abstraktion dem Individuum gegnüber zu fixieren. Das Individuum *ist* das *gesellschaftliche Wesen*“ (Marx, MEW Ergänzungsband 1, S. 538). Wenn die Einschätzung von Seve richtig ist, die die strukturelle Rezeption des Marxismus nach 1844 durch Althusser als einen „theoretischen Antihumanismus“ charakterisiert, dann wäre die Position Gerhardts als eine strukturelle Lesart jenes Marxismus auszumachen, der vor den Feuerbach-Thesen bestand (Seve, 1972, S. 64 ff.). „Spekulativer Antihumanismus“ wäre dann das kennzeichnende Etikett.

Auch wenn die Ortsbestimmung der Position Gerhardts gewiß Fragen offen läßt, wir wollen es hiermit genug sein lassen. Seine Kritik ist abgewiesen, und seine Arbeit gab uns darüber hinaus eine gute Gelegenheit, die Dialektik in der Theorie der Interaktionsformen zu präzisieren. Die Sozialisationstheorie Lorenzers ist den Wissenschaften zuzuordnen, die durch die Einheit des Logischen und Historischen bestimmt sind. In der Rekonstruktion der Genese subjektiver Strukturen wird die Dialektik konkret: Die Entwicklungslogik des Gegenstandes wird auf den dialektischen Begriff gebracht. Dem aufmerksamen Leser wird gewiß nicht entgangen sein, daß die Grundbegriffe der Theorie der Interaktionsformen jene strukturelle Identität mit den marxistischen aufweisen, die sie in einer Theorie des Subjekts haben müssen, wenn diese historisch-materialistischen Ansprüchen genügen soll. Beidemal nehmen die Begriffe nicht auf Dinge, sondern auf Verhältnisse Bezug, welche die Dinge in ihrem Inneren, in ihrem Wesen[19] bestimmen. In diesem Zusammenhang spricht Seve zu Recht von einer erregenden epistemologischen Neuartigkeit der Marxschen Begriffe (Seve, 1972, S. 272). So nimmt für Marx der Gesellschaftsbegriff Bezug auf die Summe der Beziehungen, Verhältnisse, in denen die Individuen zueinander stehen (Marx, Grundrisse, S. 176), und „Die Ökonomie handelt nicht von Dingen, sondern von Verhältnissen zwischen Personen und in letzter Instanz zwischen Klassen; diese Verhältnisse sind aber stets *an Dinge gebunden* und *erscheinen als Dinge*" (Engels, MEW 13, S. 476).

So wird z. B. eine Ware zur Ware, indem sich an das Arbeitsprodukt „ein *Verhältnis* zwischen zwei Personen oder Gemeinwesen knüpft, das Verhältnis zwischen dem Produzenten und dem Konsumenten ..." (Engels, MEW 13, S. 475). Der Tauschwert der Ware ist nichts anderes „als Beziehung der Arbeiten der einzelnen aufeinander als gleiche und allgemeine ...." (Marx, MEW 13, S. 22), so daß auch der die Ware in ihrem Wesen bestimmende Widerspruch als ein Widerspruch zwischen Verhältnissen zu identifizieren ist: zwischen dem gesellschaftlichen Verhältnis der Individuen unter dem Aspekt ihrer qualitativ verschiedenen, konkreten Arbeiten und ihrem gesellschaftlichen Verhältnis unter dem Aspekt ihrer qualitativ gleichartigen, abstrakten Arbeit. Auch das Wesen des Mehrwerts ist ein widersprüchliches Verhältnis zweier Verhältnisse, zwischen Kapital und Lohnarbeit, zwischen dem Besitz und dem Nichtbesitz von Produktionsmitteln. Auch das Geld stellt ein gesellschaftliches Produktionsverhälntis dar (Marx, MEW 13, S. 22) und „imaginäre" Kategorien wie „Wert der Arbeit" sind „Kategorien für die Erscheinungsformen wesentlicher Verhältnisse" (Marx, MEW 23, S. 559). Damit ist nicht nur diese Kategorie gemeint: „Übrigens gilt von der Erscheinungsform, ‚Wert und Preis der Arbeit' oder ‚Arbeitslohn', im Unterschied zum wesentlichen Verhältnis, welche erscheint, dem Wert und Preis der Arbeitskraft, dasselbe, was von allen Erscheinungsformen und ihrem verborgenen Hintergrund" (Marx, MEW 23, S. 564).

Auch bei Lorenzer sind die verbegrifflichten Verhältnisse innere, wesentliche Verhältnisse: „‚Bestimmte Interaktionsform' ist ein strukturanalytischer Begriff, er gehört nicht in den Bereich beobachtbarer Erscheinungen ..., sondern ist eine Aussage übers ‚Wesen'" (1974, S. 130). Interaktionsformen sind wesentliche Verhältnisse zwischen Individuen, die dem kindlichen Individuum innerlich werden und die es als Subjekt konstituieren. Begriffe wie „symbolische Interaktionsform", „Klischee", „Zeichen" artikulieren das Verhältnis dieser Verhältnisse zur Sprache, das wiederum Resultat des widersprüchlichen Verhältnisses dieser Verhältnisse ist. Hier wie dort ist der Gegenstand die Summe seiner ihm wesentlichen Verhältnisse, die als Dinge erscheinen. Der Subjektbegriff, der Begriff der „subjektiven Struktur" (Lorenzer, 1974, S. 218 ff.) verweist bei Lorenzer auf eine Summe von Verhältnissen, die in historisch bestimmt strukturierter Weise zueinander im Verhältnis stehen. Das Ding-Subjekt selbst ist die dingliche Erscheinungsform seiner in ihm sedimentierten Verhältnisses.

Der Nachweis einer strukturellen Identität der Kategorien beider Theoriesysteme ließe sich mühelos verlängern und vertiefen. Daß freilich diese Identität keine hinreichende Bedingung für eine materialistische Sozialisationstheorie ist, steht ebenso außer Frage wie, daß sie als notwendige Bedingung eine einzulösende ist und in der Theorie der Interaktionsformen auch eingelöst wird. Eine begrifflich genaue Rekonstruktion der Dialektik von Individuum und Gesellschaft ist damit allerdings nicht schon garantiert. Wenn die Einheit des Logischen und Historischen heißt, „daß die Reproduktion des Wesens irgendeiner Erscheinung im Denken gleichzeitig die *Enthüllung ihrer Geschichte* ist" (Kopnin, 1976, S. 238), dann ist zunächst klar, daß bei aller Dialektik und struktureller Identität der Kategorien das Wesen, welches in einer Theorie des Subjekts zum Vorschein gebracht werden kann, ein Wesen zweiter Ordnung ist und somit die Erscheinungsform eines Wesens tieferer Ordnung (vgl. Lenin, LW 38, S. 213). Die Entwicklungslogik ihres Gegenstandes ist allemal terminiert durch gesellschaftliche Widersprüche, die sich ihrem analytischen Zugriff entziehen. Hier endet ihr Geltungsrahmen. Übersteigt sie ihn in kausaler Absicht mit der Frage nach den Ursachen, dann landet sie in einem Fragebereich, in dem Antworten nicht mehr von ihr, sondern von der politischen Ökonomie zu gegeben sind. Daß diese Grenzlinie von Lorenzer präzis geortet wird, mag folgendes Zitat belegen: Psychoanalyse als methodisches Verfahren „ist ausschließlich *Strukturanalyse*, ohne ‚hinter' den subjektiven Strukturen objektiv *Bedingungen* erfassen können. Um die Kausalgenese zu entfalten, muß die subjektive Strukturanalyse einer objektiven Analyse vermittelt werden, was allemal den theoretischen wie gegenwärtig-praktischen Rahmen der Psychoanalyse überschreitet und nur innerhalb einer historisch-materialistischen Gesellschaftstheorie möglich wird" (Lorenzer, 1974, S. 278). Wenn es nun darum geht, die Logik der Konstitution subjektiver Strukturen konkret mit der Logik des Deformationsprozesses zu vermitteln, dann wird jedem, der mit der Marxschen Methode des Aufsteigens vom Abstrakten zum Konkreten vertraut ist, nicht nur einsichtig sein, daß ein getrenntes Ausleuchten beider Fragebereiche unerläßliche methodische Voraussetzung ihrer konkreten Vermittlung ist. Er wird auch unmittelbar einsehen, daß sich erst auf der Basis einer begrifflich-konkreten Vermittlung objektive Gesellschaftsprozesse und subjektive Bildungsprozesse in gegenläufiger Fragerichtung miteinander verbinden lassen, ohne aus der Begrifflichkeit des historischen Materialismus hinauszugeraten: Bedingungsanalytisch unter der Frage nach den Ursachen und dem „Wie" der gesellschaftlichen Deformation subjektiver Strukturen, gesellschaftsanalytisch unter der Frage nach der Funktion bestimmter subjektiver Strukturen in einer Gesellschaft auf bestimmter Entwicklungsstufe. Weil die dazu notwendige begriffsanalytische Arbeit noch aussteht, wollen wir, schon um Mißverständnisse und falsche Erwartungen an die Theorie der Interaktionsformen auszuschließen, noch ausdrücklich anmerken: Auch wenn der Entwurf Lorenzers einer materialistischen Dialektik verpflichtet ist, so erlaubt der jetzige Stand der Theoriebildung noch keineswegs, bestimmte Deformationen menschlicher Subjekte als Produkt historisch-bestimmter gesellschaftlicher Antagonismen zu buchstabieren. Um das Problemfeld der Primärsozialisation konkret als gesellschaftliche Herstellung bestimmter Subjekte auf einer historisch-bestimmten Entwicklungsstufe vermessen zu können, ist vorab das noch weitgehend dunkle Terrain der Sekundärsozialisation in den Begriffen der Theorie der Interaktionsformen auszuloten, deren Beziehungen zu den gesellschaftstheoretischen, historisch-materialistischen Kategorien freizulegen sind. Man muß sich klar machen: Die Grundlegung subjektiver Strukturen in der Primärsozialisation des Kindes wird im Prozeß der Sekundärsozialisation der Erwachsenen besorgt. Zwischen den „bestimmten" Subjektivierungsprozeß und den aktuellen Stand der Dialektik von Produktivkräften und Produktionsverhältnissen schiebt sich in den Sozialisationsagenten allemal die Dialektik von deren primärer und sekundärer Sozialisation; d. h., in der Sozialisation für den Produktionsprozeß wird die gesellschaftliche Herstellung bestimmter subjektiver Strukturen im Kinde via einer Beschädigung der in ihrer Primärsozialisation bereits vorgeschädigten subjektiven Strukturen der Erwachsenen besorgt, und zwar aufgrund ihrer mehr oder weniger vermittelten Teilhabe an einem in bestimmter Weise organisierten gesellschaftlichen Produktionsprozeß. Erst wenn die Bedingung eingelöst ist, ließe sich der Transfer objektiver in subjektive Widersprüche konkret in bedingungsanalytischer Perspektive, läßt sich die Funktionalität oder Dysfunktionalität subjektiver Widersprüche für eine durch Klassen strukturierte Gesellschaft in materialer Analyse verfolgen.

Anmerkungen

1) Der Begriff der „Verkehrsformen" wird später bekanntlich ersetzt durch den Begriff der „Produktionsverhältnisse".

2) Der gleiche Sachverhalt wird formuliert im Hinblick auf den Wert der Arbeitskraft, welcher in kapitalistischen Produktionsverhältnissen notwendig als Arbeitslohn, als „Wert und Preis der Arbeit" erscheint. Diese Erscheinungsform macht „das wirkliche Verhältnis unsichtbar ... und [zeigt] genau sein Gegenteil .... (Marx, MEW 23, S. 562) und obwohl Ausdrücke wie „Wert der Arbeit" imaginär sind, entspringen sie „jedoch aus den Produktionsverhältnissen selbst. Sie sind Kategorien für Erscheinungsformen wesentlicher Verhältnisse" (Marx, MEW 22, S. 559). Damit ist nicht nur die Kategorie „Wert der Arbeit" gemeint: „Übrigens gilt von der Erscheinungsform, ‚Wert und Preis der Arbeit' oder ‚Arbeitslohn', im Unterschied zum wesentlichen Verhältnis, welches erscheint, dem Wert und Preis der Arbeitskraft, dasselbe, was von allen Erscheinungsformen und ihrem verborgnen Hintergrund" (Marx, MEW 23, S. 564).

3) Dieser Sachverhalt ist auch der Formulierung von Marx implizit: „Naturgesetze können überhaupt nicht aufgehoben werden. Was sich in historisch verschiedenen Zuständen ändern kann, ist nur die Form, worin jene Gesetze sich durchsetzen" (Marx, MEW 32, S. 553).

4) Zur Widerspruchsentwicklung vergleiche man folgenden Text von Marx: „Das einfache Faktum, daß die Ware doppelt existiert, einmal als bestimmtes Produkt, das seinen Tauschwert in seiner natürlichen Daseinsform ideell enthält (latent enthält), und dann als manifestierter Tauschwert *(Geld)*, der wieder allen Zusammenhang mit der natürlichen Daseinsform des Produkts abgestreift hat, diese

doppelt *verschiedene* Existenz muß zum *Unterschied* zum *Gegensatz* und *Widerspruch* fortgehen“ (Marx, Grundrisse, S. 65).

5) Über Ware und Geld als Bedingung der Kapitalentstehung heißt es: „Diese Voraussetzungen, die ursprünglich als Bedingungen seines Werdens erschienen – und daher noch nicht von seiner Aktion *als Kapital* entspringen konnten – erscheinen jetzt als Resultate seiner eigenen Verwirklichung, Wirklichkeit, als *gesetzt* von ihm – *nicht als Bedingung seines Entstehens, sondern als Resultate seines Daseins“* (Marx, Grundrisse, S. 364; vgl. a. S. 189).

6) Daß dieses Interaktionsspiel auch frei zu sein hat von antagonistischen Widersprüchen, wird später deutlich gemacht.

7) In Verfolgung der Überlegungen Lenins (LW 38, S. 340) schreibt Kopnin: „Die einzelnen Abstraktionen erheben unser Wissen über das Erfassen des Allgemein-Empirischen zum Allgemeinen, das Konkrete im Denken begründet den Zusammenhang des Einzelnen mit dem Allgemeinen, schafft also nicht nur eine einfache Vereinigung zweier verschiedener Seiten, sondern die Identität von Gegensätzen“ (Kopnin, 1976, S. 217).

8) In diesem Zusammenhang ist auch der Gedanke erwähnenswert, der in der „Deutschen Ideologie“ entwickelt wird, nämlich daß „der wirkliche geistige Reichtum des Individuums ganz von dem Reichtum seiner wirklichen Beziehungen abhängt ...“ (Marx und Engels, MEW 3, S. 37).

9) Marx und Engels konstatieren als erste Voraussetzung aller Menschengeschichte die Existenz lebendiger, menschlicher Individuen, die sich dadurch vom Tier unterscheiden, daß sie ihre Lebensmittel *produzieren* (Marx und Engels, MEW 3, S. 20 f.). Dies kann nur gesellschaftlich geschehen. Die Menschen produzieren nur, „indem sie auf eine bestimmte Weise zusammenwirken und ihre Tätigkeit gegeneinander austauschen. Um zu produzieren, treten sie in bestimmte Beziehungen und Verhältnisse zueinander, und nur innerhalb dieser gesellschaftlichen Beziehungen und Verhältnisse zueinander findet ... die Produktion statt“ (Marx, MEW 6, S. 407).

10) Arbeitsprodukte „erscheinen ... nur als Waren oder besitzen nur die Form von Waren, sofern sie Doppelform besitzen, Naturalform und Wertform“ (Marx, MEW 23, S. 62).

11) Marx versteht unter „Gesetz“ den „innere(n) und notwendige(n) Zusammenhang zwischen zwei scheinbar sich Widersprechenden“ (Marx, MEW 25, S. 235).

12) In beiden Fällen ist das therapeutische Ziel identisch: nämlich der beschädigten subjektiven Struktur, die durch antagonistische Widersprüche ausgestanzten Negationsparameter, d. h. ihr sozialisationsbedingtes Entwicklungspotential zurückzugeben.

13) Auf den gleichen Sachverhalt nimmt Rubinstein Bezug: „Die auf die Befriedigung vorhandener Bedürfnisse gerichtete Tätigkeit erzeugt, indem sie neue

Gegenstände zu ihrer Befriedigung produziert, auch die Bedürfnisse. So entwikkeln sich die organischen Bedürfnisse im Prozeß ihrer Befriedigung selbst" (Rubinstein, 1976, S. 777).

14) Es ist hier die Stelle zu erwähnen, wo Marx auf die dem Menschen „eigne Natur" zu sprechen kommt und sie als „ein Ganzes von Bedürfnissen und Trieben" bezeichnet (Marx, Grundrisse, S. 157).

15) Man vgl. Marx, MEW 23, S. 196.

16) Über das Verhältnis von abstrakter und konkreter Möglichkeit gibt die Marxsche Analyse der Krisenentwicklung im Kapitalismus Auskunft (Marx, MEW 26.2., S. 510 ff.). Vgl. a. Kröber, 1970, S. 730–744.

17) Marx, MEW 31, S. 379. Vgl. a. Engels, MEW 13, S. 474.

18) Engels, MEW 37, S. 411; S. a. MEW 20, S. 125.

19) Marx nimmt mit verschiedenen Begriffen auf das ‚Wesen' Bezug: „das innere Getriebe" (MEW 24, S. 218), „innerer Zusammenhang" (MEW 25, S. 825), „innere Organisation" (MEW 35, S. 859), „innere Physiologie" (MEW 26.2., S. 162), „verborgner Bau" (MEW 26.2., S. 162).

Literatur

Anochin, P. K. (1967): Das funktionelle System als Grundlage der physiologischen Architektur des Verhaltensaktes. Jena

Dahmer, H. (1972): W. Reich – seine Stellung zu Freud und Marx. In: Gente, H. P. (ed), Marxismus, Psychoanalyse, Sexpol 2, S. 80, Frankfurt

Engels, F., Marx, K.: „Zur Kritik der politischen Ökonomie". MEW 13, S. 468–477

Engels, F.: Herrn Eugen Dühring's Umwälzung der Wissenschaft. MEW 20, S. 1–303

Engels, F.: Dialektik der Natur. MEW 20, S. 305–455

Engels, F.: Ludwig Feuerbach und der Ausgang der klassischen deutschen Philosophie. MEW 21, S. 259–307

Engels, F.: Engels an Paul Ernst. MEW 37, S. 411–413

Engels, F.: Engels an Conrad Schmidt. MEW 39, S. 430–434

Gerhardt, W. (1977): Psychoanalyse und Sozialisationstheorie. Frankfurt

Holzkamp, K.: Die historische Methode des wissenschaftlichen Sozialismus und ihre Verkennung durch J. Bischoff. Argument 84: 1, 197

Konstanivow, F. W. (1965) u. a. (Autorenkollektiv): Grundlagen der Marxistischen Philosophie. Berlin
Kopnin, P. V. (1970): Dialektik, Logik, Erkenntnistheorie. Berlin
Kröber, G. (1970): Möglichkeit. In: Klaus, G., Buhr, M., (ed), Philosophisches Wörterbuch, S. 739–744. Berlin
Kröber, G. (1970): Widerspruch. In: Klaus, G., Buhr, M., (ed), Philosophisches Wörterbuch, S. 1161–1168. Berlin
Kröber, G., Warnke, C. (1970): Form. In: Klaus, G., Buhr, M., (ed), Philosophisches Wörterbuch, S. 368–371. Berlin
Lenin, W. I.: Konspekt zu Hegels „Wissenschaft der Logik". LW 38, S. 77–229
Lenin, W. I.: Plan der Dialektik (Logik) Hegels. LW 38, S. 314–319
Lenin, W. I.: Zur Frage der Dialektik. LW 38, S. 338–344
Lorenzer, A. (1971): Symbol, Interaktion und Praxis. In: Psychoanalyse als Sozialwissenschaft, S. 9–59. Frankfurt
Lorenzer, A. (1972): Zur Begründung einer materialistischen Sozialisationstheorie. Frankfurt
Lorenzer, A. (1974): Die Wahrheit der psychoanalytischen Erkenntnis. Frankfurt
Marx, K.: Grundrisse der Kritik der politischen Ökonomie. Berlin (Ausgabe 1974)
Marx, K.: Zur Kritik der Hegelschen Rechtsphilosophie. MEW 1, S. 201–233
Marx, K.: Thesen über Feuerbach. MEW 3, S. 5–7
Marx, K.: Lohnarbeit und Kapital. MEW 6, S. 397–423
Marx, K.: Einleitung zur Kritik der politischen Ökonomie. MEW 13, S. 615–642
Marx, K.: Das Kapital, Bd. 1. MEW 23
Marx, K.: Das Kapital, Bd. 2. MEW 24
Marx, K.: Das Kapital, Bd. 3. MEW 25
Marx, K.: Theorien über den Mehrwert, erster Teil. MEW 26.1.
Marx, K.: Theorien über den Mehrwert, zweiter Teil. MEW 26.2.
Marx, K.: Theorien über den Mehrwert, dritter Teil. MEW 26.3.
Marx, K.: Marx an Pawl Wasilijewitsch Annekow. 28. Dezember 1846. MEW 27, S. 451–463
Marx, K.: Marx an Engels. 22. Juni 1867. MEW 31, S. 305–307
Marx, K.: Marx an Engels. 7. November 1867. MEW 31, S. 379 f.
Marx, K.: Marx an Ludwig Kugelmann. 11. Juli 1868. MEW 32, S. 552–554

Marx, K.: Ökonomisch-philosophische Manuskripte aus dem Jahre 1844. MEW Ergänzungsband, 1. Teil, S. 465–588
Marx, K., Engels, F.: Die heilige Familie. MEW 2, S. 1–223
Marx, K., Engels, F.: Die deutsche Ideologie. MEW 3, S. 9–607
Rosental, M. M. (1973): Die dialektische Methode der politischen Ökonomie von Karl Marx. Berlin
Rubinstein, S. L. (1968): Grundlagen der allgemeinen Psychologie. Berlin
Rubinstein, S. L. (1972): Das Denken und die Wege seiner Erforschung. Berlin
Seve, L. (1972): Marxismus und Theorie der Persönlichkeit. Frankfurt
Zepf, S. (1976): Grundlinien einer materialistischen Theorie psychosomatischer Erkrankung. Frankfurt

Bibliographische Notiz

Die Aufsätze „Zur sozialen Funktion des psychoanalytischen Theoriepluralismus", „Zur Diagnostik und Therapie strukturell ichgestörter Patienten", „Die Blicke der anderen – ein Ich-psychologischer Dialog", „Psychologie ohne Philosophie – zu den Versuchen, aus der Psychoanalyse eine Naturwissenschaft zu machen", „Sechs Thesen zur Einrichtung eines Ausbildungsganges für eine psychoanalytische Sozialpsychologie" und „Zum Verhältnis von Individuum und Gesellschaft – oder: Dialektik und Sozialisation" erscheinen hier erstmalig. „Kritische Anmerkungen – wozu noch?" basiert auf einem Statement, welches zur Eröffnung der vom Bernfeld-Kreis veranstalteten IV. Vernetzungstagung in Frankfurt 1989 abgegeben wurde. „Eigentlich ist schon alles gedacht und gesagt – warum handeln wir nicht?" und „Die Angst vor dem Zivilisationsbruch in uns – gibt es eine Psychoanalyse ohne Vergangenheit?" sind überarbeitete Vorträge, die ebenfalls auf dieser Tagung gehalten wurden. Auch bei den Arbeiten „Psychoanalyse in der universitären Medizin" und „Zum Stellenwert der ‚Restneurose' in der psychoanalytischen Therapie" handelt es sich um Vorträge, die in wesentlichen Punkten überarbeitet wurden und die auf dem Symposium anläßlich des 10jährigen Bestehens des Klinischen Instituts für Psychotherapie und Psychosomatik der Medizinischen Einrichtungen der Heinrich-Heine-Universität Düsseldorf in Düsseldorf (1988) bzw. auf dem Symposium „Psychoanalyse als Aufklärung – die Aufklärung der Psychoanalyse" in Marburg (1988) gehalten wurden. Dies gilt auch für die Artikel „Laienanalyse: Das Unerwünschte erhält einen Namen" und „Zum Diskurs über ‚Sexualität' in zeitgenössischen psychoanalytischen Entwürfen", deren Inhalte 1988 am Weiterbildungsinstitut für Psychotherapie und Psychoanalyse in Düsseldorf bzw. auf dem 9. Ausbildungswochenende des Österreichischen Arbeitskreises für Psychoanalyse 1989 in Innsbruck vorgetragen wurden. Die Arbeit „Psychoanalyse und Macht im Dritten Reich – Versuche, die historische Realität oder wenigstens einige (Rettungs-)Phantasien zu rekonstruieren" erschien zunächst in wesentlich kürzerer Fassung unter dem Titel „Psychoanalyse und Macht: ein schwieriges Verhältnis" in Psychologie heute 10, S. 63–68 (1989).